最高の ランニングの ための科学

ケガしない走り方、歩き方

Run for Your Life

How to Run, Walk, and Move
Without Pain or Injury
and Achieve a Sense of Well-Being and Joy

Mark Cucuzzella, M.D.

マーク・ククゼラ［医学博士］

近藤隆文─訳

早川書房

最高のランニングのための科学

――ケガしない走り方、歩き方

RUN FOR YOUR LIFE

How to Run, Walk, and Move Without Pain or Injury and Achieve a Sense of Well-Being and Joy

by

Mark Cucuzzella, M.D. with Broughton Coburn

Translated by
Takafumi Kondo
First published 2020 in Japan by
Hayakawa Publishing, Inc.
This book is published in Japan by
arrangement with
Idea Architects
through Tuttle-Mori Agency, Inc., Tokyo.

装幀／ k2

目次

第Ⅱ部　動いている体

第Ⅲ部　走ることはみんなのもの

本書の注は次のリンクよりダウンロードできます。
https://www.hayakawa-online.co.jp/runforyourlife

はじめに

各人に適度の栄養と運動を過不足なく与えることができたら、健康に通じるもっとも安全な道筋が見つかっただろう。

――ヒポクラテス

学生時代、私には寝ても覚めてもなかなか頭を離れない夢があった。その夢とは、無理がなく、無駄もない優雅さで走ることだ。

でもまずは、痛みのない走り方を突き止めなくてはならなかった。

そこまでこぎ着けるのは楽ではなかったし、すんなり事が運んだわけでもない。先入観を捨て、立ち方、歩き方、ひいては走り方を改めざるをえなかったからだ。私は回り道をたどり、メディカルスクール、現役空軍基地、コロラド大学、ウェストヴァージニア州の田舎の家庭医療とめぐるあいだに、ボストンマラソンを24回経験した。このルートの途上で、ほかにも仕事を手がけている。米空軍のランニングコーチ、ウェストヴァージニア大学医学部の教授、レースディレクター、賞を受けたシューズ店の個人経営者と。

そうこうするうち、少々驚いたことに、高度な身体機能を痛みなしに維持できるようになったのだが、そこにはすばらしい善き生《ウェルビーイング》の感覚が伴っていた。この〝ウェルネス〟の感覚は簡単に学び、手に入れることができる。それにはほとんど外に出るだけでいい。動く、エクササイズをする、走る、歩くといった、身体活動をともに楽しむことだ。

ここではともにという部分を強調したい。どんなランニングの実績にもまして、私が何より誇りに思っているのは、これまでにコミュニティスクールや健康プログラムをいくつか立ち上げたこと、そして東海岸屈指の人気ファンランを創設したことだ。当初より、あらゆる年齢層のフィットネスと健康の増進を後押しすることを目標としてきた。ケガをしたり運動をしていなかった数えきれないほどの人たちから寄せられる、いまは走り、競技に参加し、喜んで汗を流しているという声が励みになっている。

残念ながら、私はおびただしい数の熱心なランナーが元ランナーになるのも目《ま》の当たりにしてきた。ランナーでない人の多くが一向に走りはじめないのも見てきた。医療の場で「走るのは嫌い」とか「無理」といった言葉を耳にすることはあまりにも多い。

これは避けられる事態のはずだ。

妙な話だが、ヘルスケアの専門家が健康によくない行動や結果に加担し、永続的な解決策にならない治療を施すことは珍しくない。ランナーの治療に際しては、「プリハブ」、つまり予防法を怠る傾向にある。それは、正しい姿勢を学ぶ、体幹の筋肉《コアマッスル》を強化する、適切なランニングのペースを見つける、持久力をつける、可動範囲や動作の効率を理解する、そして充実感に浸ることだ。これに加えて、安らかな睡眠、適度な栄養補給、充分な回復時間、さらにコミュニティ意識があれば、あなたは着実に、強健になって、ケガを防ぐ道筋を歩むことになる。人体という魔法のギフトも正しく理解できるだろう。スタイルのシンプルさが機能の効率をもたらすのだ。

本書の各章、そして各章末エクササイズは、あなたの忙しい生活にもとけ込むように意図されている。最近の私はマラソンやウルトラ長距離レースにわが秘密兵器なしに出場することなど想像できない。このささやかな一冊にまとめたのはそんなテクニックだ。ここに挙げる原則を応用することで、私は現在、マラソンの3時間切りを毎年達成する世界最長記録（30年）を保持している。40歳と44歳のとき、空軍マラソンを2時間31分と2時間38分で制覇し、44歳のときボストンマラソンを2時間34分で走った。ウルトラマラソンにも挑戦し、熾烈なＪＦＫ50マイルのマスターズ部門で1位になったことがある。私のタイムは50歳を境に（生活があわただしくなったこともあって）、若干落ちてきたが、まだまだ何年も走ることを楽しめるだろう。きっとあなたにもできる――どんなパフォーマンス目標を立てるにしてもだ。

あなたにも、この自己発見の爽快な道を進む仲間になっていただけたらと思う。私の場合、発見と学習は日々、フルスロットルでつづいている。ダイエットと糖尿病、体内のマイクロバイオーム（微生物叢《そう》）、ストレスとストレス緩和、自然の恵みなど、さまざまな事柄に関する新たな情報を吸収しているからだ。端的にいうなら、私たちは子供たちやお年寄りの心をつかみ、外に出て、運動や健康的な食事、そして喜びをコミュニティに組み込むことを求められている。それはなにもランニングに限らない。ウォーキング、あるいはガーデニングやハイキング、ゴルフが好きな方にも、ここで見つかる内容の大半は当てはまる。私自身のこうした発見への道は、果てしない試行錯誤の連続だった。この本を読めば、私の悪戦苦闘と実験を飛び越して、フィットした健康な生活へのもっと簡単な早道が見つかるだろう。私が身につけた秘訣を分かち合えるこの機会をうれしく思う。

ウルトラマラソン級の長い話

私にとって、ランニングは一直線に進むものではなかった。走りはじめたのは13歳のときで、同年齢のグループでいちばん速かったことも少なくない。まずまずの成功がプラスの効果をもたらし、もっと頑張ろう、もっと速く、と私は走りつづけた。ハイスクールでも競技生活をおくり、1980年代半ばにはヴァージニア大学（UVA）の代表としてレースに出場した。

だが数々の勝利は、痛みやケガ、ぶり返し、手術、長いリハビリがつきものだった。最初に膝の手術を受けたのは15歳で、ハイスクール時代は走るというよりYMCAのプールで泳いでばかりだった。一度、抗炎症薬の副作用で血液の半分を腸潰瘍《かいよう》のために失ったこともある。

2000年には、足の親指の関節炎で危うくランニングのキャリアを終えるところだった。2000年オリンピック・トライアルの出場資格を得ようとしていたころのことだ。私はミリタリー世界選手権マラソンを2時間24分で走ったことがあったが、当日のローマは蒸し暑く、最低限のトレーニングしか積んでいなかった。きっとレーストラック同然のシカゴマラソンなら、参加標準タイムの2時間22分を切れるだろう。そこで私は6カ月にわたり、空いている時間をすべて1999年のシカゴマラソンに向けたトレーニングにつぎこんだ。

痛みは努力のレベルと喜びを左右する。シカゴマラソン前の6カ月間、私は1週間とつづけて痛みなしにトレーニングすることができなかった。一歩踏み出すごとに、歩くときでさえ、足底筋膜《そくていきんまく》炎《えん》に苦しめられた。

それでも、私はほかの選手たちとともに出走した。最初の20マイルは1マイル（約1・6キロ）5分20秒のペースを無理やり維持したものの、やがて遅くなりはじめた。最終タイムは2時間24分と、まずまずではあったが、標準記録には2分届かなかった。

つぎに臨んだイベントは手術だった。足の痛みは（ある程度）和らいだが、関節炎のために親指の関節が固まり、ねじ曲がっていた。ここにいたるまでに私は、たくさんのアーチサポート、装具、妙なデザインのシューズを手に入れ、（悪魔祓いの祈りとともに）痛みのないランニングの供物台に捧げていた。医師たちからはしきりにランニングをやめて別のことを始めるように言われた。でも、これほど手ごろで、リラックスでき、しかも楽しいものは見つからない――これと同じ、あらゆる面で解放感をもたらしてくれるものはなかった。

慢性的に故障したランナーとして、走りつづけたいのなら何かを変えなくてはならないと、私は悟った。UVA在学中、陸上チームドクターのダニエル・クーランド博士の患者兼モルモットとなり、ドクターが施すランニング障害の型破りな治療法に好奇心を駆られた。大学のスイミングプールで走らされたし（まるでリハビリ中の競走馬への処方だ）、診察室には温水浴槽サイズの深いプールがあって、アスリートたちがプールの側壁につながれたままその場で走る。トレーナーや医師たちがよく処方する堅い装具は使わず、ドクターはやわらかい中敷きをオープントースターで成形した。いまならわかるが、こうした用具や手法が、本書で概説するほかの方法とともに競技ランナーによって日々のトレーニングに採用され、ケガの予防に関して目覚ましい結果を示している。

ランニング、ケガ、治療、回復というサイクルをたえず繰り返していたことから、私は医学を学ぼうと思い立った。そして空いている時間に走り方の改善に乗り出す。生理学とランニングサイエンスという不思議の国に飛び込み、第一線の専門家たちに助言を仰いだ。故ジョージ・シーハン博士による『シーハン博士のランニング人間学』という本に注意を引かれた。シーハンは動作の力学（そしてランニング障害の根本的原因とその予防）について理解することが、痛みなしに生涯走る基盤になると力説していた。マイケル・イエシス、アーサー・リディアード、レイ・マクラナハン博士、フィル・マフェトン、ダニー・ドライヤーといったエキスパートたちは、彼らのテクニックに一意専心取り組めば、ランナーはパフォーマンスを向上させ、ケガを減らすことができると強調していた。ケイシー・ケリガン博士、ダニエル・リーバーマン博士、アイリーン・デイヴィス博士、ジェイ・ディチャリーらの臨床医や研究者がこれを裏づけている。

だんだん私にもわかってきた。ランニングフォームにひと握りの簡単かつ良識に基づく変更（各章末にまとめたもの）を加えるだけで、また走れるようになるのではないか。それには、接地のインパクトを和らげ、バネと弾みを利用して地面をより効率的に動いていけばいい。世界でももっとも偉大なあのランナーたちのように。

ケニア人ランナーたちとメキシコのタラウマラ族はすでに長距離走界の伝説となっていた。どうして彼らはおしなべて優れたランナーなのだろう？　答えは、そのテクニックを自然に、無意識のうちに身につけているからだ。必要に迫られて、日々の生活の一部として、一種の遊びとして。審美的に見ても、彼らのフォームはなめらかで効率がよく、美しいし、バネのあるストライドや速い歩調、完璧な姿勢、そして屈託のない笑顔という特徴がある。着地で体重がかかるのは足の真ん中付近で、体の重心の真下に近い。裸足やサンダル履きで走ることも多かった。

こうしたランナーにすれば、現代のシューズは使いにくいかさばった人工装具にほかならず、フォームの純粋さの邪魔にしかならない。ところが、こうした設計上の特徴が現代のランニングシューズに数多く組み込まれている。このテーマには足に関する章で戻ることにしよう。

本書、そして私のミッションは、ランニングをより安全に、より楽しくすることに向けられている。どんなシューズを履くかは問わない。この国の医師でシューズ店のオーナーも兼ねているのは、私ぐらいのものだろうに！　アメリカスポーツ医学会は近年、フットウェアに関する方針説明書を発表した。そこではわれわれの小さな店、〈トゥー・リヴァーズ・トレッズ（Two Rivers Treads）〉が長年やってきたことが裏づけられ、強調されている。

足の健康全般、とくにスタンス（足の位置）とゲイト（足の運び）、足の接地については独学するしかなかった。自然な人間のランニングフォームを研究していて何より驚いたのは、メキシコとケニアの伝統的なランナーがすっかりリラックスして楽しそうに見えたことだ。私のランニング仲間がたいがい浮かべる苦悶の表情とは対照的だった。これは彼らがまさしく、人間の設計意図に沿った行為に没頭していたからだと思う。つまり、走ることに。昔ながらの遊牧型狩猟採集社会は、のるかそるかだった。ケガをして長い距離を走ったり歩いたりする能力が損なわれたら、置き去りにされる。走ることは生きることだった。

この自然な走り方をするのは前近代の祖先たちだけではない。子供たちはいまでも、少なくとも靴に妨げられるまではやっている。ここに子供たちから学べる、というより、学び直せることがある。本書で私が紹介することはどれも、あなたを子供のころのランニング体験に近づけるといっていい。

メディカルスクールではたいして答えは見つからなかった。足の骨や筋肉、腱の名前を知っても、この注目すべき生物機械の実際の仕組みはほとんど見抜けない。それどころか、足という、ことによるともっとも解明されていない可動部位は、すべての動作の編成元にして基盤なのだ。これはご存じのはずだが、足はその主要機能を果たすべく見事に設計されている。その機能とは、衝撃を吸収すること、安定を保つために脳に信号を送ること、体を前進させることだ。

足に構造的な変形がある場合は別として、現代のシューズ（過去30余年の発明品）は、１００万年以上前からある人間の足の自然な機能を超えられずにいる。現代のシューズに足を入れたら、どんな連鎖反応が起きるか見てみればいい。踵が上がり、つま先が圧迫され、土踏まず《アーチ》は締めつけられる。どれもが膝、股関節、骨盤、背骨にかかる力を変化させるのだ。

土踏まずは、解剖学に則《のっと》っていない形状のシューズに閉じ込められると、設計どおりの機能を果たさない。踵を高くすれば、それを埋め合わせるためのドミノ効果が始まる。足の親指はとくにダイナミックで重要なものだ。全体として、結果的に足の安定が失われたことが体の運動連鎖《キネティックチェーン》に伝達され、骨盤が傾き、背中が揺れ、体の重心が前に移る。体重を支えるべき足の肝心な部分から遠ざかるわけだ。姿勢もゲイトも乱される（次ページの図）。きちんと積み上げた建材ブロックを思い描いてほしい。つぎに、いちばん下のブロックの片端を上げる。ぐらぐらするブロック列の安定を取り戻すには、底からてっぺんまで、各ブロックを少しずつずらすといった調節が必要になるだろう。

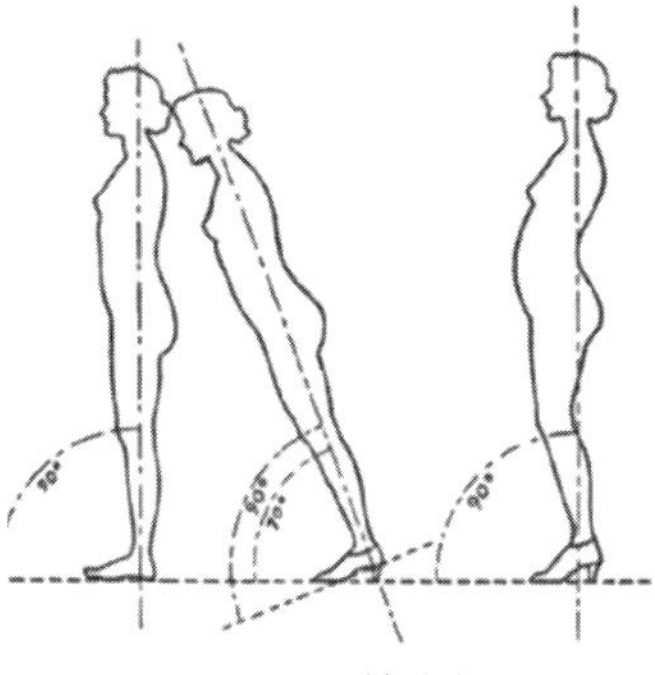

踵を高くすると、体は姿勢を調整し、運動連鎖《キネティックチェーン》全体にずれが生じる。

本書で紹介する手法については、数多くのランナーがまさしく人生を一変させるものだと評してきた。とはいえ、やはり医師で研究者である私の妻によれば、「体験談を集めても事実にならない」。そのとおりだ。そこで私は独自の研究を始めた。2007年後半、『無理なく走れる〈気〉ランニング』の著者、ダニー・ドライヤーとともに、こうした手法を採用したランナー2500人を調査し、その結果を科学会議で発表した。そこで明らかになったのは、中足部《ミッドフット》から着地する者のほうが、快適に走り、ケガが少なく、走るのに努力はいらないと感じていることだった。2012年には、「効率的ランニング・プログラム」を米空軍のために開発した。これは軍隊員も民間人も対象に設計された、より健康な、よりよいランナーになるよう教授する対話式マルチメディアコースだった。

　健康的なランニングやウォーキングはフットウェアとバイオメカニクスだけで成り立つものではない。スポーツ科学界の伝説的人物で、友人にして仕事仲間でもあるティム・ノークス博士は、われわれがトレーニングをする本当の狙いは、最適な健《オプティマルヘ》康《ルス》の維持と、長く実り豊かな人生をおくることだと力説する。

それはつまり、**最良型のトレーニングとは持続可能なレベルのトレーニングだ**ということだ。いまでは私たちも理解しているが、もっとも健康で、しばしばもっとも速いランナーたち（一貫して高いパフォーマンスを発揮し、ケガが少ないランナーたち）はトレーニングの重点を、最大速度ではなく、**各個人に適した充分な有酸素活動による最大効率の達成**に置いている。こうしたアスリートは最大出力をめざしてがんばったりしない。個人の持続出力レベルに合った努力をする。これは蓄えられた脂肪が第一の着実な燃料源として（摂取されたばかりで代謝の速い糖に優先して）使われるレベルの努力ということだ。

有酸素性の脂肪燃焼システムを最大限まで築きあげる過程で、ランナーのフォームと好気性代謝（酸素を使った糖や脂肪のエネルギーへの転換）はどちらも効率的になる。長い（消耗はしない程度の）トレーニング期間のあいだに、私たちの体は酸素の通り道となる毛細血管を新たに数百万本つくる。逆説的だが、確実にパフォーマンスを向上させるには、ランナーはむしろ減速して、ほどほどの制限速度を守り、努力の最大レベルを下回らなくてはならない。

医師として、私は何かを推奨するときは科学を根拠にするよう心がけている。スポーツ用品のデザインは数十年にわたって進化してきた。トレーニング方法も、競技そのもののレベルも変化し、発展してきている。だが、スポーツ医学はそうした変化に追いつけずにいるし、医療の専門家はもとよりおぼえが悪い。医学とテクノロジーは大きく進歩したが、ランニング障害にはいまだに古風な治療を施される。強制的休養、アイシング、分厚いクッション付きシューズ、矯正器具、そしてストレッチ。**こうしたケアや介入にもかかわらず、全ランナーの半数以上が毎年故障しつづけているのだ**。痛み止めはたいてい一時しのぎで、イブプロフェンなど一部の薬剤はかえって治癒を妨げ、回復期間が長引きかねない。

　率直にいって、ランニング障害を抱えたアスリートや患者に対する治療は多すぎるのに対し、注意と思慮は不足している。メディカルスクールでも病院研修でも、使いすぎ障害《オーバーユース》の評価や予防、リハビリについて指導を受けることはないに等しい。メディカルスクールでは、体全体ではなく、体の各部位《パーツ》の治療法を学んだ（まるで体がデパートメントストアでもあるかのように）。教えられたのは症状を治療することであって、根底にひそむアンバランスや弱さに取り組むことではない。本当の予防とは、そもそも病状の発生と進行を許さないことを意味する。糖尿病や心臓疾患を考えてみればいい。最善の予防法は、健康的な食事をして、ストレスを避け、毎日歩いたり走ったりすることだ。そしてもちろん、喫煙しないこと。

　医療の専門家は手始めに、理学療法士、足治療師、コーチ、メディア関係者、革新的な技術者やエンジニア、そしてランナーたち自身といった、医師以外の人々を巻き込んで、ランニング障害がしつこく繰り返される理由を話し合うといいだろう。彼らのアイデア、経験、意見があれば、医師と患者がつづけてきた果てしない診察の二重唱を省けるのではないか。それは一夜のうちに実現はしないかもしれない。通常、重大な医学上の発見が臨床の日常業務になるには10年かかる。それこそ、心臓発作治療の現代のプロトコルが救急科に広く採用されるまで、10年を要した。

　いま求められるのはランニングへの新しいアプローチだ。逆説的になるが、そのアプローチはランナーへの医療の介入を減らすものであって、増やすものではない。

　家庭医として、私はよく患者にどんな運動が好きですかと尋ねる。

「いえ、それが走れなくて……」というのが一般的な返答だ。

「そのことについてもう少し話してください」と私は言う。

患者はたいがい、腰痛持ちとか、膝がだめとか、足首が痛いとかこぼし、こうつづける、「まえの先生からはもっと安全なことをするように言われました」と。あるいはずばり、ランニングはひどく面倒でつらすぎると言うかだ。

「そのあたりをもっと聞かせてください」と私は食い下がる。

するときまって判明するのだが、運動不足や不健康な生活スタイル、疑わしい食習慣、以前の医師からの諫言《かんげん》が、患者たちの症状や病気の大きな原因になっているのだ。

臨床で繰り返されるこうした体験から、私たちのコミュニティに公共の健康《パブリックヘルス》の危機の要因があるとわかり、私は簡単な取り組みをいくつか試してみた。低炭水化物《ローカーボ》生活の講義をし、初心者向けのコミュニティランイベントをシリーズ化し、安全に走る準備ができるようにトレーニングクリニックを主催した。そしてランおよびウォーク用品の専門店をオープンしたわけだ。

患者を診察し、その体の機能やストレスへの対応の仕方を知るにつれ、ランニングに向いた体にすることはたいてい可能で、しかも安全にできるとの実感は強まっていく。人間は走るようにできている。思っている以上に走れる人はまだまだたくさんいるはずだ。

というより、私たちは社会として走らなければならない。肥満の発生率は世界じゅうで急激に高まり、上昇をつづけている。疾病予防管理センターの推定では、米国の成人の3分の1以上と、2歳から19歳までの小児や青年の20パーセントは肥満であるらしい。これは1250万人の子供ということだ。アメリカ心臓協会の近年の報告によると、現代の子供は1マイル走の記録が親の子供時代よりも90秒遅くなっている。

地元のランニング大会やランニングクラブで気づいたことだが、子供たちは好きこのんで肥満や運動不足になるわけではない。むしろ走ることが大好きだ。そこで私は地元のあるプロジェクトの火付け役となり、その結果、小学校十数校に走れるトレイルがつくられ、毎日の運動が時間割に組み込まれることになった。ウェストヴァージニア州は近年、生徒に一日30分の運動をするよう指導しており、このトレイルはその助けとなる。体育教師や学校のリソースへの負担を増やすこともない。クロスカントリーランニングは現在、われわれの地域の中等学校のスポーツに採用され、バークリー郡で導入された2016年以来、目覚ましい成果をあげている。

これは小さな、局地的な取り組みかもしれないが、この経験から強く示唆されるのは、われわれのコミュニティのパブリックヘルスの課題が国じゅうに共通したものであるということだ。肥満と不摂生は2型糖尿病や心臓病、認知症、特定の種類のがんなど、慢性疾患の原因になりやすい。医学にはこうした慢性病の進行を確実に逆転させる錠剤も介入策もないが、私たちはその多くを自力で逆転させることができる。各種の研究からますます明らかになっているように、身体活動と改善された栄養状態が健康とウェルビーイングを増進させ、寿命を延ばすという最善の結果を生み出すのだ。医師として、私は患者に健康を処方しないわけにはいかない。思うに、そうしないことはヒポクラテスの誓いを破ることだ。

良好な栄養状態がカギとなる。ウェストヴァージニア大学医学部で私が共同運営しているプロジェクトは4年目を迎えたが、そこでは学生に栄養学を教えるだけでなく、調理も指導している。この本では、健康的な食生活がいかにたやすいかを教授したい。それは単純に本物の食品を食べることだ。糖類と加工食材を避け、天然の栄養素をたっぷり、植物、ナッツ、全脂肪乳製品、卵、動物や魚から選んで摂る。本格的な地中海食やパレオ式、あるいはローカーボダイエットをあなたの文化や好みに合わせて変えるのもいい。これについては、ダイエットや栄養に関する章で述べよう。

人間は適応することができる。20年ほどまえ、私は医師たちから走るのをやめるよう忠告された。いまは魔法のようなウェルビーイングの感覚とともに走っている。そんな突拍子もないと思われるかもしれないが、走ることはどんな年齢の、ほとんどどんな人にとっても、心地よくて元気になれる、楽しい活動だ。ランニングでは、遊びと同じで測定可能な成果がなくてもかまわない。ただ足を下ろし、正しい体の位置を保って、股関節と大臀筋《だいでんきん》を押し広げる。するとバネを感じる。ストレスも、折れ曲がる感じも、痛みもない。

No pain, no gain（痛みなければ、うまみなし）という格言は過去の遺物にしよう。No pain, thank you（痛みがなければ、ありがとう）。これが自然な、健全なやり方だ。その目標はタイムとは関係ない。肝心なのは体と心の健康とウェルビーイングだ。ランニングという、私たち人間がおそらく何よりも適応している活動は、そのためのすばらしい乗り物になる。それは絶好の出発点だ。そして何度も繰り返し立ち返るのに絶好の地点でもある。

本書で謳う「Run for Your Life（生きるために走れ）」は目的地ではない。楽しくて、気楽な旅だ。それでどこにたどり着くか試してほしい。あなたの体の感覚に耳を傾け、それがポジティブなものだったら、進みつづけよう！　きっとあなたは両脚と体がほとんど疲れ知らずの乗り物だと気づくはずだ――その待機中のホットロッドはいまにもエンジンをうならせて飛び出し、加速とともに健康と喜びの未知の高みへ向かおうとしている。

ドリル

より健康な、より効率的なランナーになるにはどうしたらいいのか？[1] このあと、各章の終わりに紹介するエクササイズには、次に挙げる意図がある。同僚のジェイ・ディチャリー（*Anatomy for Runners* の著者）がうまくまとめているとおり、それはあなたを、

- **より賢くする**――図を使って正しい動作の型を学ぶ。
- **より強くする**――持久力、筋力、バランス、重要な姿勢筋《しせいきん》の安定性を養う。
- **よりバネのようにする**――ワークアウトや日常生活の動作を少しずつ進歩させながら微調整し、体の天性のバネを強化する。

こうしたドリルは簡単に実行でき、正しく漸進的に行なえば、インパクトやストレスはほとんど生じない。具体的には、それぞれのドリルとその説明文からあなたは次のことを学ぶ。

- 一日を通した、またランニング中の呼吸の仕方、座り方、立ち方、バランスの取り方がうまくなる。

- 手足の動く実質的な範囲を回復させ、維持する。
- スタンス（足の構え）に強度と安定性をもたらし、股関節伸展時《ヒップエクステンション》の力を育む。
- 一定のケイデンス（歩調）を設定して維持し、と同時にバネのように地面を「はねる」感覚を抱く。
- 走ったり動いたりするのが心地よくて楽しく、ワークアウトが終わっても、もっとつづけたくなる。
- 風味豊かで栄養があり、安価で、余分な体脂肪を減らす効果もある食事を楽しむ。
- 新たに再発見した健康と活力をほかの人にも身近なものにし、恩送りとしてコミュニティの健康を改善する方法を身につける。

目標は、ランニング志向のエクササイズのあいだに、動作を習得し、適切なフォームを維持すること、そしてスピードとパワーをそのフォームに組み込むことだ。間違ったやり方で手数を増やすくらいなら、正しいやり方で減らしたほうがいい。筋力と神経・筋肉の感覚が高まるにつれ、脚に授かった天性の「バネ」がさらに強く、さらに賢くなることに気づくだろう。やがては、適切に行なわれたドリルがあなたのランニングフォームに転じるはずだ。

あなたは好きなドリルを週2回行なうだけでいいし、どれも1回につき15分しかかからない。疲れていない日に、ウォームアップしてからやるのがベストだ。まずは簡単そうなエクササイズを選び、徐々に難度の高い、あなたの弱点を突くものに取り組めばいい——それがあなたの強みになるまで。

この本のことは、ユーザーフレンドリーな体のオーナーズマニュアルで、その天賦のギフトの安全な操作とメンテナンスを旨としていると考えてほしい。幸いなことに、厳しい摂生規則を守らなくてもいいが、継続することは求められる。時間が足りなくて困る場合は、ふだんの生活のなかで跳んだりはねたり、バランスを取ったりする機会を逃さないように。このあとのページで紹介するドリルと「エクササイズ・スナック」は、思いのほか楽しくて、元気が湧くものになるだろう。多少の根気強さと、よいフォームで行なうことがその条件だ。あなたがトレーニングをするのは、なんといっても、願わくは長く健康的なこれからの人生のためなのだから。

第Ⅰ部　スタートラインに立つまえに

第１章　体は思ったより老いている

進化を考えない生物学にはなんの意味もない。

――テオドシウス・ドブジャンスキー

神話：寿命は数十年前に比べて長くなっている。

事実：慢性疾患や悪化するパブリックヘルスを考慮すると、現代の寿命は昔よりたいして長くなっていない。一部の測定基準によると、米国の平均活動寿命は短くなりはじめている。

あなたのねらいがアスリートとして秀《ひい》でることであれ、ただ健康な老後を迎えることであれ、この地球にいるあいだの人生を精いっぱい、なるべく健康に、かつ豊かに生きるという目標は誰もがもっている。

まずは私たちが受け継いだ奇跡の装置を点検して、この体の設計上の機能に対する理解を深めよう。

走るのは人間だけ

人類の歴史を通じて、つまり狩猟採集民としての約200万年と、つづく農耕牧畜民としての1万2000年にわたり、[2] 走る、歩く、そして体を動かす能力が、生きるためには不可欠だった。私たちが存在するからこそ、地球を支配していることで実証されるように、人間は順調にやっている。少なくとも、いままでのところは。

人類出現以前の霊長類の祖先は、大型動物の多くよりも動きが遅く、力も弱かったが、やがてその動物を捕食の対象とするようになった。敏捷性を獲得し、体と手足が適応したのは、森に住んでいたことが大きい。森では食料となる草や果実を見つけられるし、木には登らず地表面に暮らす肉食動物に襲われる心配もなかった。

ではどのようにしてほかの種《しゅ》を支配し、捕食し、さらには一部の種を絶滅に追いやるに至ったのか？　そしてそのあと、どんな理由で現生人類、ホモ・サピエンスはヒト属の先行種との進化競争を制したのか？　筋力に勝る知力があったからか、その逆なのか？　それとも、筋力と知力が共進化したからだろうか？

人間の体力と能力に関するほぼすべての基準から見て、初期のヒト上科（および絶滅した一種、ネアンデルタール人）はホモ・サピエンスより優れていた。私たちはしだいに長い距離を歩き、走れるようになることで、徐々にではあっても決定的な適応を果たしたのだ。

科学者たちはおおむね、二足歩行・走行の能力が決定《ゲームチェンジャー》打だったと信じている。初期のヒトが

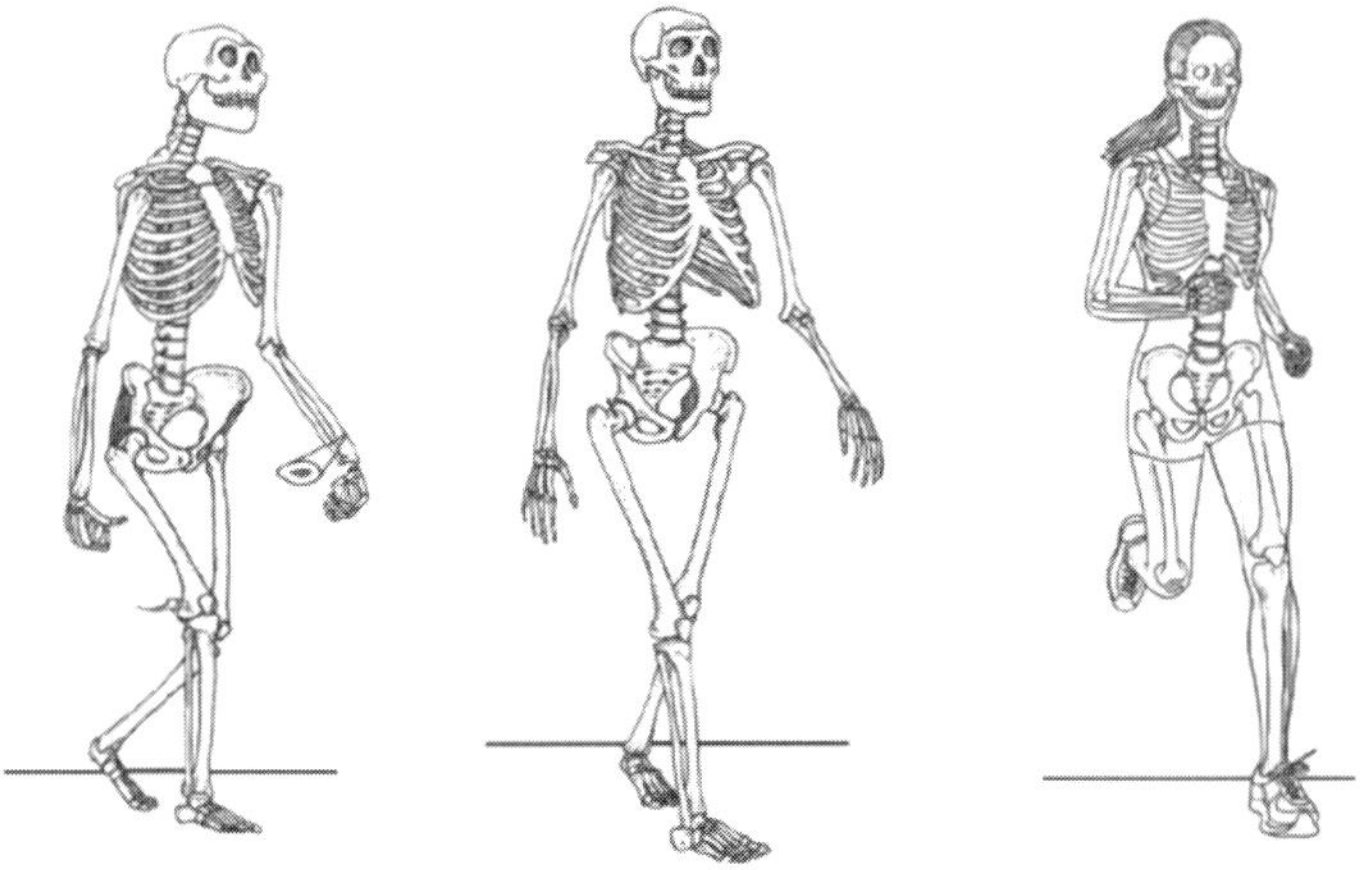

長い距離を歩き、走る能力が私たちの祖先のゲームチェンジャーだった。

使えた初歩的な道具では、レイヨウを倒すのは困難で危険でもあっただろう。ところが、人間は槍などの武器が開発されるしばらくまえから大きな動物を殺して食していた証拠がある。

ある有力な説によれば、初期の人間は暑い気候でも長い距離を歩く（ときに走る）能力があったため、大型の俊敏な獲物が熱中症や脱水症で倒れ、走ることも戦うこともできなくなるまで追跡できたのだという。その場合、歩く速さでは間に合わなかっただろう。初期の人間は捕食動物などの差し迫った危険から逃げるときは全速力で走った。だが獲物を追跡するときは、この「持久狩猟」説によると、移動の速さは相手を動かしつづけて休ませない程度でよかったと思われる（ほとんどの大型動物は浅速呼吸《パンティング》をして熱を取り除くが、走りながらパンティングをすることはできない）。

エネルギー効率よく長距離を移動する能力は狩猟のほかにも役に立った。たとえば、新しい水源地への移住が容易になり、より豊かな地域に移ることもできた。飢饉《ききん》や干魃《かんばつ》などの危険を避け、ときには遠くの土地まで歩いていけたわけで、それを支えたのが摂取したカロリーを効率的に蓄えて活用する能力だった。

適切なギアを手に入れた

ダニエル・リーバーマン博士と同僚たちは、人体構造と生理機能の面で長距離の歩行・走行能力を高める進化的適応(3)を特定した。主に私たちの助けとなったのはつぎに挙げる特徴だ。あなたも自分のランニングに注意を向ければ気づくことかもしれない。

- 効率よく調和して動く、バネにも似た**脚の腱と筋肉**。バネのような繊維質の腱は、伸びたときに位置エネルギーを蓄える。筋肉は腱が体を前に弾く際に安定性を与える。
- 特大の**大臀筋**、つまり尻の筋肉。強く安定した腰と胴をもたらす。
- **直立の姿勢、類まれなバランス、安定した頭と首**。こうした特徴があるからこそ、二足で走りながら、周辺環境を認識しつつ遠くにあるものに注意を向けられることに注意したい。一部の説では、よく発達した前庭器官《ぜんていきかん》(平衡を司《つかさど》る内耳の部位)が人間の生存に大きく貢献したとされる。
- 豊富な**汗腺**。汗をかくことで効果的な気化冷却、もしくは体温調節が行なわれる。体温と活動レベルが上がると私たちは発汗を増やして熱に適応する。毛皮がなく、体毛は最小限で、体重に対する体表面積比が高いため、空気の冷却効果にさらされる皮膚が多い。また、人間の呼吸パターンは独特で、ストライドと連動していないから、呼吸しながら肺を通して体熱を取り除くことができる。四足の哺乳類にはできないことだ。

- 効率的な燃料源として**脂肪を消化し、蓄え、活用する能力**。脂肪はグラムあたりのカロリーが糖の2倍だ。さらに代謝の効率も糖の7～10倍に達する（この貴重な燃料源については持久力や栄養に関する各章で掘り下げたい）。
- **バネのようなアーチと短い足指をそなえ、歩くことと走ることに特異なかたちで適応している足**。一本の足は26の骨と33の関節、107の靱帯、19の筋肉や腱で構成されるオーケストラで、3つの平面に対するクッション、バネ、コントロールを同時に提供する。第4章でこの驚くべき付属物を重点的に取り上げる。

スローに、ただしスマートに

こうした進化的適応にもかかわらず、人間は生理学的に欠点があるように映る。子供を大人へと育てるには（非生産的な）何年間もの養育と訓練が必要なうえに、私たちのトップスピードは大きさの似た野生動物に比べて遅い。

自然選択（自然淘汰）にはトレードオフと妥協がついてまわる。人間は高い持久力を発達させてきたが、速さはさほどではない（地上最速の動物、チーターはスピードを利して獲物を捕らえることに特化されているが、持久力はほとんどない）。また、脂肪を効率的に貯蔵する人間の能力は飢饉を乗り切るのに役立つ反面、肥満のリスクを高めている。脳の大きさにもトレードオフはつきも

人体設計の特徴をテストする：2015年JFK50マイルレース。求められるのは、正しい姿勢、バネのような脚、大臀筋による安定、効率的なエネルギー使用、そしてウォーキングとランニングのミックス。

のだ。人間の大きな脳は飢えた器官で、体の安静時エネルギー需要の4分の1近くを占め、もっと実り多く筋力やスピードに集中できるはずのカロリーを流用している。

それでも、脳は私たちの役に立ってきた。進化する脳が火の利用をもたらし、道具を使って食べ物を加熱し、挽き、すりつぶすことにつながった。嚙みにくい動植物の繊維をやわらかくすることで咀《そ》嚼《しゃく》と消化のプロセスが速くなり、代謝可能なタンパク質と脂肪の量が増える結果となった（加熱した食品は消費できる栄養が生の食品の倍以上になる。セルロースと筋繊維のタンパク質は高温で性質が変わり、やわらかくなって消化しやすくなるためだ）。

摂取する食べ物の質が高くなって栄養状態が上向くと、それを支えに知力はさらに発達した。人間がより賢くなるにつれ、社会化が進み、狩猟技術や道具づくりの能力も改善された。一方、火を使いこなすことが役立ったのは調理だけではない。野生動物に対する火の抑止効果のおかげで、人間は捕食動物を恐れずに眠れる時間が長くなった。そして深くなったＲＥＭ睡眠が脳の機能と成長を促進したのだ。

そうこうするうち、人間は脂肪貯蔵および脂肪燃焼マシンと化した。脂肪とタンパク質は脳と筋肉にとって欠かせない基本成分となるし、脂肪は炭水化物よりもエネルギーと必須栄養素の密度が濃い。たとえば、イヌイットの人々は炭水化物を一切食べることなく健康を維持していた。脂肪を摂らなかったら、人間は生きていけない。

初期の人間はまた、インスリンの働きで（低エネルギーの）炭水化物を効率よく（高エネルギーの）脂肪に変換して貯蔵する能力も身につけた。私たちは食料が豊かな時期に脂肪を蓄積し、不足した時期に代謝することができる――いざとなったら食料がない期間に、「燃料補給」が必要になるまで、その脂肪を活用すればいい。

育ちか素質か？

個人によって能力は異なるが、その差はある程度、遺伝子から説明がつく。とはいえ、生活スタイル、食事、行動も重要だ。ジャーナリストのアダーナン・フィンが観察したところでは、ケニア農村部の子供たちは猛烈に体を動かす生活をおくっていて、多くは家でヤギや家畜を追いかけ、そのあと長い距離を走って登下校するのだという。テレビやコンピューターはほとんど利用できず、ほぼ全員が裸足だ。とりわけ、ケニアのある部族は着実にランニングの王者を輩出してきた。カレンジン族である。彼らの堅い意志と農村部の活発な生活スタイルとが相まって、世界最速の持久力ランナーが生み出されているようだ。

同じく、メキシコのタラウマラ族も古タイヤと縄でつくったサンダルを履いて超長距離を走破することで有名だ。タラウマラ族のレジェンド、アルヌルフォ・キマーレは２０１６年ボストンマラソンでスピーチしたとき、聴衆のなかのあるランナーから「トレーニング」メニューについて質問を受けた。すると（間をおいて的確な言葉を探すはめになった）通訳を介し、アルヌルフォは「トレーニング」の大部分は村から村まで歩くことだと答えた。

ランニングに関して、タラウマラ族やケニア人が遺伝的に特別優れているという証拠はない。ハーヴァード大学の進化生物学者ダニエル・リーバーマンの指摘によれば、こうした人々も私たちと同じように、病気やランニング技術の衰えにつながる習慣に陥りやすく、とくに欧米風の食事や現代のランニングシューズを取り入れたときはそれが顕著になる。

競合する進化の意図

私たちは進化によって、走り、歩き、活動をつづけるようになった。反面、生まれつきエネルギーを極力保存するようにできている。つまり、休んでリラックスするわけだ。カロリーが不足していた祖先たちの世界では、カロリー消費を減らし、食料がない期間にそのエネルギーを蓄える能力が、生存するうえで優位をもたらした。ただし、現代人にとっては、このカロリーをしまっておく遺伝的傾向がちょっとした進化のジレンマを生み出している。研究者のジェイムズ・H・オキーフと同僚たちの呼び方では、「１０００年来の関係――エネルギー消費、カロリー摂取、適切なホルモン応答間のバランス」である。言い換えると、私たちの内なる自然と生活環境の関係はほぼ断たれているのだ。「1世紀ほどまえまで」、オキーフによれば、「歴史上、人間が機能するうえで必要なカロリー量を超えるほど、高カロリーの高度加工食品に日常的にさらされたためしはなかった」（これはおおむね真実だが、全面的にではない。マイケル・イーズ博士が、エジプトの穀粉文化のミイラ化した証拠と芸術表現についてたびたび語っている。体重の多さが富と地位のしるしだったのかもしれない。古代は太りすぎの人がはるかに少なかったようではあるが）。

私たちが気づきはじめているように、こうしたいちばん楽な方法をとって食べたいだけ食べる生来の傾向が、現代人を悩ませる健康上の災難と医療費の上昇に大きく関与している。肥満と糖分の多い食事が、２型糖尿病をはじめとする各種現代病にとって肥沃な土地を生み出すのだ。これについては栄養やダイエットに関する章で取り組むとしよう。

じつはそこに本書の構想のきっかけがある。私たちはもっとよい、もっと機能的な、もっと健康的な人間になれるという期待、そして私たちの本質や本来の生き方との関係を回復し、育むことができるという期待だ。これは静止と安楽の場を見つけるということではない。ここで求められるのは、カウチにもたれたまま手当たり次第に食べたいという生来の欲求に進んで抗うことだ。

私たちは人類史上類のない時代に生きている。それは生活スタイルを選べる時代だ。私たちの体は一日じゅう机の前に座るように進化したのではないのに、多くの人がそうしている。また、ウルトラマラソンを走る機械になるように進化したわけでもないのに、私はたまにそうなりたいと思い、冒険を楽しんだこともある。めざすべきは、そのあいだにある場所を見つけること、そして私たちの体の設計意図に合った生活スタイルを採用することだ。恒常性《ホメオスタシス》にホルミシス（少量の毒が好影響をもたらす現象）を加えることが卓越の境地に通じる道となる。

新たな古い日常

過去数世代のあいだに陥った日常生活のために、私たちには健康に有害な習慣がいくつも染みついている。食事や睡眠パターン、不安のレベルが変わっただけではなく、体の動かし方（もしくは動かさないやり方）も、先祖代々受け継がれた人間工学的に効率のいい自然なパターンから離れてきた。その一例が、姿勢と歩行を扱った章で述べる座り方だ。前かがみの姿勢で座ると（頭と肩が前に出て、腰が曲がり、尻の筋肉が伸びすぎると）、定着した筋肉の記憶《マッスルメモリー》のせいで立位姿勢が崩れる。骨格の並びがずれて、あらゆる動作が影響を受けるはずだ。

テクノロジーによる支援や介入も助けにならない。衰えた動きや健康を補うという触れ込みの薬や装具、健康器具、サプリメント、その他流行《はや》りの商品は、私たちの体の生理学的逸脱を加速させるのが主な働きだ。こうした高価な「修理」が根底にある問題を正すことはめったにない。その問題はたいてい、姿勢の悪さや誤った動作、不健康な行動に端を発している。また、最新医療の介入の多くも、古来のままの人体をまったく別の現代の世界に適合させようとするものでしかない。こうしてリーバーマン博士の名づけた「ミスマッチ病」、つまり祖先から受け継いだ行動や動作のパターン、体と心の生理（と心理）に合わない食事から生じる病気の実例が増える結果となる。

生活の質——量よりも大切

こうした医療上の配慮はあっても[4]、アメリカ人の障害調整平均余命（ＤＡＬＥ）と健康調整平均余命（ＨＡＬＥ）は70年しかなく、世界の上位20カ国にも入らない。過去1世紀の新たな展開をふたつ（乳児死亡率の著しい減少と抗生物質の特異な救命効果）だけ割り引いて考えた場合、現在の寿命は数世代前に比べてさほど長くない。

一部の基準によると、米国の平均活動寿命は短くなりはじめている。これは人が生きた合計年数とは違い、健康で活動的な人生の長さを指すものだ。これについて、１００歳超えのマスターズ２００メートル走記録保持者、オーヴィル・ロジャーズが気の利いたことを言っていた。われわれが目標とすべきは「長生きしてぽっくり逝く」ことだと。

それにはどうしたらよいのか？　研究者のジェイムズ・オキーフは、狩猟採集民の日々の身体活動パターンが現代のエクササイズ計画をつくるうえで理想的なひな形になると明言している。その計画で日常の動作をゲノム内にコードされた原型にそろえなおすわけだ。じつは、各章末のドリルにはそれぞれ近代以前に対応するものがある。たとえば、持久力トレーニング（ロングスローラン）は持久狩猟に欠かせなかったし、インターバルトレーニング（ジョギングと合間の短いスプリント）は闘争と逃走に呼応し、筋力トレーニング（ウェイトリフティングなど）は家を建てることや大きな獲物の処理を複製し、モビリティトレーニング（可動域いっぱいまで体を動かす）は生存に必要な各種動作を再現する。そして**休息と回復**がこのひな形の中心に位置づけられる。狩猟採集民はくつろぐ時間もたっぷり取っていた。

　便利な現代のじわじわと迫る危険を避けるには、進化上の過去を少しばかり再生させる必要があるにちがいない。それにはシンプルな自然食品をとり、定期的に体を幅広く動かすことだ。その間ずっと、できれば、楽しさと遊びの感覚も体験したい（最近の世代では、これはスポーツという場で再現されている）。

　幸いにして、軽度から中程度のエクササイズ、スポーツ、職場での運動だけでも健康状態を改善することは可能だ。この単純なメッセージも、多いほうがいい、速いに越したことはないと思い込んでいる社会では、必ずしもわかりきったことではない。医師として簡素、一貫性、ほどほどの努力といった考えをあらためて紹介しようとする私は、「古風」な気がすることもある。一時の流行や想定、応急処置、ハック、ニューエイジ療法、通説からなる流れに逆らって泳いでいるのだから。

　あなたはこれから人間の機構の奇跡についてもっと知り、歩くことと走ることのアート、仕組み、そしてごく当たり前の癖になる喜びを味わうことになる。それは私たちのＤＮＡに組み込まれているのだ。

　さあはじめよう。

ドリル

この章の準備ドリルはバランスに関するもので、ここでは目、内耳、足と全身の感覚器官の調和が求められる。バランスは、本書で説明するほかのエクササイズや活動の土台、前提条件といってもいい。そしてよいバランスは健康的なランニングで何より大事な要素、リラックスすることの基礎だ。

いったんこのドリルをマスターしたら、目を閉じたり、クッションやたたんだヨガマットの上に立つなど、難易度を高めながら楽しむこともできるだろう。

片脚バランス

まず固い表面の上で裸足になる。椅子や壁に手が届くようにする。

膝から下を少し上げる。つぎに、ゆっくりと腿を下

片脚バランス

脚振り（前後）

脚振り（左右）

げて後ろに伸ばし、股関節を伸展させる。初めに目を開けたままこのポジションを保ち、つぎに目を閉じてやってみる。両手を腰にあてる、両腕を横に広げる、その腕を上下に振る（新雪の上で「スノーエンジェル」遊びをやる要領で）、親指を後ろに向けるなど、姿勢を変える。足を替える。これを日中できるだけ繰り返す。

脚振り

右脚で立ち、左脚を床から数センチ上げる。両手を腰にあて、左脚を前後に、そして左右に振る。もう一方の脚で繰り返す。振っている足を地面につけないように。

片脚スクワット

ゴルファーズ・ピックアップ

片脚スクワット

両足を腰幅に開く。右足を上げて少しだけ後ろに開く。ここで腰を後ろに引いて下げ、部分的な片脚スクワットの姿勢になる。右膝を曲げ、胸をまっすぐにし、目を前方に据えた状態で、尻を後ろにある仮想のスツールに下ろす。大臀筋（尻の筋肉）を使って初めの姿勢に戻る。もう一方の足で繰り返す。

ゴルファーズ・ピックアップ（あるいは片脚デッドリフト）

体を前に折りながら、頭から伸ばした片足までの直線を

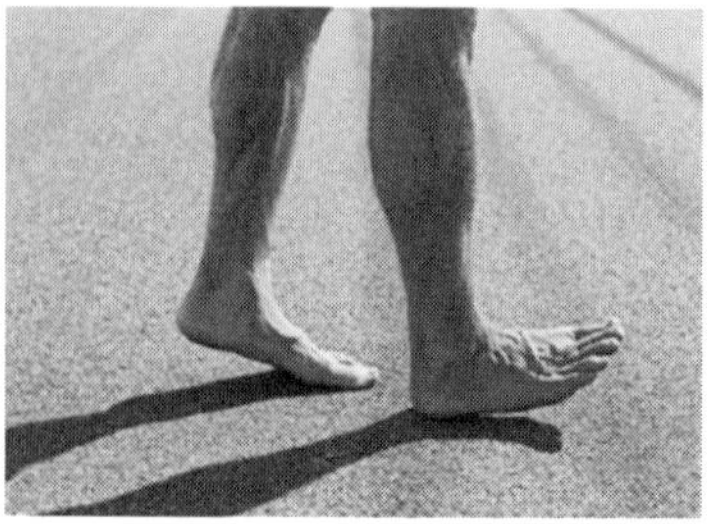

足を調べる

維持する。腰は床と平行にして、腰椎の自然なカーブを保つ。

くりかえし床から軽いもの（に限定！）を持ち上げる場合、いちばん安全な方法は両膝を曲げて背中を立てたままにする方式ではない。「ゴルファーズ・ピックアップ」のほうが関節にやさしい。片脚が後ろに上がると（バランスをとるため）、上半身はてこの支点となる立ち脚の上で前に傾く。背骨も膝も曲がることはない。

左足でバランスをとって股関節を中心に体を二つ折りしながら、ゴルフボールを拾うように右手を地面のほうに伸ばす。膝と背中はまっすぐだが、ずっと弛緩《しかん》したままだ。尻を引き締めて初めの姿勢に戻る。

足を調べる

足には20万個の感覚受容器があり、たえず無意識のうちに位置について知らせてくれるから、私たちはバランスを微調整できる。家や職場で靴を脱ぎ、毎日少し時間をとって歩いてみよう。まずは踵で、つぎに指のつけ根で、足の外側で、内側で。

片脚走

片脚走（上級者向け）

私は週に数回、ランの終わりにこれをやる。できれば、芝地などの、やわらかい（が不安定ではない）地面の上がいい。片脚でバランスをとり、体幹の筋肉を使って走る動作をしながら片脚で５～10回跳びはねる。もう一方の脚に切り替える。10～20メートルから始めて、徐々に50～１００メートルまで延ばしていこう。ここではバランスに意識を集中しつつ、足と膝下をバネのように使うことが求められる。

第2章　立ち上がって呼吸する

若者の80パーセントは腰痛持ちだ。残る20パーセントはコンピューターを持っていない。
――作者不詳

神話：筋力がパフォーマンスの土台である。
事実：すべては姿勢から始まる。

私はウェストヴァージニア州に住んでいるが、ニューヨークのセントラルパークを走るときは「イマジン」と中央に記されたジョン・レノンの記念モザイクの前で立ち止まり、世界の平和を想像する。私たち自身の体ともっと平和な関係になれる世界も想像する。それは腰痛のない、代謝性疾患も変性疾患もない世界だ。

現在、その世界は存在する。長々と座ることを避けられる社会には。50歳以上の人なら、あの時代をおぼえているだろう。まだビデオゲームがなかった子供時代の夏、座る機会があるとしたら夕食のテーブルだけだったころを（床に座ってボードゲームをやったり好きなテレビ番組を観たりすることはあったかもしれない）。

いまや私たちは慢性の腰痛、悪い姿勢、浅い呼吸に悩まされている。その大半は座りすぎによるものだ。ここで朗報となるのは、これにはシンプルな治療法があることで、しかもそれはあなたの一日から時間を奪うのではなく、加えてくれる。必要なのはただ、姿勢を正し、立っている時間を増やして、床に少しばかり快適なスペースを見つけ、「背骨健康法」に取り組むことだ。

ジョン・レノンが歌うとおり、**やってみれば簡単さ。**

どうして座ると命が縮まるのか

長時間椅子に腰掛けていると、骨盤と脊椎下部を脚につなぐ前部の筋肉、股関節屈筋群《ヒップフレクサー》の慢性的な短縮を招く。また、後部の筋肉が伸びすぎて弱くもなるが、この大臀筋は私たちの動作の大部分を支える重要な尻の筋肉だ。長時間椅子に座りっぱなしになったあとで立ち上がると、骨盤と背骨はすぐにはバランスのとれた「ニュートラル」な位置に戻らない。姿勢は前かがみのままで（ときには気づかないほどだが）、可動域が損なわれる。

この新たな「デフォルト」の姿勢からは、ほかにもいろいろな埋め合わせが生じる。それを肝に銘じておかないと、少々「だらしない」歩き方になり、肩が前に曲がって、背中が丸まり、頭は重心より前に出るはずだ（次ページの写真参照）。頭の位置が2、3センチ前になるごとに、2、3キロのストレスが頸椎《けいつい》下部に加えられる。足に関する章で見るように、現代のシューズ（なかでも

左は、頭と肩が前に出て「スマホ姿勢」になっている。背骨は自然な、すらっとした直立の構造からずれた状態だ。スマホもしくはデスクトップ姿勢は関節に悪く、静的筋力の維持が求められる。右は、まっすぐで強い、安定した姿勢。

高いヒール）はこの機能しにくい姿勢を悪化させる。

端的にいって、私たちはバランスが崩れている時間が長すぎる。姿勢がすらっと伸びず、バランスを欠き、リラックスしていない場合、動作の効率が下がったあげくに立っているのも面倒になるだろう。この軽い不快感が座りたい欲求を強める。座ることが苦痛の少ない楽な選択肢になると、それが習慣化して〝座位フィードバックループ〟を生み出す。アスリートでマッサージ療法士のローラ・バーグマンによれば、「どのように立つかで、どのように着地するかが決まるのです」。サイクリングも、間違いなく健康的な活動ではあるが、ここでは役に立たない。自転車乗りは前かがみの座り方になるためだ。

学校の机に何時間も座らされる子供たちは（たいていそのあと自宅のカウチで何時間もすごし）、いつしか深部股関節屈筋群、つまり腰筋と腸骨筋の短縮を起こしはじめる。嘆かわしいことに、結

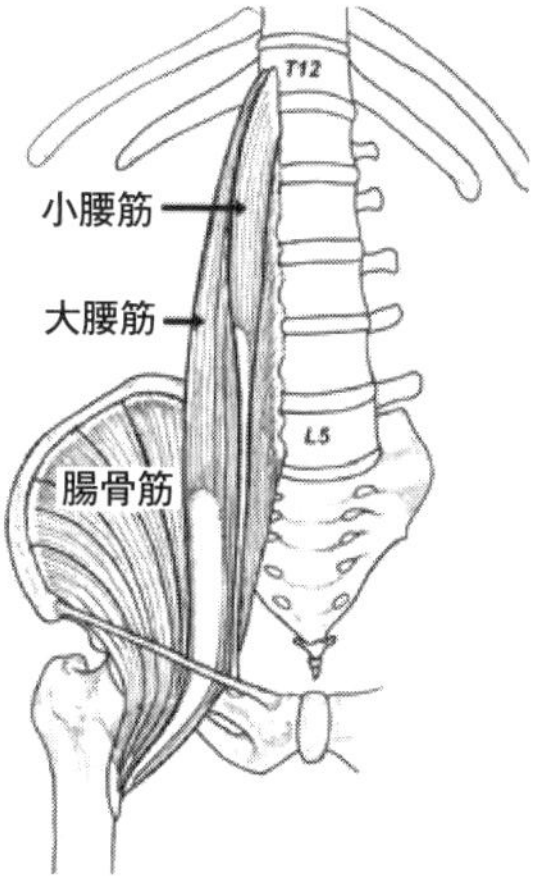

腸骨筋と腰筋は主要な股関節屈筋である。
これらの重要な筋肉が長時間の座位によって短縮する。

果として前かがみの姿勢と非効率的な動作パターンが刷り込まれたまま大人になる。

理学療法士のケリー・スターレットは幼稚園に入るまえの子供たちが自然に、最低限の努力で走ることに注目した。スプリントし、スピードを上げ、足指のつけ根で走る姿は、「まるでミニチュア版のケニア人マラソンランナー」だったという。スターレットも、私がクリニックで見てきたように、小学1年生になるころには半数の子供が踵着地《ヒールストライク》をはじめるのを目の当たりにした。そして2年生になるころには、ほとんどの子の走り方と動作パターンが非機能的になっている。この場合、習うより慣れろは当てはまらない。慣れても機能不全が定着するだけだ。

座るとシグナルが送信される
——カロリーを蓄えよ

座位を原因とする構造的な変化に加え、腰を下ろす行為だけでエネルギーを蓄えよという代謝シグナルが送られる。あとで述べるように、座って動かずにいると筋ミトコンドリア内のトリグリセリド（中性脂肪）の代謝に不可欠な酵素の急激な減少が引き起こされるのだ。トリグリセリドはそのあと脂肪酸に変換されて肝臓や脂肪組織（腹の脂肪）に蓄積し、代謝性疾患のリスクを高める。[5] 各種研究によれば、長時間座っていると動脈も細くなり、血圧と心臓疾患や2型糖尿病、がん、早死にのリスクを上昇させるようだ。

　さらに大局的に見るともっと恐ろしくなる。複数の研究と蓄積データから導かれた近年のメタ分析によると、**厳格な毎日のエクササイズも座位による健康への悪影響をやわらげはしない**。定期的にエクササイズに励み、体を動かしている人であってもだ（マラソンランナーもここに含まれる）。この「アクティブ・カウチポテト症候群」が私には意外だった。多くの人と同様、毎日30分のランなどの活動をすれば（『アメリカ人のための身体活動ガイドライン（*Physical Activity Guidelines for Americans*）』で推奨されているように）、長時間座っていた一日の悪影響を消せるものと思っていたからだ。

　空軍のフライトドクター訓練の一環として、人生最大級の肉体的に過酷な（体にダメージがある）日々をすごしたのは、連続回転する人体遠心機にかけられたときのこと。私は6G（重力の6倍）の力を、さらに9Gの力を受けた。一連のテストを乗り切りはしたものの、痛みの感覚は何日か尾を引き、マラソンが日曜日の散歩に思えるほどだった。私たちの体はとうていこんなストレスに順応できない。

　元NASAライフサイエンス部門責任者で、『NASA式最強の健康法――「座りすぎ」をやめると、脳と身体が変わる』の著者ジョーン・ヴァーニカスは、Gフォースと重力（および無重力）

が体に与える影響を研究している。そこでわかったのは、長時間の無重力（ゼロＧフォース）はあの過剰なＧフォースよりも人体にかかる負担が大きいということだった。比較的短期間でも無重力環境にいると老化が加速して骨量と骨密度が減り、骨折のリスクが高まるのだ。

１Ｇに２Ｇや３Ｇが混ざるくらいがちょうどいい！　重力は不思議で、おもしろいものだ。地表から離れられない者にとってとりわけ心躍る、スリリングな活動には、重力が関わっている。それを操ったり、強めたり、遊ぶ道具にしたり、逆らってみたりと。子供たちは本能的にそれを理解する。大人はこの不思議な力を見落とすことがあり、ぼんやり身をゆだねて重力により下へ引っぱられるばかりだ。努力するまでもなく、ただ何時間も椅子に座ってリラックスすることで、ほとんどの人は「ゼロＧ座位生理学」と私が呼ぶ医学トピックに寄与している。これを裏づける科学は明白だ。つまり、長時間の座位には害がある。私たちは一日じゅう座っているよう設計されてなどいない。長時間のベッドでの安静（ゼロＧにもっとも近い日常的な代用物）も、患者が座ったり立ったり歩いたりできる場合はほぼすべて、医療では禁止すべきだ。

「重力は生理機能上、そして老化プロセスで大きな役割を果たしています」とヴァーニカス博士は言う。「私たちは擬微小重力環境に存在するように設計されてはいない。しゃがむように設計されている。膝をつくように設計されている。座るのはかまわないが、絶え間ない座位は体に悪い。何時間も座っていることが悪いというのではなく、その座位を何度となく中断することは体によいということです！」

この朗報は座ったまま受け取るな

幸いなことに、座位の悪影響は可逆的で、解決策は案外簡単だ。つまり、混ぜ合わせればいい。デスクワークをしている人なら、座った状態から立ち上がるだけで（20分に1回以上）体が脂肪を燃焼させる大きな助けになる。「ダイナミックな」デスク環境をつくり、一日を通して姿勢を変えられる（そして変えざるをえない）ようにしよう。販売業などで、いつも立っている人なら、座って短い休憩をとるといい。

見事な一手というべきか、未就学児と小学生を比較したケリー・スターレットは、自分の子供たちの学校に立ち机《スタンディングデスク》を使うよう説得した。いまや子供たちはそれが大好きだ！　現在、われらが地元の1校でも採用している。

一日じゅう同じ姿勢で立っているのもよくない。スタンディングデスクやトレッドミルデスク（強くおすすめしたい）を試すなら、必ずしばらくのあいだ座ってリラックスするように。立っている姿勢を崩して脚をスツールや椅子、窓台に交互にのせ、ゆっくりと股関節屈筋群を伸ばすといい。合間をどんどん利用して（考え事をしたり電話で話したりしながら）しゃがんだり、膝をついたりしてみる。混ぜてみてもいい。歩きまわる。可能なら、うつ伏せになって文字を打ったり読んだり、ゲームをしたっていい。

椅子にふんぞり返るのはやめよう

驚くにはあたらないが、私たちは流行病ともいえる腰痛に悩まされている。腰の痛みは軍でも民間でも障害の主な原因で、生産性が失われる無数の日々はここから説明がつく。腰痛治療は年間800億ドル産業だが、医療界で形成されつつあるコンセンサスによれば、現代の介入の大半は、注射から外科的処置にいたるまで、ほとんどあるいはまったく価値がなく、かえって害になることも多い。

必要なのは**症状ではなく姿勢の治療**である。立ち上がる、姿勢に注意する、ストレッチをする、スクワットをする、そして歩くことが、「背骨の衛生」を良好に保つ最良の方法だ。腰を負傷したり手術したりした人にとって、最善のリハビリ方法は、通常、筋力を取り戻すことになる。背骨を曲げ、ひねり、自然なストレスや負荷をかけることだ。現代の医療では脊椎移植は行なわれない。

呼吸を学び直す

よい姿勢になるには正しい腹式呼吸をしなくてはならない。横隔膜を使うことが体幹を安定させるカギとなるからだ。息を吸うときに下腹部をふくらませると、強力な横隔膜が収縮して肺の下部が満たされ、そこで最大限まで酸素交換が行なわれる。腹部がふくらむと、直立した体幹が加圧された炭酸水の缶のように硬くなる。まわりの人に目を向けてみよう。たいてい横隔膜と腹腔《ふっくう》ではなく、胸の上部で呼吸しているはずだ。

鼻で呼吸してみよう。すると横隔膜が働き、二酸化炭素（CO_2）濃度が自然に上昇して、酸素を組織に解放する助けとなる。二酸化炭素濃度が充分なら体は酸素を利用できるため、血液中にそれだけの量のCO_2があるようにしなくてはならない。CO_2を放出しすぎると、酸素は本来の行

息を吸って下腹部が空気で満たされると、胴が加圧された炭酸水の缶のように硬くなり、体幹が安定して酸素供給が良好になる。

き先である筋肉などの組織に解放されるのではなく、血色素《ヘモグロビン》と結合する。過呼吸時にめまいがするのはそのためだ。吐き出すCO_2が多すぎると、解放されて脳まで届く酸素が不足する。

ゆっくりとした、マインドフルな呼吸はさらに、鎮静効果のある副交感神経の反応を引き起こし、落ち着きを持続させ、パフォーマンスをも向上させる。ほとんどのスポーツ活動で（瞬間的な爆発力が求められるものは別として）、私たちは体をリラックスさせたほうが力を発揮しやすい。短距離走でも、オリンピック選手のウサイン・ボルトはリラックスしたまま加速する。マイケル・ジョーダンがほぼすべてのフリースローを決めるまえに（敵チームのファンから何を叫ばれようと）行なっていたルーティンは、深く、ゆっくりと呼吸することが肝だった。

医療の現場で、私はよく呼吸時の悪い癖のせいで呼吸器疾患を抱えた患者を診る。医者はこうした患者を対症的に吸入器で治療しがちだが、それは過呼吸を促進させることが少なくない。むしろマインドフルな横隔膜式呼吸のやり方を、直立し、リラックスした、バランスのいい姿勢と合わせて教えるべきだろう。

ドリル

1　座位という流行病の解毒剤を試してみよう

ここに挙げるいくつかの習慣を仕事のある日に取り入れれば、生産性は高まり、健康は増進して、喜びも増すだろう。何より大切なのは、一日の半分は立つか歩くかし、20分連続で座るのは避けることだ。長時間座る仕事をせざるをえない場合は、以下の方法で「座位フィードバックループ」をはねのけよう。

- **スタンディングデスクで作業する。**数年前、私は仕事場の机にシューズの箱を積み重ねてラップトップの位置を高くした。現在、ウェストヴァージニア大学はスタンディングデスクを数台設置し、米国空軍も採用している。仕事場でいつでもできるときに体を動かし、脚を上げ、ストレッチをするようにしよう。
- **トレッドミルデスクをテストランする。**試したことのある友人や同僚がいるかもしれない。最低でも30分、時速1～2・4マイル（約1・6～3・9キロ）までの適度なスピードで試してみよう。正しい直立の姿勢を保ち、ゆっくり深く呼吸することを忘れないように。生産性の向上を感じられる可能性は高い。

10歳になる娘のリリーがエリプティカルバイクを試し乗り。見て、ママ、サドルがないよ！

- **徒歩かエリプティカルバイクで通勤する。**エリプティカルバイクとは要するに、従来の自転車のフレームを長くして屋内用の楕円軌道《エリプティカル》トレーナーを搭載したものだ。一部のエリートランナーはクロストレーニングや非衝撃性有酸素ワークアウトのために使用している。必ずしも現実的ではないが、ちょっとした工夫で日課に組み込めるはずだ。たとえば、通勤の一部は車にし、残りを徒歩か自転車かエリプティカルバイクにしてもいい。
- **スタンディング休憩やウォーキング休憩をとる。**30分につき最低２分間は立ってすごす。可能なら（たとえば電話で話しながら）、歩いて外に出る、何回かスクワットする、軽くストレッチをする、メールの返信を携帯電話で口述する、あるいはウォーキングミーティングをしてみよう。動くことは認知プロセスを促進させる。リマインダーとして、座るたびに電話でアラームを30分後にセットしたり、Time Out（Mac）やWorkrave（Windows）といったアプリを使ったりするのもいい。

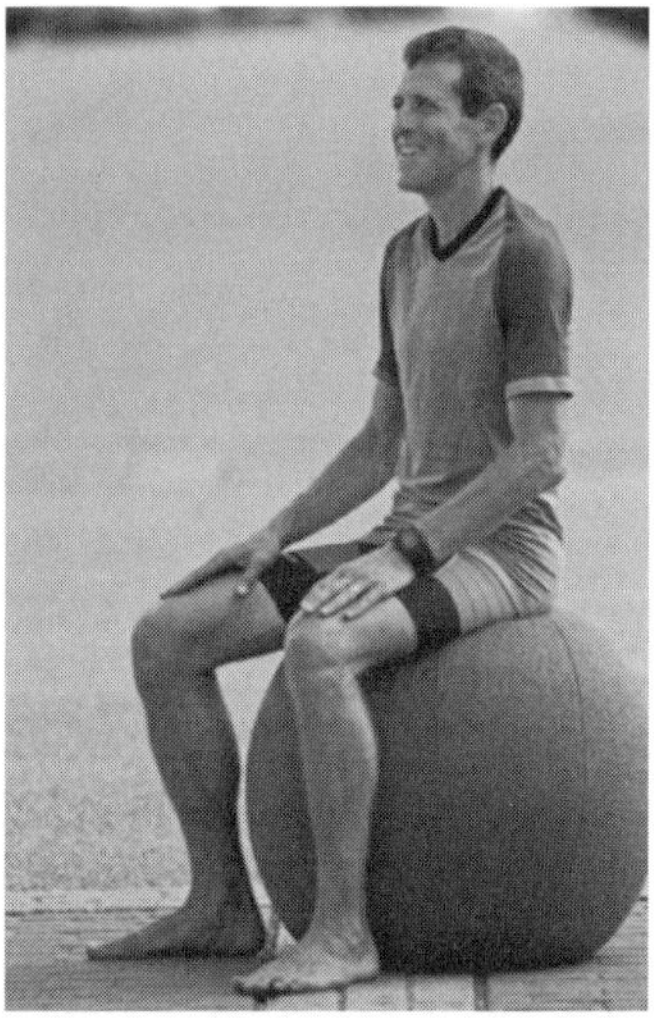

正しい姿勢で座れば、腰に「サポート」は必要ない。背すじを伸ばして座ると、腰痛が緩和され、健康全般が増進する。

・**立ってミーティングをする**。同僚にどう思われるかが気になるなら、腰が悪いと伝えよう！　もっといいのは、ウォーキングミーティングを開くことだ。

・**もっとアクティブに座る**。おとなしく椅子にもたれるだけが座り方ではない。背すじを伸ばして、頭をまっすぐにし、坐骨結節の真上でバランスが取れるように座ろう。さらにいいのは、背のある椅子ではなく、ヨガボール（バランスボール）やスツールに座ることだ。すると姿勢の微調整に必要な一連の筋肉群が活動する（〈ヴェン・デザイン（Venn Design）〉がカバー付きのバランスボールを製造している。車や飛行機の座席に座る場合、私は〈バックジョイ〉という製品を使用する。骨盤と脊椎下部の位置を整えるサポートシートだ）。

・**床に座る**。いつでもできるときに、いろいろな姿勢を組み合わせてみよう。これによ

床に座るさまざまな姿勢——いわば「座位のヨガ」——の一部（子供たちは自然にこの多くを使っている）。

ってつま先から上半身までの関節、筋肉、筋膜が動員され、重要な安定させる筋肉が結集する。座ったり立ち上がったりという単純な動作も体にいい。

2　立つ姿勢をリセットする

ここでは努力よりもリラックスすることとアライメント（骨格の配列）が大事になる。息を終始、ゆっくりと深く、横隔膜を使って呼吸しよう。

- 壁を背にして立つ。よい姿勢を、肩から腰、足首まで走る直線として思い描く。
- 両足を股関節の下に位置させ、腿の幅に開く。足の先が前を向くのが理想だが、無理にそうしないこと。若干外に開くのがあなたにとって自然な位置かもしれない。この位置を記憶に刻む。練習と反復によって、新しい「常態」がつくられるだろう。初めはぎこちなく見えたり感じたりするかもしれない。たいていの人はそのような立ち方をしないからだ（後述するように、足が前を向くと、足のアーチが安定して、股関節や臀部の強力な筋肉を動かしやすくなる）。
- 各足の「三脚」、つまり足の（指のつけ根の）内側と外側、そして踵でバランスを取る。足を腰幅に開き、前を向く。膝を固める。そしてゆるめる。違いが感じられるだろうか？　固めていない柔軟な膝は体を安定させる。いちばん安定した姿勢になるよう膝をリラックスさせよう。
- 今度は首すじを伸ばし、頭頂部から体を引っぱり上げるつもりで背丈を高くする。顎は自然と下がるはずだ。
- 高い棚のクッキー入れを取る要領で腕を上げてみよう。背骨が（とくに胸郭の部分で）伸びる

まず壁を背にして「まっすぐ立つ」。頭、肩、尻、踵が壁にふれ、背中のくびれの後ろに手が入る空間ができるようにする。そのあと壁を使わずにその姿勢を再現する。

のを感じるはずだ。背骨を伸ばしたまま、両腕を下ろす。

- 両腕をわきにした状態で、肩を前に出し、つぎに高く上げ、それから後ろに引いて、肩甲骨をすっと胸郭に下ろす。西部劇の無法者が銃をホルスターに戻すように肩甲骨を収めるのだと想像してほしい。するとどうだ！　肩が安定している。

これであなたの姿勢は直線的につながっているはずだ。足首の上に腰。腰の上に肩。肩の上に耳。体重のほとんどを踵に感じるだろう。体が**頭の下でまっすぐバランスが取れている**ところを思い描いてほしい。疑わしい場合は、横から写真を撮ってもらい、耳、肩、腰、足首それぞれの点が一直線につながっているか確かめよう。

いまあなたの背骨は伸び、横隔膜が連動している。これを確認する簡単なテストがある。誰かにあなたの後ろに立ってもらい、両肩を真下に押してもらうことだ。それで体勢が後ろに崩れるようなら、上半身を**股関節から**やや前に傾け、再度チェックする。安定するあなたの柱を見つけよう。

3　呼吸をリセットする

本書ウェブサイト（runforyourlifebook.com）の動画ページにある横隔膜式呼吸の短いドリルをこなせば、背骨が正しく並んで伸び、横隔膜が活動し、組織の酸素添加が促進されて、副交感神経系のホルモン（リラックス作用のあるよいもの）が大量に放出されるだろう。一日の始まりと終わりを区切るのに絶好の方法だ。

- ゆっくりと、あお向けになる。次ページの写真のように、両足を尻のほうにすべらせて膝を90度に曲げる。頭頂部をそっと引っぱられるところを想像して、背骨を伸ばし、完全に伸び切った姿勢にしてみよう。
- スノーエンジェルをつくるように、手を開いて腕をまっすぐ伸ばし、肩甲骨を体の下に押し込む。
- 視覚的に確認できるように、携帯電話などの小さなものをへその上に置く。息を吸って吐くたびに上下するはずだ。
- 風船をふくらませるように、息をすべて吐ききる。ゆるやかに唇をすぼめて軽く抵抗を加えつ

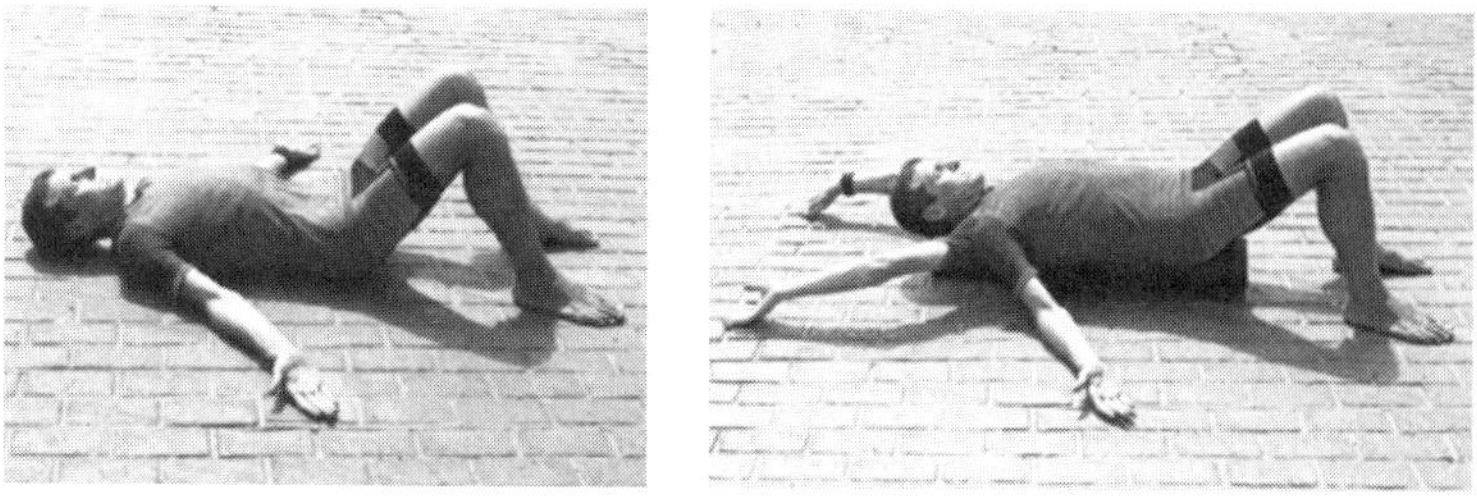

背骨を伸ばし、肩甲骨を押し込んで、腹で呼吸する。長めのフォームローラーの上に寝て、深呼吸しながらスノーエンジェルをつくるように腕を動かしてもいい。

つ、意識を集中させる。ゆっくりと数えていき（ワン・サウザンド、トゥー・サウザンド、スリー・サウザンド……）、それから息を鼻から腹腔に吸い込む。

- 目いっぱい吸ったところでいったん息を止め、もう少しだけ吸い込む。すると横隔膜が働き、おなかにのせたものをさらに若干押し上げるだろう。
- ゆっくりと息を吐き、今度もゆっくりカウントする。吐ききったところで息を止め、それからおなかをもう少しだけ背骨のほうに引っこめる。

リラックスできるようになったら、カウントを4／8（吸気時に4まで、呼気時に8まで数える）に、そして5／10、さらに7／14か8／16まで増やしていく。めまいや息切れがしたらやめること。呼吸は強く、スムーズで、一定であるのが望ましい。息の流れに制限がかかっているように感じた場合は、そのまま呼吸をつづけて乗り切ろう。息をあえがせたり、ため息をついたりしないように。これを毎日2分間行なう。

　両手両膝をついて練習するのもいい。背骨を「ニュートラル」に保ち、おなかで呼吸する。すると腹腔を使って息を吐くのがうまくなり、横隔膜と呼吸が背中の筋肉といかに作用しあっているかわかるだろう。

きっとこうした調整を日課に組み込めば、あなたの生産性は高まり、さらに活力を感じて、診療所や治療院で無駄にする時間が減るはずだ。これを毎日の習慣として身につけ、つづけていこう――生涯にわたって！

第3章　走るまえに歩け

飛べないなら、走ればいい。走れないなら、歩けばいい。歩けないなら、這《は》えばいい。ただ、なんとしても、動きつづけることだ。

――マーティン・ルーサー・キング・ジュニア牧師

神話：みんな、正しい歩き方を知っている。学ぶほどのことはない。

事実：ほとんどの人は間違った歩き方をしている。幸いなことに、正しい歩き方は簡単に学び直せる。

神話：ランニングをしたほうがウォーキングをするよりも健康になる。

事実：ウォーキングの日課をつづけると、結果として寿命が延び、健康全般がランナーに匹敵するレベルになる。

フィットネスと健康を増進させることにかけては、ランニングがウォーキングにまさっていると考える人は多い。ところが、さまざまな研究で、しだいにある基本的な結論にたどり着きつつある。それは、ウォーキングの日課をつづけることにはランニングに劣らず、心臓疾患、2型糖尿病、アルツハイマー病、がんの予防効果があるというものだ。おまけに、精力的に継続してウォーキングをしている人は認知機能と気分が上向くのに加え、明らかに死亡率が低くなる。

たしかに、歩くという基礎的な活動について知るべきことがたくさん残っているわけがない。歩くことはばかばかしいほどシンプルだ。本能的な動作で、ほとんど考えるまでもない。それでも、少しだけ付け加えておきたいことがある。意外にも、たいていの人は正しい歩き方をしていないのだ。怠惰さのせいでも、訓練不足のせいでもない。それはむしろ、座ってばかりいる生活習慣の副産物だ。

健康的な歩き方は長期的に見てあなたの命を救ってくれる。戦地勤務の軍人にすれば、正しい歩き方は短期的にも命を守るのに不可欠だ。２０１５年、私は米空軍戦闘管制チームとパラシュート降下員（ＰＪ）のグループにランニングフォームの指導をするよう招かれた。トレーニングの一環として、こうした若き航空兵たちは機から降下して「敵」の領土を進み、空爆のターゲットを合図で知らせる（これを行なうのは通常、地上にいる者だ）。そして生きて脱出しなくてはならない。

私は訓練兵の「ラック・マーチ」に参加した。１マイル（約１・６キロ）15分刻みで4マイルの道のりを、重さ30キロ近いバックパックを背負って行軍する演習だ。ふたを開けてみると、兵士たちは歩きの達人で、重装備とペースにもかかわらず、この行軍が朝の散歩に見えるほどだった。この航空兵たちがほとんど無頓着に、何マイルにもわたって巧みにやってのけることを、これから説明してみたい。

ともあれ、歩くことの仕組みとは？

歩行の機構、つまり舞台裏で作用している生理機能とプロセスは、筋肉、筋膜、関節、エネルギー、バランス、意志からなる複雑な振り付けを頼みとしている。それは体をケガから保護しつつ、効率的な前進運動を生み出すことに特化したものだ。

意識的な脳が処理するのは動作全体であって、個々の筋肉ではない。歩くプロセスですべての筋肉にわざわざ指示しなくてはならないとしたら、一歩踏み出すこともままならないだろう。代わりに、主に潜在意識レベルで作用する筋膜組織が、脳、筋膜、筋肉に生じたきっかけに反応する。こうした組織は進化の結果、関節その他の組織に緊張を加えることで応答し、そのエネルギーを（トランポリンのバネのように）解放して前進運動に向け直す。

重力は私たちの味方であり、敵でもある。それは体を下に引っぱるが、下への動きにはエネルギーがあって、上向きの跳ね返りに利用可能だ。私たちが移動する足もとの表面にも例外なく、固有の弾性がある。やわらかい砂の上と板張りの床の上を歩いたときの感覚を比べてみればいい。砂浜で歩いたり走ったりした場合、着地するごとに費やされるエネルギーの大半は砂のなかに消える（足跡ひとつごとに砂を押し下げるのに必要な労力を想像してほしい）。これに対して、板張りの床ははるかに弾性が高く、落ちてくるあなたの重みからエネルギーを蓄え、その一部を次の一歩がはね上げられる際に送り返す。ハーヴァード大学の屋内トラックは完璧な弾性のある表面かもしれない――あまりに良好なため、ここで計測されたタイムは公式記録とはみなされない。

大型の箱時計にあるような振り子を見てみよう。弧を描いて揺れるたび、振り子の運動エネルギーは真下に位置したときに最大になる。上に向かうにつれて振り子は減速し、運動エネルギーが位置エネルギーに変換されて、振り子が頂点で止まったとき最大に達する。大きな弧を描く良質な振り子は、運動エネルギーから位置エネルギーへの変換効率がほぼ100パーセントだ。

今度は歩いている人間の両脚を、ごく単純に2本の振り子として思い描いてほしい。一方の脚の運動エネルギーが最高になるのは、その足をスイングの底から前に振り出すときで、その（蓄えられた）位置エネルギーが最高点に達する、つまり満タンになるのは、足が瞬間的に止まって接地するときだ。

私たちの二脚振り子の運動効率は、自由に前進できる場合でも、65パーセント程度にすぎない。これは各ステップを終える（そして動きつづける）のに必要なエネルギーの35パーセント相当を筋肉から調達しなくてはならないということだ。とはいえ、歩行効率には改善の余地がある。ある研究で、荷物を頭にのせて運ぶケニア人女性たちを調査した結果、ストライド中のミッドスタンス（立脚中期。一方の足が地面を離れ、もう一方の足の踵が地面から離れるまでのあいだ）の一時停止を短くすることで地面に消散するエネルギーを最小にしているのがわかった。より多くの位置および運動エネルギーを前進運動に変換することで、筋肉に求められる力添え（と費やされるエネルギーの総カロリー）を、大半の人が同じ作業をこなす場合に必要な量より減らしているわけだ。荷物を運ぶときはエネルギーの保存がものをいい、ケニア人女性の運動効率は65パーセントから80パーセントにまで上昇する。

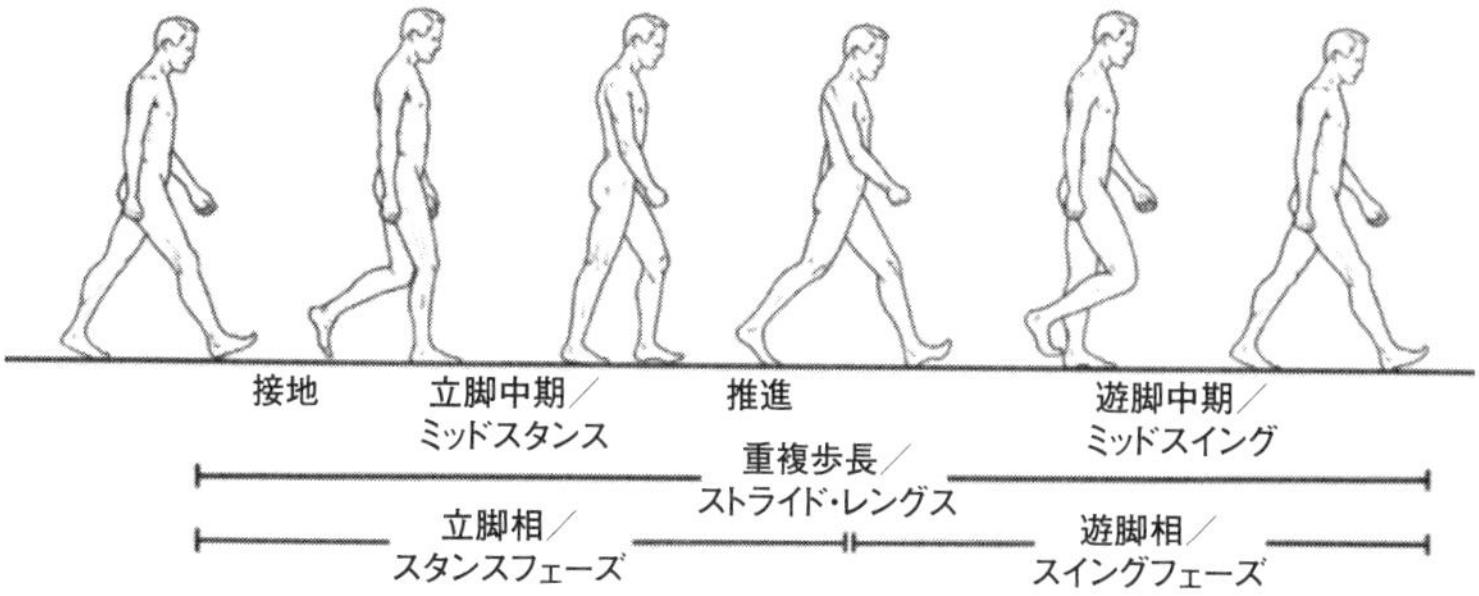

コマ撮りしたらどう見える？

歩行の機構を調べるとして、体の各部分はどのように連動して、この当たり前でいて驚くべき動作を組み立てているのだろう？

私たちの関節と筋肉は個別には作用しない。体とは、複雑に並べられた部分が堅く（ときにゆるく）結びつき、動的で相互に依存する、バネ仕掛けの一連の動作をなすものと考えるべきだ。では通常の歩行のストライド（重複歩。片足が接地し、その足がふたたび接地するまでの動作）を分析してみよう。

肉のパッドがある踵が最初に着地する部分だ。着地の衝撃エネルギーの一部はこのクッション機能で消える。つぎに衝撃を吸収するのは足首の関節で、そのあとが膝、腰、そして最後が背骨だ。バランスと細かな修正を担う筋膜系も、衝撃負荷の多くを吸収して消散させ、さらにエネルギーの一部を蓄える。

ストライドが進むにしたがい、着地した脚は後方で地面からつま先が離れる脚となり、そのつま先は反って（背屈して）、土踏まずをリセットするとともに安定させる。つま先離れ《トウオフ》時に、つま先は伸び（足関節を底屈させ）、膝が伸びて股関節が伸展し、背骨がやや傾いて（弓形になり）、足裏が後ろを向いて上がる。

そのパワーとバネはどこから来るのか？

支えとなる股関節の筋肉（内転筋、外転筋、大臀筋）は強くなければならないが、股関節から後方への脚の伸展を最大限にするためには、股関節屈筋群（腸骨筋、腰筋、大腿直筋を含む筋肉群）も長く、動きやすくなければならない。股関節屈筋群が締まり、つま先が背屈しにくい（反りにくい）と、ストライドは短くなる（次ページの写真上）。

良好な移動運動《ロコモーション》は、ストライドの蹴り出し期《プッシュオフ》（足が地面に着いているあいだ）の筋膜と筋肉の力と弾性によって決まる。宙に浮いたら、足は推進力を出せない。

歩行中に起きるダイナミックな動作はもうひとつある。肩が骨盤とは逆方向に横回転することだ。このため胸の前部で斜めの、バネのような緊張が「X」字状に生じる。股関節伸展《ヒップエクステンション》がうまくできれば、この逆回転の緊張とエネルギーが後ろの脚を跳ね上げ、素早く効率的に前方に戻す（次ページの写真下）。

さて、立って歩きはじめたら、今度は簡単な調整をして動作を容易にし、効率を高めてみよう。

姿勢は、前章で見たとおり、確実で効率のいい歩行フォームを養うのに最適なスタート地点だ。姿勢がよければ、体の質量は構造に支えられる。筋肉ではない。歩いていたり、立っているだけでも痛みや疲れに悩まされるとしたら、それが筋肉を使ってバランスを取っていること、姿勢のアライメントがずれていることの最初の手がかりになる（お気づきかもしれないが、「美術館でののぞ

締まった股関節屈筋群＋固い足指の付け根＋固いシューズ＝短いストライド
可動性のよい股関節と前足部＋柔軟性のあるシューズ＝長いストライド

短いストライド＋わずかな肩と骨盤との逆回転＋かすかな股関節伸展＝弱いバネ

長いストライド＋充分な肩と骨盤との逆回転＋充分な股関節伸展＝強力なバネ

ろ歩き」はたいがい、高速のパワーウォークより疲れやすく効率が悪い。そぞろ歩きの場合は、筋肉と腱の動的な弾性の代わりに筋肉の力を使い、通常の歩くペースで生じる両脚のリズミカルな振り子運動を台なしにしているためだ)。

庭仕事用の熊手を、片手で柄《え》の端を持ってまっすぐ空に向けているとしよう。熊手のバランスがうまく取れれば、難なくその位置に保つことができる。しかしアライメントが少しでも乱れると、相当な筋力が必要だ。脊柱も同じ。踵の高いシューズはこの姿勢のゆがみを悪化させることにしかならない。

転ばぬ先の櫂《かい》

今度歩くときは、それを新しいマインドフルな冒険だと考えてみよう。

まず、骨格をまっすぐに伸ばしつつ、リラックスさせ、横隔膜を使って呼吸する（前章で学んだとおりに）。足首から体を軽く前傾させ、その勢いで歩きだそう。脚を櫂のつもりで地面（水中）に下ろし、後ろにかいて体（カヌー）を前進させる。

先頭に立つのは頭ではなく、胴だ。視線はまっすぐ前方に保ち、下には向けない。歩きながら、次のことを試してみよう。両手を腰の前に置き、一歩ごとに意識して足の親指をいつもよりほんの一瞬長く地面につけ、後ろから押すようにして前に出る。ストライドの終わりに、足底をやや上向きにする――足裏を解放して「日焼け」させる。

膝は着地時にはやや曲がったままだが、トウオフ時に伸び切る。前進ロコモーション（移動運動）で肝心なのは、前に位置する脚ではなく、後ろ側の脚だ。強力な後面の筋肉群が体を下に向かって後ろから押すことに注目してほしい。後ろの脚は自然に持ち上がって前に運ばれるだろう（後ろに伸ばせば伸ばすほど、脚は前に跳ね返りやすい）。股関節が開いて大臀筋が活動すると、ストライドは長くなる。

両腕を振り子のように肩から軽く前後に振り、手の力は抜く。両足に注意しよう。丸みのある踵はボールのように作用する。前に転がりやすい設計だ。体重が踵から足の親指に移るときは、急激な連続するヒールストライクというより、スムーズに踵をまわる車輪の機構を思い描こう。基礎物理学から明らかだが、歩くときに脚を前に伸ばしすぎ、膝を固定して、地面を強く打つのは効率が悪い（そして疲れやすい）。各ステップの着地にはたいした衝撃がないように思えても、１マイルではその２０００倍になる。

以上のようなやり方で細かい変化を加えると最初は違和感があるかもしれないが、上達するにつれて流動的に、かつ自然にこなせるようになる。歩行は滑空さながらになるだろう。

このシューズはウォーキング用ですが……

ランニングシューズ（足についての章参照）に当てはまる原理はウォーキング用フットウェアにも当てはまる。医療関係者やシューズ店から、アーチサポートの充実したクッション付きシューズを勧められたことがあるかもしれない。しかし、そうした幅が狭くてやわらかい、アーチサポートのあるシューズは足の機能を邪魔し、姿勢を乱して前方への推進を妨げるだけだ。とくに、高いヒールは激しい踵着地を可能にし（さらに促進し）、結果的に足首から膝と腰、あげくに背中までの全関節にその埋め合わせをさせる。そしてアーチサポートは足の自然な、板ばねにも似た扁平化《へんぺいか》を妨げる。「扁平足」であるのを嘆く人もいるが、それはおおむね、変形足の症例だ——長年使わずにいるのがいけない。

練習を重ねる根気があれば、現代のシューズが引き起こす苦痛はかならず覆《くつがえ》せるといっていい。アーネスト・ウッドの*Zen Dictionary*（『禅事典』）に記されているように、「足は地面を感じたときに足を感じるのである」。より薄底でフラットな、伸縮性の高い、つま先部分《トウボックス》が幅広で、アーチサポートのないシューズへと移行すれば、あなたはこの足と地面のつながり、そして足の奇跡的な機能を再発見できるだろう。そうしたミニマリストシューズは、つま先を広げることが可能で、バランスをもたらし、足を回内《プロネーション》させて土踏まずを平らにさせ、跳ね戻るときに移動運動のパワーを解き放つ。

いったん、より幅の広い、より薄底のシューズへと（徐々に）進みだしたら、きっと引き返すことはないだろう。ただし、サポート機能付きシューズが必要な、構造上もしくは先天的な症状があったら、知識の豊富な医療従事者に相談してほしい。

固い船底状《ロッカーソール》の靴が多数出回っているが、これは自然な反発エネルギーを弱めるし、足が前に回転するとき不安定になりやすい。こうした現代のシューズ（やほかの大半の靴）は先端がやや上向きに曲がっている。これは「つま先の反り《トウスプリング》」という意図的なデザイン特性で、足が次の一歩へと「転がる」際に補助が必要との前提に立ったものだ。ところが、私たちのつま先は曲がってしなり、地表をつかむようにできている。シューズがつま先を空に向けたら、つま先はよいバランスや前進の

1世代前のこうした煉瓦のようなフットウェアをおぼえているだろうか？　このようなハイキングブーツは足と地面の自然なつながりを妨げるので避けるのが一番だ。

トウボックスが幅広でアーチサポートも積み上げ《ヒールリフト》もないシューズがウォーキングには理想的だ。現代の「クッション入り」ランニングシューズによく見られる高いヒールは、フットバランスや姿勢を危うくし、激しいヒールストライクを助長する。

後押しができない。皮肉にも、ロッカーソールではトウオフ時につま先が最大限に反る（背屈する）こともままならないが、安定した土台をつくって最適な推進力をもたらすにはそれが不可欠である。

いたって単純な話だ。シューズに足の機能を代わりに果たしてもらうにはおよばない。なんといっても、試行錯誤を経た私たちの足の設計特性はきわめて長きにわたって進化してきたのだから（ラエトリで発見された足跡化石は約３７０万年前にさかのぼる）。

私の父は股関節の、さらに片膝の置換手術を受けた。その回復期に、もう一方の膝も置換したほうがいいと告げられた。だが、手術の同意書にもう一度署名するまえに私が説得し、父は試しに歩き方を変えて、あまりごつくない靴を履くようになった。ミニマリストシューズを3足履きつぶしたいま、父は歩いたりゴルフをしたりしても痛みはなく、体重も減っている。気分は最高だし、もう片方の膝もまったく痛くないと言う。姿勢のアライメントを直し、歩行方法を変えて生来の脚のバネを目覚めさせ、関節への衝撃を減らすことで、痛みなしに歩けるようになり、寿命を延ばしたのだ。

キープ・オン・トレッキン

もっと歩くのにモチベーションが必要なら、楽しいウォーキング用品を試してみよう。心拍計はあなたの努力や向上するフィットネスの把握に役立つ道具だ。活動量計（〈フィットビット[Fitbit]〉など）は歩いた距離や歩数の記録をつけるよう励ますのがうまい。歩行距離を一日5マイル（約8キロ）もしくは1万歩まで増やしてみよう。GPSウォッチは距離を正確に計測してくれるが、おそらくあなたの携帯電話には歩数を計算して移動距離を記録する無料アプリが入っているのではないか。トレッドミルデスクを頼りにし（短期間で習熟して）、今では机に向かって座っているより全般的に生産性が高いと言い切る人が増えている。

田園地方でハイキングやウォーキングをする場合は、ノルディックポールを使ったらいいかもしれない。ハイキングポールを使うと体がさらに鍛えられ、重要な肩の「引く」筋肉の運動になる。（定番エクササイズの大半と日常的な活動は押す筋肉を働かせるものだ）。多くのフィットネスプログラムがランニングとウォーキングを組み合わせているが、私もそれをおすすめしたい。歩調《ケイデンス》を速めてストライドを伸ばすと、スピードと心拍数が上がり、心臓血管系に好影響がある。〈レキ（Leki）〉の製品は優れたポールだ。

忙しくてウォーキング専用の時間を割けない場合は、電話で話しながら歩いたり、人を誘ったりしてみよう。こんな円卓会議よりいいものがあるだろうか——半球状のテーブルが地平線から地平線まで広がり、あなたと同僚を囲むのは、宇宙だとしたら？

設備の入れ替えを始めよう

病院では、ウォーキングこそすべての術後や病気の回復で何より重要な部分だ。脊髄損傷など、数少ない不運な症状でなければ、めざすべきはつねに、効率的で痛みのない歩行に早く復帰することとなる。姿勢、バランス、身体意識、股関節の伸展、臀部や足の筋力の各原則は、このあとの章で見ていくが、ウォーキングにも等しく当てはまるし、これ以上に安全な、あるいは取り組みやすい動作はない。その自然な流れと、そこで養われる筋力のお膳立てがあれば、リラックスした効率のいいランニングが身につくだろう。

ドリル

座ってすごしがちな人にとっては、通常、ウォーキングが体調を整えるにあたってもっとも安全な（かつ、もっとも簡単な）方法だ。最初の処方箋はいたってシンプル、**立ち上がって歩きはじめること**。次のステップは、**次のステップを踏み出すこと**だ。繰り返し。

今度歩くときに、以下のことを練習してみよう。

1　**ゆっくり歩く**。裸足になるか靴下だけを穿《は》き、自宅や滑らかな表面の上で、

- 背骨を伸ばす（紐で頭頂部から引っぱり上げられるのを思い描く）。
- 体を足首からやや前に傾ける（胸骨を軽く引っぱられるイメージ）。
- 踵で軽く接地しつつ、足が回内《プロネーション》してつま先が外に広がると同時に、体重が素早く中足部《ミッドフット》へと移るのを感じる。
- 足で**下後方に**地面を押す（片足をスケートボードにのせて漕ぎ進む感覚）。
- ストライドの仕上げにつま先全体から推進し、とくに親指に負荷をかける。つま先が反ると、足裏がほぼ上向きになる（「日焼け」する）。後ろの脚は自然に前に跳ねるだろう。
- 着地の音に耳を傾ける。ペタッとかドスッと聞こえるようではいけない。

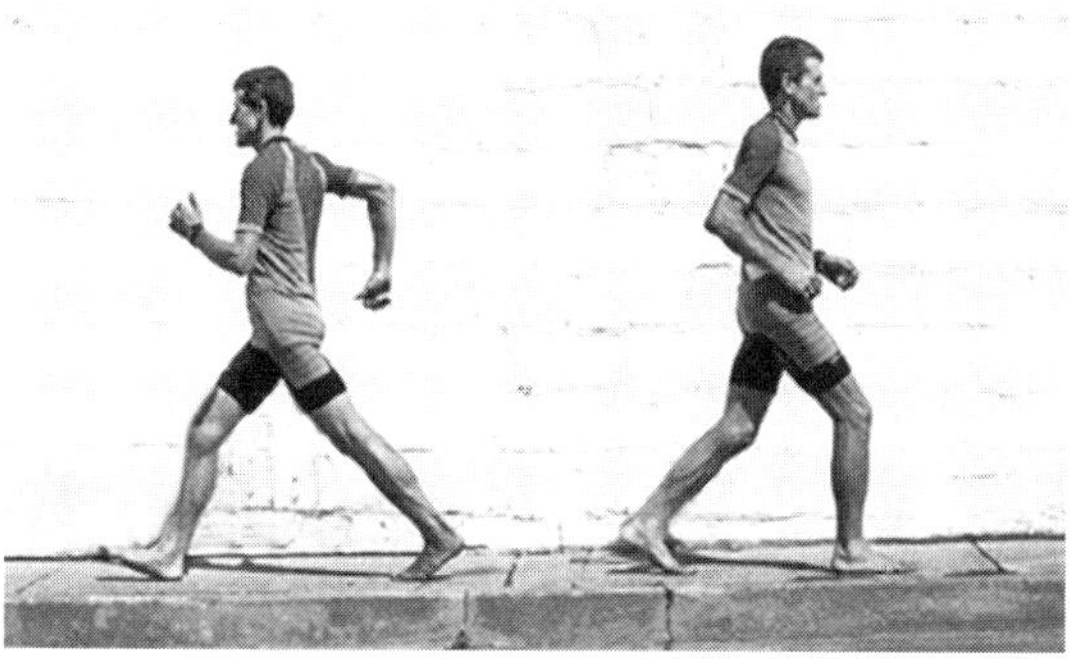

速歩きとゆっくりした歩き

２　**速く歩く**。肘を曲げた角度がケイデンス（１分あたりの歩数）に影響することに注目してほしい。気ままにのんびりぶらつくとき（ウィンドウショッピングの速さで）、肘はまっすぐ伸びてケイデンスは毎分50歩から60歩くらいになる。そこで肘を45度くらい曲げてみると、歩数は毎分60歩ないし65歩に増えるだろう。本格的なフィットネスウォークの場合は、腕を90度に曲げて肘を僧帽筋《そうぼうきん》下部（肩甲骨底部にある筋肉）から後ろに振ると、リズムをつかみやすい。試してみよう。いちばん速い、いちばん楽な歩き方に合った肘の角度は人それぞれだ。

３　**仕事中に立って歩く**。可能ならスタンディングデスクあるいはトレッドミルデスクで仕事をする。座らざるをえないなら、機会があり次第、たとえば、人と話したり電話に出たりしているときに立ち上がり、歩き、ストレッチをしよう。ランジ（足を前後に開いた股関節や膝の曲げ伸ばし運動）をやったり脚を前後左右に振ったりしたときの同僚の顔つきは気にしなくていい。そのうち慣れてくれるだろう。

４　**自宅では裸足で歩く**。これで足と下腿の組織が鍛えられる。週１回、靴を履かずに過ごす日を設けたらなおいい（「裸足の土曜日」）。

第4章　あなたが足なら、世界はフラット化する

走り方はおそらく人の足の上にあるものより重要だが、人の足の上にあるものは走り方に影響を及ぼすだろう。

——ダニエル・リーバーマン博士

神話：モダンなデザインのクッション入りサポート機能付きシューズは、足と運動連鎖《キネティックチェーン》をケガから護ってくれる。

事実：これが本当だという証拠はない。ヒールの高いサポート機能付きシューズは足の変形を招いて「機能停止」に陥らせかねないし、体の姿勢と機能を変えて、ケガをしやすくさせることもある。

人間の足に注目してみよう。それはほかの霊長類にはない身体適応、バイオメカニクスの驚異だ。メディカルスクールに通いはしたものの、私はその奇跡的な作用を充分学ぶことも正しく認識する

足と下腿の部分写真。1本の足には26の骨、33の関節、100以上の筋肉や腱、靭帯がある。そのひとつが人体最強のアキレス腱だ。足の底部だけでも4層の筋肉がある。

こともなかった。足の機能を理解するのにその構造だけを学ぶのは、車が動く仕組みを知ろうとして個々の部品を調べるようなものだ。

足の特質は、関節や腱、筋肉、筋膜、神経の同期した相互作用、そして体全体にとって有用なその働きにある。この同期性を制御するのは、脳、脊髄、さらに、足裏の何千という神経終末から地形に関する重要な情報を受け取る局所的な筋膜組織だ。この検出システムが動くハードウェアと調和したとき、足は無敵の、自足する、適応力の高い、生きたマシンになる。

足はまた、体のなかでもっとも理解されていない可動部分でもある。基本的に私たちが知っているのは、足に力（主に重力に由来）が加えられると、そのエネルギーが関節を通してさまざまな方向に散逸するということだ。たしかに、足はふたつの最重要機能にうってつけの造りになっている。（1）衝撃吸収と（2）前方への推進だ。

ショックアブソーバーのような働きに加えて、足は一歩ごとの着地時の力の多くを蓄え、もうひとつの主要機能、つまり前進運動に転換する。以下に、体重がかかると同時にランニング中の足に生じる動きをいくつか挙げておく。

- 足底筋膜は強靱な繊維組織でできた靱帯で、足の裏に沿って踵を中足骨の底部とつないでいる。足への荷重が増えると、足底筋膜が伸展して、衝撃を吸収し、貨物トラックなどの板バネのような跳ね返りをもたらす。
- 足がプロネーションを起こし、外側の端から内側へ、足の親指のほうに回転し、インパクトを横（内）方向に散らす。
- つま先が外に広がり、バランスと前方への推進力を増す。そして背屈し（上に反り）、トウオフ時に足を安定させる。

下に、横に、前後に、というこうした動きはどれも衝撃力を散らし、一方で足のために安定した広い土台をつくり出す。そして足が地面を離れると、曲がったつま先がまっすぐになって足底筋膜と横アーチ（横足弓）がリセットされる。足は上を向き、次のインパクトに備える。これを掘り下げてみよう。

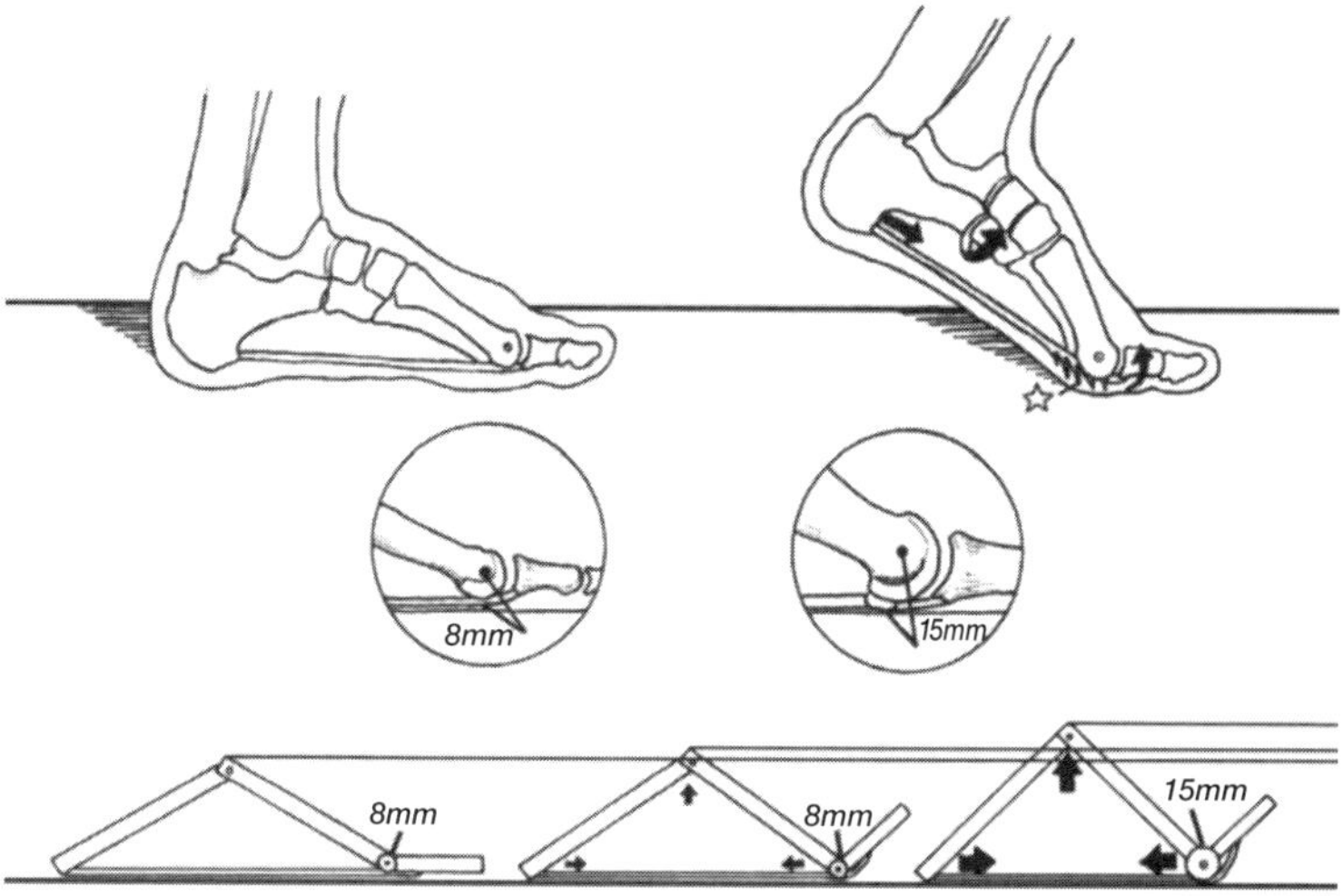

アーチを三角形として思い描いてほしい。足底筋膜靭帯が底辺で、弾性のある高張力ケーブルのように作用する。ストライドの完了時に、つま先は上向きに曲がり、足底筋膜は短く締まって中足骨の下を覆い、アーチを高くする。

アーチとウィンドラス

工学用語でいえば、足は揚錨《ウィンドラス》機構のように作動する。それは、ある部分の運動がエネルギーを別の部分に移しつつ、ほかの代償運動を開始させるものだ（ジェット旅客機の車輪部分を思い浮かべてほしい。車輪が滑走路にふれた瞬間、機の挙動に連鎖的な変化が起きるように設計されている）。私たちの足の場合、この複雑な接地時の反応が驚くべき効率で作用する。

体重が前の脚にかかった瞬間、その足はやわらかくしなってショックアブソーバーのような働きをする。すると中心となる縦アーチ（縦足弓）が平らになり、足底筋膜が伸びて、蓄積されたエネルギーがバネのように「装塡」される（片足を軽く床についてみよう。全体重をその足にかけると、

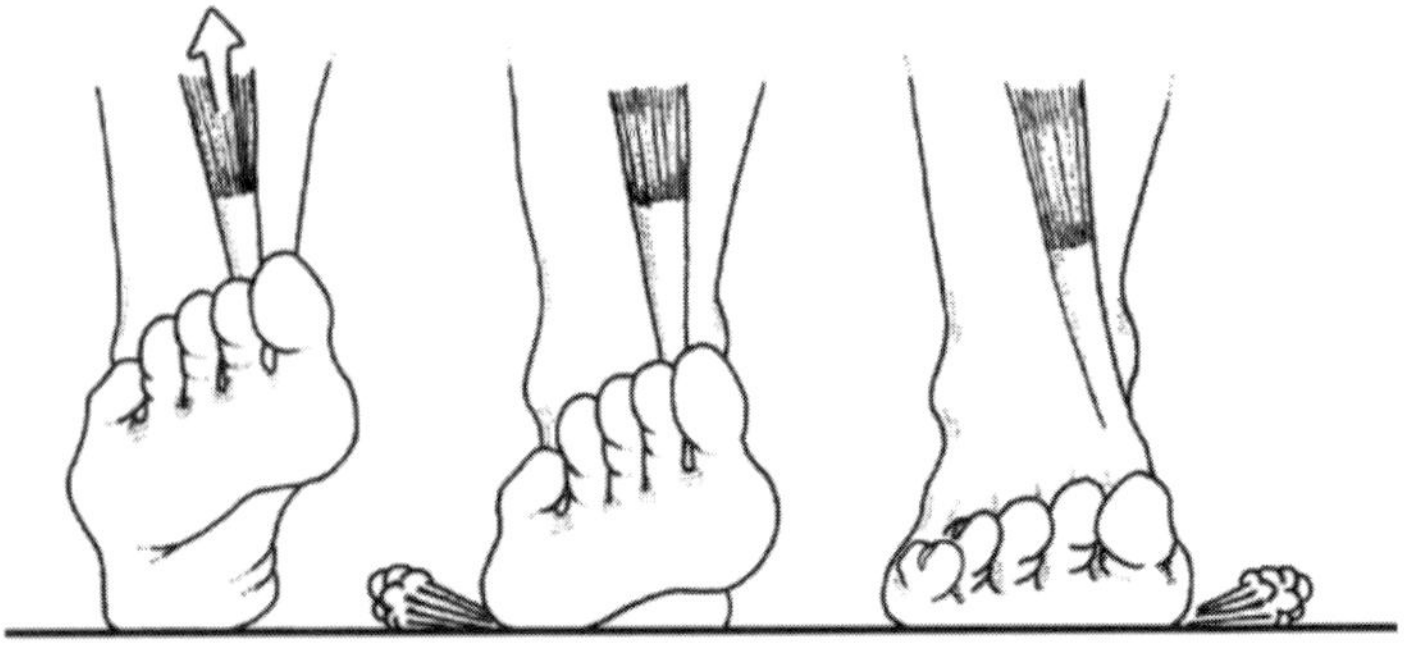

プロネーション：外側から内側への自然な回転。

つま先が前に動くことに注目してほしい。これは足底筋膜が伸びて平らになると、瞬間的に足が長くなるためだ）。ランニング時のストライドの終わりに、このバネに似たエネルギーがぱちんこ《スリングショット》さながらに解き放たれ、効率よく体を前方に推進する。

試しに、手を下に伸ばして足の親指を上に引っぱってみよう。足のアーチが上がるのを観察してほしい。「扁平足」と言われてきた人でも見えるはずだ。

プロネーション

衝撃力は**プロネーション**によっても分散される。プロネーションとは、足が内方向に回転してアーチが平らになる自然な動きだ。顕著に見られるのはランニング時やジャンプの着地時で、そのとき足は外側の端から先に、足首をやや外に傾けて接地する。体重が足にかかると、足首が内側に回転して足が平らに広がる。

プロネーションは相当な量の衝撃を散らしてくれる。その意味では、ランニングシューズ業界からの不当な非難とは裏腹に、

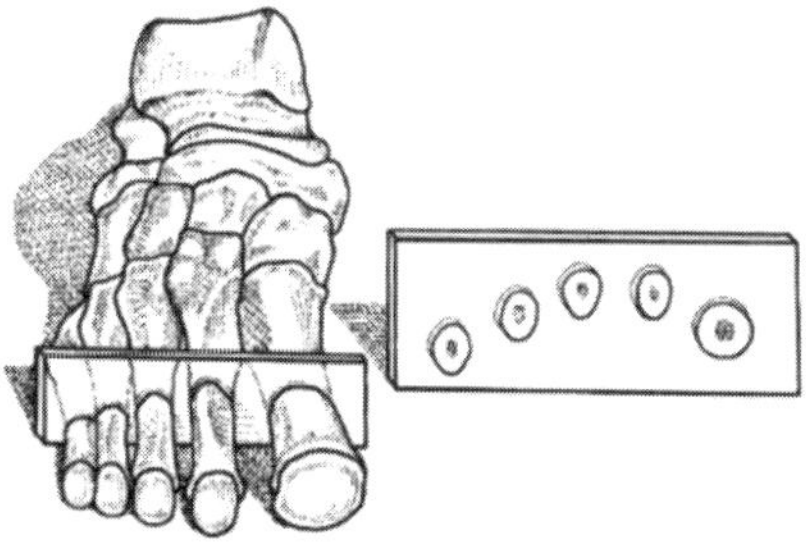

第二中足骨は横アーチの要石として作用する。

もっとも重要な足の機能かもしれない。アーチサポートや矯正靴に頼ったら、プロネーションが自然に起こることはない。多くの現代のシューズは、体を保護するつもりで、足の内側への回転を妨げる。すると衝撃力は体の上方に向かい、強烈なインパクトを吸収する設計になっていない構造にまで伝えられる。

横アーチの平坦化

足指のつけ根は、可動性の高い5本の中足骨があるところだ。中足骨は**横アーチ**と呼ばれるアーチの形に並んでいる。

一歩ごとに、足は外側から先に接地し、着地する足の柔らかいタッチダウンを可能にする。体重が足にかかると、横アーチはサスペンションシステムのバネのように平坦になる。すると前足部が指のつけ根の部分で約15パーセント広がる。このダイナミックな拡大はシューズがフィットしている場合はまず見られないし、だからこそ「ぴったりフィット」はおすすめしない。

つま先でさえ（ス）プレー状態になる

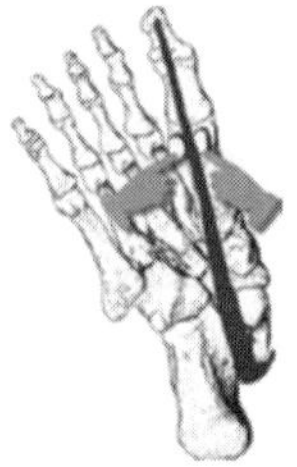

足の親指の正しいアライメント（安定した足）。指マークで示した種子骨の位置に注意。

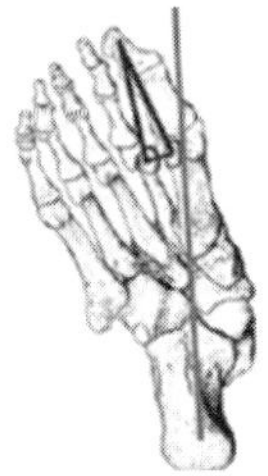

外反母趾の親指のアライメント（不安定な足）。種子骨のずれに注意。

つま先離れ《トゥオフ》時に5本の中足骨が平らになって広がると、5本の指は中足骨以上にスプレー状に離れようとして、それぞれの指の間隔をあける。このとき、小さな足の指はきわめて大きな役割を担う。（a）安定した広い支持基底を形成し、（b）地形の状態を固有受容感覚《プロプリオセプション》のかたちでフィードバックし、（c）インパクトのエネルギー分散を助け、（d）足底筋膜を伸張させてアーチをリセットするのだ。

　通常はつま先が足でいちばん幅が広い部分だ。あいにく、靴のデザインは足のバイオメカニクスよりも流行に左右されるため、つま先部分《トゥボックス》が細くなった靴を目にすることが少なくない。船長ともいうべき親指の位置がずれると、足が不安定になり、衝撃を吸収しきれず、推進性が制限される。片足で立ってバランスを取ってみれば、足の親指が担う重要な安定化機能がすぐにわかるはずだ。親指がフル稼働して、地面をつかむのが感じられるのではないだろうか？

　私は世の多くの男女と同じく、外反母趾という症状を抱えている。足の親指が内側に曲がって変形しているのだ。一般的な原因はトウボックスが尖った靴に足をたえず押し込んでいることで（私も若いころはそうだった）、手術しても治りにくい。

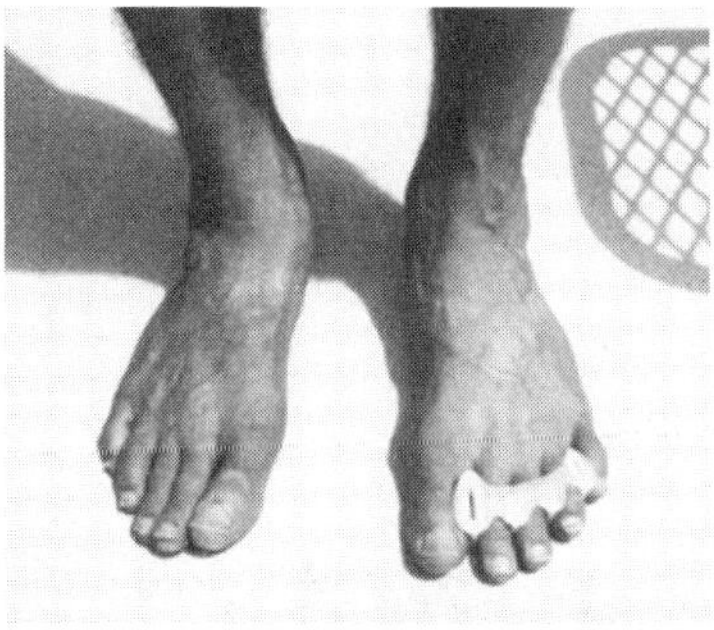

私の足。何もつけない右足親指の内向きの角度に注意。

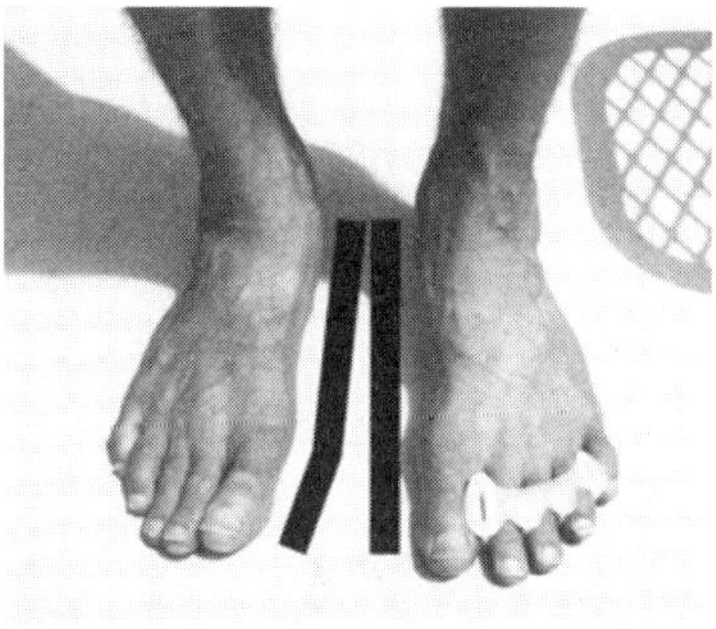

〈コレクト・トウズ〉をつけた左足。親指が正しく足と一直線に並んでいることに注意。

〈コレクト・トウズ（Correct Toes）〉という製品が、つま先をスプレー状に広げて解剖学的に正常な位置に保つのに役立つ。

20年前、私は外反母趾に加えて、足の親指に重度の関節炎を発症した。手術も多少は助けになったが、〈コレクト・トウズ〉をつけると立ちどころにバランスとストライド効率が改善された。私の足はふたたび、砂浜を苦もなく走っていた子供のころのように魔法のバネとなった（いまでも走るときは〈コレクト・トウズ〉を装着してサンダルやシューズを履く。この症状はなかなか完治しないためだ）。

この仕組みを見るために、次のことを試してみよう。

- 両足を股関節の真下に置き、つま先をできるだけ広く開く。月面着陸機を思い浮かべよう。
- 安定した広い足の位置を保ちながら、できるだけ軽く、縄跳びのように跳ねる。
- 今度はつま先を閉じ合わせ、足を内側に回転させて、オーバープロネーションの状態にする。同じように簡単な跳びを繰り返す。今回の耳ざわりなドスンという音と、

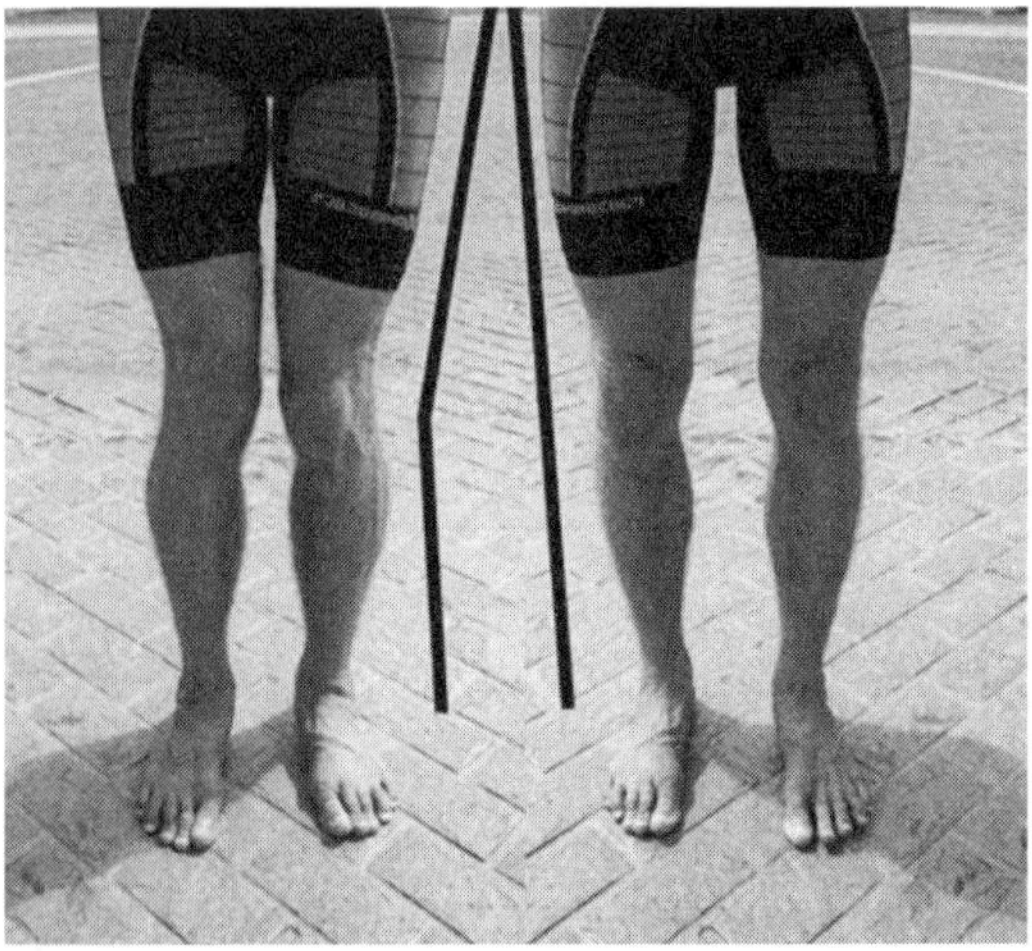

扁平になった非力な足（左）とバネのある力強い足（右）。膝のアライメントへの影響に注意。

先ほどのピョン、ピョン、ピョンという感覚を比べてみよう。

こうしてバイオメカニクスについて脱線気味に話を進めるのには、明快な理由がある。**つま先と足底筋膜靱帯は、適切な衝撃吸収と推進力を得られるよう、もっと自由に、制限なく動けなくてはならない**、というものだ。自然な状態（靴を履かない）では、足は効率よく安全に動く。回転し、伸びて、広がって、地面をつかむ。靴の役目は本来、補完すること、場合によっては、正常な足の機能の回復や再現に努めることであり、と同時に地表面から私たちを保護するのが望ましい。

私のシューズ店やクリニックではたびたび、自分はもう走れないと思い込んだ成人たちに会う。これは足と脚の生来のバネを、間違ったフットウェアや宝の持ち腐れのせいで事実上、作動停止に陥らせているためだ。足の自然なバネが無効化されると、結果的に関節に負荷がかかる。その負荷、つまり走ったり歩いたりする際の衝撃力と、それに伴う痛みが、膝、股関節、背骨へと運動連鎖《キネティックチェーン》を上昇するわけだ。33の関節が集まる足の表面積は相当大きく、一生涯にわたる通常の自由な歩行やランニングで生じた力を消散できるだけに、この事態は嘆かわしい。

走る人たちの半数は毎年ランニング関連の故障に苦しんでいる。米軍では、下肢オーバーユース障害が任務をはずれる最大の原因だ。これは納税者にとっても個々のキャリアにとっても高くつく。こんなことがあってはならない。

靴なしでも足がかりがなくはない

では、靴は本当に必要なのだろうか？　たしかに靴のおかげで私たちは極端な温度に耐え、都市部やオフロードの環境を切り抜けられる。しかし、その厳密な機能についてはいまだに議論が絶えない。

アーチサポートや安定化機能を備え、ヒールが厚く、クッション性の高いフットウェアは1970年代に発売され、1980年代には標準となった。しだいに各メーカーはシューズを大きく、分厚く、ファッショナブルにしていった。いずれもパフォーマンスの向上とケガの減少という幻想を与えるものだ。常識的には、こうした仕掛けは（ありえないほど硬く、容赦ない）舗装路と（繊細で、ケガをしがちな）足の間のインパクトを減らすものとされている。

あいにく、そんな結果にはなっていない。40年後、クッション付きのサポート機能性シューズが足と運動連鎖《キネティックチェーン》をケガから保護するという証拠は臨床的にも科学的にも見当たらないままだ。

これはどういうことだろう？

シューズの役割が誤解されているせいかもしれない。現代の快適なクッション性シューズは、はっきり定義されたためしのない問題の解決策として設計された。意図されていたのは見かけ上の弱点や危険の埋め合わせだ。ある意味では、足の負担を軽くし、仕事を減らしたといえるかもしれない。しかし、私たちの足はハードワークをするようにできている。働くことで、さらに鍛えられる。私たちの祖先の時代にはゴルフ場などなかった。

靴のもっとも重要な機能は、手袋が手を保護するのと同じように、足の裏を保護することのはずだ。ほかには、足が足らしく、自由に、柔軟に動けるようにすべきで、すると筋肉が強さと自然なバネを再建できる。これにはケガを防ぐ効果もあるだろう。

とりわけ、高いヒールはランニングシューズを含めた現代のフットウェアに広く見られる特徴だが、重心を前にずらし、重さを支えるべき足の重要な部分（医学用語では、載距突起《さいきょとつき》）から遠ざける。踵を高くすると、アーチが不安定になり、第五中足骨（安定性のカギとなるもうひとつの構造）が地面から持ち上がる。それで引き起こされるのは、埋め合わせのドミノ効果だ。異常な力が膝、股関節、腰に生じる。立っているとき、歩くとき、走るときの自然な姿勢が変わるためだ。

玩具の積み木を何個か重ねたとしよう。ここで、いちばん下の積み木の端を若干、高くしてみる。ふたたび安定させるには、積み木ひとつひとつの位置を少し調節することが必要だ。これが日常的に足、膝、股関節、背骨に対して行なわれているのだと想像してほしい（もちろん、いくらか踵の高いシューズで走っても痛みがない人には、私もシューズを替えろと言い張るつもりはない）。

予期せぬ結末

プロネーションを抑える動作《モーション》制御《コントロール》機能付きのシューズは、ケガの原因になりかねない。ある研究で、米軍の訓練兵がケガをする確率は見かけ上の足のタイプ別に処方されたシューズを履いたほうが高いことが確認された。とくに「船底式《ロッカー》つま先《トウ》」はつま先を充分に背屈させず、ストライドの最後にアーチの完全なリセットを妨げる。これに高いヒールと狭いトウボックスが加わったら、筋肉や腱、靭帯がそのうち縮んで弱くなり、あなたの基本姿勢《デフォルト》が変わるだろう。

踵や足底のやわらかいクッションにも問題があり、弾むような長いストライドと、それにつきもののヒールストライクを助長する。より薄底の、クッション性の低いシューズを履くとオーバーストライドはやりにくいので、自然と避けるようになる。薄底のシューズはさらに固有受容感覚、つまり地面に対する感覚をつかみやすい。足もとの地形を感じられると、足や体幹の筋肉はより速く確実に発火し、体を安定させてランニング効率を高め、足の筋力も鍛えられる。オーバーストライドについては、可動性《モビリティ》に関する第8章で見てみよう。

高校のトラック競技で初めて故障したとき、私はサポート付きシューズを履いて走るように言われた。そしてふたたびケガをしたとき、サポート付きシューズに加えて矯正器具をつけて走ることを勧められた。何年かそれをつづけたが、やがてあることに気づいた。脚のしなやかなバネが使われていないのだ。バネは弱くなり、弾性が減っていった。私のスポーツバッグが矯正器具その他のシューズ用品でふくらむにつれ、バネは鈍って症状は悪化する。5年にわたって慢性の足底筋膜炎（と衰えた足の親指の痛み）に苦しんだのち、２０００年、ついに手術を受けた。

2016年JFK50マイル。〈シャンマ・サンダル〉を履き、〈コレクト・トウズ〉をつけている。

手術に効果はあったものの、ランニングフォームの改善と簡素なシューズへの切り替えほどではなかった。私はまずクッション性シューズの踵を切り取り、つづいて中敷きを取りはずした。以来、そういったミニマリストシューズで50回を超えるマラソン（と何回かのウルトラマラソン）を完走している。

では、何がベストなシューズなのか？

ランニング界では、シューズデザインの話題は軋轢《あつれき》を生んで政治的なものとなり、侃々諤々《かんかんがくがく》と議論が戦わされてきたが、そのどれもが中途半端な科学を根拠としている。私たちはシューズとランニングをめぐる言説のハードルを克服し、どんなシューズが足の自然なバイオメカニクスを向上させ、運動連鎖《キネティックチェーン》を護り、強化するのかと問わなければならない。シューズは自然を出し抜こうとするのではなく、自然を補完すべきだ。

市販されているスポーツ用フットウェアの大群にはまごつくばかりだ。さいわいなことに、いまはシンプルに足を足らしくするシューズのブランドや種類が多数ある。万人にうってつけのシューズなどないし、ひとりの人間にうってつけのシューズすらないかもしれない。それでも、いくつか簡単な評価をすることで、読者はそれぞれのランニング環境上、体に最適なものを賢く選択できるはずだ。私たちのひとりひとりが一度きりの実験なので、シューズ選びでの多少の試行錯誤は織り込んでおきたい。

とはいえ、シューズデザインの基本要素のなかにも、自然な足の機能を高めてくれるものはある。

- 柔軟なソール。シューズはしなやかで、足が自然に曲がり、伸び縮みできるものが望ましい（ソールがしなやかであればあるほど、足は鍛えられもする）。
- より低い「ドロップ」、あるいはゼロドロップ。これはヒールとつま先の高さの差のことで、傾斜度もしくは勾配だと考えてもいい。現代のシューズは一般的に6～10パーセントの勾配がついている。これが高速道路だったら、その意味はご存じのとおり、〝注意！〟だ。履き慣れたシューズ（運動用であれ、普段用であれ）の踵が上がっている場合は、踵を削って低くしてみよう。とくに立ったり歩いたりするにはそのほうがいい。ドロップについては、ミリ表示の情報を多くのスポーツシューズ店で確認できる。

- より薄底のシューズ。あなたのランニングシューズが厚いソフトなソールだったら、もっと地面を感じられるシューズを探そう（それを履いてトレーニングすれば、オーバーストライドにもなりにくい）。やわらかい表面の上を歩いたり走ったりする場合は、よけいにエネルギーが必要になる（砂浜を思い浮かべてほしい）。ストライドを調整する土台としては硬い表面のほうがいいだろう。薄底のシューズのほうが軽いことも、全般的な快適さと効率を高める大きな特典となる。

シューズはサイズではなく、フィット感をもとに選ぼう。動きながらつま先を広げ、足を伸ばせる充分な空間が必要だ。サイズを適正にした結果、以前より1、2サイズ大きなシューズを履くことになるかもしれない。

ミニマリストへの移行

ドロップの低い、ミニマリストフットウェアへの移行はひとつの出来事ではなく、プロセスであるべきだ。足と脚の筋肉、腱、靱帯を伸ばし、鍛えるには時間がかかる。多少ひりひりする感覚に慣れる必要はあっても、痛みを感じることはないようにしたい。

ウルトラミニマリストの〈ビブラムファイブフィンガーズ〉を履いたその場で走れる人はほとんどいないが、ミニマリストシューズなら履いてすぐに歩いたり遊んだりできる。ウォーキングは申

徐々にサポートを減らし、あなたのステップのバネを再発見しよう。数カ月から数年かけて進んでいくのもいい。

し分のない移行法だ。「移行期《トランジション》シューズ」を試してみるのもいい。中間的な1足（か2足）で徐々に右に挙げた特徴を取り入れていこう。トランジションシューズは通常、ドロップが4〜6ミリ。対して大半のランニングシューズは標準となる12〜14ミリだ。

まずは、裸足になる時間を（自宅などで）なるべく増やし、通勤やウォーキングの際にミニマリストシューズを履く。そうした活動ならさほどインパクトがないからだ。どちらもやってみよう！

ゆっくりとした、楽なジョギングを、短いリズミカルなストライドと速めの歩調《ケイデンス》で走るコツがつかめてきたら、筋肉と腱を設計どおりに使っているということだ。足は踵での着地を控えがちになる（それでいい。踵着地はブレーキのようにあなたを減速させ、衝撃力を加えるからだ）。むしろ自然にミッドフットで着地するようになるだろう。3〜12カ月で現代のシューズデザインに奪われた筋力と柔軟性を取り戻せるはずだ。サンダルを履いてマラソンを走れるようになるには5年かかるかもしれない。

より軽いフットウェアを履くことには特典もある。英国の研究者たちの計測によると、ランナーの酸素摂取量（エネルギー消費）はシューズを履いたほうが裸足で走るよりも多い。現代のシューズがもたらす質量を支えるのに必要な追加エネルギーのせいだという（下腿にかかる重量の影響は、同じ重量を体幹近くで支えるよりも大きくなる)。

ほとんどのランナーは足治療医など医療の専門家からは長期的な助力を得られず、代わりに地元ランナーのたまり場でアドバイスを求めたり体験を共有したりする。ウェストヴァージニア州ランソンにある私の店、〈トゥー・リヴァーズ・トレッズ〉もランニングとフットウェアのクリニックとなっている。ランナーの抱える問題を把握・理解するための非公式な研究室というわけだ。われわれは証拠に基づく本当に有用なアドバイスと知識のみの提供を旨としている。そのプロセスはじつに興味深い。常連客や地元のレースに参加したランナーたちから、私が教えるより多くのことを教えられるのだ。

足だけの話ではない

何やらメインストリームからはずれることを勧めているように思えたとしたら、信じていただきたいが、あなたがすでに楽しく走っていて、痛みがないなら、そのまま何も変えることはない。ただ、かりに故障がないとしても、さらにミニマリスト寄りのシューズに替えて、足と体がどう反応するかを見るのもいいだろう。驚くことになるかもしれない。

足はスタート地点にすぎない。ランニングによる衝撃力はひどく大きく、脚、股関節、背中というように、体の運動連鎖《キネティックチェーン》全体で吸収しなくてはならない。この連鎖の各ポイントで、そうした力を感知、吸収、貯蔵し、同じように奇跡的な相互連結した方法で解き放つ。この動的なバイオメカニクスの進行をこのあとの章で見ていこう。

ドリル

ここでのねらいは、足の筋肉の内なる強さ、運動性、サポートを養うことだ。同僚のジェイ・ディチャリーの言葉を借りれば、「シューズに求めるものを減らし、自分に求めるものを増やす」こと。ミニマリストランニングの準備ができているか判断するには、ディチャリーと私が《ランニング・タイムズ》用に撮影した動画を観るといい（本書ウェブサイトの動画ページ参照）。そしてサポート性の高い、あるいは締めつけるフットウェアを履いている場合は、この章のドリルが移行プランになるだろう。

足の姿勢

- **足指ヨガ**。足の親指全体をしっかり地面につけ、ほかの4本の指を上げる。中足指節（MTP）関節（次ページの左下写真の矢印を参照）だけを曲げ、指はひねらない。つぎに親指を上げて、ほかの4本をしっかり下ろす（次ページの右下写真）。アーチが自然に上がるだろう。これを繰り返す。足のコントロールを養うのに役立つはずだ。
- **ショートフットの姿勢**。アーチを上げ、足指を（曲げずに）しっかり下ろしたまま「ドーム」をつくり、第一中足骨頭部を地面に押しつける（runforyourlifebook.com の動画“Short

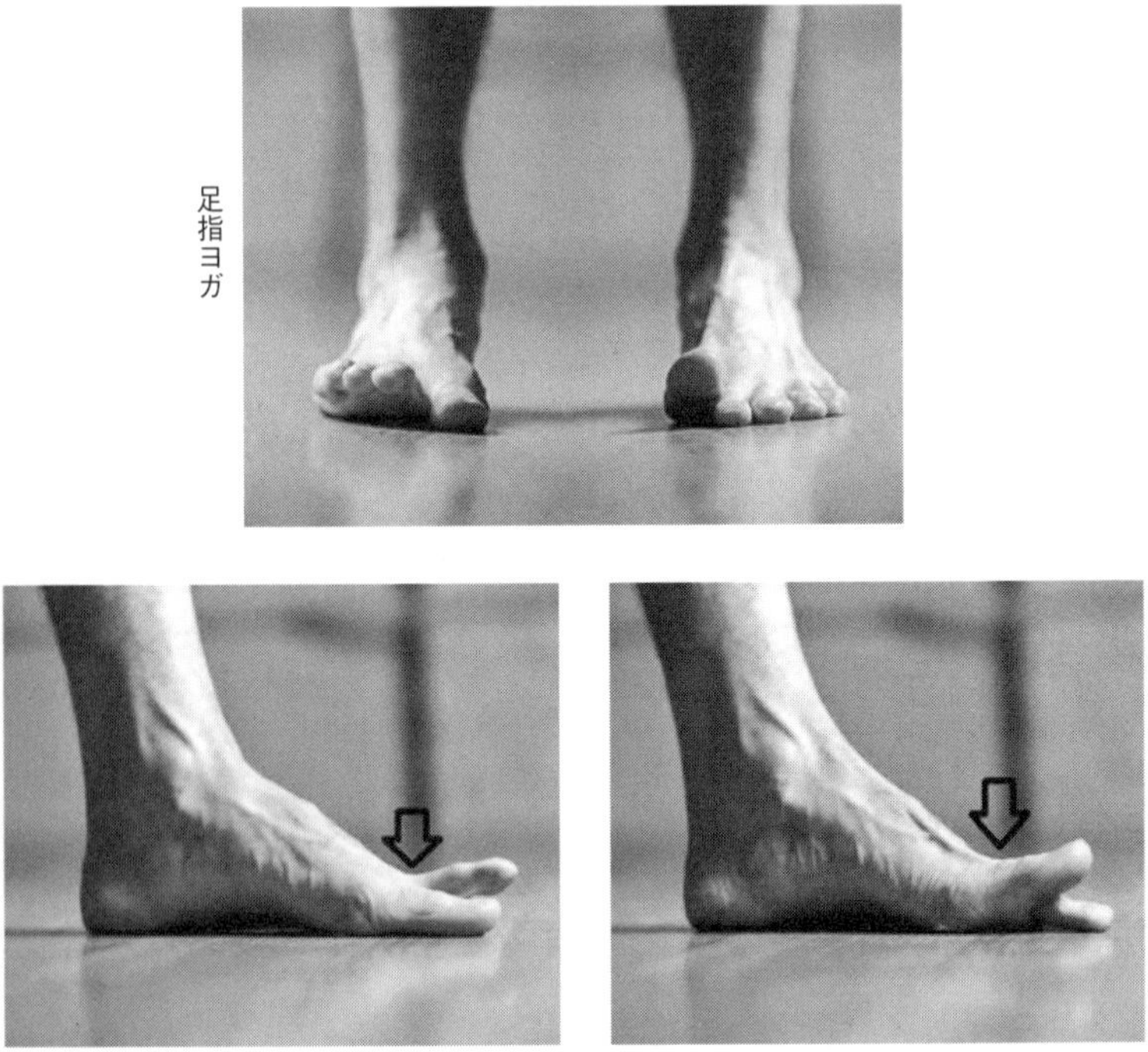
足指ヨガ

Foot〟を参照)。すると実質的に足長が短縮され(次ページの写真)、膝がわずかに外側に動いて、かすかなX脚からまっすぐなスタンスになる(さらに膝を動かすと、O脚に見えるだろう)。

・**スローヒールレイズ**。右足でバランスを取りながら(必要なら手を使って体を安定させ)、ゆっくりと踵を上げ、足指のつけ根でバランスを取るようにする。できるだけ高く上げ、膝下を反時計回りにほんの少しまわすと、体重が自然に足の親指に移る。これはランニングのストライドの終わり、つま先離れ《トゥオフ》のために力が足の親指に移るときに、下腿に起こるのと同じ回転だ。それから、ゆっくりと体を下ろす。同じことを左足で

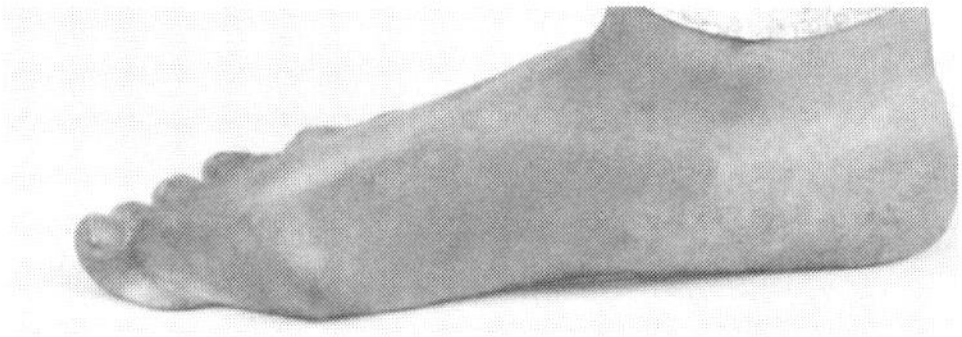

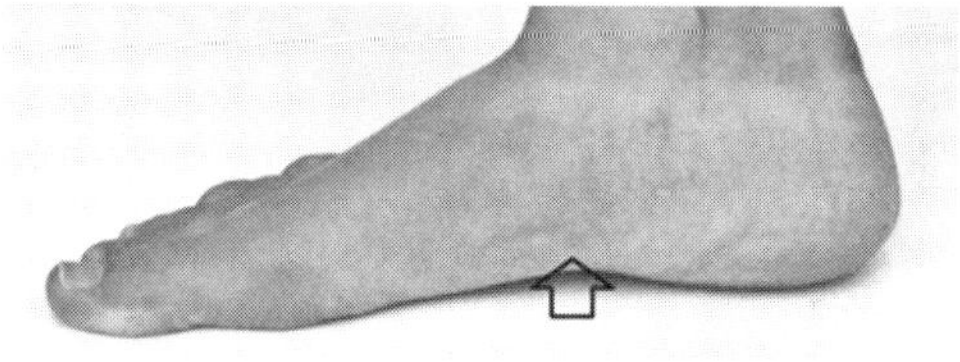

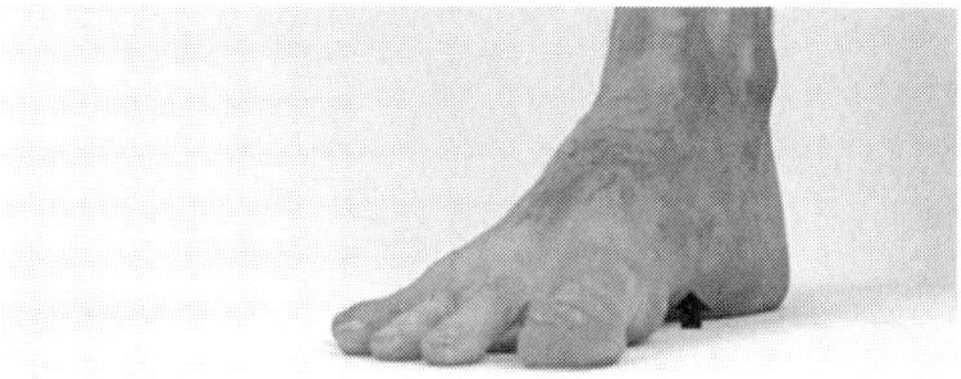

足のアライメントを再調整するために、足の姿勢のエクササイズを日中できるときに繰り返すこと。仕事場で、教室で、列に並んでいるとき、歯磨きをしながらでもいい。数週間としないうちに、安定性の土台が改善されるだろう。

もやり、踵を上げきったところで膝下をわずかに時計回りにまわす。これを各足につき50回まで、毎日1度か2度やってみると（スタンディングデスクの前でもいい！）、足のコントロールが大幅に向上するだろう。

- より本格的なミニマリストのシューズや方法に移行したい人は、**少々のベアフットランニング**を試してみよう。1マイル（約1・6キロ）のランニングは1200歩程度だが、100ヤード（91・44メートル）の歩道を走って往復するだけでも足にとってすばらしい屋外エクササイズになる。ベアフットランニングを試すなら、初めのうちは安全でなめらかな硬い表面を走り、体の声に耳を傾けることだ。ゆっくりと、しかし速い歩調《ケイデンス》で、やわらかい（跳びはねるのではなく）弾むような動作で走る。前進速度は速歩きより遅いくらいかもしれない。翌日、足が多少ひりひりしてもかまわないが、痛みを感じることはないようにしよう。徐々に進めていくことだ。難しそうに思えるかもしれないが、きっと笑顔になれる。年月が経つうちに、非の打ちどころのない、弾性に富んだ足になっているだろう。

- **軽く跳ねるドリルや縄跳び**は足のバネを目覚めさせる。こうした簡単なドリルの多くは、米空軍第一段階訓練のエクササイズにも含まれるもので、本書ウェブサイトの動画ページで視聴可能だ。

第５章　私たちを動かすバネ

苦しんで強くなる人がいれば、苦しんで弱くなる人もいる。この痛みの謎はいまなお私にとって何より悲しい地球の障害である。

——サイラス・ウィア・ミッチェル、*Doctor and Patient*（『医師と患者』）

神話：構造上、体は主に筋肉と骨の相互作用によって機能し、そこに腱と靱帯が多少関与する。

事実：筋膜（腱と靱帯を含む）という結合組織は、私たちの体が機能するうえで思っていたよりずっと大きな役割を果たしている。

神話：ランニングには主に筋力が必要だ。

事実：ランニングには「バネ」が筋力に劣らず必要だ。

私の場合、なめらかなランニングフォームから導かれる流動性、優雅さ、みなぎるエネルギー、ケガをしない安心感は、すぐに見つかったわけではない。

試行錯誤（深刻な痛みの回避・抑制方法など）を繰り返すうち、ランニングの賢明なペース調整、体内のバネの使い方、してはいけない着地の仕方がしだいにわかってきた。こうしたことを知り、理解するにつれ、ミニマルシューズを履いて筋膜に気を配るようになり、気分も楽になった。

私たちの筋肉、腱、骨、神経、内臓はすべて**筋膜**というクモの巣状の結合組織に吊るされ、包まれている。このコラーゲン物質は皮下2ミリに始まって、全身に広がり、見た目は糸の集まりや密集した束、マットやシーツ、薄膜の層などさまざまだ。繊細なものもあるし、強靱な繊維質のものもある。あるものは構造と構造を結合し、あるものは各器官をなめらかにして相互に滑らせ、筋肉が生み出す機械的な力を散らす（あるいは中継する）。つまり、筋膜は私たちの体のあらゆる可動部が効率よく、調和して動けるようにするわけだ。

オレンジの実を切ってばらばらにしていくと、果汁を包んだ細かな粒が出てくる。生の果汁そのものは別にして、その粒を形成するのはほとんどが結合組織だ。これが私たちの体の筋膜に似ている。

外科医は筋膜をとくにどうということもない淡色の物質で、患部の筋肉や骨、内臓に到達するまで切開するものとみなしがちだ。診察室の壁に掛ける人体解剖図でも筋膜は割愛され、ほかの器官がよく見えるようになっている。しかし、その全器官を包み、吊るしているのは筋膜なのだ。椎骨の間でクッションの役割さえ果たしている（椎間板は筋膜の一形態だ）。靱帯（筋膜の一種）が骨と骨をつなぎ、腱（やはり筋膜の一種）が筋肉を骨につなぐ。

では、筋膜は筋肉と骨に対してどんな機能を果たすのか？　その働きは一風変わったやり方で説明される。

テンセグリティ：テンションとインテグリティ

私たちの筋骨格系は通常、個々の筋肉が骨に作用するものとされている。だが、これでは長い距離を２本の脚で優雅に効率よく移動し、その間、ほぼ完璧なバランスを保つという驚くべき能力を説明しきれない。

骨格とは、積み木のように骨をただ重ねたものではない。ご覧になったことがあるかもしれないが、医学部で使う骨格模型はワイヤーでつなぎ止められている。実際の骨はたいていばらばらに浮いていているためだ。それを筋膜の層が包み込んでいる。この結合組織がなかったら、私たちは崩れ落ちてひとつの塊になるだろう。

ゴールデンゲート・ブリッジが象徴的だが、一部の高速道路橋は**テンセグリティ**、すなわち張力《テンショ》による統合《ナル・インテグリティ》という柔軟かつ動的な設計原理に沿って建設されている。強固で安定していながら、ダイナミックで、張力と圧縮力の相互作用を基盤としている。こうした設計上の特徴は旧来のつり橋でも一部採用されているが、現代の設計ではさらに多い。

１９６０年代にバックミンスター・フラーが最初に定義したテンセグリティは、骨（支柱）と筋肉や靱帯、腱、その他の筋膜（連結ケーブル）との関係の説明にもなる。次ページの図のとおりだ。骨が大きな圧縮力を、筋肉と筋膜が連続的な張力を提供し、密接に連結した、強く柔軟な構造をなしている。

テンセグリティ構造は張力と圧縮力の動的相互作用で強度を得る。写真はゴールデンゲート・ブリッジ。

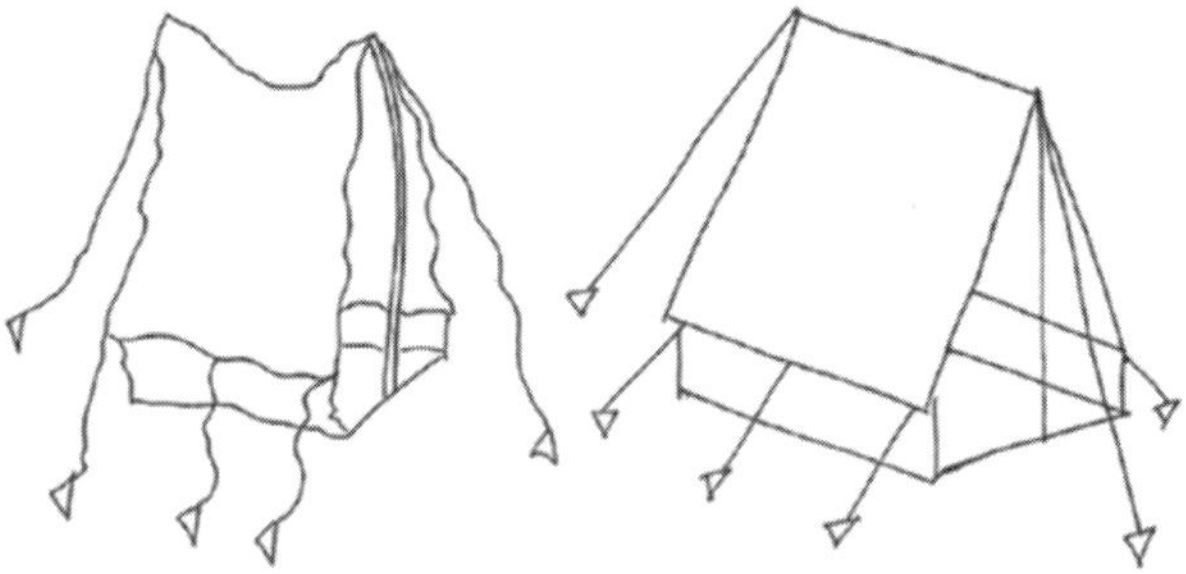

テントのように、筋膜は最大限に引っぱられて初めて構造に最適な統合をもたらす。

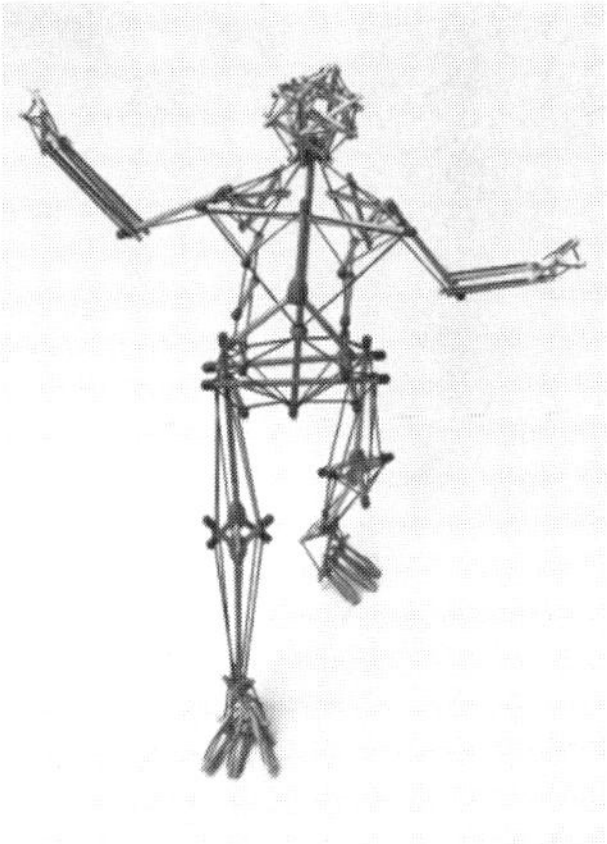

人体の動的構造と各部分の相互作用が同じテンセグリティの原理で機能しているのには驚くしかない。

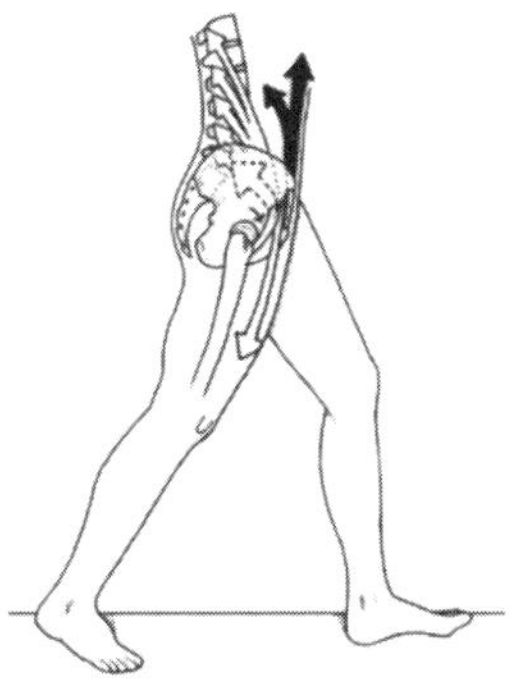

オリンピック選手のロペス・ロモングが股関節屈筋の筋膜に負荷をかける（線で示す）。強い推進力と股関節の伸展で張力を生み出すほど、脚は素早く前方にはねる。

よりよくはね返る

ほうっておくと（長時間座りつづけるなど）、筋膜はなまって硬くなり、筋肉や神経を締めつける。知らない人は多いが、体の筋膜組織の弾性は（数カ月のあいだに）変化してもおかしくない。マテリアルサイエンスに「弾性ヒステリシス」という用語があって、これは通常、1本の輪ゴムを使って説明される。力や負荷を加えると、輪ゴムは伸びる（変形する）が、力が取り除かれると、その加えられたエネルギーの大半を返すといった具合だ。スーパーボールは締まった弾性ヒステリシス曲線を示すといわれ（ボールを地面に投げた場合、荷重とはね返りのあいだでエネルギーはほとんど失われない）、フットバッグやスポンジボールはひどく緩んだ弾性ヒステリシス曲線を描く（はねることはほとんどなく、ほぼすべてのエネルギーが失われる）。

筋膜を鍛え、意識すれば、その弾性ヒステリシス曲線を大幅に引き締め、弾性とエネルギーを高めることが可能だ。子供たちがいい例で、何時間もカンガルーのように跳びはねたり縄跳びをしたりしてみせる。その間、主にふくらはぎの筋肉が等尺性《アイソメトリクス》運動式に使われ、安定性とバランスを確保する。筋繊維の長さはほとんど変わらない。子供たちの脚に伸びやバネ、弾みをもたらすのは、何よりも筋膜である（次ページの図参照）。

このトレーニング方法の顕著な例として、runforyourlifebook.com のRESOURCESのページで動画〝Ethiopian Training Drills〟をクリックしてほしい。エチオピアのランナーたちがオフシーズンに行なうリズミカルなプライオメトリクス訓練（爆発的パワーを養うためのジャンプ系を主体とするトレーニング）だ。

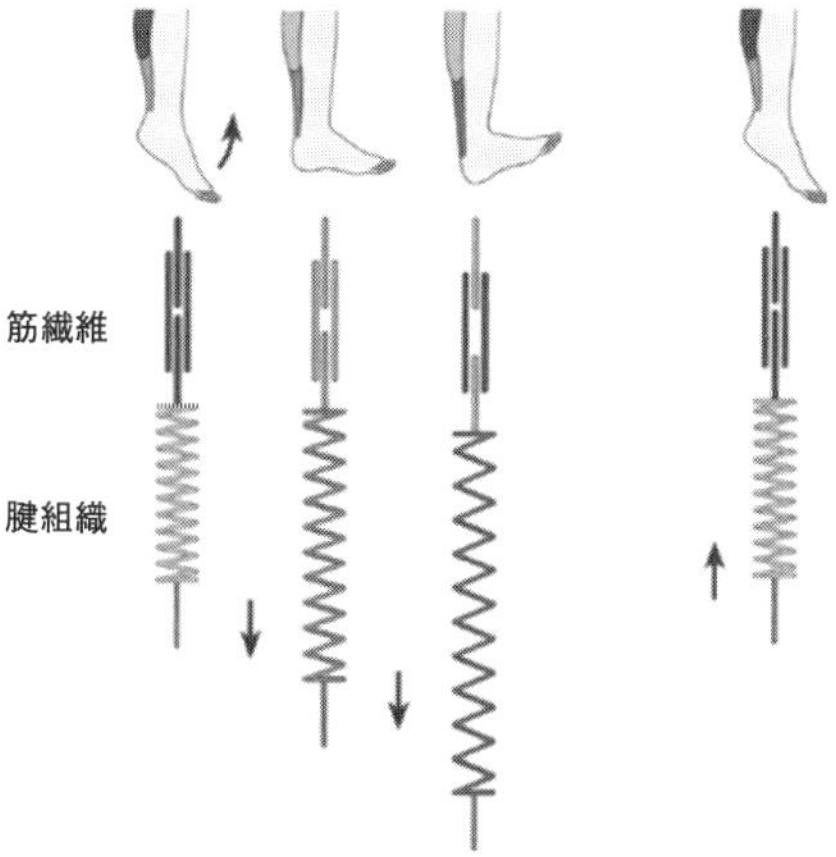

走り方がよければ、筋肉の長さはごくわずかしか変わらない。動きと弾みのほとんどは筋膜、なかでも腱と結合組織に生じる。

痛みが仕掛けるトリック

こうした動作や張力はどれも筋膜の健康にいい。ただし、ある程度までだ。筋膜のコラーゲン繊維はなめらかに動き、曲がり、伸びなければ、正しく作用しない。この繊維は通常、バネのような波状もしくは網状の組織で、大きな一方向の張力に耐えるときは平らになる。

ところが、過剰なストレスがかかると筋膜は固まってしこりを生じる。これにはすぐに気づくはずだ。筋膜には痛みや不快感を伝達する受容器や神経終末が密集しているのである。ストレスをかけすぎるのは、結び目をほどこうとしてロープの端を強く引っぱるようなもので、どんどん結び目を硬くすることにしかならない。まさにこれが理学療法や伝統的なストレッチ運動の名目で行なわれることは多々ある。

近年になってようやく医療界はそうした結合組

織が痛みのない効率的な体の動きにとっていかに重要かを理解しはじめた。ランナーのあいだでは、筋膜の微小断裂や炎症（アキレス腱症、腸脛靭帯炎《ちょうけい》、足底筋膜炎など）が、私の診察する慢性化した症状や非特異性の断続的な痛みの大半を占める。ほぼすべてのランナー（と無数の歩く人）が足底筋膜炎（正確には筋膜症）をどこかの時点で経験している。

痛みを軽減するためや、ケガを予防したいとの願いから、私たちは痛みのある箇所に目を向けがちだ。ところが、その痛みの原因である制約は患部から離れたところに起きているかもしれない。足底筋膜の痛みは足の裏に生じるが、しばしばその対策として必要になるのは、アキレス腱をほぐすことや、長時間座っていると硬く収縮する股関節屈筋群を深いスクワットで開くことだったりする。

多くの医師が筋膜の痛みを訴える患者に手こずるのは、X線写真やMRI検査、CTスキャンで見ても確認しにくいためだ。もっとも、これについて理解を深めたスポーツ医や理学療法士が増えていて、目と手を第一の診断ツールとして使っている。いまでは心理的ストレスさえ筋膜の故障の一因になるとされている。筋膜が感情や精神面の刺激に反応して硬直すると、故障しやすくなるということだ。

筋膜の世話と餌やり

朝、目が覚めたとき、寝起きの体にやわらかさやバネを感じる人はいない。体が温まり、筋膜がゆるんで筋肉間の粘着性の物質を溶かすには、10〜12分ほど動くことが必要だ（昼寝から目覚めた猫が伸びをするのを思い浮かべてほしい）。関節を固定したり、長時間一定の位置に保ったりすれば、関節包を覆い、滑膜でなめらかになった繊維質の網を広げる軟骨やコラーゲン（筋膜）が軟泥のようになって、くっつき合う。すると微細な癒着が筋膜の表面と表面の間に生じ、これが固くなって可動域が狭くなる。やがて（肩の場合は１週間としないうちに）、この固定化が関節の「凍結」を引き起こす。肩を「解凍」して癒着した筋膜の可動域を回復させることはできるが、通常、痛みと相当な訓練は避けられない。関節の解凍に大量の鎮静剤が必要になることもある。

さあ、やりつづけよう

お菓子のタフィーの生地を引き伸ばしたところを想像してほしい。それがあなたの筋膜だ。私たちは薄くなった部分（故障の箇所）こそ手当てが必要な場所だと思い込みやすい。しかし、患部から遠くとも、厚く固まった部分を動かしたり処置したりすることで、薄いほうの故障箇所が埋まるのだ。たとえば、足底の組織を傷めた場合は、ふつう、足や股関節、足首の固まった部分のまわりをほぐして伸ばすことが欠かせない。それはまさにフォームロールなどの筋膜ワークが果たすことだ。

しなやかで強靱な、弾力のある筋膜を復活させるプロセスは、６カ月～２年かかる。気長にやろう。こうしたエクササイズの際は、ゆっくりと動いてストレッチする、つまり静止《ホールド》してから弛緩《リラックス》させて伸ばすといい。筋膜は筋肉よりもゆっくり反応するからだ。筋膜のフィットネストレーニングは筋力ワークや持久力トレーニング、フォーム改善の代用にはならないが、健康的なトレーニングプログラムの重要な要素である。

ウェストヴァージニア州の私の店では、ランナーやウォーキング愛好者の足運び《ゲイト》の簡単な補正を毎日のように行なっている。ランナーはまず軟組織をフォームローラーでほぐし、つぎに〝マウンテンクライマー〟で股関節を開き、それから〝オーサマイザー〟に移るというものだ。それぞれ以下に説明するが、ほとんどの場合、ランナーのストライドが目に見えて開き（長くなり）、強力な大臀筋が使われはじめる。これほど即効性のある手順はほかにない。

1　**フォームロール**で「しこり」をほぐす。毎日、朝一番に何分か時間を取り、頭からつま先まで、体を完全に伸ばす。つぎにフォームローラーを使い、「組織のフロス」として、脚、股関節、胴、背中を軽くゆるやかに転がそう。その際、横隔膜から呼吸することを忘れないように。体がどこに注意すべきか教えてくれるだろう。筋肉群の中央から付着点にかけて、関節をよけながら転がすといい。緊張した部分が見つかったら、その上側と下側を10～15秒はマッサージし、ゆっくりとしこりを伸ばす（*What Makes Olga Run?* という本のテーマになった老いを知らないトラック競技の異才、オルガ・コテルコはワインボトルをフォームローラーの代わりに使っていた）。

ここでは筋膜だけではなく、筋肉、神経、ほかの結合組織も転がすことになる。スポンジをしぼり、もう一度水を含ませるところを思い描いてほしい。凝りや鬱血《うっけつ》をしぼり出し、あいた空間に柔軟性と流動性を流れ込ませよう。

ふくらはぎ（腓腹部《ひふくぶ》）はとくに制限が生じやすく、定期的な手当てが求められる。長時間座りがちな（例の前かがみの姿勢で固まった）人は、股関節屈筋群と背中を重点的に伸ばすといい。見過ごしがちな部分はＡＳＩＳ（上前腸骨棘《こつきょく》、腸骨の突起部）およびＰＳＩＳ（上後腸骨棘）の付近だ。腸脛靱帯（ＩＴバンド）と大腿四頭筋《クアッズ》の隣接部も癒着しやすいので、フォームロールしよう。床に横向きに寝て、股関節をフォームローラーの上にスライドさせるといい。毎日、フォームロールする箇所をミックスしよう。ゆっくりと、意識を集中させて。これはメールやメッセージに返信しながら急いで済ませる運動ではない（次ページの写真）。

２　**マウンテンクライマー**も股関節を開いて解きほぐし《リリース》をするのにたいへん効果的だ。ランやウォークのまえでも運動のあとでも、つまり、いつやってもいい。

111ページの写真のように、両手を地面につき、右足を右手の外側に置く。臀筋に力を入れて左腰を下げる。後ろの足を回転させて脚の位置を動かす（踵を外側に、内側にと傾かせる）。外側に動かすと腸脛靱帯が開きやすくなり、内側に動かすと内腿が伸びる。足を替えて繰り返す。股関節を下げることを忘れないように。体がほぐれたら、勢いよく跳ねて足を入れ替えてもいい。

３　**オーサマイザー**。ドクター・ローレンス・ファン・リンゲンが開発したオーサマイザーは、硬直した股関節屈筋群を解きほぐし、骨盤と脚の筋膜を足に至る全体にわたって調整する、ごく簡単できわめて効果的な方法だ（112ページの写真）。

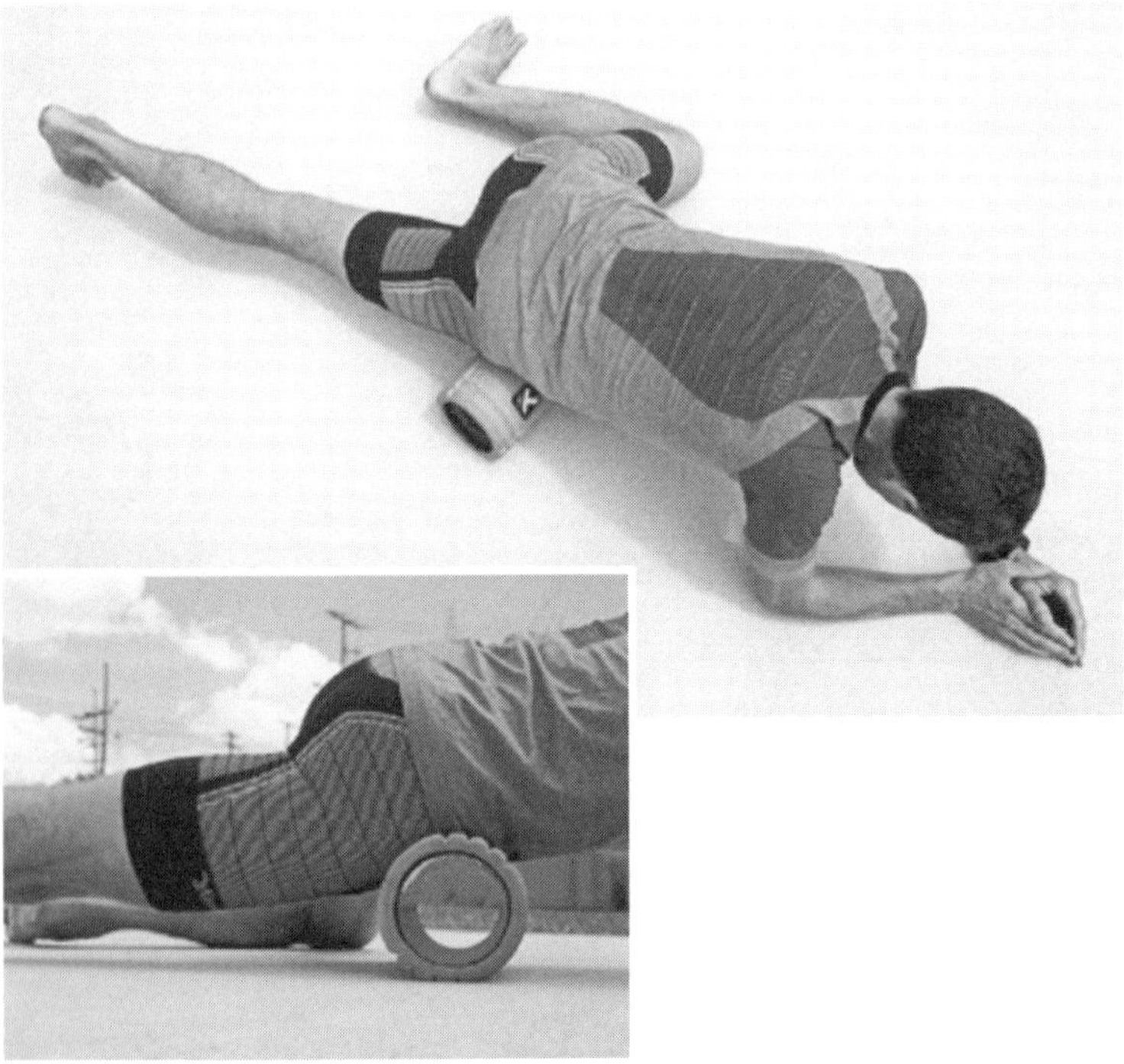

フォームロール：ASIS（上前腸骨棘）を転がす

フォームロール：PSIS（上後腸骨棘）を転がす

マウンテンクライマー：臀筋に力を入れて股関節を下げる。股関節屈筋群のバネを感じよう。

- 椅子か低い塀に向かって、３フィート（約90センチ）ほど離れて立つ。頑丈な台を使ってもいい。
- 両足を肩幅に広げ、まっすぐ塀に向ける。
- 右の前足部を真正面から塀にのせる（そうするまえに、肩をほんの少し右に回し、右足がのる場所に目を向ける。すると股関節が閉じて力を出しやすい位置に入る）。
- 後ろの（左）足をまっすぐに保ちながら、左足に体重を戻して右のハムストリングをリリースする。
- 塀に向かって軽く（股関節から先に）屈曲《ランジ》して右に回転し、股関節を閉じる。バネの張力を股関節屈筋群に感じる。
- 体重を戻しながら左に回転し、股関節を開く。内腿が解放されたと感じるはずだ。
- 反対側の足で繰り返す。

筋膜を調整することに加えて、この動作はウォーキングとランニングのストライドにバランスとリラックスした状態をもたらすだろう。ドクター・ファ

オーサマイザー：本文とは逆に左足を台にのせた場合。

ン・リンゲンの「Awesomizer（オーサマイザー）」への手引きと「補足」は、runforyourlifebook.com の動画ページで見ることができる。

4　**ダイナミック・バーピー**は少々上級者向けになる。これは1880年代に考案されたもので、スクワット、腕立て伏せ《プッシュアップ》、ジャンプを組み合わせた究極の全身筋膜エクササイズだ。かなりの屈曲と伸展が求められるが、きちんと行なえば、体がダイナミックに地面から跳ね上がるのを感じることができる。

- 立った状態から、スクワットをして両手を地面につける（屈曲）。

ダイナミック・バーピー

•腕立て伏せに移る（背中の軽い伸展あり）。
•すぐにスクワットに戻す（屈曲）。
•ジャンプアップでフィニッシュ（伸展とリーチ）。

このエクササイズがしっかりできたときは、バネを強く感じ、パワーはさほど感じない。最初は2回だけ繰り返し、やがて6～8回を数セットこなすようにする。そう何回もやらなくていい。疲れるまでやるのではなく、上手にやることが肝心だ。

5　**カウチストレッチ**。大腿直筋を伸ばし、と同時に股関節屈筋群をほぐすのに最適（次ページの写真）。最初は壁やカウチに

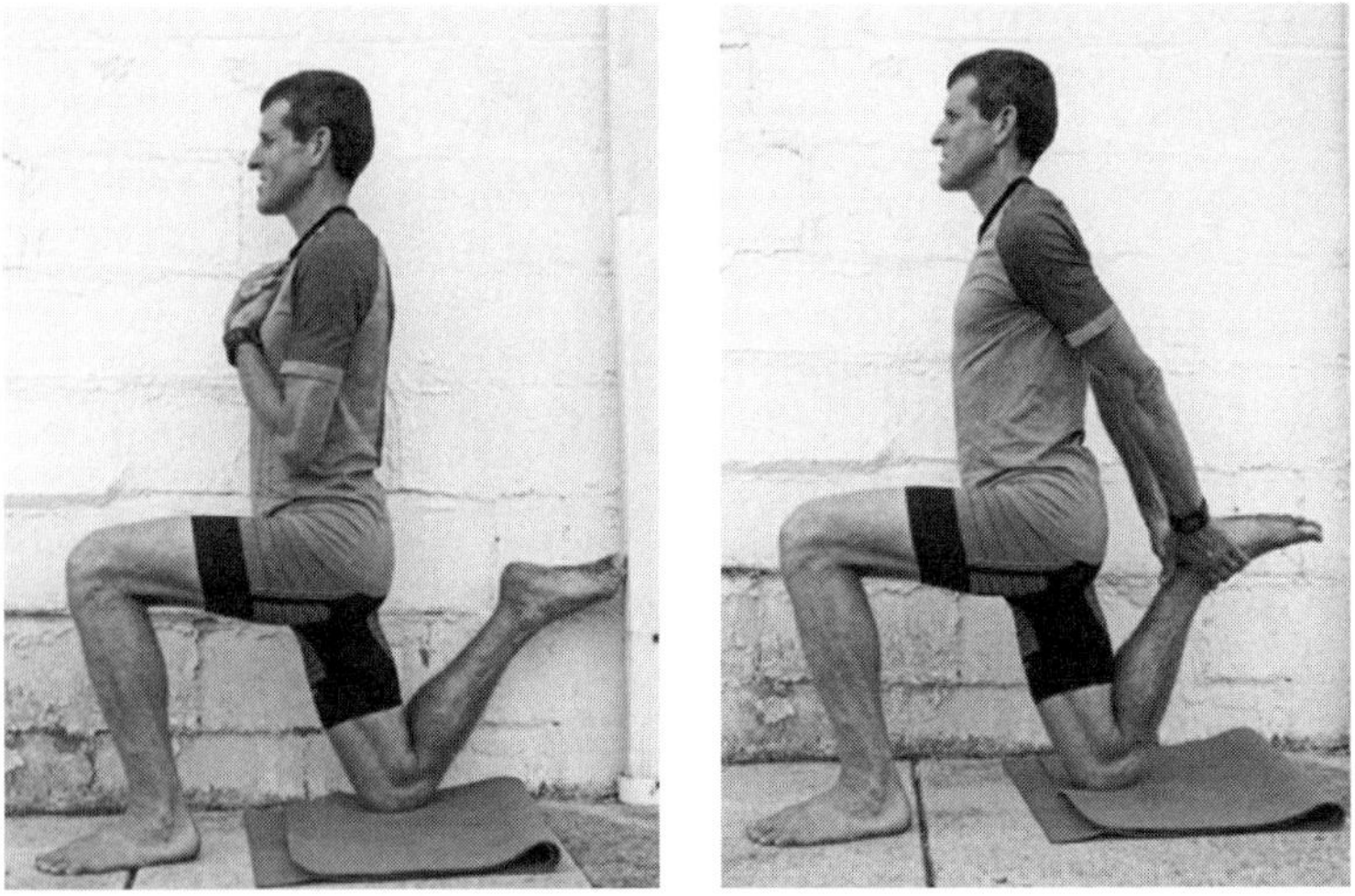

カウチストレッチ

足を押し当てて行ない、しだいに自分で足首を持つようにしよう。

6　**ほかの筋膜調整テクニック**が効果的な場合もある。筋膜ほぐし《アンワインディング》、ヨガ、ロルフィング、アレクサンダー・テクニーク、フェルデンクライス・メソッドなどだ。凝った箇所には軟部組織への施術が必要かもしれない。IASTM（器具補助軟部組織可動法《インスツルメント・アシステッド・ソフト・ティシュー・モビリゼーション》）の科学と応用も進歩してきている。

7　最重要事項として、**筋膜を健康に保つ簡単なコツ**と、流れるような心地よい動作の感覚をつかむためのヒントを挙げておこう。

- **水分補給をする**。体のほかの部分と同じで、筋膜は主に水分で構成されている。
- **健康的な脂肪を食べる**。脂肪は動くケーブルを潤滑にする魔法のシリコンだ。ケーブルにはち

ゃんと「油を差した」ほうがいい。

• **一日を通して動きつづけること**、そして可動性を維持すること。朝や座ったあとにはストレッチして体を伸ばし、多方向ランジを行なう。

• **温水は魔法**だ。温水浴槽や温かい風呂に浸かると、固くなった筋膜や筋肉をほぐすことができる。入浴後には軽く体を動かし、日中に失われた可動域を回復させよう。大きな温水浴槽を利用できる場合は、お湯のなかでリラックスしながらストレッチをするといい。

こういった課題に取り組む時間を現代の日々の生活に見つけるのは、相当な難題に思えるかもしれない。だが、工夫をし、少しだけ時間をつくれば、こうした運動の多くを仕事や遊び、家庭生活のルーティンに組み入れられるだろう。いったん魔法のようなバネのある筋膜を調整できたら、その弾性を生涯にわたって保つのはそれほど大変なことでもない。

第Ⅱ部　動いている体

第６章　スタイル指南

ゴルフのスコアにしろ、２マイル走のタイムにしろ、サッカーチームの得点にしろ、誰もが数字に注目する。でも、その原理には目を向けていない。

――グレイ・クック、理学療法士

神話：走ると関節がダメージを受ける。痛みがあるなら、走るのをやめることだ。
事実：問題は走ることではない。走り方だ。衝撃の少ない、バランスの取れた、堅実なテクニックとリズムを取り入れ、徐々に改善していけばいい。

座ってばかりいる人の大半は、ランニングを大変で苦しいものだと考えている。どう走るかにはおかまいなしだ。実績のあるランナーたちもきまって、痛みを伴う故障の連続に不満を抱いている。挫折感を覚えたり、運命を甘んじて受け入れたりするランナーはあまりにも多い。あるいは、すっかりやめてしまうかだ。

問題は走ることではない。走り方だ。苦痛やケガを引き起こす走り方もあれば、健康と喜びをもたらす走り方もある。重度の変性疾患や関節の変形、活動が制限される稀な症例など、特殊なケースを別にすれば、ランニングは可能なばかりか、明らかに有益なものだ。

当然、反復性ストレス障害の発生率はウォーキングよりもランニングのほうが高い。ランニングの場合、1回のストライドで発生する瞬間的な衝撃力は体重の約3倍だ。つまりフォームにバランスの悪さや欠点があったら、それは1マイル（約1・6キロ）につき1200回のこうした衝撃で増幅される。

これに対する最善の策は、インパクトの少ない堅実なテクニックとリズムを身につけ、少しずつ上達していくことだ。私が気づいたように、一見些細《ささい》な変化をランニングフォームに加えるだけで感じ方は大きく変わり、ケガのリスクを減らせることを知ってもらえたらと思う。

フォームは機能である

心臓血管系は、ご存じのとおり、ハイブリッド車のエンジンにたとえられる。整備されていれば、長距離を効率よく進む動力をもたらし、急な坂道では素早く加速させてくれる。だが、シャシーやショックアブソーバー、ステアリング、リンク機構、駆動系も重要だ。アライメントのずれやフォームの欠陥があったりすると、生体力学に関わる部分が極端に摩滅するリスクが高まる。

よいランニングフォームは簡単に習得できる。動力学や運動学《キネマティクス》を学ばなくてもいいし、複雑でうんざりする訓練に耐えなくてもいい。手始めに、子供の走り方をじっと観察してみよう。バランスよく直立し、背すじを伸ばしたまっすぐな姿勢と、軽快なステップとバネのある動作で跳ぶように動く様子に注目したい。腕が曲がっている。オーバーストライドにならない。全体の動作に遊びの感覚があって、即興ダンスのようだ。ランニングへの取り組み方としては妙に思えるかもしれないが、自然な動きを学び直す（そして悪い癖や誤った考えを捨てる）には、子供の真似をすることから始めなければならない。

5つの原則

これまでの章で学んだことを実行に移し、よいランニングフォームの基本となる5つの原則を実践してみよう。

- **第一の原則**は**適切な姿勢を維持する**ことだ。背すじを伸ばして走る。体を垂直な線と考える。首をまっすぐにして、頭が前に垂れないように。まっすぐ、地平線に向かって前方を見る。足を地面に平らに置く。これがあなたのニュートラルな姿勢、つまりバランスの取れた力強い位置だ。自然に走りはじめるには、この背すじを伸ばしたニュートラルな姿勢のまま、ゆっくりと頭を少し前に動かすといい（足を踏み出してキスをするときのように）。多くのランナーは前部の支配筋（大胸筋と三角筋）や締まった上部僧帽筋に引っ張られ、肩が前に出た前かがみの姿勢に陥る。こうした筋肉を「リセット」するには、胸部をゆるめ、僧帽筋下部を活性化させるために肩甲骨を下ろすといい。素早く抜いた拳銃をホルスターに戻すように（次ページの

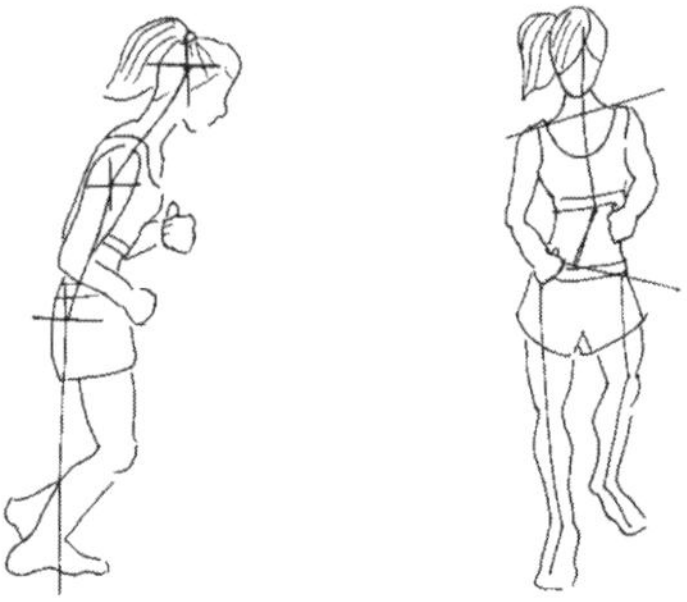

不適正なアライメント

適正なアライメント

図参照）。

- いったん走りはじめたら、**第二の原則**として**強い安定した体幹を維持する**ことだ。体幹には腹筋、骨盤、股関節安定筋、大臀筋、さらには肩が含まれる。おなかに圧縮空気の缶があるのをイメージしてほしい。前かがみになると、呼吸が妨げられ、缶の空気が減る。動作のなかでは、これを**動的姿勢**として、神経・筋系（脳、神経、筋肉）の各部分を切れ目なく連携させなくてはならない。強く活発な腹筋と横隔膜、安定した股関節があれば、地面と行き来するエネルギーを最大化できる。関節が正しく配置されて負荷に対処し、関節と筋肉へのストレスが最小限に抑えられる。膝が体の中心線に向かって倒れてはいけない。安定しつつ、リラックスした状態を保とう。

- よいランニングフォームの**第三の原則**は**腕と手を使ってリズムをつくる**ことだ。肘を90度以内の角度に保ち、僧帽筋下部と肩の強力な筋肉を使って後ろに押す。ただし、リラックスした状態で、腕が反射的に前に出るようにする。拳は胸骨のそばに保つが、体の中心線を越えてはいけない。ニワトリの羽を思い浮かべよう。腕の振りは次の4つの点で役に立つ。

- **安定性をもたらす**
- **反対側の脚の動きに対してバランスを取る**
- **骨盤のバランスを取る**
- **前方への勢いを維持する**

肩は下半身とは逆のゆるやかな回転ももたらす。ひねりを加えて「巻き上げ《ワインドアップ》」をするようなものだ。これによって筋膜に荷重がかかり、ステップに加わるバネが強くなる。

- よいランニングフォームの**第四の原則**は**足で積極的に衝撃を和らげる**ことだ。左右ともに、足全体でブレーキではなくバネに荷重する位置に着地するのがいい。オーバーストライドや、膝をまっすぐにして足を前に伸ばした状態での着地は避ける。足全体での着地パターンはバランスを保ち、衝撃を和らげ、ケガのリスクを減らすし、効率が高い。足のどの部分から先に着地するかを気にしすぎないこと。肝心なのは着地時の力をどこでどのように吸収するかだ。月面

左側の裸足のランナーはオーバーストライドになっていない（ボストンマラソンより）。下腿が地面に対して垂直に着地し、着地時に足に均等に体重がかかっている。右側のランナーは下腿を前に伸ばし、足首を背屈させている。

着陸機のイメージで、足の一部が少し前、一部が後ろで接地しても、ほとんどの力は真下にかかる。そして膝をやや曲げて着地すると、次のステップのつま先離れ《トゥオフ》時に筋肉がより強く反応するよう設定される。これは次の一歩の踏み出しに役立つ強力なバネを仕掛けたものとして思い描く（そして感じる）といい（上の写真）。

- よいランニングフォームの**第五の原則**は**ケイデンス、つまりリズム**だ。効率のいい、バネのあるランナーは1分あたり180歩に近い歩調《ケイデンス》を維持する。地形や勾配、上り下りにかかわらずだ。あなたのバネからのエネルギーを最大限に活かせるリズムを見つけよう。着地の衝撃力がどのように返ってくるかを感じてほしい。とくに大臀筋を活性化させたときだ（このときポーゴースティック［ホッピング］の跳ね返り《リコイル》のような、地面からの「弾み」が生み出される）。この動きは脚を能動的に持ち上げるものと見てはいけない。この跳ね返りは自然に脚を前へ上

背すじを伸ばし、強い体幹を保って走る。腕の力を抜いて肘を曲げる。腰から先に進み、大臀筋からパワーを得る。やわらかな、足全体での着地と自然なリズムで仕上げよう。

へと、ぱちんこ《スリングショット》のように送り出す。これが弾性リコイルだ。

脚の弾性リコイルは通常、ケイデンスが１分あたり１８０歩、つまり１秒あたり３歩に近づくにつれて最適になる。自分にとって自然と感じるものを見つけよう。**ケイデンス**がかなり一定に保たれても、**ストライドの長さ**が変化することがある。低速や上り坂では短く、高速や下り坂では長くなるだろう。ストライドとケイデンスは会話ができるペースに合わせたい。一般的にスピードが速くなるとケイデンスが増える。ほとんどの人のケイデンスはラボで測定した最適な効率より若干低くなりがちだ。ふたつの無料アプリ、Metro TimerとPro Metronomeが役に立つだろう。

スロージョギング

私が指導する軍人のほとんどは走るのが嫌いだと

空軍基礎軍事訓練でスロージョギングを教える。テキサス州ラックランド空軍基地

認める。それでも、「スロージョギング」と称して外で運動してもらうと、おもしろいくらいに表情が変わっていく。いま述べたランニングの原則に加え、私はやわらかいバネのような着地を強調し、すべてゆっくりとしたスピードで行なうよう伝える。エンドルフィンの放出が軍人たちの笑顔から見て取れる（上の写真）。

無理のないストライドに

オーバーストライドして踵で着地すると、一歩ごとに少しずつ「ブレーキをかける」ことになり、エネルギーを浪費する。つまり前進運動の効率が落ちるわけだ。オーバーストライドは、衝撃力が骨や関節に吸収されてエネルギーの貯蔵や散逸がうまくいかなくなるため、ストレス障害の増加にも関連づけられる。着地のたびにパタパタと音がするのは、オーバーストライドの兆候だ。足音は静かでなければならない。

積極的に足全体で着地すると、着地の衝撃エネルギーが緩和されて蓄えられる。体の落下重量は足と足首、大腿四頭筋、股関節それぞれの腱にかかる。それはバネを圧縮するかのよ

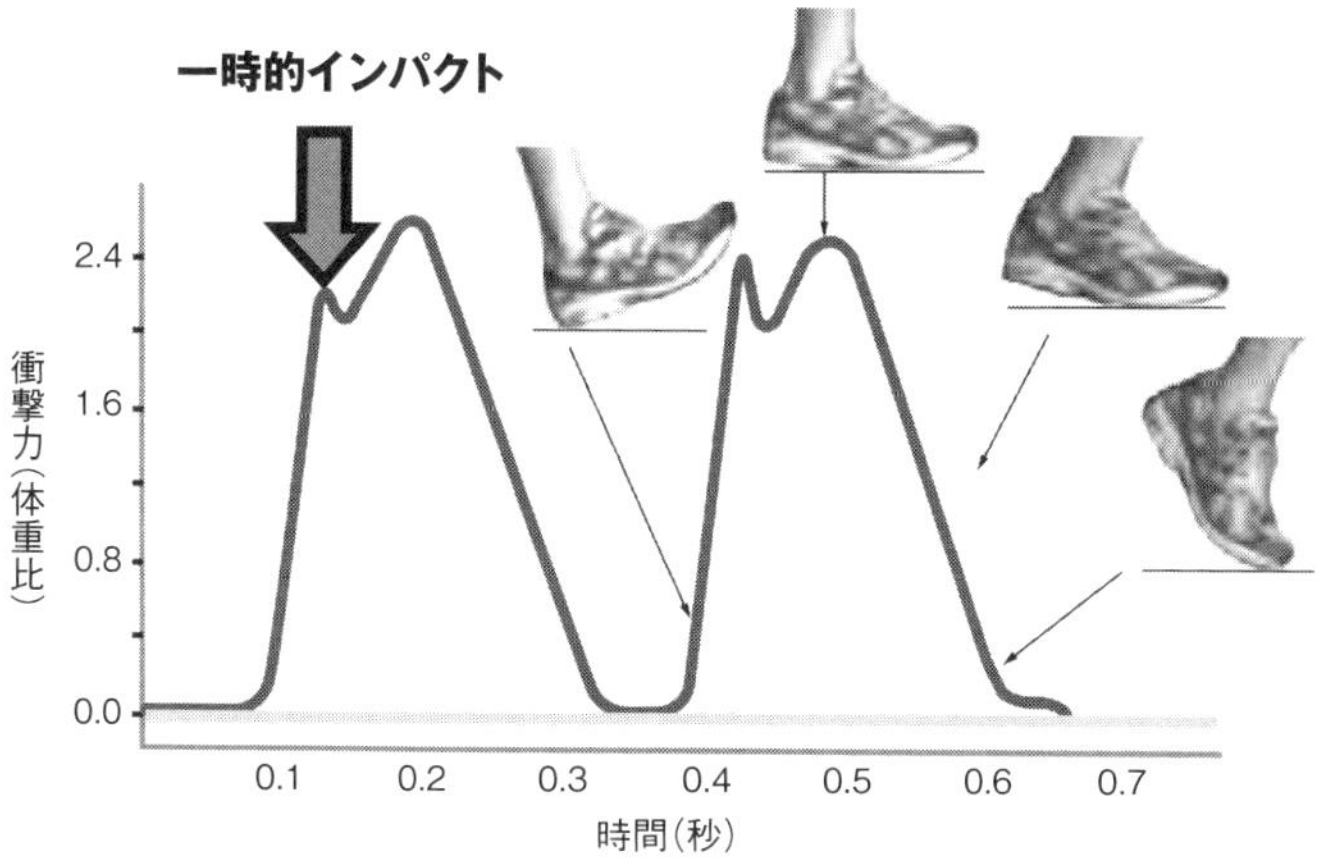

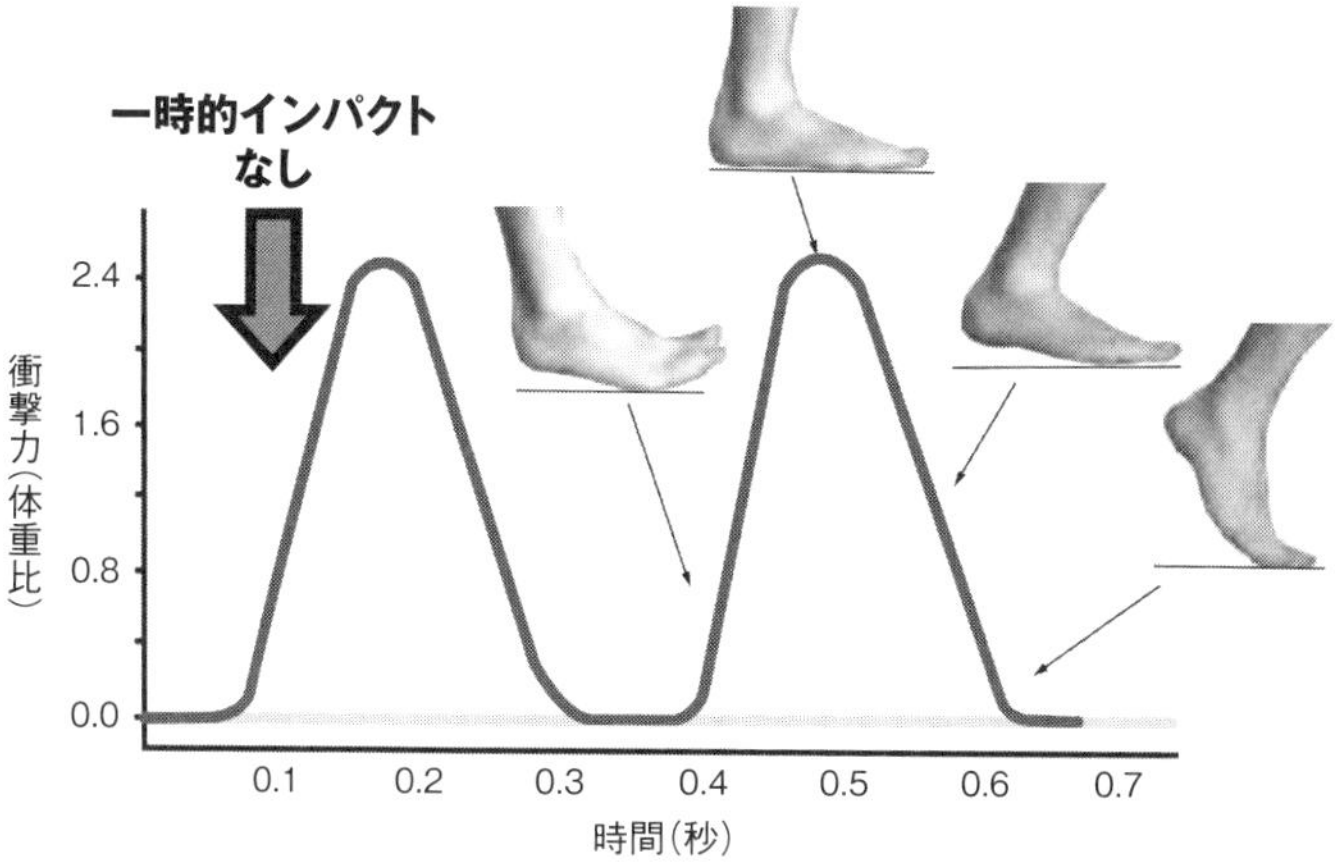

接地衝撃力。一時的インパクト（上図曲線の小さな鋭いピーク）は、後足部着地による激しいインパクトを表す。下図は前足部着地のランナーに典型的な、よりフラットで「よりソフト」なインパクト曲線。

うで、バネはその直後、次のステップでエネルギーを解放する。

オーバーストライドには、弾みや上下運動が大きくなりすぎる傾向もあり、よけいにエネルギーが無駄になる。フォームが整えば、頭が安定して静止し、腕が蒸気機関車の主連棒のように動くはずだ。体を機関車に見立ててみよう。レールの上を転がり、スムーズかつ着実に前進して、左右や上下にはほとんど動かない(エリートレベルの一部ランナーは例外といえる。ストライドが長いため、ある程度上下するのは避けられない)。

お尻を覚醒させる

その間ずっと、あなたの体で最も大きく、最も重要で疲れを知らない筋肉、つまりお尻を活用したい。大臀筋、そう、臀部は走る際にほかのどの筋肉にもまして地面に力と安定感を加えるし、前方への推進力を発生させるのに何より効率的だ。大臀筋には、疲労に強い、ゆっくり収縮する1型繊維(「赤肉」と考えよう)が詰まっている。階段を上るとき、シャベルを地面に押し込むとき、ワインづくりでブドウを踏むときに使われるのが大臀筋だ。お尻を使った走り方を学べば、疲れることはないだろう。ランナーやウォーカーがその筋肉を痛めているのは見たことがない。

ゲイトを睨視《げいし》する

では、人の足運《ゲイト》びを分析するときには何を探したらいいのか? ゲイトを「読解する」のは一筋縄ではいかない。欠点はえてしてとらえがたいものだからだ。動きは見えても、それに伴う力を見るのはフォースプレートなどの高価な実験器具がないと難しい。フォームの欠陥らしきものと、単なる個人のスタイルや独特な動きの戦略、解剖学的な構造の特殊性といったものを区別するのも困難だ。

ケガをしたランナーのリハビリメニューでは、ゲイトの再訓練を慎重かつ徐々に行なうことが大切だ。ただし、ケガをしていない実力派ランナーの場合、フォームをいじるのは危険かもしれない。長く慣れ親しんできた型からずれてしまうことがあるからだ。以前とは別の組織に力が作用し、ケガをしやすくなる可能性がある。

初心者はまた別で、フォームやゲイトの欠点がおおむね基礎的かつ明白で、ケガの原因になることが多い。初心者はインパクトの少ないパターンを早めに確立することが肝心だ。私は初心者のゲイトを見るとき、まずスロージョギングをしてもらってから、普通のペースに上げてもらう。そしてシューズを履いた場合と履かない場合で交互に走ってもらい、フットウェアがゲイトにどんな影響を与えるかを見極める（その影響は本人もすぐに感じることがある）。耳で、目で、ビデオカメラを使って、私が判断に努めるのは、

- 姿勢はまっすぐ伸び、頭は直立しているか？　体は頭の真下に位置しているか？
- 左右どちらの足で着地するときも、体幹が活動して中央部分の並びは保たれているか？　スピードを上げようとするとき、大臀筋による適度な「後押し」はあるか？
- アキレス腱、足底筋膜、ふくらはぎは弾力を帯びているか？　ドスンという足音がしてはいけ

腹筋、脚、大臀筋は覚醒し、活性化されているか？　スケートボードを前進させるつもりで。

前方の脚では、ハムストリングがバネのように作用して大臀筋を活動させ（矢印）、大臀筋が下向きに駆動する。全体がバンジーコードのような伸縮反射だ。

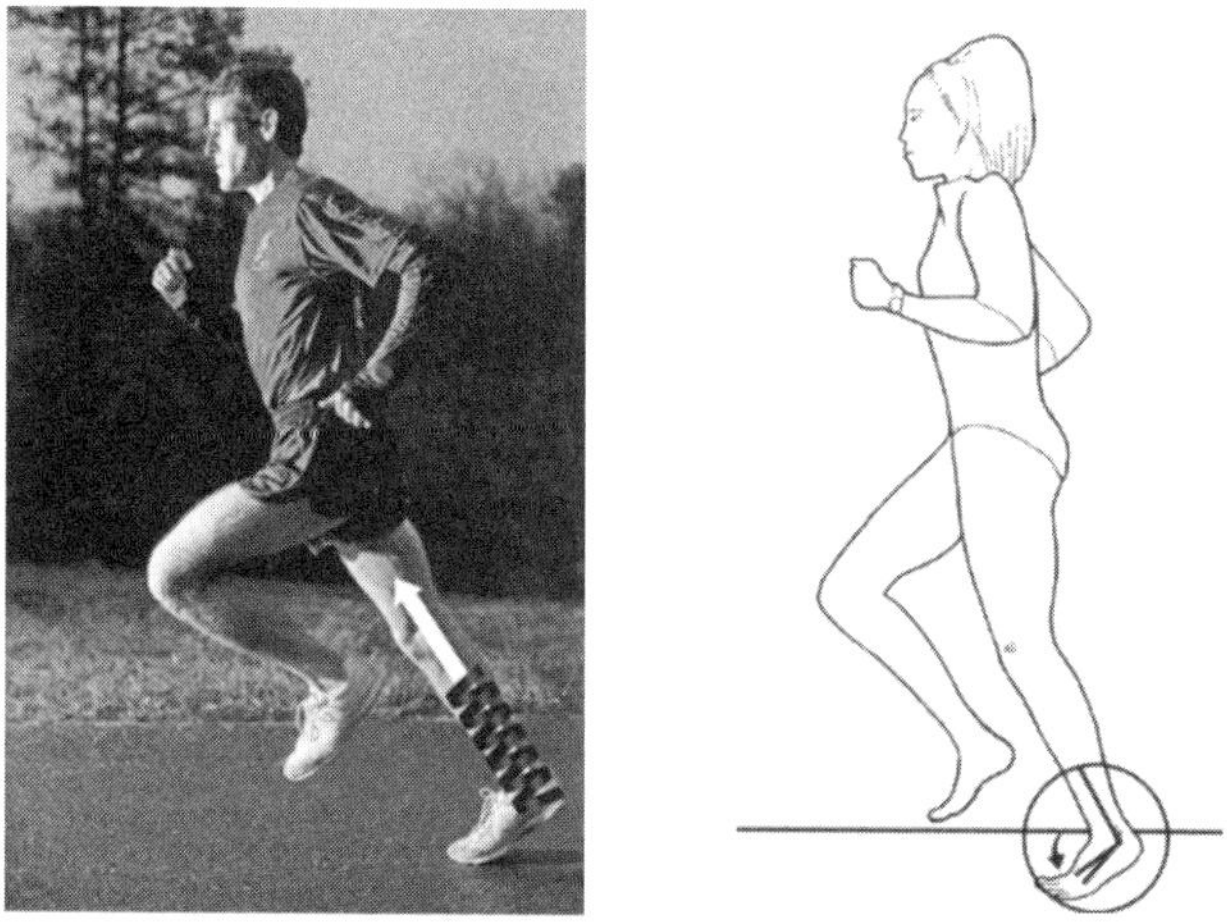

アキレス腱とふくらはぎの弾性荷重は、最適な（迅速かつ強力な）エネルギーリターンを生み出す。

ない。トレッドミルで走る場合は、部屋を揺らさないように。

- 足は自然にほどよくプロネーション（回内）し、その後スピネーション（回外）してトウオフに向けて安定した土台とレバーをつくり出しているか？
- 股関節が伸展しきったとき、膝が反射的に前に跳ねるか？　脚を股関節屈筋群で持ち上げたり、ハムストリングで引っ張ったりはなしで済ませたい。この動作は力を抜いた状態で自動的に行なわれるべきだ。
- 着地時に膝が少し曲がり、膝下が地面に対して垂直になっているか？　これはオーバーストライドの防止に役立つ（124ページの写真参照）。
- スロージョギングでは体が直立するが、ペースを速めると少し前に傾くか？　ランナーは腰から前屈したり背中を伸ばしすぎたりしてはいけない。

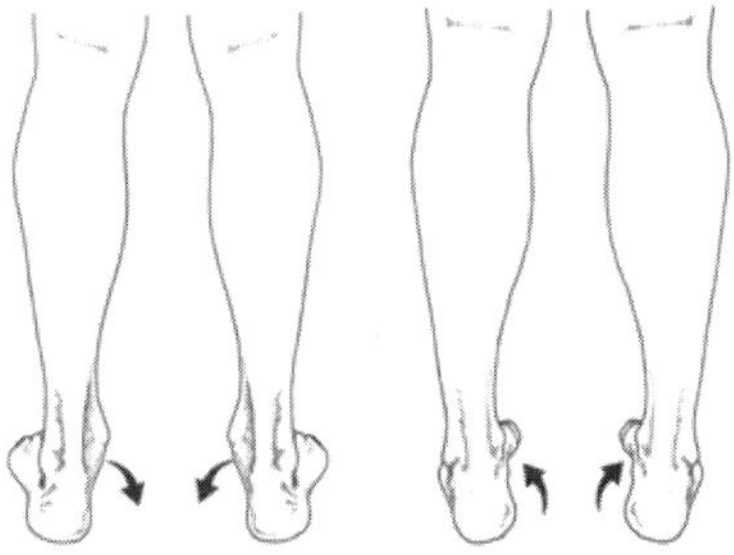

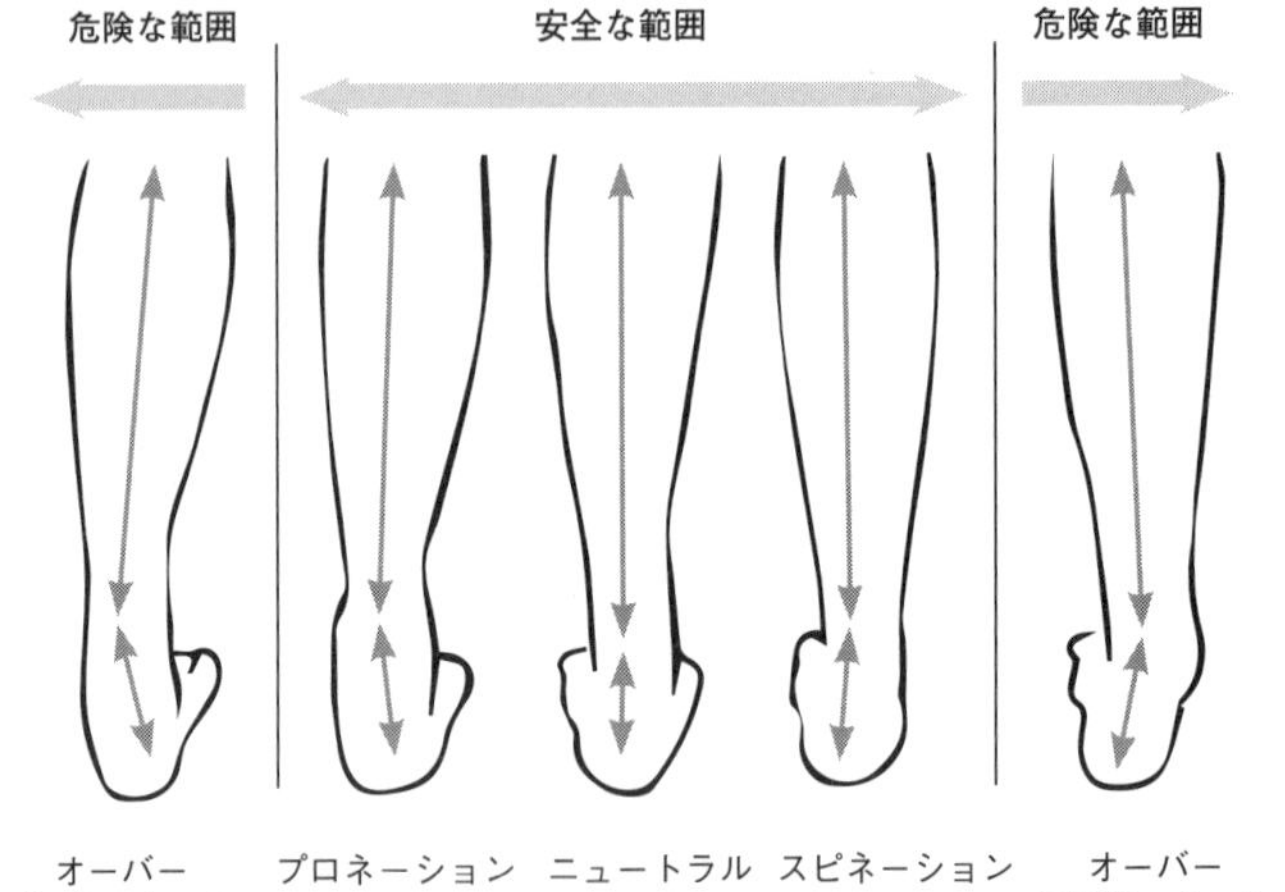

プロネーションとスピネーションは正常だが、限度を超えた動きはケガにつながりやすい。ただし、「正常」には広い幅がある。オーバープロネーションは一般に考えられているほど多くない。

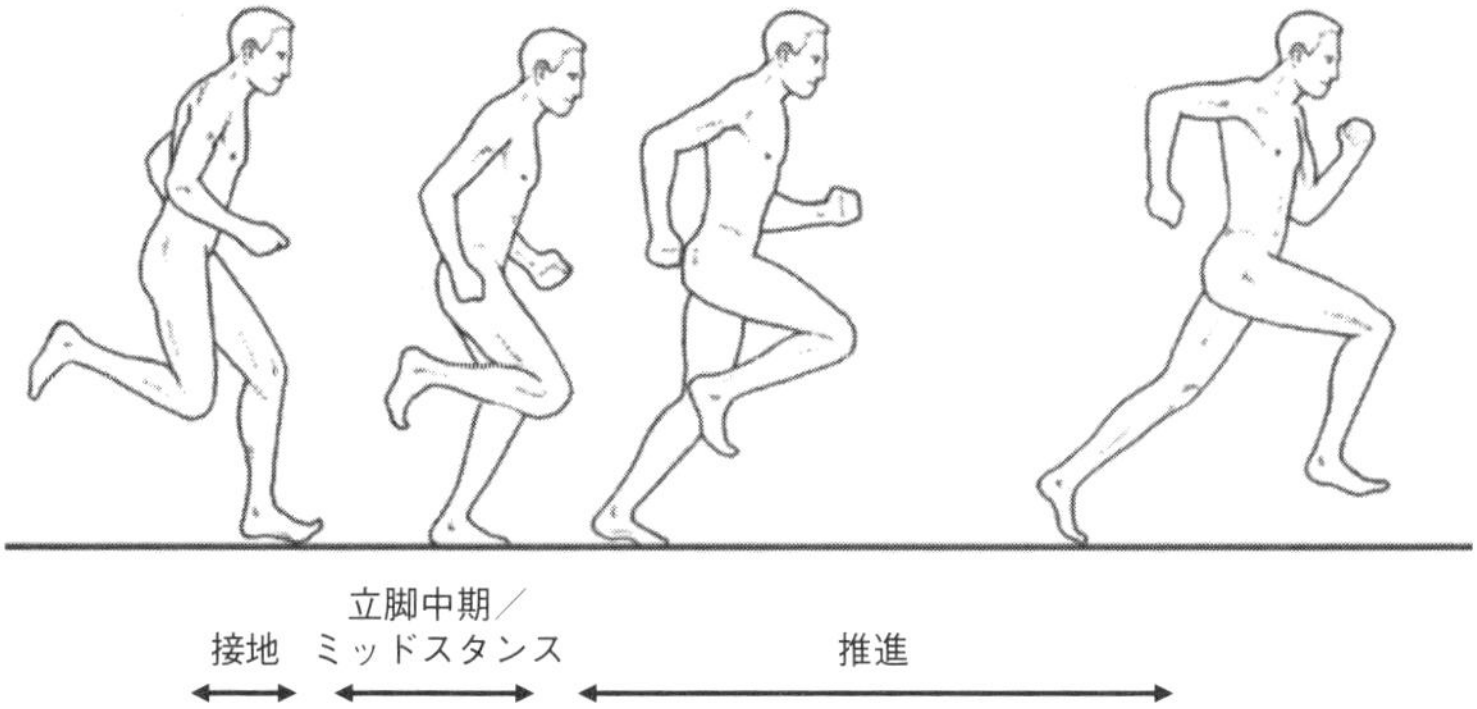

接地、立脚中期のプロネーション、推進期のスピネーション、トウオフ。

股関節が伸展して股関節屈筋群のバネが荷重される。すると後ろの脚は弾性のあるバネのようにはね返る。

速いスピードで走るときのわずかな前傾姿勢。

肩の回転の中心点は胸椎下部にある。肩は股関節とは逆に回転する。

大きなストライドの角度。木を切るときのように腕が後ろに振り出される。

水平な骨盤、最小限の脚の交差。

- ランナーのケイデンスは1分間に180歩程度で、接地時間は短いか？
- 腕はランナーの役に立っているか、それとも足を引っ張っているか？　肘の角度は90度以内で、手は胸のそばで少し円を描くように動いているか？　拳は胸骨から離れてはいけないし、中心線を越えてもいけない。木を切るときのように後ろに引いているのがわかり、肩がわずかに回転しているか？
- スピードを上げる方法はどんなものか？　ストライドの長さが変化しても、ケイデンスはほぼ一定に保たれるか？　スピードを上げると、ストライドの角度（前ページの写真下段、フルストライド時の両腿の角度を参照）が開く。地面に加わる力が大きくなるためだ。ストライドを簡単に伸ばせるとしたら、可動性と股関節伸展が良好ということだ。
- 骨盤と股関節は力を発揮できる位置にあるか？　立脚中期《ミッドスタンス》では、骨盤は水平で、脚の交

〈トゥルーフォーム・ランナー〉、ランナー駆動方式のトレッドミル

差を最小限に抑えたほうがいい。足は股関節の下に着地し、骨盤は強い腰と体幹で支える。

型破りなトレッドミル

ウェストヴァージニア州にある私のランニングストアでは、ランニングフォームの指導をする際、体の位置の欠陥を修正する特殊機能付きのシンプルな機器を使っている。〈トゥルーフォーム・ランナー（TrueForm Runner）〉という、モーターなしのトレッドミルだ。この革新的なマシンの踏み台はわずかに弓なりで（前から後ろにかけて凹みがあり）、ベルトを動かすときに抵抗を与えてくれる。

〈トゥルーフォーム・ランナー〉はゲイトの自己分析に役立つ。このマシンでスムーズかつ快適に走るには、バランス、姿勢、リズム、臀部の働き、股関節伸展が良好でなければならないからだ。トレッドミルに原動力をもたらすのはあなたで、ペースやフォームの調整もあなたに一任される。足を前に伸ばして踵で着地すると、ベルトの動きが遅くなったり止まったりするため、オーバーストライドにはなりようがない。また、凹みのあるデザインのため、強力なポステリアチェーン（体の後ろ側にある筋肉・筋膜群）、とくに大臀筋を使わないと、ベルト全体を連続して動かすことができない。まさにランニングフォームの「うそ発見器」だ。

われわれの店では、大人も子供もこのトレッドミルの上で走ったり遊んだりするよう勧める。試行錯誤（試行作為といってもいい）しながらバランスを学び直す姿を見るのが楽しい。子供はのみ込むのも慣れるのもあっという間だ。無意識のうちに学習し、効率的な動作の開始や持続に必要な神経回路がすぐに発達する。

地元の高校の代表ランナーが膝の痛みを抱えていたので、このトレッドミルに乗ってもらった。股関節が硬く（ほとんどのランナーがそうだ）、大臀筋を充分に使っていないのが見て取れた。フィットネスは高レベルにもかかわらず、なかなかベルトを動かせない。そこで彼はトレッドミルを降り、股関節を開くエクササイズ（前章で紹介したマウンテンクライマー）と大臀筋を活性化させるエクササイズ（綱《テザー》を引っかけてその場で走るもの。141ページで説明する）を行なった。そしてまた〈トゥルーフォーム〉に乗った。私から簡単なヒントを与えられた彼は、飛ぶように走りだした。「パッとひらめいたかと思うと、膝の痛みが消えていたんです」とあとで言っていた。

オーバーストライドを避けると同時に、ポステリアチェーン（大臀筋とハムストリング）を活性化させると、膝蓋骨《しつがいこつ》の圧縮力が軽減される。すると膝はショックアブソーバーとしてではなく、本来の蝶番として機能できる。この手順ですべての膝の痛みを治せるわけではないが、膝の前面の痛みには効くことが多い。最初に選択すべき治療法は、局部的なリハビリではなく、ゲイトの修正だ。

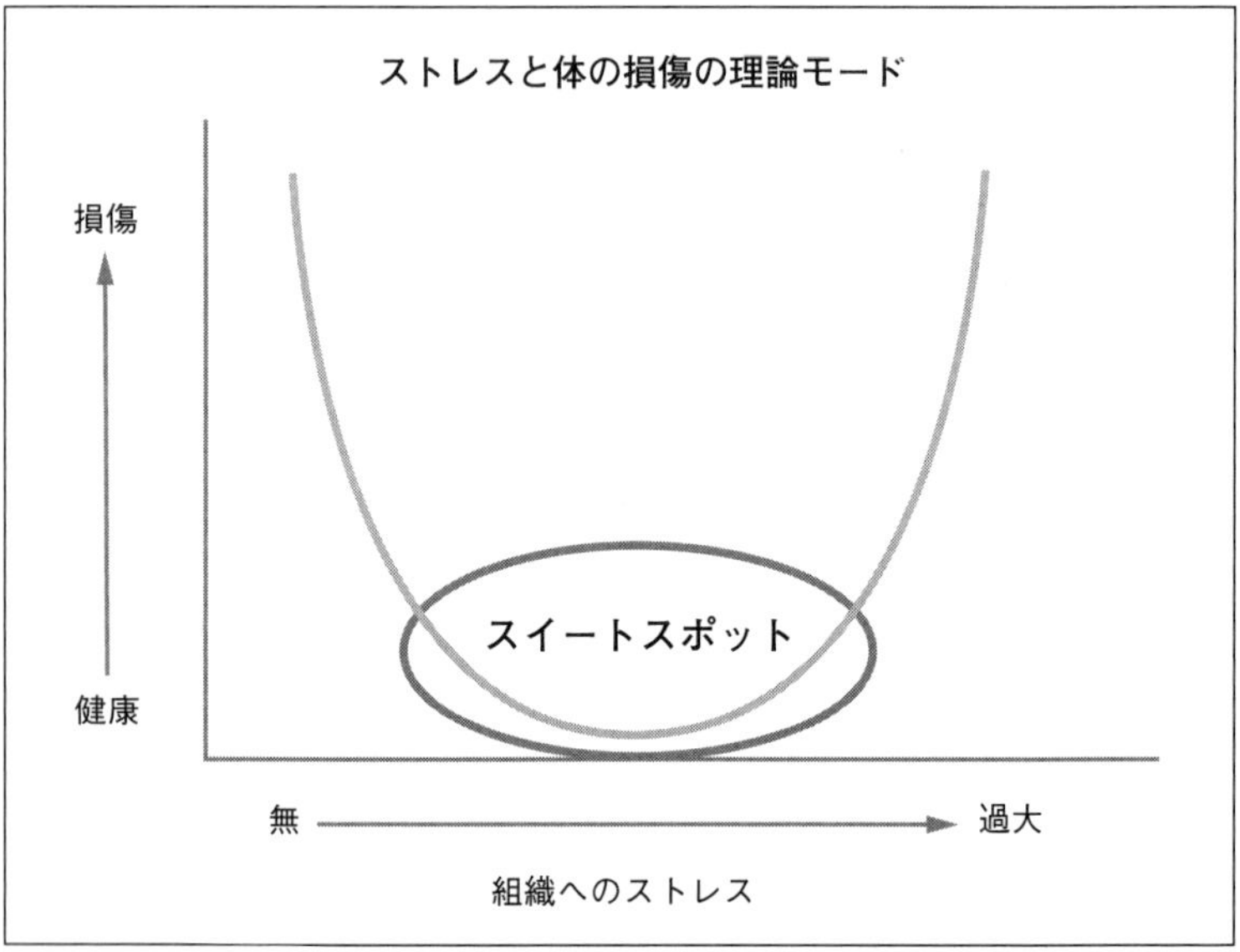

「スイートスポット」は有益な快ストレスの領域を表す。ストレスのレベルがそれ以上でもそれ以下でも健康やフィットネスは向上しない。

〈トゥルーフォーム〉を使うと、ランナーが普段のトレーニング中に再現すべき動きとヒントを認識しやすくなる。

では、リラックスして……

少しでもフォームを変える場合は、どんな手順であっても漸進的に行なわなくてはならない。加えられる力や負荷が、軽度の安定した新しいストレスからの自然な回復力を超えないかぎり、体は適応するだろう。軽度から中程度のストレス（「快ストレス［ユーストレス］」）は充分な時間をかけて回復することで、確実な適応と強さにつながる。

走るときに上半身などが硬く窮屈になる人はあまりにも多い。肩、腕、手はリラックスさせるべきだ。それは走るまえに何秒間か「体を振ってほぐす」ことで簡単にできる。走りだしたら、手のことを考えよう。拳を握るというより、ポテトチップスを指でつまんでいると想像してほしい（これはポテトチップスの唯一有効な使い方だろう）。下あごの力も抜いてみよう。

練習やトレーニングをするときは、足、脚、そして体が本来の機能を果たしていることを忘れないことだ。子供のころ、私たちはバネの上に乗っているかのように、裸足で走ったり、ジャンプしたり、跳ねたりした。その子供のような不思議な弾力と反発力はいまでも豊かにそなわっている。あとは自然のバネを目覚めさせ、流れるような作動パターンへと調整し、乗り心地を楽しむだけでいい。

ドリル

効率的で安全なランニングフォームを身につけるドリルは、正しく徐々に行なえば簡単で、悪影響はほとんどない。つねにバランスを中央に、体勢をニュートラルに保とう。痛みやケガの原因は往々にして姿勢の悪さにある。

以下に挙げるいくつかのドリルを検討し、試してみよう。上達するまでは週に2回以上、その後は維持するために週1回、できれば疲れていない日に行なうといい。ウォームアップとして10～15分は軽くランニングしよう（私はランの最後、体が温まってほぐれているときにドリルを行なうのが好みだ）。10～15分をドリルの実行に充てる必要がある場合は、ランを短めにしてもいい。

全体を通して、ねらいとするのは適切な動きのパターンとテクニックの強化で、フィットネスの向上ではない。よいランニングフォームの5つの原則がスムーズで効率的な動作へと集束するとき、そのパターンがあなたの標準的なフォームになるだろう。

フォーム＝機能

- 硬い表面の上を**裸足でゆっくりとジョギングする**。シューズを脱いで退屈するくらいゆっくりと、歩くよりも遅いペースでジョギングするのが安全だ。衝撃緩和行動も学べる。馬がステークスレースの出走ゲートへと軽くだく足で進むところをイメージしよう。ドス、ドス、ドス、ドスではなく、タッ、タッ、タッ。初めは1分か2分でいい。

- ケガをしないためには、体の前後左右と、すべての面で**バランスをリセットして保つ**ことが大切だ。よくあることだが、ランナーが負うケガは日常的に体のバランスを整えれば防げる場合がある。ランニング向けの最も簡単なバランスドリルは**片脚ランニング**だ。片脚で5歩（素早く地面をはねる動作で）走り、脚を替えて繰り返す。徐々にドリルの回数を増やし、脚を交替しながら2、3分つづけられるようにしよう。
- 大臀筋を感じて活性化させ、同時にケイデンスと足の配置も習得できる安全かつ効果的なドリルは、**テザーをつないでその場で走る**ことだ。このドリルは地面や小型のトランポリンの上で行なう。伸縮性のあるテザー（マウンテンバイクのインナーチューブなど）を体につなぐと、ハムストリングや股関節屈筋群を使って一歩ごとに脚を持ち上げようとしてもうまくいかない。つねに、**足を下後方へ押し、大臀筋を使って地面**（または小型トランポリンの表面）**から飛び出す**と考えよう。そうしながら、運動性とバランスを整える。あるいは、これをパワー系のドリルに変え、タイヤやそりを引っ張ってみてもいい。
- **キックスクーター**やスケートボードは楽しいうえに、足の配置の練習にもうってつけだ。力強く前に進めるには、大臀筋を使いながら股関節を伸展させる必要がある。オーバーストライドで踵着地するやり方ではスクーターを推進できない。
- **縄跳び**しながら前に走る。これは姿勢、バランス、足の配置、リズムの組み立てに役立ち、自然なケイデンスを見つけやすくしてくれる。足が活性化して接地時間が減り、オーバーストライドしにくくなる。縄跳びが「面倒」だと感じる人も、一日にほんの2、3分でいいから日課に加えよう。

- よいランニング姿勢と悪いランニング姿勢のサンプルを短いビデオクリップ〝1, 2, 3, Run!〟（本書ウェブサイトの動画ページにある）で見て、このドリルを使ったワークアウトを始めてほしい。背すじを伸ばす。バネを効かせたケイデンスで足踏みする。そして顔を少し前に出す。ほら、あなたは走りだしている！

見て学ぶ

以上のドリルの目的は「無意識にできる」ようになること、つまり、自分が何をしているかを考えるまでもない、リラックスした自然な状態になることだ。効率的なランニングフォームの実例を見ると参考になるかもしれない。たとえば、runforyourlifebook.com の動画ページにある、〝Principles of Natural Running with Dr. Mark Cucuzzella（ドクター・マーク・ククゼラと学ぶナチュラルランニングの原則）〟。この映像で私は裸足になっているので、足と足首の複雑な動きがよくわかるはずだ。長距離の裸足ランニングは万人向けではないかもしれないが、安全な場所での短い距離なら靴を履かないときの足と体の動きを学びやすいだろう。お気づきだろうが、ベアフットランニングはフォームが悪いと難しい。ずばり、地面に力強くインパクトすると痛いからだ。だからやわらかく、正しく走るしかない。私たちの足はまわりの世界からのメッセンジャーで、たくさんのことを教えてくれる。だが、そのまえにまずは筋力と持久力を身につけておこう。それが次章のテーマだ。

第７章　私たちを走らせるエンジン――持久力を養う

トレーニングするのは大会で走るためではない。トレーニングの目的は、長く実り多い人生をおくり、健康を最善に保つことにある。したがって、持続可能なものこそ最良のトレーニング法であることに疑いの余地はない。

――ティム・ノークス博士

神話：限界に挑む高強度のワークアウトで鍛えれば、低強度のワークアウトはやらなくてもいい。

事実：高強度トレーニングだけでは、筋肉に有害な酸性環境がつくり出される。有酸素能力の発達が阻害され、いずれ体を壊すだろう。

神話：運動をしているときは、糖が体を動かす最高の燃料である。

事実：脂肪は糖よりも効率的な燃料で、生理的ストレスが少なく、生成される有用なエネルギーが多い。

さて、ランニングに向けて「体勢」が整ったら、今度は持久力を鍛えるときだ。距離を伸ばし、タイムを改善し、健康を回復させよう。

数年前、私はアダム・ポーターという36歳の空軍の音楽隊員と知り合いになった。ほかの多くの空軍兵と同じく、彼もまた空軍の年次体力テストの直前に短期間だけ集中的にトレーニングを行ない、合格点を得られるだけのフィットネスを取り戻せたらいいと考えていた。ところが「トレーニング」をするうち、燃え尽きや過労、倦怠が重なって、積み上げたささやかな成果まで失われるようになる。ある年、彼は完全にテストでしくじり、再度挑戦して、再度落第した。4人いる息子を養わなくてはならないのに、軍人としてのキャリアを取り上げられるおそれがあった。

私は一日かけて彼とランニング技術や栄養学、最大有酸素能力という考え方について話し合った。何よりも私が求めたのは、トレーニングを徐々に（テストのだいぶまえから）始め、心拍数を最大値の70パーセント以内に抑えることだった。この計画を忠実に実行すると、彼は早歩きと大差ないスピードのジョグをするしかなくなったが、1マイル（約1・6キロ）あたり12分30秒というスローペースで、自然なランニングフォームの原則を守ることができた。つまり、スピードを落とす、バランスとゲイトを維持する、オーバーストライドはしない、跳びはねもしない、とぼとぼ歩くこともしない。スムーズで流動的なストライドに徹すること。

7カ月かかったが、アダムは1マイルのタイムを4分縮めた。いまでは1マイルを8分半で、心拍数を1分あたり140回未満に抑えたまま走れる。体重は98キロから84キロまで減った。

「目標は体力テストで90点台を取ること」とアダムは話してくれた。「そして10キロ走の自己記録、47分11秒を破りたい」この章で説明する持久力のメソッドに従うことで、アダムは目標を達成してみせた。体力テストのランニング科目は満点だった。

ほとんどの人はいつでも同じことができるはずだ。

そもそもの発端は……

1960年代、ニュージーランドのランニングコーチ、アーサー・リディアードは国民的レジェンドとなった。オリンピックでチームを金メダル5個、銀メダル2個、銅メダル2個という空前の快挙に導いたからだ。リディアードは革命的なトレーニング方法を開発したのだが、それは直観に反して、中長距離のトレーニングスピードを遅くすることを基本とするものだった。リディアードはランナーたちに「訓練《トレイン》すること、無理《ストレイン》はしないように」と説き、終始リラックスした楽なペースで走らせた。このテクニックと、リディアードが参考にした生理学の原理は現在、ほぼすべての持久力強化トレーニングプログラムの指針となり、健康とフィットネスの基礎を築く確実な手段として広く受け入れられている。

すべてはつながっている

ここでしばし、このテクニックを機能させる驚異の生物学と生理学を見ておこう。

私たちが呼吸を（とくに横隔膜から）すると、酸素は肺から血液中に拡散し、血液中のヘモグロビンに付着する。循環系（なかでも極細の血管である10万キロもの毛細血管に分岐するところ）は、酸素に富んだヘモグロビンを活動筋に送って有酸素活動に携わらせる。こうして私たちは走りだすのだ。

酸素がよいものなら、過呼吸は酸素の供給を高めてパフォーマンスの向上に役立つと思えるだろう。ところが過呼吸になると頭がふらふらする。これは一方で二酸化炭素を吐き出してもいて、二酸化炭素の濃度が低いと血液中の酸素分子とヘモグロビンの親和性が高まるためだ。呼吸を遅くすればＣＯ$_2$濃度が自然に上昇し、組織への酸素供給が促進される。

私たちは酸素だけで生きている（そして走る）わけではない。燃料も必要で、それは肝臓に肝グリコーゲンとして、筋肉に筋グリコーゲンとして、そして少量ながら血液に血中グルコース（血糖）として蓄えられる（血液に含まれるグルコース［ブドウ糖］はほんのティースプーン1杯で、その濃度［血糖値］は狭い範囲内に維持する必要がある。だから血液は効果的な糖の貯蔵庫や備蓄にはならない。たとえるなら、一定量の貯水を放出しなければならないのに、水を貯めておく池がないようなものだ）。

一方、私たちには脂質という燃料もふんだんにある。これは脂肪の基本成分であるトリグリセリドのかたちを取ることが多い。この脂肪エネルギーの一部は、おなかや内臓のまわりに内臓脂肪、つまり**白色脂肪**として保存される。これは不健康な種類の脂肪だ（しかも削ぎ落としにくい）。これに対して、皮下組織に蓄えられた脂肪、または**褐色脂肪**は代謝的に健康な脂肪である。**筋肉内に貯蔵**される**筋肉内脂肪**もしかり。褐色脂肪と筋肉内脂肪は腹部の脂肪よりも、代謝のために、また

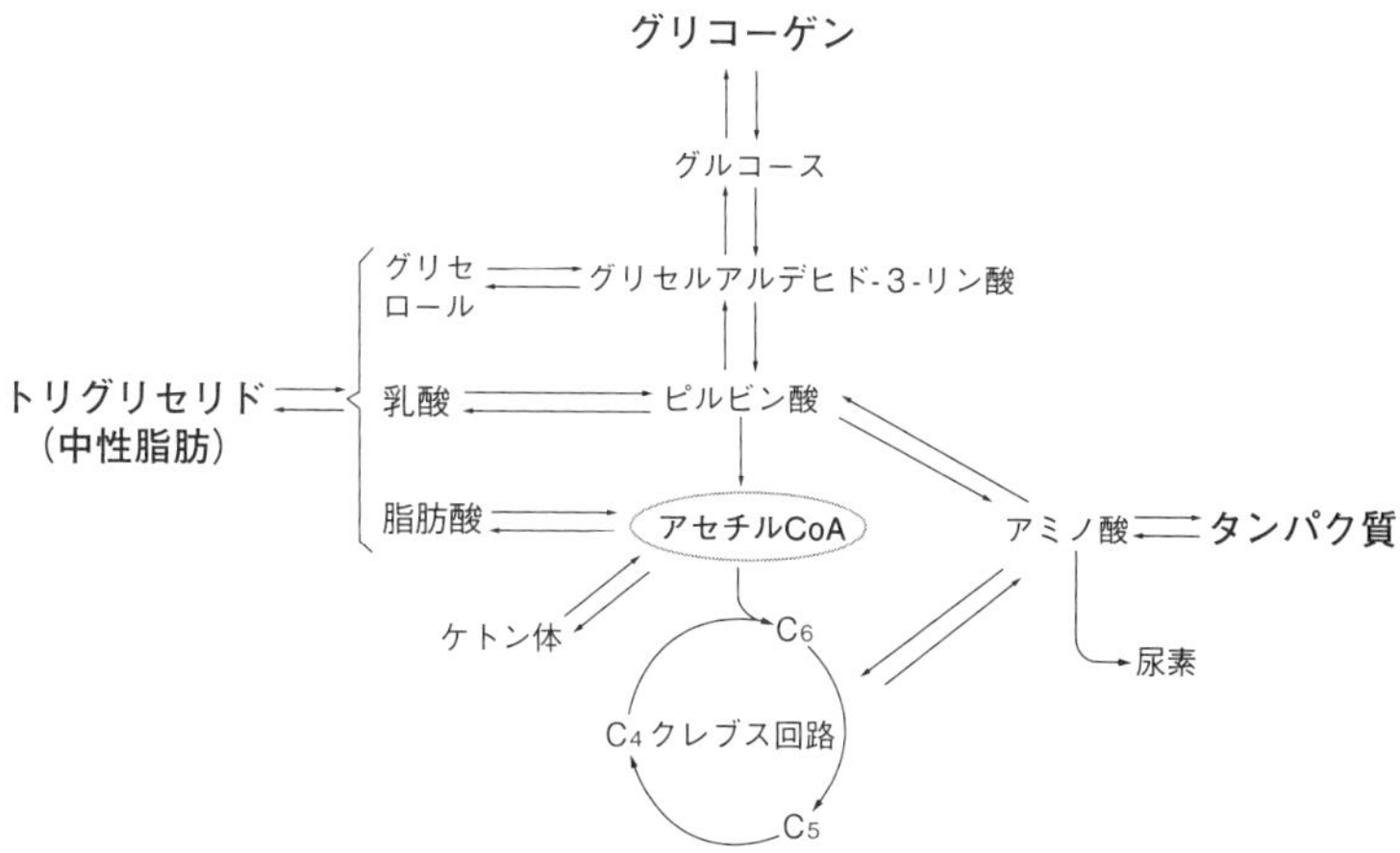

好気性代謝の複数の基質と燃料の経路。クレブス回路と酸化的リン酸化につながり、ATPを生成する。グリコーゲンとトリグリセリドがロコモーション（移動運動）に使用される主な燃料だが、タンパク質も糖新生と呼ばれるプロセスでグルコースに分解できる。ただし、それはタンパク質の最適な利用法ではない。健康維持にかかわる「より高次の」、非ロコモーション機能に必要とされるからだ。

エネルギー源として利用しやすい。褐色脂肪にはミトコンドリアが豊富に含まれる。

強力なミトコンドリア

無数にあるミトコンドリアに酸素と燃料が集まると魔法が起こる。ミトコンドリアは細胞内の強力なエネルギー工場で、私たちの筋繊維のまわりと全体に配置されている。心筋細胞にはひとつにつき約５０００個のミトコンドリアが含まれる。上腕二頭筋の各細胞には約２００個だ。こうしたミトコンドリアはグリコーゲンとグルコースをＡＴＰ（筋収縮の通貨ともいえる、アデノシン三リン酸）に合成することで、位置エネルギーを運動に変換する。

同時に、別のプロセスでトリグリセリド（脂肪の基本成分）が**遊離脂肪酸**と**グリセロール**に分解される。ホルモン感受性酵素のリポタンパク質リパーゼ（ＬＰＬ）に補助され、酸化的リン酸化やβ酸化といった好気性プロセスを経るわけだ。そして筋肉の求めるＡＴＰに（ミトコンドリア内で）変換される。タンパク質由来のアミノ酸もこの回路に関与するが、さほど重要ではない。

結局のところ、いかに燃料を代謝するか（燃料を運動に変換して老廃物を排出する効率）が、どれだけ遠く、どれだけ速く走れるかの決め手となる。

代謝の二大システム

しばし人間の体を車にたとえて考えてみよう。肺は吸気口、肝臓と筋肉のグリコーゲンは小型の燃料タンク、体脂肪は大型燃料タンク、心臓は燃料ポンプ、ミトコンドリアはスパークプラグ、働く筋肉と筋膜はピストンだ。

内臓（腹部）脂肪が最大の燃料タンクになってもよさそうだが、ひとつ厄介な問題がある。ここに貯蔵された膨大なエネルギーはほとんどが封じ込まれていて、筋肉も容易に使用できないのだ。それゆえ残念ながら、おなかの脂肪は落とすのが難しい。

たとえとしては、むしろハイブリッド車のほうが適切かもしれない。体内の燃料はふたつの集中する代謝経路を介して燃やされるためだ。糖の燃焼と脂肪の燃焼である。このふたつの代謝システムが協働するわけで、そこがガソリンエンジンと電気モーターの組み合わせに似ていなくもない。両システムがどのように力を合わせ、人間の体を道路上で最も効率的な車にするかを見てみよう。

糖を燃焼する「ガソリン」システム（無酸素性とハイエンド有酸素性のミックス）

スプリントしたり瞬発力を発揮したりするとき、あなたが燃やしているのはグルコース、つまり迅速に代謝されるハイオク糖だ。筋肉はほぼ瞬時にグルコースをATPに変換し、高エネルギーを一気に噴出させる。これはアクセルを踏み込んでハイブリッド車のガソリンエンジンだけを使うのに似ている。急な短い坂道を素早く上ってトラックを追い越すときに便利だ。

この能力は進化の過程を通じて役立ってきたが（〝闘争・逃走〟反応など）、約1分しかつづかない。この即時のオンデマンド式エネルギーを使いたくても、筋肉へ継続的な酸素供給をするには単純に時間が不足する。しかも、このおおむね嫌気性（無酸素性）のシステムは、蓄積された有害な酸性副産物、車のたとえでいえば過剰な黒い排気ガスによって制限される。激しい継続的な運動はハイエンド有酸素性システムを用い、糖／ガソリンをすぐに使い果たすうえに、「排気ガス」も多い。

脂肪を燃焼する「電気」システム（純有酸素性）

一方、持久力と効率を高めるには、糖を燃やす「ガソリンがぶ飲み」モードから、より効率的な、脂肪を燃やす「電気」システムに切り替えなくてはならない。最大効率で運動している場合、糖が最高の燃料になるというのは根深い俗説だ。むしろ脂肪のほうがよほど有用なエネルギー源で、砂糖よりも分子あたりのATPをはるかに多く提供する。脂肪燃焼のほうが代謝副産物（「排気ガス」）もクリーンなため、有害な炎症を起こしにくい（ケトン体は有酸素性脂肪代謝の生成物のひ

フル充電したバッテリーが長距離レースを制する。

とつで、「スーパー燃料」と呼ばれる。脳や筋肉が直接使えるクリーンなエネルギー源だ）。脂肪を燃やしているかぎり、スモッグ検査に合格するだろう。

ハイブリッドカーを運転していると、ガスと電気の微妙な混ざり具合に気づかないことが多い。同じように、運動をしている体もつねに、混合度の変わる脂肪と糖を利用している。しかし、1時間以上の激しい活動では、「電気」モード、つまり有酸素性の、持続可能で、快適な、脂肪燃焼モードがもっとも力を発揮しやすい。脂肪を使った有酸素式で走ると消耗しにくくなり、最小限の追加燃料で一日じゅう走ることができる。

トレーニングゾーン

どんな活動のトレーニング、レース、あるいは単なる運動にせよ、あなたの体が機能している代謝の「トレーニングゾーン」を把握することは役に立つ。こうしたゾーンと、それぞれの区切りとなる閾値《いきち》は精密なものではない。それでも、あなたの運動強度を意識すれば、特定の活動レベルにおける燃費と耐久時間を見積もりやすくなるだろう。

- **有酸素ゾーン**はいちばん下層に位置するトレーニング範囲で、ここでの活動はほぼ有酸素性で、脂肪を燃焼させるものだ。このゾーンの上部はあなたの最大有酸素心拍数と換気性作業閾値（または有酸素性作業閾値）に対応する。健康と持久力、ミトコンドリアの密度が高まるのは、主にこのゾーンである。逆説的になるが、強力な有酸素トレーニングは無酸素性作業閾値（ＡＴ、次ページ参照）も押し上げる。よく発達した有酸素システムは機能するミトコンドリアが豊富で、酸性度を緩和しやすいためだ。
- **有酸素性作業閾値**（ＡｅＴ）または換気性作業閾値（ＶＴ）は、純有酸素ゾーン（主に脂肪をエネルギー源として燃やす）とグルコース燃焼ゾーン（利用しやすいが量はずっと少ないグリコーゲンとグルコースを燃やす）を分かつ線で、たいてい感知できない。この閾値付近の運動は有酸素性で、ほぼ無尽蔵の脂肪を使うため、無酸素性は最小限もしくは皆無になる。毎日のトレーニングの目標は、有酸素ゾーンにとどまりながら、この閾値に近い状態を維持することだ。そのために使用できるシンプルなフィードバックツールとして、呼吸数が増えた場合や、鼻呼吸ができなくなった場合、運動強度を１段下げてみるといい（これは、グループランでみんながリラックスして会話をしていたところ、誰かがペースを上げて会話が止まったときなどに確かめられるだろう）。連続してＡｅＴ／ＶＴを超えると、疲労が増して回復しにくくなり、

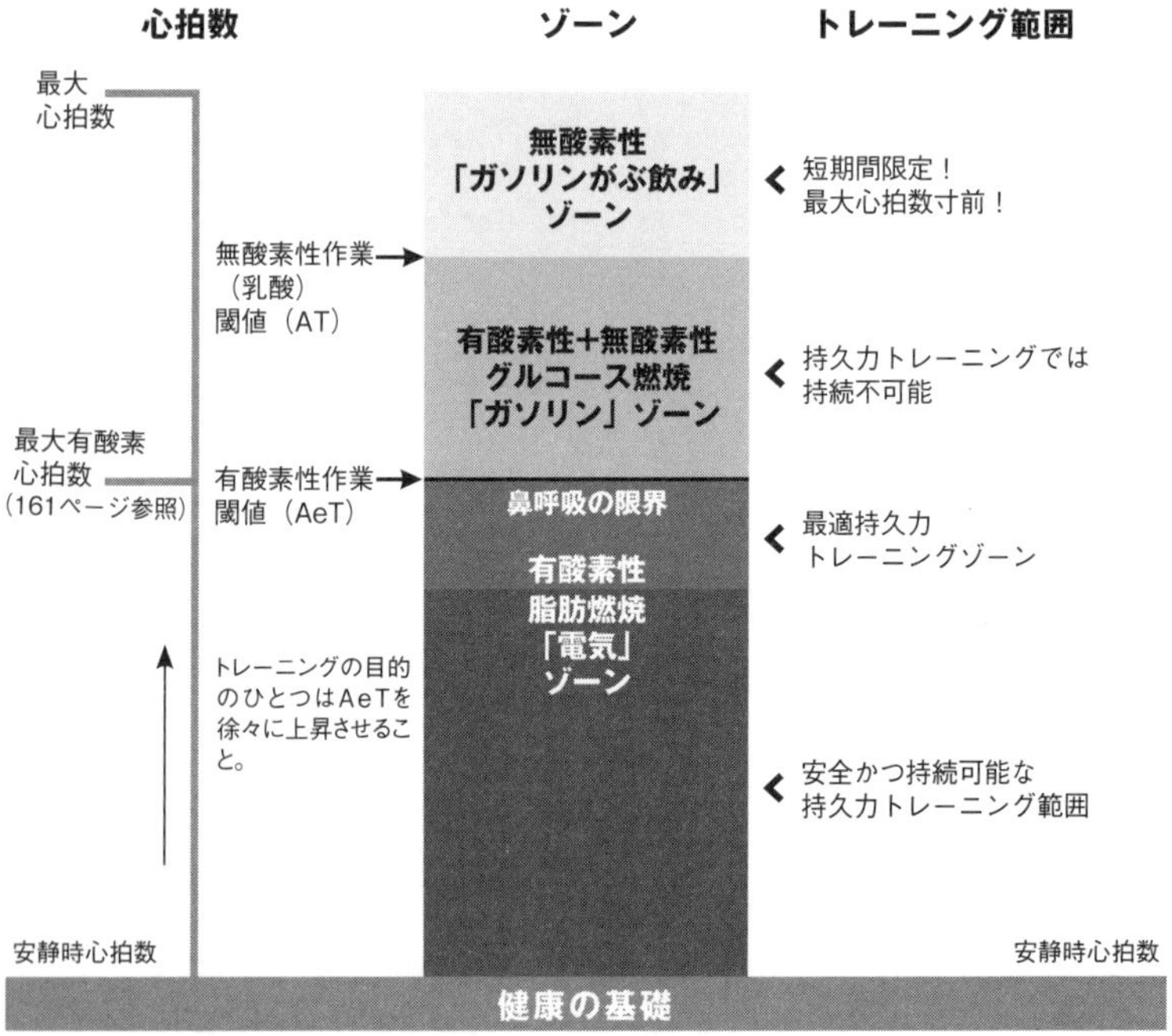

トレーニングゾーン

全般的な副腎ストレスにつながる可能性がある。

- ＡｅＴ／ＶＴと無酸素性作業閾値の間にあるのは**グルコース燃焼ゾーン**で、ここでは有酸素性と無酸素性双方の代謝が作用する。運動強度が許容範囲内にとどまれば、酸性度が緩和され、システム内に蓄積されない。このゾーンでのレースや定期的なワークアウトは有酸素能力に優れた人に効果がある。日常的にこのゾーンでトレーニングをする人が多いが、それを長時間つづけることは健康と持久力の向上と両立しない。
- いちばん上、運動の最上位にあるのが**無酸素性作業閾値と無酸素ゾーン**だ。運動強度が無酸素性作業閾値（AT。乳酸閾値ともいう）を超えると、体は酸性度を緩和できず、酸が筋肉にたまりはじめる。体調不良時には、ゆっくりとしたジョギング中にもこの閾値に速く達しかねない。それに対し、エリートアスリートはATが最大運動強度に近く、それゆえ高レベルのパフォーマンスを発揮しつつ、ATのすぐ下にとどまることができる。ATより上のトレーニングは困難でストレスが多い（能力の高いアスリートは無酸素ゾーンでのトレーニングが効果的な場合もあるが、フィットネスがわずかに向上しても有酸素能力の開発はできず、オーバートレーニングやケガのリスクもある）。

要約すると、常時AeT／VTより上のゾーンでトレーニングすることは害になりかねない。長年の高強度トレーニングが心房細動、右心《うしん》不全、心筋線維症のリスクを高めることがわかってきている。人間は生存のために、長距離を効率よく楽に移動し、ときおり急激に加速できるように設計されている。無酸素性閾値のペースで毎日10マイルも激走するようにはできていない。

それが運動の仕方に対してもつ意味とは？

運動やトレーニングをしていると、自分がどのゾーンにいるのか、どの閾値に近いのかを感じられるようになる。血糖値と筋グリコーゲン濃度（ガソリンタンク）が底をつくと、私たちは動けなくなる。ランナーの言い方では「bonk（エネルギー切れ、ハンガーノック）」だ。体は（一定の血糖値を保とうと奮闘する）脳に信号を送り、ランナーに減速や停止を、あるいはすぐに栄養を摂取するよう指示する。

　多くの人は頑張って走りすぎなのだが、その場を切り抜けるために、利用しやすい反面すぐになくなる肝臓と筋肉にあるグリコーゲンのガソリンタンクに補充しようとする。だが、疲労したりエネルギー切れを起こしたランナーにとっては、追加の糖で満タンにし、活動のレベルを上げても、食事、運動、消耗のサイクルを繰り返すのがおちだ。たとえるなら、熱い火には丸太（脂肪）をくべたほうが、紙や小枝（糖）を入れつづけるよりもいい。

　有酸素トレーニングと適切な食事を何カ月、何年とつづければ、「ベター・バター・バーナー」になれる（脂肪燃焼器《ファット・バーナー》風に）。心肺フィットネス（とくに持久力）の一般的な測定値に、個人の最大酸素摂取量、ＶＯ$_2$ｍａｘがある。これは運動の強度を増していくことで測定可能だ。興味深いのは、ＶＯ$_2$ｍａｘの測定値が同じ2人、つまり最大持久力が名目上同じ2人のランナーが、ランニングの実験では糖燃焼や脂肪燃焼の能力に著しい差を示す場合があることだ。「脂肪に適応した」アスリートは、脂肪燃焼のままＡＴに近い状態で走れるのに対し、糖質依存のアスリートは低強度で糖に切り替える。とくに集団での持久力トレーニングや長距離種目では、酵素や代謝を「鍛えて」長持ちする脂肪のカロリーを燃焼させている人が、蓄積された糖や摂取した糖に依存している人を引き離す。これについては、runforyourlifebook.com で私の考察〝Burn Fat for Health and Performance: Becoming a Better Butter Burner（健康とパフォーマンスのために脂肪を燃焼する：「ベター・バター・バーナー」になる）〟を参照するようおすすめする。私の２０１７年のテスト結果を紹介した記事だ。

赤色／好気性筋

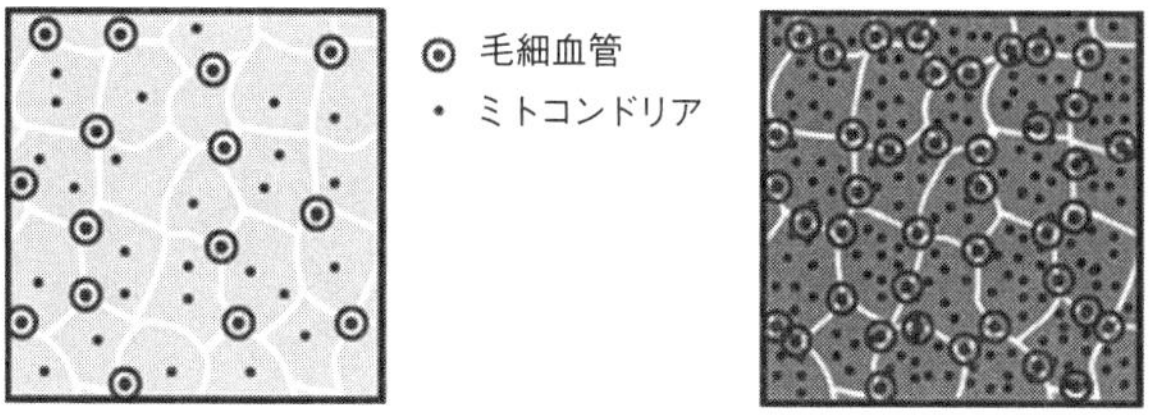

持久力トレーニング前　　持久力トレーニング後

快適な持久力トレーニングの長期的効果：エネルギーを運ぶ毛細血管とミトコンドリアが筋肉にみなぎるようになる。

パワーセンターと経路

耐久エンジンの構築（と健康全般の向上）に成功するには、筋肉中のミトコンドリアと毛細血管の密度を高めなくてはならない。これは軽強度から中強度の着実で持続的な運動と、筋肉への効率的な酸素運搬によってかなえられる。

私たちの体がグルコースとグリコーゲンを燃やせるのは短期間にすぎない。しかし、ほとんどの人は、たとえ痩せた体形に見えても、機能上は無制限の脂肪を蓄えている。健康的な脂肪がたっぷりの食生活をつづけ、ペースを落として純有酸素ゾーン内でトレーニングすれば、脂肪の代謝を活用できる。

脂肪燃焼はミトコンドリア機構の効率を大幅に向上させる。脂肪を使えば、ミトコンドリアの発電所《パワーセンター》と毛細血管の経路をより多く構築する環境が整い、トレーニングランやレース（それと軍の1・5マイル［約2・4キロ］体力テスト）に向けて、さらに多くの脂肪を代謝できるようになる。

生理学と化学は複雑だが、私たちにとって実用的な意味合いは単純だ。つまり、体内の毛細血管とミトコンドリアが増えれば増えるほど、より多くのATPが生成され、筋肉はより強く、より速く収縮し、疲労することもない。長期的なパフォーマンスを求めれば、体はそれに応じて機構をつくり出す。それがハイブリッドの電気エンジンだ。健康的な脂肪を摂って楽なペースを維持するかぎり、切れることなく常時充電される。車のたとえでいえば、あなたはダッジ・チャージャーからトヨタ・プリウスへ、そして最終的にはテスラへと、電気エンジンの発達とともに変身していく。

ランニングコーチのアーサー・リディアードはこのことを知っていた。リディアードによる一流中長距離ランナーのトレーニング方法は数カ月、あるいは数年にもおよぶ有酸素トレーニングから始まった。ランナーたちはまずトレーニング計画の基礎となる楽な有酸素ランを、主に快適で脂肪を燃焼する有酸素ゾーンで行なう。８００メートル走のスペシャリストたちは、22マイル（約35キロ）走のトレーニングをし、週に１００マイル（約１６１キロ）の距離を稼いだ。理由は単純、リディアードはランナーたちに強力で回復力のある有酸素系を構築してもらいたかったからだ。競技会が近づくにつれ、強度を少しずつ綿密に上昇させ、ランナーたちは最大能力を押し広げていった。

ほとんどのアスリートにとって、大会前6週間の高強度トレーニングは、パフォーマンスレベルがピークに達するまでの最大許容トレーニング期間だと考えられる。それ以降は、ランナーが無理をしたりトレーニングをしすぎたりしてパフォーマンスレベルは下がりかねない（回復《リカバリー》に関する第11章を参照していただければ、休息が筋力と持久力の向上に果たす大きな役割はわかりやすいだろう）。筋骨格系の故障も長期にわたる高強度トレーニングと関連がある。

なにも一度に22マイルとか、週に１００マイル走ることを勧めたいわけではない。ただ、こうした原則はいまもほぼすべての現代のトレーニングプログラムに適用されている。綿密に計算された進め方は、体の一日の快ストレスを最適化する効果がある。最適な量の生理的ストレスで健康を高め、充実感をもたらすわけだ。この適度なストレスを受けると、心臓で**新血管生成**と**生合成**も起こるため、心臓の各領域で新しい血管が成長して細胞が再構築され、より多くのミトコンドリアと毛細血管が形成される。その結果、酸素と栄養の供給ネットワークが豊かになる。

２０００年、純有酸素トレーニングのスピードの実験をはじめると、私はゆっくりやるにつれ、速くなった。それも楽な活動レベルのままで、である。最初は心拍数１５０で１マイルを10分で走っていた。半年後には、同じ心拍数で１マイルを６分で走るようになった。その年の秋には３万人が参加する海兵隊マラソンに出場し、激しいランニングもスピードワークもしていなかったのに、３位でゴールする。

フィニッシュラインで、私はかつてない感覚に襲われた。回れ右してもう一回できると感じたのだ。有酸素ゾーンで数週間トレーニングをしたランナーが、ワークアウト後のほうが開始時よりエネルギーがあると感じるのは普通のことだ。ぜひあなたも試してみよう。

１９６０年代前半、リディアードは「ジョギング」をニュージーランドの人々に、そしてついには世界に紹介した。また、ジョギングを治療に取り入れた初の心臓リハビリテーションプログラムも開発している。リラックスした動きが心臓疾患からの回復の秘訣だと知っていた彼は、心臓病の患者に一日30分のジョギング（会話ができるペース）をめざし、数週間～数カ月かけて取り組むよう勧めた。対照的に、当時の米国の医療界では体を休めることが重視されていたが、その後、とりわけベッドでの安静が心臓に大きなダメージを与えると知ってからは、リディアードの原則が採用されている。心臓リハビリの一日30分のジョギングという目標は、いまや『アメリカ人のための身体活動ガイドライン（*Physical Activity Guidelines for Americans*）』の基礎となっている。

私のクリニックでも、心臓病の患者にジョギングのペースまで徐々に負荷を上げていくことを奨励している。心臓発作のあと、心臓は収縮性と効率をやや失う。しかし、有酸素トレーニングをすると体の筋肉の能力が最大で４００パーセント向上するため、どんな活動にせよ、心臓はさほど働かなくていい。

地元のランナーで、３児の父であるマイク・フォスターのケースを考えてみよう。マイクは38歳のころ、スポーツに親しむ健康的な生活をおくっていた。タバコは吸わず、アルコールもほとんど飲まず、健康的な食事をしていたが、心臓疾患の家族歴があった。２０１４年1月、バスケットボールの試合中に胸の痛み（肋骨に肘が入ったせいだと考えた）と息苦しさを感じた（２週間の休暇のあとだから、息切れしたのだろうと思った）。

マイクは心臓発作を起こしていた。直ちに5カ所のバイパス手術を受けた。その後はリハビリに専念し、同年10月のフリーダムズラン５K出場に照準を合わせ、そして完走した。それから1年後、さらに12カ月にわたる低強度トレーニングののち、今度はフリーダムズラン・マラソンのゴールテープを切る。フィニッシュラインで待っていた子供たちの声援を浴びながら。

快適なトレーニングと健康全般に焦点を当てることで、マイクにはもう進行性心臓疾患の兆候は見られなくなった。彼のほかにも数多くの人が示しつつあるとおり、全身のコンディショニングこそ最良の心臓リハビリ法なのかもしれない。

〝ゆっくりと着実に〟がレースを制する。

〝ゆっくりと着実に〟がレースを制する……

多くの人は高強度の〝限界に挑む〟ワークアウトのほうが低強度のワークアウトよりも体が鍛えられ、健康になると信じている。一時的には効果があるかもしれない。だが、それは筋肉内に有害な酸性環境をつくり出し、私たちが求める有酸素能力の開発を阻害することがある。

さほど急性ではないものの、長期的には同じく有害なのが、トレーニングの「ブラックホール」に落ちることだ。これはつねに有酸素性作業閾値を超えてトレーニングし、しかも充分な回復時間を取らないことから生じる。たくさんの人がそうしながら、なぜパフォーマンスが低下するのか不思議に思う。優れた運動能力の名の下に（あるいは「失われた時間を補う」ために）、過酷で猛烈な連日のトレーニングで自滅する人たちを見るのは忍びない。スピードアップするためにはゆっくりやる必要があり、喜びとともに走る必要がある。ミニマリストランニング族のリーダーで友人のベアフット・テッドが言うとおり、「苦しみの練習はしない。楽しみの練習をしよう」

急ぐことはない。私たちがトレーニングするのはこれからの健康な人生のためなのだから。

有酸素性（「電気稼働」）の脂肪燃焼エンジンの組み立てに最適で、持続可能な運動強度を決定するには、トレーナーや師匠につくことが一番だ。だが心拍数モニターを使って、簡単な測定と記録管理をするのもいい。いったんフィットネスの安定水準に達したら、そういったものすらいらなくなる。

1 最大有酸素心拍数を決定する

最大有酸素心拍数（ＭＡＨＲ）、つまり持久力エンジンの構築に最適な持続的な心拍数を見つける方法はいくつかある。この心拍数（または1分につき前後数回の幅を含む範囲）の最も簡単かつ安全な求め方は、１９８2年にフィル・マフェトン博士が開発した「１８０公式」を使うことだ。多少の差こそあれ、ほかの計算方法も、おおむね問題ない。乳酸閾値に基づくカルヴォーネン式とフリエル・メソッドは効果的だが、どちらもＭＡＨＲの導き方がより込み入っている。

マーク・アレンやマイク・ピッグら多くのエリートアスリートが、１８０公式を使って健康とワールドクラスのパフォーマンスの強固な基盤を築き、レース歴を延ばすことに成功してきた。きっとあなたも体の機能に気づくにちがいない。数週間～数カ月にわたるトレーニングのあいだ、心拍数は低く抑えられたまま、持久力、ウェルビーイングの感覚、スピードが向上するのだと。

180公式

180からあなたの年齢を引く(180－年齢)。これで基準となる1分あたりの拍動の数(bpm)が得られる。

つぎに、あなたの健康状態に合わせて調整法を選び、この数値を補正する。

- 大きな病気(心臓疾患、高血圧など)を患っている人、手術や入院からの回復期にある人、投薬を受けている人は、さらに10bpmを引く。
- 運動をしたことがない、トレーニングが一貫していない、最近トレーニングや競技で進歩がない、ケガをしている、風邪やインフルエンザに年2回以上罹患《りかん》する、またはアレルギーがある(または以上の複数に該当する)場合は、さらに5bpmを引く。
- 定期的な運動(週4回以上)をつづけて2年以内で、上記の問題がない人は、180から年齢を引いた数字のままにする。
- 競技歴が2年以上で、上記いずれの問題もなく、かつ競技成績が向上し、ケガもない人は、5bpmを足す。

たとえば、30歳でトレーニングに一貫性がない場合、あなたのMAHRはこうなる。

180 − 30 = 150．さらに 150 − 5 = 145bpm

私の場合は、51歳で週４回以上のワークアウトをし、健康なので、元になる１８０から年齢を引いた数字に５ｂｐｍを足す。したがってＭＡＨＲは**１３４ｂｐｍ**だ。

計算の結果がどんな数字になろうと、この**最大有酸素心拍数**は通常、運動生理学者が推奨する安全な有酸素トレーニング心拍数の範囲内、**最大心拍数**の60〜80パーセントに収まる。普通はこれを長時間の運動中に達する心拍数の最大値とすべきだ。１８０公式は若干保守的なので、とくにランニングの初心者やケガから回復中の人、高強度のランをするには体力不足の人に適している。

脂肪燃焼に熟達した精鋭たちなら、もう少し鷹揚《おうよう》にかまえ（用心しつつ）、２００から年齢を引いた値を最大有酸素心拍数としてワークアウトしてもいい。

また、あなたはVO_2（酸素摂取量）のテストがきわめて便利なツールだと気づくかもしれない。生理学実験室で呼吸ガスを測定すれば、有酸素ゾーンで走っているかどうかを判断できる。そのテストの結果であるVO_2ｍａｘ値から、あなたの全体的な有酸素能力がわかるだろう。もっとも、最大未満の努力におけるVO_2値のほうが、脂肪と糖のどちらを燃焼しているかの指標としてさらに有益かもしれない（ブドウ糖の代謝が増加すると、生成されるCO_2が多くなる。これは脂肪燃焼の有酸素トレーニングゾーンから無酸素ゾーンに入ることを示すものだ）。地元の運動生理学者がVO_2のテストをしてくれることもあるだろうし、大学のスポーツサイエンス学科で無料テストを実施する場合もある。

それを言うなら、そもそも向上しているのだとどうしたら確かめられるだろう？　健康や有酸素能力が改善されているという感覚は、とくにふだんから運動をしていない人の場合は主観的になりがちだ。だが、自分の最大有酸素心拍数がわかったら、つぎの**最大有酸素機能**テストが、進歩を測定する簡単な方法になる。

2　進歩を測定する──簡単な課題がひとつだけ

全体的な有酸素フィットネスの向上に力を注いでいるとすると、その進歩はどう追跡するのか？

- 2、3マイル（約3～5キロ）の、できれば平坦なルートを見つける。
- そのルートを走る（または歩く）ときは、最適な有酸素トレーニングゾーン内にとどまる（前述の公式で計算したMAHRを超えないこと）。ルートの移動タイムを記録する。
- ランニングのほとんど、またはすべてをこの有酸素ゾーンで数週間行なう。地形や距離、走る場所にかかわらず、MAHR未満を維持しながら、フォーム、リラックス、呼吸法、リズム（第6章で紹介したとおり）に取り組む。ランニング効率とは機構や代謝面の強みを生み出すためのものだ。
- 2週間おきにテストを繰り返し、元からのルートを毎回同じような条件となるタイミングで走る（暑いと心拍数が上がり、風はスピードに影響する）。
- タイムを記録する。これがあなたの「有酸素速度」であり、きっと徐々に向上していくのがわかるだろう。アダム・ポーター（本章の冒頭で紹介した）がそうだったように。この進歩の一部は代謝の効率化によるもので、一部はフォームとバイオメカニクスの改善によるものだ。

経験を積めば、心拍計がなくても自分の努力レベルを感じ取るだけで、有酸素トレーニングゾーンにとどまることができる。呼吸のリズムと運動レベルを感じ、感覚に注意を向け、メンタルの評価基準を設定して、あなたの生理機能が語る言葉を学ぼう。自分自身の生体自己制御《バイオフィードバック》システムを開発したい。その方法としてひとつ頼れるのは、呼吸を鼻からに限定することだ。さらに、心からの笑顔を絶やさずにいられたら、きっと永遠に走れると感じることだろう。

２、３マイルのコースのタイムが上がらなくなったら（一般的に数カ月後、ときには数年後）、ついに有酸素持久力エンジンの完成だ！　あなたはこれまでになく速くなり、しかも始めた日と同じくらい楽で快適な運動強度で走っていると気づくだろう。

場合によって、心拍数が必然的にＭＡＨＲを超えることもある。たとえば、

- 長時間のトレーニングセッションの終わり。とくに、暖かい気候で、快適に感じ、会話をつづけられる場合。心拍数は自然と上がり、クールダウンの目安となる。
- 短いスプリントやドリル（10秒程度）の最中。私はこれをほぼ毎日やっている。心拍数が数秒間上昇すると、鎮まるのを待ってから次のショートスプリントに臨む。
- レースが近づき、週１、２回ほどペースを上げる本番前の４～６週間（レースに関する第12章を参照のこと）。

おそらく、自分のＭＡＨＲより上のペースで走らされるグループでのトレーニングは役に立たず、

毎日やったところで効果は見込めない。グループランでは、ペースが速くなるにつれて心拍数が自然に上がる。坂を上りきったときやペースが落ち着いたときに、リラックスと回復に努めよう。

第８章　動きを増やして「運動」を減らす

身体の状態は静止と怠惰によって壊されるが、体育と動きによって、長期的に維持されるのではないか?

——プラトン(『テアイテトス』、渡辺邦夫訳、光文社古典新訳文庫、２０１９年)

動きを適切に制御する脳の能力を超えた運動をしないように。

——デイヴィッド・ワインストック、理学療法士、著述家

神話:ワークアウトのまえに充分なストレッチをすべきである。
事実:それはおすすめできない。ただ軽くジョギングして筋膜の「癒着《ファズ》」を溶かし、腕を振ったり少しスキップしたりして可動域を広げよう。

この章では、「運動」などまったくしなくていいのだと提案しよう。

物差しとストップウォッチが発明されてからというもの、私たちは運動を**数値化**してきた。米国政府は最低限必要な一日の運動時間についてたいそうなガイドラインを発表する。人々がジムへと急ぎ、まめにルーティンをこなすかたわら、ＧＰＳ機器がその動きを追跡し、ソーシャルメディアでヒーロー・ワークアウト（殉職した英雄の名を冠した厳しいトレーニング）が称賛される。

熱心にワークアウトをするようになった人はたいてい、お馴染みの略語ＦＩＴにこだわる。これは頻度《フリークエンシー》、強度《インテンシティ》、時間《タイム》のことだ。ところが、私たちの運動はしばしば激しすぎるし、それでいて一日じゅう椅子に座っていることによるダメージに対処することはない。30分走ったとしても、一日のうちで眠っていない残る９３０分（15時間半）はどうなるのか？

現代人は動物園の動物たちと同じ囚われの身の病を抱えている。運動するのは制限された生活の環境や範囲を補うため。運動を栄養サプリメントと同じように考えている。サプリメントを食事の基礎にすべきではないように、エクササイズのルーティンが一日の動きの大部分になるようではいけない。

見えないトレーニング

私たちは日々の生活から動きをわきに追いやってきた。体の健康だけが目的なら、一日のあいだにいろいろな動作をすれば「運動」は余計なものになる。体は使われるためにあり、動くことに体は適応するのだ。**運動**はすばらしい。だが運動をする本物の、健全で根強い理由はただひとつ、それが好きだからだ。

メディカルスクール時代、私は解剖学と人体の構造を学んだ。といっても、それは静的な人体である。クリニックの医師になってからも、おとなしく座っている患者を「診察」するだけで、その動きを評価することはなかった。動く体の流体力学と驚異的な相互接続性を理解するようになるのは、もっとあとのことだ。

「いちばんいい姿勢とか動きとは、どんなものですか?」と訊かれると、私は「あなたがつぎにするものです」と答える。もしひとつの姿勢を20分以上つづけていたら、それを変えてみよう。そうやって体の組織の位置の変え方や関節への負荷のかかり方を多彩にしたい。別の場所にストレスをかけて動かすたび、局所的な血行がよくなる。環境とのさまざまな関わり方を組み合わせよう——私たちの祖先がつねにやっていたように。

走るだけでは、すこぶる健康という状態にはなれない。ランニングに加えて、多種多様な活動や動作をする必要がある。歩く、ものを持ち上げる（適切に）、ガーデニングをする、しゃがむ、這う、階段を上る。こうした「サプリメント的動作」はどれも活発かつ優雅にやすやすと、一日を通して頻繁に行なうべきだ。言い換えると、ランニングフォームに向けるのと同じレベルの注意をすべての動きに注ぎ、つねに「見えない《インビジブル》トレーニング」の状態にあると考えてほしい。

ジムでは大勢の人が「部位《アイソレーション》別トレーニング」を行なうが、これは狭い目的に特化したプログラムで構成されることが多く、必ずしも健康的ではない。むしろ、さまざまな動きを結びつけ、フランケンシュタイン風の部品《パーツ》の寄せ集めではなく、ひとつのマシンになるよう体に教えたほうが、機能面や競技上の数ある課題にははるかに適している。

スタンディングオーダー

ここでしばし、私たちが体に課す最も有害な習慣に戻ってみよう。それは長時間座っていることだ。第2章で見たように、座っていることは多くの身体的な問題や慢性的な病気と関連があり、長時間座りっぱなしでいると早死にする可能性が高くなる。飛行機に乗るときのことを考えてほしい。通常、私たちは車で（座った姿勢で）空港へ行って飛行機のエコノミー席に体を押し込み、さらに車で（座ったまま）目的地まで行って、会議で座ったり友人と一緒に座ったりする。驚くのは、車輪付きバッグを引いているわけでもないのに空港ターミナルでエスカレーターの乗り口に集まる人々の姿だ。そばの（しばしばより速い）階段を使うせっかくの機会が活かされていない。動くチャンスがあったら逃さないことだ。

何時間も椅子に座っていると、筋肉と筋膜がそれこそ自己を再プログラムして、運動連鎖《キネティックチェーン》全体の配列《アライメント》が崩れる。股関節が硬くなって屈筋群が短くなり、大臀筋は「再成形」されて、効率的な歩行やランニングに欠かせない最適な張力、バネ、可動域が失なわれる。

一部の研究者が「アクティブ・カウチポテト」と呼ぶ現象では、長時間の座位による悪影響によって、運動から得られる効果が相殺されかねない。その運動にマラソンやハーフマラソンのトレーニングが含まれていてもだ（リポタンパク質リパーゼＬＰＬ１など、炎症や脂肪を調節する酵素の役割を追跡する新たな研究も、このことを裏づける）[6]。ランナーをはじめ、激しいトレーニングをする人たちはリスクが高いかもしれない。多くは専門の仕事に就き、長時間、机の前や車中から逃れられずにいるからだ。運動に並々ならぬ努力を注ぐことは、ほぼ座りっぱなしの生活によるリスクを補ってあまりあるのだと、たとえ無意識であっても（誤って）、理屈づけるおそれがある。

長く筋肉を動かさずにいることには、長時間、飛行機に乗っているときと同じく、深部静脈血栓症（DVT）や血栓のリスクもある。むしろニューヨークからドイツへのフライトのほうが、一日8時間のデスクワークより座っている時間は少ないくらいだ。もはや一般的な座りっぱなしの日常生活がもたらす健康への影響について、真剣に検討をはじめる必要があるかもしれない。

スタンディングデスクは座りっぱなし対策のひとつで、私も10年以上まえからこのデスクを使っている。机の上にはラップトップ、電話、書類、わきにはスツールを置き、足を上げて体勢を変えながら読み物やタイピングをする。家でもめったに椅子に座らず[7]、何かにつけ床に座って姿勢を変える。ヨガのクラスでやる要領だ。これは誰もができるだろう。自分は現代の動物園にいるヒトではなく、椅子やテーブルの助けも制約も受けない祖先のヒトだと想像してみるといい。

人生のスパイス

神経・筋系は適応力があり、訓練可能だ。このシステムのおかげで私たちは大きな力に対して反応し、和らげ、散逸させ、方向転換させたり安定させたりできる。神経は筋肉をコントロールし（「神経・筋」とはそういうことだ）、固有受容感覚とバランスが練習によって身につくにつれ、より多くの神経・筋系の制御が局所で反射的に、つまり自動的に作用する。思考する脳の関与という中間ステップを経ることはない。

筋膜がここである役割を担っている（第5章参照）。いつ締めるか、緩めるか、安定させるかの信号を筋膜が中継するおかげで、私たちはそれについて考えなくてすむのだ。足や全身の固有受容器と機械受容器が、負荷、圧力、血流を感知する。ある程度までだが、この動きとそれに対抗する動きはすべて個々の細胞に浸透し、どの遺伝子をオン、オフするかにまで影響を与えることがある。遺伝子発現は、私たちの体だけではなく、私たちの行動の産物でもあるとわかりつつある(8)。

歩いたり走ったりしているときは、通常、神経終末に位置する固有機械受容器が、足と脚の筋肉の細胞に信号を送る。この細胞（ほとんどが水分である）はスポンジのような働きをし、一定の量を継続的に満たしたり絞ったりすることでリフレッシュされるものだ。機械受容器を使わずにいると（長期の寝たきり生活などで）、褥瘡《じょくそう》つまり床ずれを引き起こすことがある。足首に液体がたまる。スポンジを絞りすぎたり湿らせすぎたりして、適切な補充ができない。姿勢を変えるだけで、リンパや液体、血液が組織内で動きやすくなる。

さあ動かして……動かすんだ！

さて、あなたが何年もカウチの上やデスクの前ですごしてきたとして、可動域を広げたいと思ったら、どこから始めればいいのか？ **とにかく動くこと、それで上達するはずだ**。曲げる。縮める。ねじる。引く。押す。上げる。しゃがむ。一日のうち、いつでもできるときでかまわない。私はしゃがんで愛犬のおなかをなでる。それは私にとっても彼女にとってもいいことだ。ジムで100回スクワットジャンプをするまでもない。

どんな動作も安全な可動域内で行なうこと。体は徐々に適応するのだとおぼえておこう。決まっ

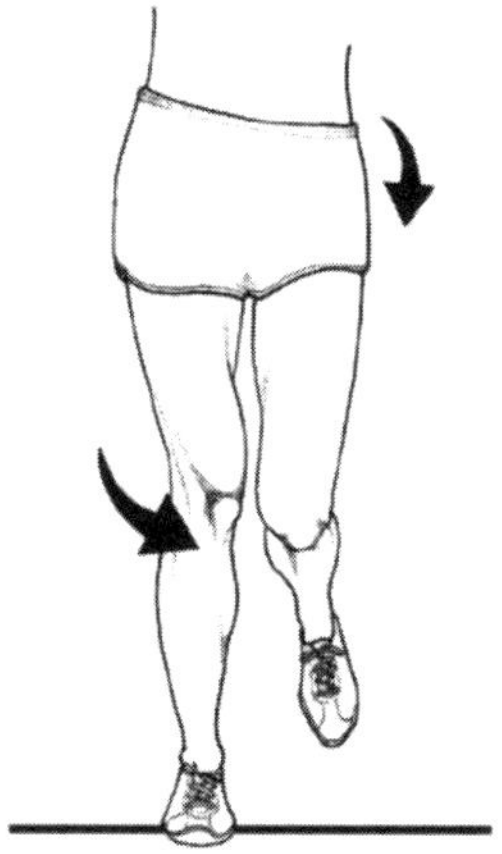

体幹の不安定性《インスタビリティ》が疲労によって悪化すると、右膝が内側に入って左股関節が下がり、運動制御と効率の低下につながる――まるでくたびれたバネだ。

た手順や動作パターン（やフットウェア）を急に変えたり、極端に大きな変更をしたりしないように。

　申し分のない、いちばん手軽にできる動作は、歩くことだ。それはあらゆる面で私たちの助けになる。機構面、代謝面、そして心理面で。外を歩けば、すべての感覚が刺激されるだろう。私は伝統的な歩行回診《ウォーキング・ラウンズ》をいまも実行する数少ない医師のひとりだ。ラップトップの並ぶ円卓で「症例《ラウン》検討会《ディング》」をするのではなく、部屋から部屋へと歩いて患者を訪問する（「ラウンズ」の発祥地は創立当時のジョンズ・ホプキンズ病院で、そこでは病棟の通路が大きな円で構成されていた）。

　理学療法士のゲーリー・グレイは、ケガを予防しスポーツで秀でるために必要な運動制御《モーターコントロール》を表す新語を考案した。可動性《モビリティ》と安定性《スタビリティ》を兼ね備えた**モスタビリティ**だ。これは適切な動きを、適切なタイミング、適切な速度、適切な平面、適切な方向で活用する能力を指す。その目的は、筋肉を伸ばして関節を可動域いっぱいに動かしながら、巧みなモーターコントロールで生じる力を管理することだ。

これに対して、不安定性《インスタビリティ》は完全には制御されない可動性の程度を指して使われる。

ストレッチをすべきかすべきでないか？　それが問題だ。

走るまえにストレッチをすべきかどうかについては盛んに議論されてきた。現在は、ストレッチは必要ないし、ことによると逆効果かもしれないとのことでコンセンサスが得られている。

それでも収拾がつかない理由の一端は、ストレッチが指すルーティンや動作が多岐にわたることにある。**スタティック・ストレッチング**（静的ストレッチ）では、ヨガのポーズのように、特定の体勢を10秒以上保つが、走るまえにやると害になりかねない。一方、**アクティブ・アイソレーテッド・ストレッチング**（動的部位別ストレッチ）では、筋肉をほんの一瞬（長くても数秒）だけ収縮させてから、伸張させる。何度か繰り返すと、この種のストレッチで筋肉と筋膜の神経抑制を解くことが可能だ（この抑制は、硬直のようにも感じられるが、関節が可動域いっぱいに動くことを神経系が防いでいるしるしであり、ケガから守っている可能性がある）。

アクティブ・アイソレーテッド・ストレッチングは、若干ではあるが、可動域を広げる効果がある。そのねらいは伸ばす《ストレッチ》というより緩めることで、それにはリラックスした楽なペースで走るのがいちばんいい。走りはじめは腕を振って少しスキップして可動域を広げ、それからゆっくりとジョギングを開始して筋膜の「癒着《ファズ》」を溶かしていく。体が温まるにつれ、可動性や可動域が自然に広

長さ・張力関係

関節が過剰に屈曲するとアクチン（細い線）とミオシン（太い線）が重なりすぎて、急速なエネルギー生成のために筋肉をさらに短縮することが難しくなる。

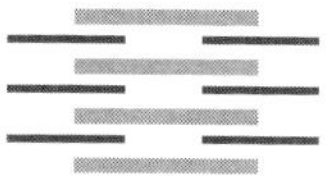

関節の屈曲が軽度なら、筋肉はわずかに短縮され、繊維どうしの重なり度が最適化されて迅速な力の生成が可能になる。

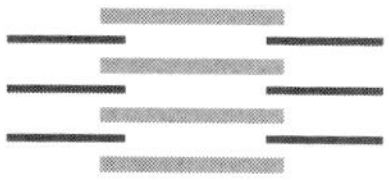

関節をまっすぐにしすぎると個々の繊維が長くなり、筋肉を迅速には短縮しにくくなる。

がるはずだ。スキップやランジ、さらには短いピックアップ（10秒間のスプリント）を数回やりながら、ストライドを長くして最大可動域をテストするといい。これが**ダイナミック・ストレッチング**で、主にウォーミングアップ時に行なわれる。

　実をいうと、一日を通して体を柔軟かつ活発に保つことが、ストレッチの専用プログラムや、姿勢、ヨガのポーズ、動作の厳格なメニューよりも大切だ。**座りっぱなし**は害がなさそうに見えて、その実、死（早死に）のリスクを高めるとわかってきたいまこそ、毎日の動作に特別注意を払うのが望ましい。

　テンセグリティの原理を思い出してほしい。体は張力と圧縮力が均衡した状態にとどまろうとする。したがって、ストレッチは何が引っ張る《ストレッチング》ことを必要とするのかという観点から見なくてはならない。

　よく目にするのは、股関節前部、つまり股関節屈筋群の硬直だ。骨盤と大腿骨が「コンマ」形に固定されていると考えてほしい。その原因は長時間座っていることで短縮した屈筋群にある（次ページの図

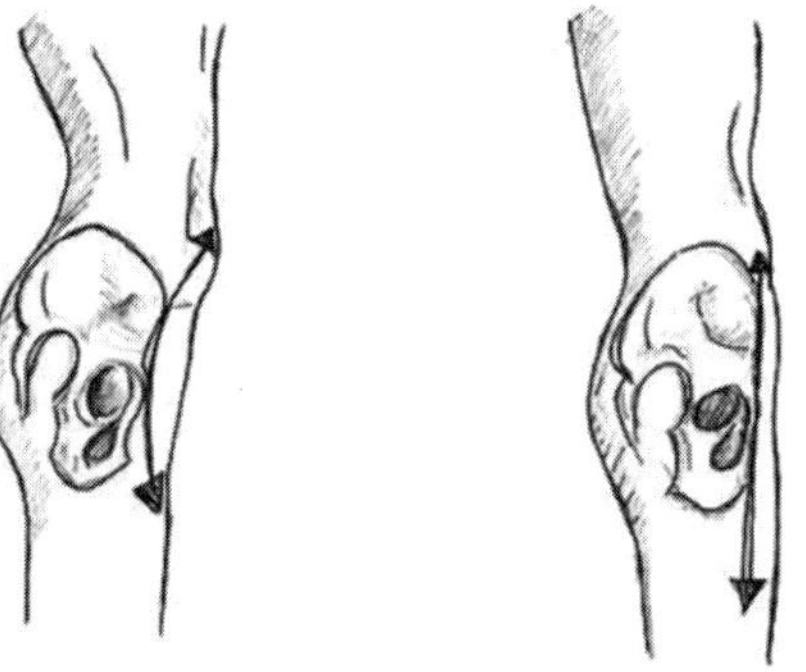

左の「コンマ」、つまり傾いた骨盤は、長時間座っていることで生じるもの。右の平らでニュートラルな骨盤とは対照的だ。

のように、まっすぐ立ったときに骨格は直立し、骨盤が平らでニュートラルになるのが望ましい）。この場合はそのコンマ形と、硬くなってひりひりするハムストリング上部を結びつけたい。ハムストリングのストレッチが優先事項だと考える人もいるだろうが、それでは「コンマ」の曲がり方が悪化するだけで、結果的にさらにバランスが崩れて埋め合わせが必要になる。

世界記録を17回にわたって塗り替えたロン・クラークは、走るまえにストレッチはしないと言っていた。だがロンの走りを見るのは、運動中のストレッチを見ることにほかならなかった。完璧なバランスで全可動域を使って走ったのだ。ご覧のとおり（次ページの写真）、そのストライドアングル（開いた両太腿がつくる角度）は90度を超えている。

ロンは全盛期に33歳で中長距離走から引退した。メブ・ケフレジギは40歳のときに4度目のオリンピック出場権を獲得している。ロンと同じく、メブも若いころはストレッチやモビリティワークをしなかった。だがいまはバランスと可動域を維持するために、私が処方するよう

力走するロン・クラーク（ゼッケン2）

な広範囲にわたるドリルを行なう。それもすべて動的なリラックスしたやり方で、筋肉を強く引き伸ばすことはない。

同じように、疲れ果てるまで運動するのは、筋肉が堅く締まってしまうので避けたほうがいいだろう。毎回のランの最後の1マイルは、最も流動的かつリラックスした状態で、可動域もストライドも最大にしたい。これはウォーキングにも当てはまる。ワークアウト後に長時間ストレッチする必要はない。体を動かしているあいだにストレッチはできている。

簡単なことだ。快適にワークアウトしたあとは（疲労を避け、ゆっくりとクールダウンしたはずで）、最適なリカバリーのお膳立てが整っている。それ以上何もする必要はない。ただしおぼえておこう。ワークアウト後すぐ椅子に戻ったら、体の糧となったばかりの可動域が台なしになる。筋肉や関節、筋膜がクールダウンして、その座位に「セット」されるため、翌日にやり直さなくてはならない。これでは、体勢からくる痛みや凝りを和らげたくてマッサージや深部組織への施術に時間とお金をたっぷりかけたのに、そのあとすぐ要治療の原因となった害のある姿勢に戻るようなものだ。私は日々それを目撃している。

ミニマリストゴルフ？（ミニチュアゴルフではなく）

ランナーの多くはゴルファーでもあり、ゴルフは一種の全身運動だといえる。少なくとも「古式ゆかしい」ゴルフはそうだ。私が師と仰ぐひとり、フィル・マフェトン博士は*The Healthy Golfer*（『健康なゴルファー』）なる本を書いた。それはあなたのクラブに最適なグリップを伝授するわけでも、正しいスイングプレーンを解説するわけでもない。代わりに示されるのは、健康で柔軟な、集中力があってリラックスした、このスポーツで求められる人物になることで、スコアを縮める方法だ。ランニングと同じように、ゴルフでいいプレーをするには体の声に耳を傾け、そのケアをすることが欠かせない。マフェトンはまずゴルファーたちに、平らでしなやかな、スパイクのないソールのシューズを履くこと、そして日中は裸足ですごし、適切な食品を食べるよう勧めている。

私がランニングに役立つ有酸素能力の基礎を最初に築いたのは、ゴルフのおかげでもある。11歳のころから、夏になると毎日兄弟と地元のコースで18ホール（以上）を歩いてまわった。ゴルフシューズはケッズとコンバースのスニーカーで、担いでいたバッグは私とほぼ同じ重さだった。ゴルフボールをなくすわけにはいかないから、いつも岩場を登ったり小川《クリーク》を渡ったりしてボールを回収したものだ。われわれはレッスンを受けることもなく、ブレードタイプのクラブでプレーしていた。それは古い木製やスチール製のクラブで、スイートスポットが小さい。その結果、自然なスイングが身についた。いまのゴルファーは〈ビッグバーサ〉のドライバーなど特大のチタン製クラブを頼りとし、多くの場合、ボールとクラブの感触を存分に味わうことがない。

妻のロバータと私はプレーをつづけていて、コロラド州にいたときにコロラドの赤い岩に囲まれたペリーパークという穴場のコースを見つけた。そこでは歩くことが奨励され、われわれは許可を得て犬を連れていった。18ホールを３時間でまわり、終わったときには始めたとき以上に爽快な気分になる。整備スタッフは朝のランまで認めてくれた。

その後、われわれはアイルランドへの旅行でゴルフの醍醐味を体験した。カートでは通れない地形で、年配のキャディたちはいままで出会ったなかで最も健康で強靱なシニアたちだった。現在、米国では大半のコースでカートの使用が義務づけられている。歩くことは禁止されているのだ！　一度カートを試してみたことがあるが、無気力になるのに加えて、フォームやゲームに集中できないとわかった。私はミニマリストゴルファーであり、それなりにこのスポーツを愛している。25年以上使いこんだ６本のクラブを持ち歩き、いまでも悪くないゲームをする。お気に入りの「ゴルフ」シューズはファイブフィンガーズかランニングサンダルだ。ウェストヴァージニア州にある地元のコースでは、いまも歩くことが奨励され、早朝の時間帯に走ることも認めてくれる。

90代になる義理の父も、そのコースを歩く（４本のクラブがお供だ）。数年前、義父がカートに乗った若いプレーヤーの一団と出くわしたときのことだ。

「おいくつですか？」と若者のひとりが尋ねた。

「90歳だ」と義父は答えた。

「すごい。ぼくも90歳になってもコースに出られるといいな」と若者が言った。

「だったらカートから降りなさい」と義父は答えた。

ゴルフは誰にとっても健康とフィットネスの源になる。ただし、現代版のゴルフでは、電動カートやスパイクのついた硬いシューズ、クラブが多すぎて重いバッグなどのせいで、ゴルファーは一からゲームをマスターする体験を得られない。ゴルフもランニングと同じく、足が、そして足と大地とのつながりが、全身の状態とあなたのパフォーマンスを大きく左右するのだ。

ドリル

本章のドリルは可動性と可動域を広げることを目的としている。ここに挙げるどの動きも、気分をリフレッシュして次の日に再開する準備を整えてくれるはずだ。痛くて動けないといった状態にはならない。動きの質が、持ち上げるウェイトの重さや、タスクやドリルを実行する速さよりも重要だ。いまから3年もすれば、きょうのワークアウトの出来など誰も気にしないが、ケガをしたら、おそらく忘れられなくなる。

競技者であれ、楽しみやフィットネスのために運動をしているのであれ、体の**部分ではなくパターンをトレーニングする**ように。脳と神経系が認識するのは個々の筋肉ではなく、動きのパターンだ。

食事の合間のエクササイズ・スナック

「エクササイズ・スナック」は一日の区切りをつけて血流をよくするのに役立つ。私は病院での勤務日を歩いてすごすことが多い。診察の合間に、ストレッチをして緩やかなランジや体幹ひねり《トランクツイスト》をすることもよくある。オフィス勤めの人も、このようなエクササイズ・スナックで健康と柔軟性を保つことが可能だ。立ったまま同僚や学生とおしゃべりしてもいいし、電話での会話もストレッチや運動の機会になる。
自宅で仕事をするときは、一日の途中で外に出て雑用を済ませよう。とくに体を使う用事がいい。デスク（できればスタンディングデスク）に戻ると、心身ともにリフレッシュされ、目に見えて生産性が高まる。
次のドリルでは、**筋肉ではなく、動き**に働きかけ、ごく単純なものから複雑なものへと進んでいく。全部をやる必要はないが、これでメニューを構成し、希望する難易度や一日の予定に合わせてそこから選択するといい。
まずは可動性《モビリティ》の評価をしてみよう。

足首の可動性の評価（次ページの写真上）
右足を前に出し、つま先を壁から約10センチの位置につける。両足の踵を床につけたまま、右膝を壁まで近づけてみる。反対側の足に切り替えて評価する。

股関節伸展の評価（次ページの写真下）
台の上であお向けになり、片膝を抱える（もう一方の脚は台の端からぶら下げる）。膝を抱えると、逆の脚の腿がテーブルから浮くだろうか？　左右両側を評価する。

大腿四頭筋のレングステスト（股関節の可動性に影響があるため）（184ページの写真上）
うつ伏せ（腹ばい）になり、片脚の膝を曲げてかかとを尻まで持っていく。両脚とも評価する。

足首の可動性の評価

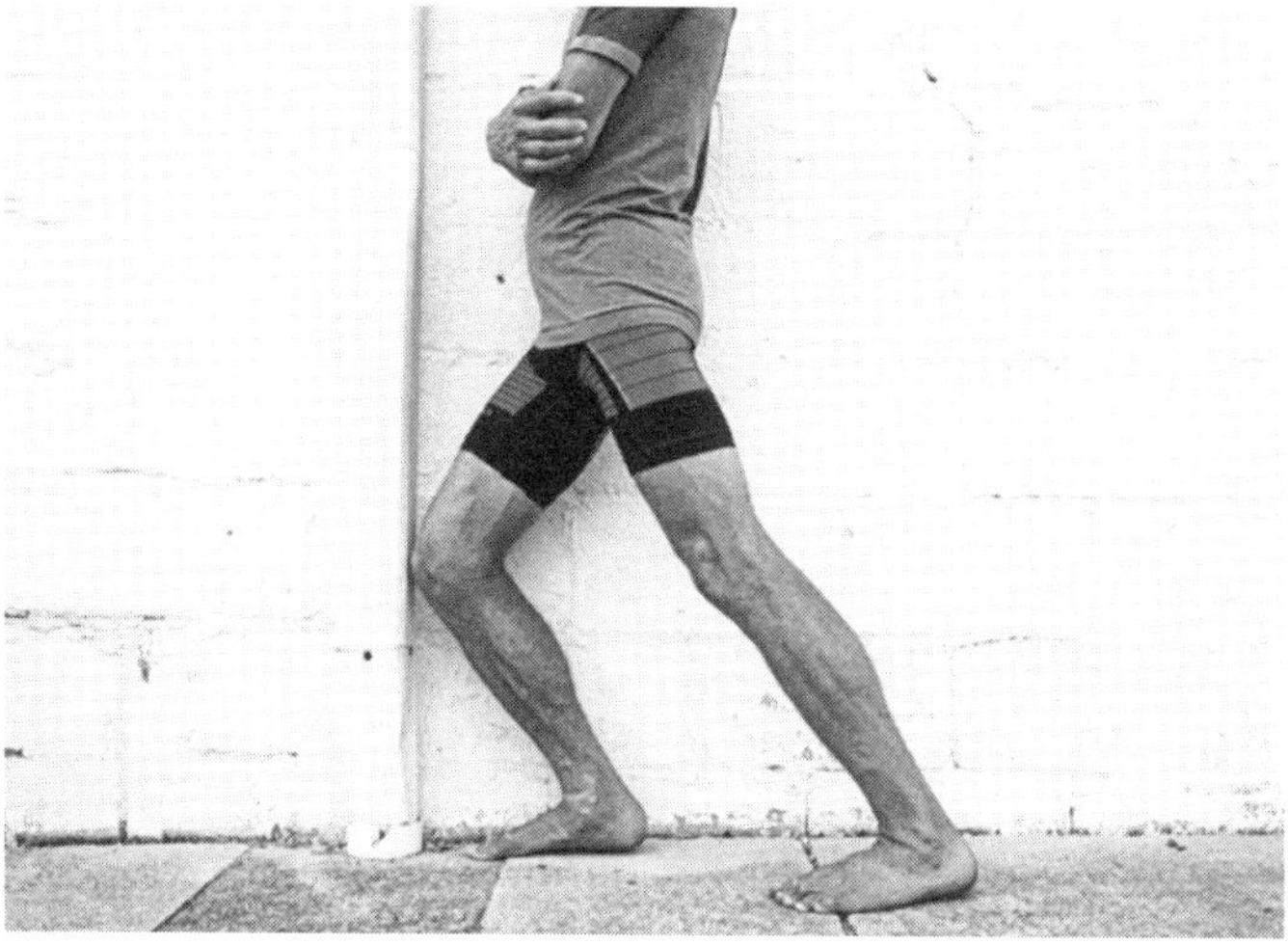

股関節伸展の評価

大腿四頭筋のレングステスト

同（膝立ちで背すじを伸ばす）

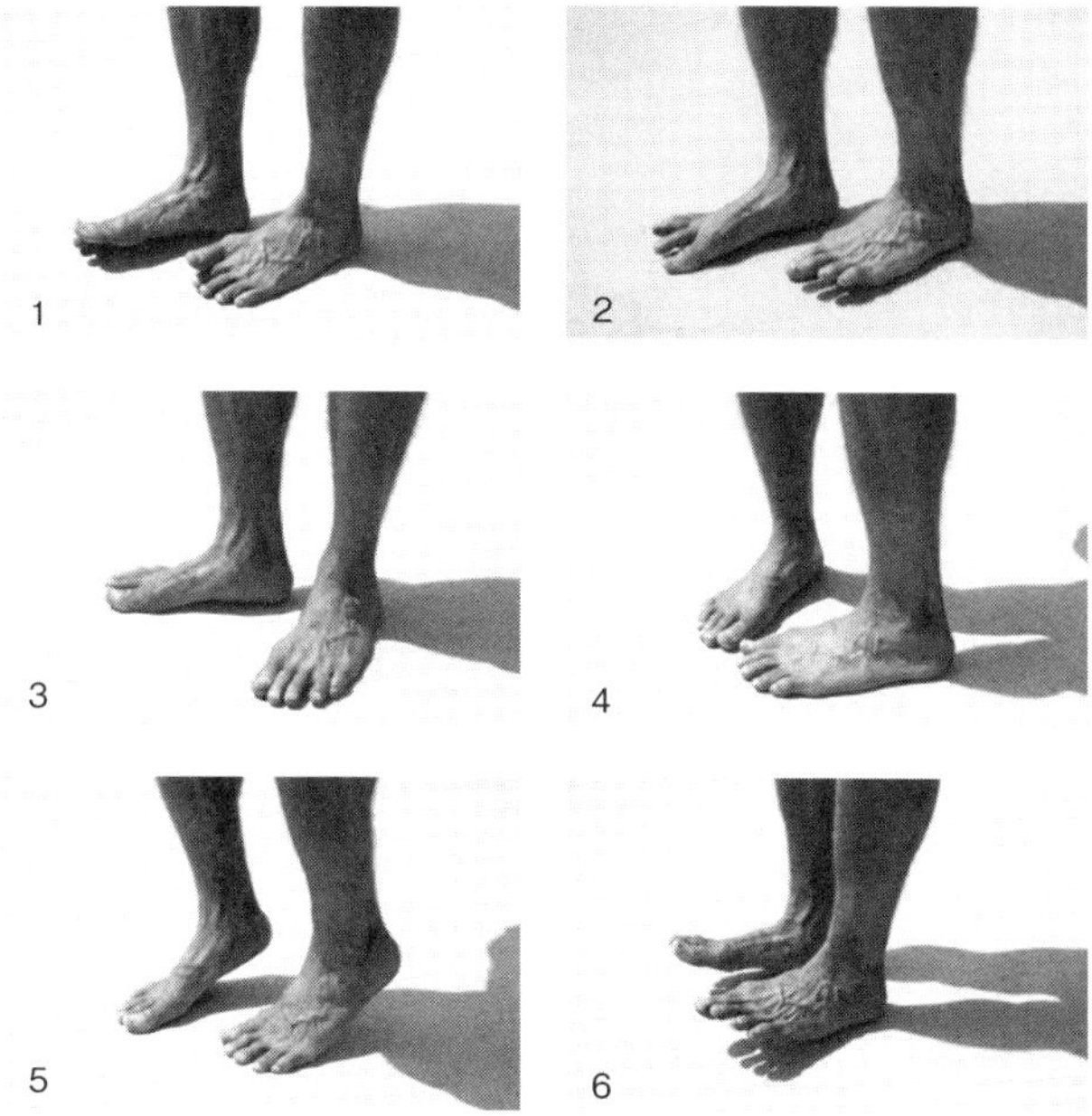

可動域ドリル

6ポジション・フットウォーク

この簡単なエクササイズ・スナックは、両足と両足首の小さな筋肉を鍛え、バランスと足の筋力を補強するものだ。なるべく裸足で、いつでもできるときに（犬の散歩中など）、最初は短い距離を次のようにして歩いてみよう。

1　足の外側で歩く（内反）。
2　足の内側で歩く（外反）。
3　つま先を外側に向けて歩く（チャーリー・チャップリン式）。
4　つま先を内側に向けて歩く（内股）。
5　足指のつけ根で、後ろ向きに歩く。
6　踵で歩く（裸足に不慣れだと靴が必要かもしれない）。

まさに完璧！　とにかくこれを再発見しよう。

スクワット——ごく基本的な姿勢を再発見する

子供は自然に造作なくしゃがむ。大人は「もう子供のような体じゃないから、あんな姿勢はできない」と口をそろえる。たしかに体の形状は異なるが、柔軟性と可動性を復活させるには、いまもスクワットができなければならない。

しゃがむときに原動力となるのは股関節と膝のまわりの筋肉だが、へその下のすべての関節（股関節、膝、足首、足）と背骨の大部分に安定性と可動性が確保されなければ、正しくスクワットすることはできない。

足をゆったりと股関節の下の位置に合わせてみよう（やや広めでもいい）。そして、そのままフルスクワットに移る。その際、柔軟な、よい姿勢の維持に努め、

- 頭と胸椎はまっすぐにする。
- 腰椎はニュートラルにし、伸ばしすぎない。

あなたのスクワットはどっち？　左の姿勢をめざそう。

- 両腕を前に出して肩甲骨を「収める」（肩甲骨を後ろのポケットに入れるつもりで）。
- 股関節を動きやすくし、あたかも後ろの椅子を大臀筋で軽く叩くかのように腰をおろす（ただし、座らない）。
- 膝をつま先の真上に位置づける。膝のまわりに抵抗《レジスタンス》バンド（ゴムバンド）を巻き、外向きの圧力をかける。
- すねを地面に対してほぼ垂直にする（膝がつま先より前に出ないように）。
- 両踵は地面につけたままで、踵に体重をかける。

こうしてディープスクワット（「尻を草に《アス・トウ・グラス》」とも呼ばれる）に慣れていこう。踵が地面から離れるようなら、踵の下に本を1、2冊置き、徐々に本をはずしながら鍛えていく。それで足首の可動性が向上するはずだ。足の位置を変えてもいい。目標はディープスクワットの体勢を数分間、楽につづけられること。ただし、膝に違和感や制限、硬さを覚える場合は、腿が地面と平行になった

ケトルベルを持って、ゴブレットスクワットと呼ばれるエクササイズをしてもいい。

ところでやめたほうがいい。フルスクワットができるまで時間がかかることもある。

ウォールスクワット（次ページの写真）

胸椎の可動性をさらに評価するために、両つま先を壁に近づけて（理想としては壁のすぐそばに置いて）立ってみよう。両腕を頭上に上げ、基本的なスクワットの姿勢まで体を下げていく。このとき腿を地面と平行にできるか？　お尻をいちばん下までおろせるか？　とくに背中をまっすぐにしにくい場合は、このルーティンを行なうといい。

床の座り方

私たちは誰しも、できるときに地面を探っておいたほうがいい。それをかなえるには（特別に時間をもうけるまでもなく）床に座ることだ。ディープスクワットのほか、ここに挙げる4つの床座位は、柔軟性と可動域を

上半身、股関節、足首の可動性を鍛えると、ウォールスクワットができるようになる。

大幅に向上させてくれるだろう。

正座。西洋文化圏からあらかた失われたこの座り方では、大腿四頭筋と足首の可動性が求められる。やりにくい場合はお尻と膝にパッドをあててみよう。暫定策として、作業をしながら片脚で正座してみるのもいい。これは股関節と体幹の安定性を高めてくれる。

長座。両脚を前に伸ばして座る。これはハムストリングの可動性を高めてくれる。片脚を曲げて変化をつけてもいい。

あぐら。あるいは「インディアン・スタイル」。腸脛《ちょうけい》靱帯と梨状筋《りじょうきん》が硬いと膝が高くなる。膝を低く保つようにしよう。両足の裏を合わせるやり方もある。

横座り

横座り。片方の脚を内側に回転させ、もう片方の脚を外側に回転させる。左右を変えて、硬さと対称性を評価しよう。これは難易度が高いかもしれない。

上半身の可動性

胸椎フォームロール（次ページの写真）

横隔膜呼吸をしながらゆっくりとこの姿勢になり、胸椎を開く。

しなやかな股関節

ウインドシールド・ワイパー・プログレッション（192ページの写真）

このエクササイズは股関節の内旋と外旋をしやすくし、大臀筋の発火と股関節伸展を促す。とくにゴルファーには効果的だ。バックスイング時には前側の股関節を最低でも25度は内旋させ、フォロースルー時に後ろ側の股関節で同じことをしなくてはならない（男子プロゴルファーの股関節内旋は平均45度だ）。その回

胸椎フォームロール：深呼吸しながら、ゆっくりと各部分を上下に転がす。

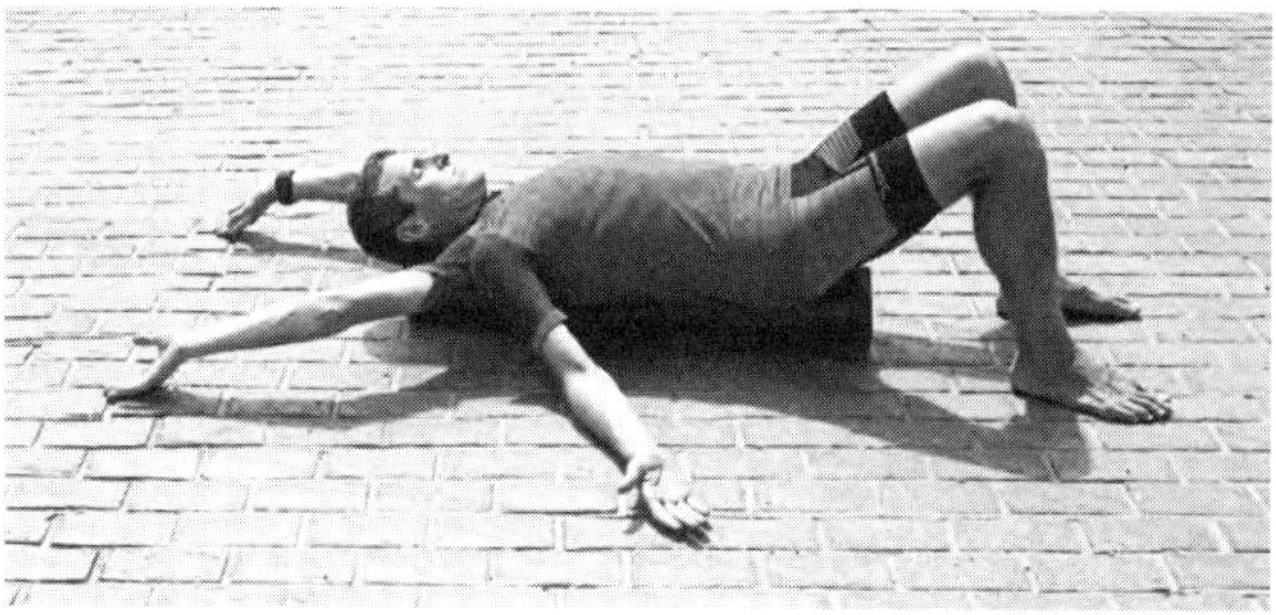

同：肩と腕をスノーエンジェルをつくるように動かす。

転幅に達しない場合は、運動連鎖《キネティックチェーン》のほかの場所で埋め合わせするはめになる。

- 床に横たわり、背中を平らに、腕はまっすぐ伸ばし、膝は90度に曲げて、踵を床につける。
- ゆっくりと滑らかな動作で、膝を右に左にと、車のワイパーのように往復させる。肩甲骨を床につけたまま、腕を伸ばしておく。これを10〜15回繰り返す。

ヒールレイズ

足のコントロールはランニングに不可欠で、あらゆる活

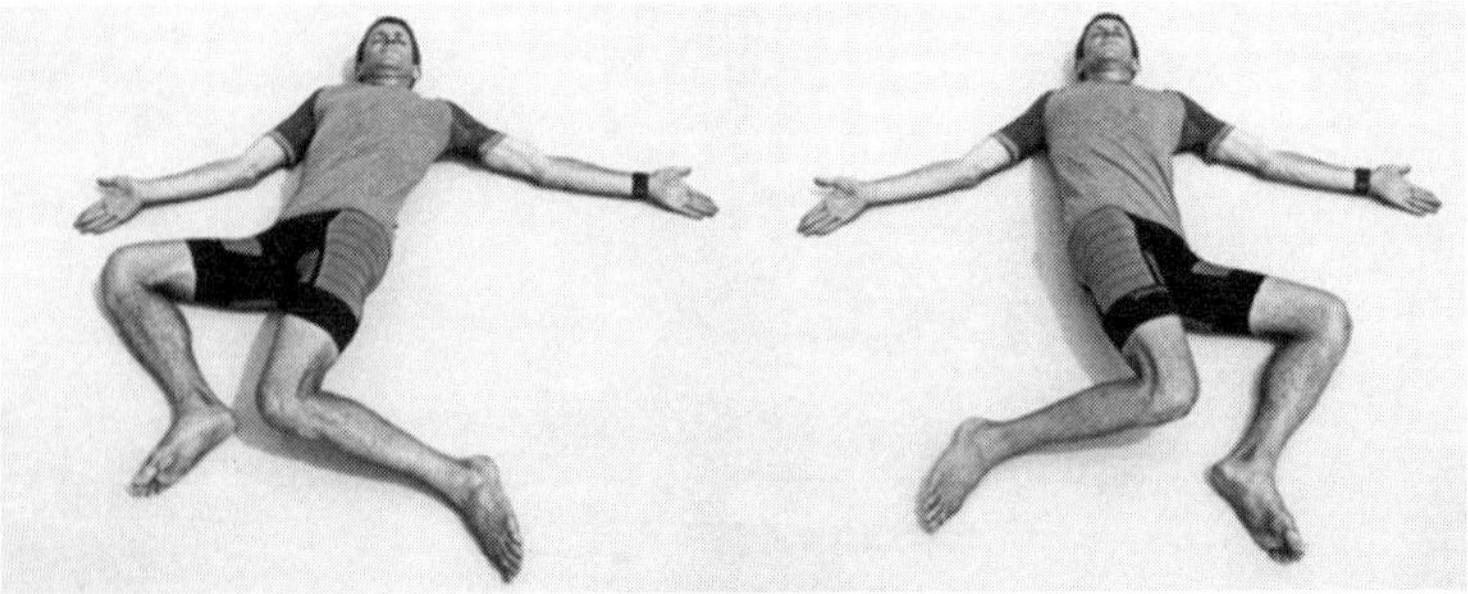

ウインドシールド・ワイパー・プログレッション

動に役立つ。片足で立ち、足指のつけ根を支えに伸び上がり、仕上げに親指に体重をかけて、膝下を親指のほうにわずかに回転させる（底屈を最大にするため）。これが正しい歩き方や走り方で使われる全可動域だ。ゆっくりとコントロールしながら、体を開始位置まで下げる。できれば、これを毎日片足につき50～100回こなしたい。まずは地面で、そのあと階段から踵を下げるやり方に進んでいこう。

片脚立ち上がり《シングルレッグシットトウスタンド》

このシンプルで明快なエクササイズはオフィスの椅子に座りながらできる。

- 椅子に座って両足を地面にぴったりつける。
- 片方の脚を選び、その脚でゆっくり立ち上がりながら、両腕を頭上に伸ばす。足指のつけ根で立ったところで動きを止め、それからゆっくりと、抑えを効かせながら体をおろす。膝が内側に崩れることのないように。

片脚跳び《シングルレッグホップ》

消火栓《ファイアハイドラント》

もうひとつのシンプルな（しかし、やや難易度が高い）安定性ドリル。単純に片足で10回跳ぶ。どうしても痛みがあったり、ふらついたりする場合は、前記の片脚立ち上がりドリルに戻ってから、これに進むといい。

消火栓《ファイアハイドラント》

この動作は股関節の伸展と外転双方における可動性と筋力を強化する。いずれもランニングに不可欠なものだ。四つん這いになり、片脚を上げて伸ばした姿勢で、時計回りに大きく円を描き、つぎに反時計回りに描く。さらにチャレンジしたい場合は、反対側の腕をまっすぐ前方に伸ばして「鳥猟犬《バードドッグ》」のポーズをとってみよう。

股関節、大臀筋、体幹の安定性がわかる3つのテストがある。それぞれの姿勢を1分間つづけてみよう。

ブリッジシングルレッグ（片脚ブリッジ）（次ページの写真）

あお向けに寝て、片方の膝を胸に寄せ、大臀筋を締める。そして体幹を上に「ブリッジ」（高架）させる。

ブリッジシングルレッグ

プランク（厚板）（次ページの写真上）

マットか床にうつ伏せになる。前腕をマットにのせ、肘を肩の下に位置させる。両脚をそろえる。体を持ち上げて一直線にする。そのまま30～60秒姿勢を保つ。

サイドプランク（横向きの板）（次ページの写真下）

マットか床の上に横向きに寝る。前腕をマットの上に、体に対して直角に置く。脚を上下にそろえ、膝と股関節をまっすぐにする。体を動かなくなるまで上げる。そのまま30～60秒保つ。反対側で繰り返す。

ビデオアシスタンス

同僚のジェイ・ディチャリーとともに、可動域と安定性の改善にうってつけの評価と修正の方法を実演している。〝Are You Ready to Go Minimal? 3 Self-assessment tests with Jay Dicharry〟がnaturalrunningcenter.comのstability＆mobilityの記事〝Are You Ready for Minimal?〟中にある）。

ここで紹介した動きを日課として取り入れ、上達したら、決定版エクササイズとしてターキッシュゲットアップ（トルコ式ゲットアップ）に挑戦したい。そこにはこれまでのエクササイズがほぼすべて網羅されている。このシークエンス（runforyourlifebook.comの動画〝Turkish Getup〟を参照）は、時代を超えたエクササイズの視覚的な把握に役立つだろう（197ページの写真）。

プランク

サイドプランク

ターキッシュゲットアップで立ち上がる動き

リバース動作でゆっくりと横になる

第9章　食べて走り抜く――栄養と健康

人々は健康を気にかけない食品業界に食べ物を与えられ、食品を気にかけない保健産業の処置を受けている。

――ウェンデル・ベリー、著述家、6代つづいたケンタッキーの農場主

神話：脂肪を食べると太る。
事実：砂糖や加工された炭水化物、「低脂肪」食は、エネルギー切れや炎症、体重増加につながりやすい。これに対して、健康的な脂肪は長期的なスタミナと健康をもたらし、空腹を抑え、減量を促進する。

すでにランニングフォームは改善され、よりよいフットウェアを手に入れたあなたは、持久力エンジンを構築する途上にある。そのエンジンを整備して最適化し、パフォーマンスを向上させるために、ここで燃料の質（と量）をチェックしておこう。燃料のグレードアップを検討してもいいか

もしれない。

次章では食生活の具体的な影響を探っていくが、そのまえに食べ物が体内に入るとどうなるかを見てみよう。食べ物は長く複雑な変換を開始し、燃料、体脂肪、老廃物、ときに前方への運動となるのだ。

私たちを動かすエネルギーの量は通常、カロリーで測られる。従来の「エネルギーバランス」の常識では、**摂取カロリー**と**消費カロリー**が同じなら、体重は一定に保たれるとされている。

しかし、この推論には欠陥がある。たしかに、精力的な作業をつづけるほうが、休んだり眠ったりするより多くのエネルギーを必要とするだろう。だが、入ってくるカロリーはすべて同じではないし、その摂取されたカロリーがすべて同じ方法で消化され、貯蔵され、燃焼に利用されるわけでもない。しかも食べ物には厄介な傾向があり、形を変えて予想外の場所に移動したり、余計なところに居座ったりする。

食べすぎと栄養不足

問題の一端は私たちの食べ物が本当に必要な栄養を含んでいないことにある。

医学部時代の私は（いまも多くの医師がそうであるように）、高炭水化物、低脂肪の食事が運動能力と健康に不可欠であり、エクササイズが体重管理のカギだと思っていた。それが私たちの教えられたこと、世間で信じられていたことだ。ほかの若い、ほとんど疲れを知らないアスリートと同じく、私は毎日、まずは大きなボウルいっぱいのシリアルとスキムミルク（脱脂乳）の朝食をとり、午前中の間食にエナジーバーやパンを、昼食にはさらに炭水化物を摂取した。ミーティングのあとには会議テーブルの上に残ったエナジーバーやマフィンを引き取った。そして夕食にスパゲッティを450グラム平らげ、寝るまえにまたシリアルをむさぼり、午前2時に起きてキッチンを探検してはさらにシリアルを口に入れた。

ランニング仲間や私が高炭水化物食をつづけても平気でいられたのは、活発に運動し、火が充分に熱ければ何でも燃やせる（代謝できる）と信じていたからだ。ペース管理とトレーニングを理解していたこともあって、私のレースタイムはそれなりによかった。体重も安定していたから、この食生活は間違っていないと思っていた。ほかの人にも私の例にならうよう促したほどだ。医師兼競技ランナーとして、レース前の「カーボローディング」ディナーを奨励したりもした。

ただ、ひとつ気がかりな問題があった。絶え間ない空腹と説明のつかない疲労感をぬぐえそうにないのだ。当時は気づかなかったが、私は2型糖尿病への道を歩んでいた。血液検査の結果、すでに境界型糖尿病を発症していたのが判明した。

カロリーバランスは演算不能

私は自分の活動レベルを注意深く測定し、記録していたが、ここで疑問に思いはじめた。この疲労や空腹は、どれだけ活動するかよりも食事に関係しているのではないか？　栄養は私のパフォーマンス向上カクテルの一成分で、調整できるはずだった。だが、当時の自分の食事法に代わるものを私はひとつも知らなかった。

食べ物を摂取すると何が起きるかに興味をそそられ、こだわるようになったのはそのときだ。私は生理学と代謝の科学の世界へとウサギの穴を転げ落ち、栄養やエネルギーバランス、肥満、食欲に影響を与えるホルモン、脂肪貯蔵、運動欲求に関する古今の研究報告を読みふけった。その道の専門家を探し出し、軍関係者を相手に質問や観察をし、病院を訪れた患者とおしゃべりしたり、地元コミュニティの市民を会話に引き込んだりした。

あなたの砂糖はどこへ行くのか？

では、何が起こっていたのか？　いったい私たちが口にする食べ物は、私たちの感覚や体内で起きることにどんな影響を与えるのか？

私たちの体は血中のグルコース濃度（血糖値）を狭い範囲内にとどめておかなくてはならない。その濃度はホルモンや化学物質、シグナル伝達タンパク質、ブドウ糖処理経路の複雑な相互作用によって調節される。その相互作用の兆候となるのが、運動レベルや摂取する食品の種類、ストレス、睡眠、さらには腸内の微生物といった環境要因だ。ほとんどの人は、精製された炭水化物や砂糖入り飲料を摂取すると、その直後に血糖値が上昇する。筋肉や脳、その他の器官はこのグルコースを燃料として使用しており、急遽エネルギーが必要になった場合、最近摂取したグルコースの一部を直接利用することができる。

ところが、血液はティースプーン１杯分しかブドウ糖を蓄えられないので、血糖値を狭い健康的な範囲に維持するための緩衝機能があまりない。たとえば、朝食用のバーを食べたあとに血糖値が上昇すると、膵臓がインスリンを放出し、インスリンがその糖をグリコーゲンに変えて血流から筋肉や肝臓に送り込む。

こうした肝臓や筋肉内の「グリコーゲンタンク」もさほど大きくはない。たいして活動しないうちに朝食用のバーを食べたら、タンクはすでに満杯だろう。

グリコーゲンタンクがいっぱいになると、肝臓は追加で取り込まれた糖を脂肪の一種、トリグリセリドに変換する。このプロセスは新規脂肪酸合成（de novo lipogenesis）と呼ばれるものだ。トリグリセリドの多くはその後、脂肪組織あるいは（長期的な）内臓脂肪、またの名をおなかの脂肪の細胞に蓄えられる。

インスリン感受性が高い場合は、体が血糖やインスリンの増加に迅速かつ適切に反応し、糖やエネルギーのバランスを活発に管理する。しかし、糖があとからあとから入ってくると、トリグリセリドが肝臓から放出されるよりも早く蓄積し、肝臓はもはやインスリンの信号に正常に反応できなくなる。

これが**インスリン抵抗性**の始まりだ。こうなると継続的な糖の増加に反応して、膵臓はこの抵抗性を克服するために必死の努力でインスリン濃度をさらに上昇させるしかない。炭水化物とインスリンによる悪循環が始まる。インスリン抵抗性のある人の心身が絶えず疲労と空腹に乗っ取られるのはそのためだ。複雑な進行を簡略化してこの無限ループをまとめると、

糖の増加↓インスリンの増加↓インスリン抵抗性の増大↓
カロリー／脂肪貯蔵の促進↓筋肉が使えるエネルギーの減少↓

空腹の促進→糖の増加……

果糖《フルクトース》（加工された食品や飲料に高濃度で含まれる）がこの問題をこじれさせる。というのも、フルクトースは肝臓でしか代謝されず、一般的に摂取される量と濃度でもすぐに肝臓がいっぱいになるためだ。基本的に、フルクトースの代謝はグルコースの代謝ほどにはうまく調節されない(9)。「代謝柔軟性」が低いようだ。そのため体に脂肪の蓄積を強いる傾向がある。

インスリン抵抗性（炭水化物不耐性、または境界型糖尿病）になると、活動する筋肉は必要なエネルギーを得られない。このとき食欲は、筋肉にとって利用可能なエネルギーが足りないと感知し、食べたいという強い衝動で満ちあふれる。知覚上の燃料不足を補おうとするためだ。

この「常態化した」乱用が10年以上つづくと、膵臓は補う能力を失い、体は血糖値を制御できなくなる。インスリン抵抗性が高くなった人は、このあと述べる脂肪肝を発症しかねない。

糖尿病——取り返しのつくパンデミック

アメリカの2型糖尿病発症率は流行病に近い。ところが、ほとんどの人は境界型糖尿病という疾患を知らずにいる。これはインスリン抵抗性があり、血糖値が正常より高いが2型糖尿病に分類するほど高くはない状態のことだ。境界型糖尿病を放置すると、インスリン値が上昇しつづけ、ますます多くの糖が内臓脂肪に変換されていく。境界型糖尿病の診断が遅れがちなのは、大きな、目に見える腫瘍が現れるのを待ってから、がんについて考えるのに似ている。

境界型糖尿病を発症してもほとんどの人は自覚がなく、長期的には、糖尿病への進行、心臓発作、脳卒中、さらにアルツハイマー病といったリスクがあることを認識していない。《ジャーナル・オブ・ジ・アメリカン・メディカル・アソシエーション（*Journal of the American Medical Association*）》の最近の記事によると、アメリカ人の成人の半数以上が糖尿病や境界型糖尿病を発症している（そして他国でも増加している）。米国疾病予防管理センター（CDC）の予測では、現在の傾向を放置した場合、5年以内に境界型糖尿病発症者の半数近くが2型糖尿病に進行するとのことだ。いまやこの疾患は子供にも見られ、「成人型糖尿病」に分類されることもなくなっている。

処置過多、ケア不足

私は毎日、境界型糖尿病が「正常」として片づけられているか、完全に見過ごされている症例をひとつは目にする。簡単に検出できるにもかかわらずだ。腹部脂肪の蓄積へと向かう体形の変化はすべて前兆である。率直にいって、男性の場合はシャワーを浴びているとき自分の局部が見えるのが望ましい。女性は腹囲が胸囲より大きくならないこと。または単純に腹囲を2倍した長さが、身長より短くなくてはならない。

残念ながら私の見るかぎり、インスリン抵抗性の高い、境界型糖尿病の患者が本格的な糖尿病に進む例はあまりにも多い。この患者たちは医療提供者から食事と生活習慣を改めるよう強く勧められたことはなく、「食べる量を減らして、もっと運動するように」と言われるのがせいぜいだ。医療提供者が介入した場合も、患者を誤った方向に導くことが多く、一般的に低脂肪、高炭水化物の

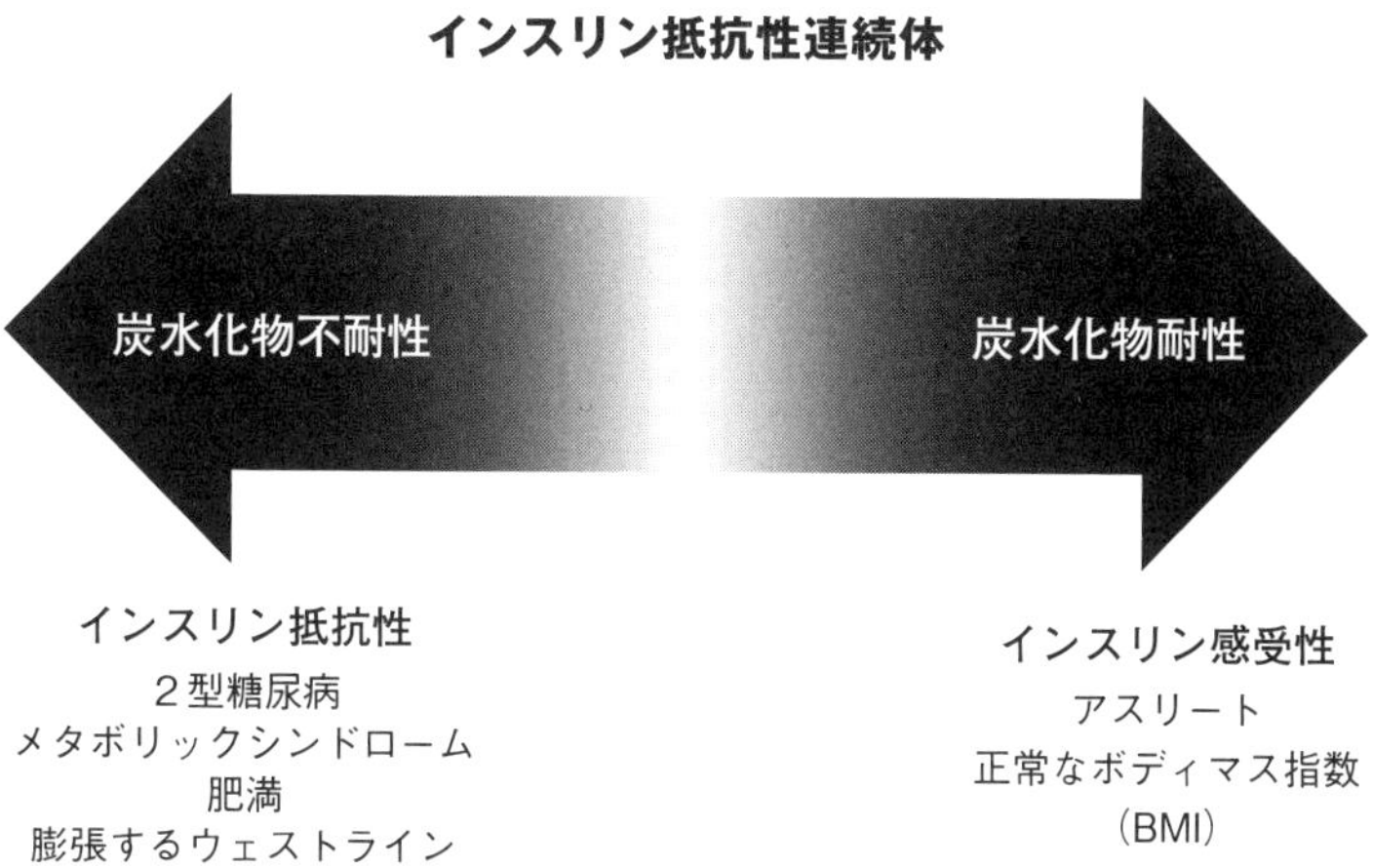

私たちはみな、この連続体のどこかに収まる。ほとんどの人は年齢とともに左に移動する。

食事を推奨している。アメリカ糖尿病協会（ＡＤＡ）の食事ガイドライン〝Create Your Plate（あなたの食事をつくろう）〟も、炭水化物の制限や飽和脂肪酸の削減はしていない。さらに、ＣＤＣ、ＡＭＡ（アメリカン・メディカル・アソシエーション）、ＡＤＡが後援する現行サイト〈So...Do I Have Prediabetes?（それで……わたしは境界型糖尿病?）〉でも、各グループは報告書で炭水化物が高血糖値の主な原因だと認めているのに、炭水化物摂取量の削減を提案していない。繰り返し何度も、食物脂肪が犯人と目されている。だとすると脂肪を何に置き換えたらいいのだろう？　炭水化物？　糖尿病の寛解例がまれにしか見られないのも不思議ではない。

砂糖と炭水化物

医学文献では、糖尿病の流行や境界型糖尿病の発症が砂糖と精製炭水化物にさらされる期間や程度と相関していることが立証されている。[10] ところが、食品、製薬、医療の各業界の対応は遅々として進まない。糖尿病を寛解させることにほとんど関心がないのは、慢性疾患としての継続的な治療が大きな収益源となるためだ。治癒よりも一生分の治療を提供したほうが得をする。

砂糖による疾患で怖いのは糖尿病だけではない。糖尿病を発症するずっとまえから、高いインスリン値と血糖値は炎症を誘発し、血管の硬化や動脈内のプラーク形成や「内膜肥厚」を引き起こす（植物油を含む精製油の酸化がこのプロセスを増幅させる）。

この肥厚と硬化は心臓と脳への最適な血流を阻害するばかりか（さらに危険なことに）、プラークが破裂して心臓の不整脈や脳卒中を引き起こしかねない。破裂したプラークを体が「治そう」として、血栓、つまり凝血塊を生じさせ、動脈をブロックすることもある。数十年来の常識（確認が進んでいる集団研究、プールされた他の試験群や前向き試験のメタ分析）とは裏腹に、アテローム性動脈硬化は食物脂肪の摂取が原因ではない。いちばん疑わしいのはインスリン抵抗性による炎症だ。[11] 18カ国13万人の患者を対象にした最近のＰＵＲＥ（前向き都市農村疫学）研究[12]でも、これは確認されている。

さらに待ち受けるのは……

高血糖値と精製油脂（すなわち植物油）はまた、炎症を促進して心血管疾患の原因にもなる厄介な代謝副産物を生み出す。たとえば、**活性酸素種**（ＲＯＳ）や、**終末糖化産物**（ＡＧＥｓ）、つまりグルコースが細胞外膜上のタンパク質と結合する糖化《グリケーション》反応の生成物だ。一度細胞膜に付着したブ

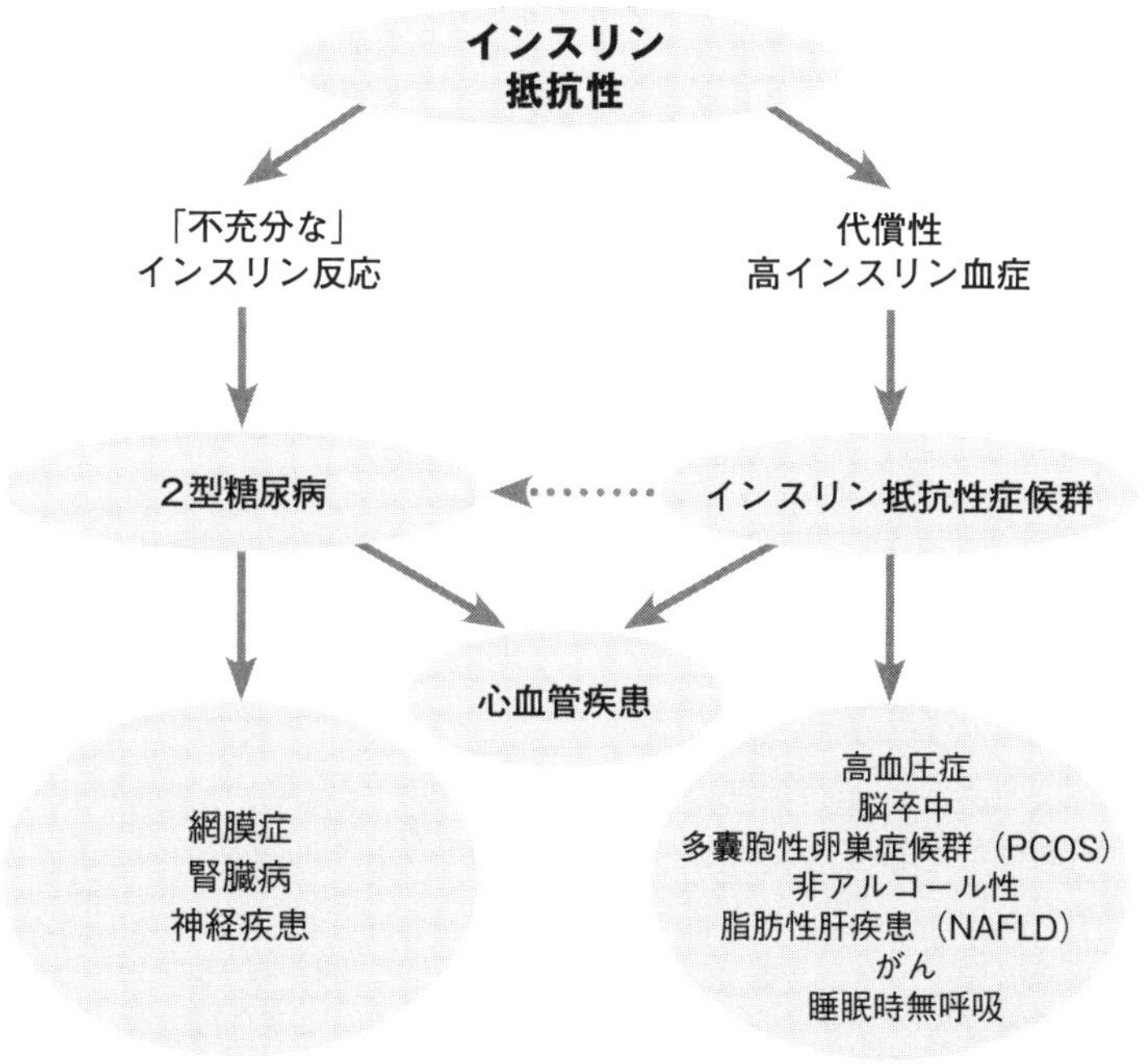

1980年、ジェラルド・リーヴンが「シンドロームX」を発見、これが今日、メタボリックシンドロームと呼ばれている。右側の経路は、常態化した高インスリン値を原因とする炎症性ホルモン機能障害に関連した臨床症候群をまとめたもの。左側の経路は、高血糖症の発生を追いかけたもの。すべてを進行させるのがインスリン抵抗性である。

ドウ糖ははがせない。このため細胞は柔軟性を失い、損傷を受けやすくなって、老化が早まる。

このプロセス（と常態化した高いインスリン値からの炎症カスケード）はいずれ、いわゆる**メタボリックシンドローム**につながる。それを前兆とするのが、糖尿病とその恐ろしい症状だ。失明、アテローム性動脈硬化、高血圧、心臓発作、脳卒中、腎臓障害、インポテンツ、足の感覚の喪失、認知症。メタボリックシンドロームはもっと明確な、相応の不安をかき立てる呼び方をしたほうがいいかもしれない。「インスリン抵抗性／炭水化物不耐性」もしくは、より正確に「高インスリン血症」と。

行き先：肝臓

100年前、アメリカ人は添加された糖を年間約1・8キロ摂取していた。現在は1人あたり約57キロ以上の糖分を、多くは砂糖入り飲料に含まれる果糖《フルクトース》として消費している。[13]加えて、1人あたりの年間消費量が約64キロの加工された小麦粉も、消化の過程で急速にブドウ糖に変換される。これが脂肪肝、あるいは非アルコール性脂肪性肝疾患（ＮＡＦＬＤ）として知られる症状の直接の原因だ。そしてこの脂肪肝が糖尿病を引き起こす。

インスリン抵抗性と脂肪肝疾患の関係は生理学的に完全には解明されていない。だが、臨床上の結果は重大だ。現在、砂糖を原因とするこの疾患の不運な犠牲者たちは、肝臓移植の列に並んでいる。治療法を提供されず、罹患《りかん》した経緯を知らされることもない（ガチョウの脂肪肝から珍味のフォアグラをつくるために、消化しやすい炭水化物であるデンプンが鳥に強制給餌されることは、参考になるかもしれない）。

どの糖がどれなのか？

食卓の砂糖や甘い炭酸飲料はブドウ糖と果糖が混ざったものだ。果物は果糖を主成分とするが、食物繊維がつきもののため、吸収が遅い傾向がある。小麦粉はほとんどがブドウ糖なので、小麦粉製品は「グリセミック指数」（食後血糖値の上昇度を表す指標）が高い。高フルクトースコーンシロップ（異性化糖、ＨＦＣＳ、ソフトドリンクの主成分）は果糖とブドウ糖の混合物で、ソフトドリンクだけでなく、多くの食品に含まれている。

私たちの体の細胞はほぼすべてブドウ糖を利用できる。しかし果糖は、その構造上、肝臓を通過しなくてはならない。これは果糖のほうが吸収が遅いため、グリセミック指数が低いことを意味する。といっても、これはよいことではない。肝臓にかかる果糖の負荷が高いと代謝プロセスが圧倒され、肝臓に脂肪が蓄積する。[14] これはインスリン抵抗性の第一段階かもしれない。

肝臓に戻る

多くの医師を含め、ほとんどの人は「脂肪肝」を太っていることや食物脂肪の摂りすぎから生じるおおむね無害な状態だとみなしている（より正確に、ＮＡＦＬＤを「炭水化物肝」と呼んでもいいだろう。その原因はインスリン抵抗性と、過剰な糖や炭水化物の中性脂肪への変換だからだ）。

だが、これはもっと油断ならない状態で、その影響は急速に激化することもある。ロバート・ラスティグ博士が近年、子供の果糖摂取の影響を比較した研究を発表した[15]。同じカロリー数の良質な炭水化物を摂取した子供たちに比べ、果糖を多く摂取したグループには、わずか10日間で肝機能障害とメタボリックシンドロームのマーカーが見られた。

　脂肪肝の唯一効果的な治療法は、その原因を断つこと、つまり根本的に、炭水化物、とくに果糖の摂取を減らし、体重を10パーセント落とすことだ。幸いなことに、脂肪肝の診断は難しくない。それは肝酵素の検査パネルにγ‐ＧＴ（ガンマ・グルタミルトランスフェラーゼ）、ＡＳＴ（アスパラギン酸トランスアミナーゼ）、ＡＬＴ（アラニントランスアミナーゼ）の上昇として現れる。肝臓の超音波検査やＣＴスキャンで「偶然」発覚することも多い。

　では、医師が臨床の場で探せるインスリン抵抗性の初期の指標には何があるのか？　胴囲《ウエスト》が体重《ウエイト》よりも重要なことは以前から知られている。皮膚の下にある程度の脂肪があるのは、むしろ健康にいい。それは代謝が活発な「褐色脂肪」だ。だが腹部脂肪、あるいは「白色脂肪」はまったく別のもので、これは脂肪が肝臓や心臓などの内臓やそのまわりに蓄積していることを示している。肥満がある場合は、ＴＧ／ＨＤＬ比（中性脂肪比）が高いこと、空腹時や食後のインスリン値や血糖値が高いこと、ヘモグロビンＡ１ｃ（糖化ヘモグロビン）値（糖尿病の主要検査項目）が５・６以上（理想は５・０未満）であることも懸念材料だ。疲労、絶え間ない空腹感、消化管過敏、低血糖の感覚や「脱力感」、さらに慢性的な痛みや炎症性疾患も、インスリン抵抗性／炭水化物不耐性（メタボリックシンドローム）の付加的なフラグになる。しかしインスリン抵抗性は、胴まわりが大きくなるまえであっても、とくに標準的な体重の人の場合、顎下に蓄積された脂肪の形から判定可能だ。

愛ある中毒

糖尿病や肥満関連疾患の治療における最大クラスの課題に、糖が脳の幸福中枢を直撃することがある。ラスティグ博士は、なかでも果糖が側坐核《そくざかく》、つまり「快楽経路」を刺激する仕組みを明らかにした。それはおいしいごほうびとなり、習慣化はもちろん、アルコールや薬物の中毒に匹敵する依存性をもたらしかねない。私たちが炭水化物を食べるのは慰めが欲しいから、手ごろな放課後のおやつ、晩のごちそうとして、もしくはただストレスを和らげるためだ。1時間おきのタバコの一服のように、それで報われるから癖になる。栄養士は「少なめの食事を何回もとること」を推奨するが、それはかならずといっていいほど低脂肪で高炭水化物だ。フルーツジュースもやり玉に挙げられる。だが、このパブリックヘルスの惨状に柑橘類業界を巻き込むのは、政治的自殺行為だろう。あなたはお祖母さんのジュースグラスをおぼえているだろうか？　ショットグラス程度の大きさだったはずだ。

このことのパブリックヘルスへの影響は計り知れない。砂糖・小麦粉産業が米国の社会や経済で果たす役割を考えれば、こうした製品の消費を抑制することは大きな政治的課題となるだろう。薬物の乱用と同じで、肥満の流行と闘うには、社会的・立法的な予防策で砂糖の消費量を減らすことが必要だ。あとで述べる食生活全般と同様、意志の力だけでは行動を調整する持続可能な手段として頼りない。

肥満――卵が先か、ニワトリが先か?

肥満は脂肪が異常に蓄積する疾患で、ほとんどの場合、インスリン抵抗性の体が処理できるよりも多くの炭水化物を食べることで進行する。炭水化物の食べすぎで発生した過剰なインスリンは、体脂肪増大の促進剤同然に作用しはじめる。肥満(ボディマス指数[BMI]が30より大と定義される)がそもそも病気であるかどうかは議論が絶えないが、今日見られるすべての代謝性疾患の重要な指標ではある。

BMIだけがインスリン抵抗性の指標なのだろうか? ラスティグ博士の推定によると、BMIが正常な米国の成人の40パーセントはある程度この状態にあり、TOFI(〝Thin on the Outside, Fat on the Inside〟[隠れ肥満])とみなされる。また、過体重であっても、インスリン抵抗性がない人もいる。肥満かつ健康で、代謝機能が正常ということもありうるが、あまり一般的ではない。大学のフットボール選手はBMIだけで判断するとたいがい肥満とみなされるものの、代謝的には健康なことが多い。かと思えば、肥満ではないアメリカ人の40パーセントは、初期の、または本格的なメタボリックシンドロームを抱えている。

肥満は一般的に大食や怠惰さの産物として片づけられる。だが、肥満を助長するのは食べすぎたり、だらだら過ごすといった行動ではない。肥満がその行動を助長するのだ。これはどういう仕組みなのか? インスリン抵抗性の状態は食べたいという衝動を生む。摂取した炭水化物が脂肪に変換されると、動きたい、運動したいといった欲求が減退し、それがインスリン抵抗性を高め、空腹感が増す。負のフィードバックループのできあがりだ。

ここで大きな力をおよぼすのが、空腹計の機能不全である。これは空腹になったり満腹になったりすると知らせてくれる脳の食欲調節中枢のことだ。近年発見された飽食ホルモンのレプチンが、脂肪細胞から放出され、満腹感のシグナルを送る。レプチンの脳へのシグナルはインスリンによって阻害されることがわかっている。だから食欲調節中枢を健全なレベルにリセットするには、高いインスリン値を解消しなくてはならない。一方、グレリンというホルモンもあり（おなかが鳴る原因だ）、こちらは主に胃から分泌され、やはり食欲調節中枢を制御する。

このように肥満はホルモンの調節異常とインスリン抵抗性によるところが大きく、複雑なプロセスを経ている。エネルギーバランスの機能不全ではない。インスリン抵抗性が妊娠、閉経、不眠によるホルモンの変化に「ついてまわる」ことも、示唆に富んでいるかもしれない。

世界は大きくなっている……

すでに述べたとおり、現代人のほとんどは摂取した糖や脂肪の一部がおなかの脂肪に変換される。変換率がほどほどであっても、その影響は時間とともに蓄積していく。米国の肥満発生率は1970年の3倍に増え、現在の世代は史上初めて親よりも活動寿命が短くなると予測されている。そして、世界じゅうの発展途上国が経済と文化の面でアメリカに追いつくにつれ、肥満率も追いついてきている。ファストフード店はいたるところにある。シナボン、マクドナルド、ＫＦＣ、チーズケーキ・ファクトリーその他、カラフルな広告と現代的な、ファストフードらしい価格と魅力を備えたものばかりだ。

皮肉なことに、この状況は中東などの、伝統食が世界で最も健康的な部類に属する地域でも見られる。何世紀にもわたり、中東の料理は簡素で安価な食材でつくられてきた。たとえば、豆類、スパイス、肉、少量の全粒粉の組み合わせがすばらしい。それがファストフードに取って代わられつつある。さらに、地域の猛暑化傾向に伴い、ほとんどの人はエアコンの快適さに避難して、座っていることが増え、肥満、糖尿病、心臓病のリスクが大きくなっている。また、肥満や境界型糖尿病の流行は中国、インドなどの国々にも広がり、健康的な伝統食が概して低価格・低栄養価のジャンクフードに置き換わっている。

塩は悪くない

砂糖のほうがはるかに大きなリスクがあるのに、きまって摂りすぎを注意される白い結晶がもうひとつある。塩だ。工業的に加工された食品のおかげで、ナトリウムは私たちの食事に多く含まれるが、その加工食品には砂糖や加工油も添加されることが多々あり、研究によると[16]、こちらのほうが高血圧や心血管代謝のリスクとの関連性が高い。塩が危険であるという容疑は晴れたわけで、とするとそろそろ真犯人に注意を移したほうがいいだろう。それが砂糖、いまや最も懸念される白い結晶だ。さらに、医学研究の定説がまたひとつ覆り、ナトリウムが少なすぎる食事は現在、心代謝性疾患リスクの上昇と関連づけられている。

６年間（シリアル）フリーな男

ボウルに盛ったシリアルを食べなくなって6年になる。いまは一日2、３食で、毎回たくさんの健康的な脂肪と充分なタンパク質を摂る。空腹を覚えることはほとんどなく、一日を通してエネルギーが持続する。体重は変わらず、主要な脂質（コレステロール各種）の値と炎症マーカー（血管損傷の指標、ｈｓＣＲＰ［高感度Ｃ反応性蛋白］など）は最適で、高炭水化物食をつづけていたころよりはるかにいい。ＨＤＬ（善玉コレステロール）は2倍になり、いまや１００mg／dlを超えている。血管疾患の最高のマーカーといえる冠動脈石灰化スコアはゼロだ。テロメア（染色体の末端にある構造）の長さを測定する検査も受けた。細胞のＤＮＡの老化度を示すこの新しいマーカーによれば、私は35歳。実際は51歳である。

マラソン中にエネルギー切れする不安もなく、総じてより健康になったと感じる。とはいえ、20年にわたる高炭水化物食と、その結果高まったインスリン産生（および進行するインスリン抵抗性）のため、膵臓の機能が低下している。私は境界型糖尿病で、インスリン値が非常に低い。それでも、炭水化物を避けて健康的に生活することでヘモグロビンＡ1c（平均血糖値のマーカー）を６・３から５・５まで下げた。単純炭水化物を少し食べるだけで血糖値が２００mg／dl近くになるから、今後は炭水化物を制限しなくてはならない。それを実行している現在、私はまだまだ元気にマラソンを走っている。

私ひとりではいかにもサンプル規模が小さい。だが、私はインスリン抵抗性のある多くのランナーと非ランナーが低炭水化物食《ローカーボ》に切り替える手伝いをしてきた。そして、その人々の主要リスクマーカーと健康指標がウェルビーイングの感覚とともに改善されるのを目にしている。

私の患者に血糖値をコントロールできなくなった女性がいた。常時500mg／dlを上回り、インスリン注射は一日500単位（1単位は0・01ml）以上に増えていた。健康な体に必要なインスリンは20〜25単位ほどだ。しかし、インスリンを追加しても血糖値は下がらず、彼女は恐怖を感じた。信じがたいことだが、彼女がとらわれていた従来の医学的治療の投薬方針は、いまなお根強い。このような患者にはインスリンの投与量を増やして、極度の抵抗性を克服しようとするのだ。

この患者はもうひとつの治療法を知らなかった。それは食事に含まれる砂糖（火）を取り除くことだ。その砂糖が高血糖（煙）を促進するのだから。彼女は砂糖を控え、健康的で満足感もある食事をとりはじめると、3日以内にインスリン注射を40単位（長時間作用型）、一日1回に減らすことができた。1週間後、血糖値はほぼ正常になり、いまは回復できるという確信に勇気づけられている。少しの規律と希望が長い目で見ると役に立つのだ。

あからさまな嘘《ビッグ・ファット・ライ》

では、コレステロールはどうか？　その価値と危険性については数々の書物や会議で議論されてきた。高い総コレステロール値が心血管疾患に関連しているとの認識が生まれたのは1950年代、アンセル・キーズという高名な研究者が食物脂肪と心臓病のリスクとのあいだに不完全な相関関係を見出したときのことだ。彼がもとにしたのは選ばれた6カ国の部分的なデータだった。そこから導かれた「ダイエット－心臓仮説」は論理的ながらも誤った理屈で、食事の脂肪とコレステロール

肥満率に関する食品構成の変化
(1971-2010)

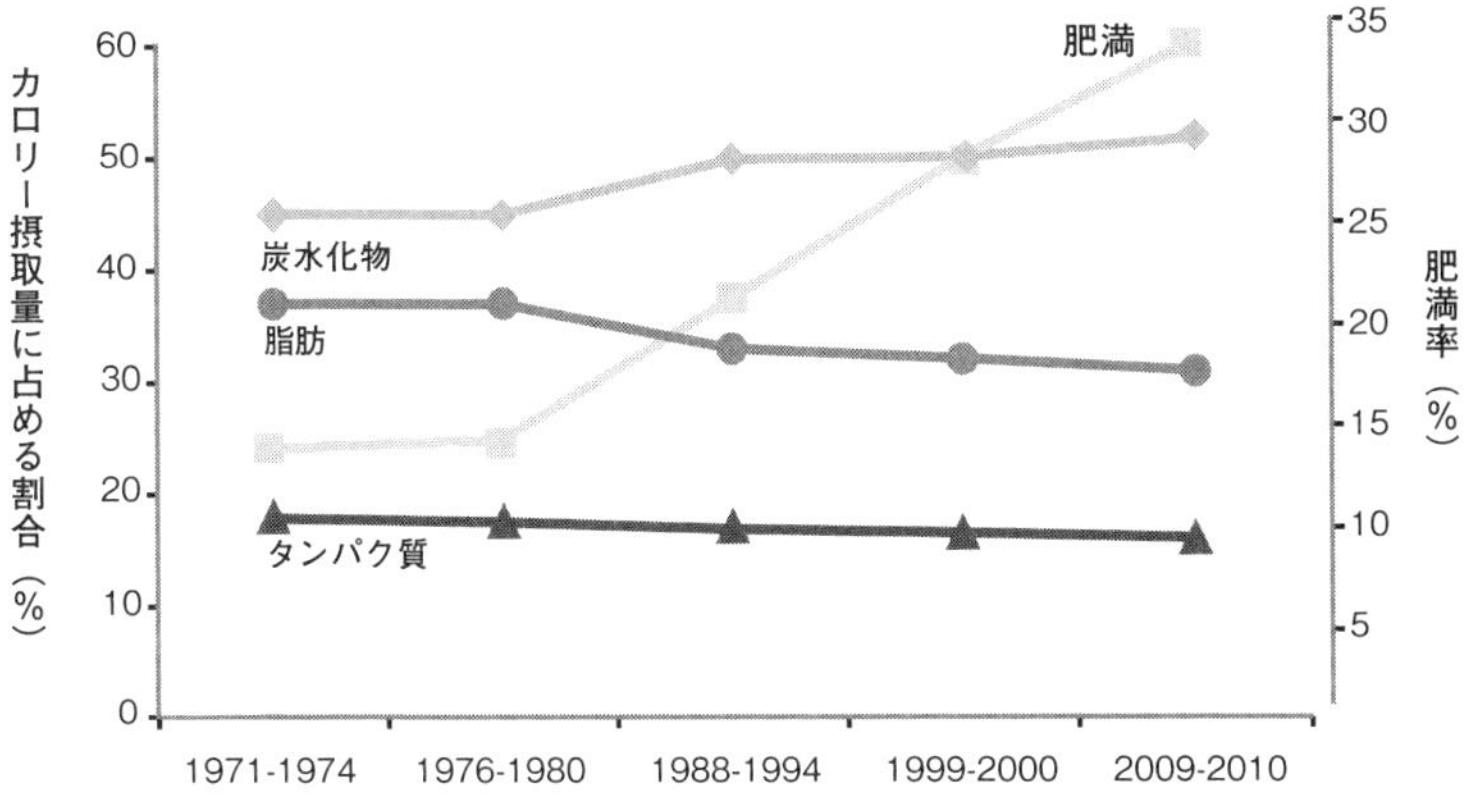

出典: FLEGAL, K.M. *INT J OBES* 1998; HEDLE, A.A. ET AL., *JAMA* 2004 291(23): 2847-50; FLEGAL K.M. ET AL., *JAMA*. 2012 307(5): 491-7

が血中の脂肪とコレステロールの濃度を上昇させ、それが動脈の詰まりに直結するのだと断定していた。

この仮説はさらに、構想に難のある１９７７年の『米国の食事目標』の発行につながり、『アメリカ人のための食生活指針』第1版を生み出した。それを図解したのが、いたるところで見られた「フードピラミッド」で、アメリカ人に脂肪を控えて炭水化物を多く摂るよう説得することに成功した。２０１１年、これに代わって簡略化したグラフィックの「マイプレート」が登場し、同じような間違った食のバランスを奨励している（詳しくは次章を参照されたい）。

食物コレステロールも血中コレステロールも、結局のところ、動脈炎症の犯罪現場における悪漢ではない。あやしげな傍観者というだけだ。

血中の飽和脂肪酸は由来をもとにふたつに分類される。食事に含まれる飽和脂肪酸（奇数鎖脂肪酸）と、肝臓で生成される飽和脂肪酸（偶数鎖脂肪酸）だ。代謝に関して、この2種類の脂肪はかなり異なる振る舞いをする。肝臓で生成された脂肪は、いずれおなかの脂肪（内臓脂肪または白色脂肪）になるため、きわめて危険だ。アンセル・キーズをはじめ、何世代もの医療専門家は気づかなかったのか、それとも見て見ぬふりをしていたのか、この肝臓生成脂肪は私たちが摂取する脂肪から発生するものではない。**炭水化物**、**果糖**、**アルコール**を取り込むと肝臓で生成される。糖尿病や心臓発作のリスクを高めるのは、摂取した食物脂肪ではなく、この脂肪だ[17]。

軽率であれ意図的であれ、政府のガイドラインに忠実なせいでこの国は肥満国家になったのだろう。1980年以来、世代を追うごとに太り、病気になっていく国家だ。

もうひとつの「C」ワードを再考する

コレステロールは脂質分子のひとつで、体のあらゆる細胞膜に存在し、ほぼすべての内分泌機能に欠かせないものだ。水に溶けないため、リポタンパク質で運ばなければならない。ここから**HDL**（高密度リポタンパク質）と**LDL**（低密度リポタンパク質）という用語が使われるようになった。

一般的には、HDLは「善玉」コレステロール（理論上、プラークを掃き集めるため）、LDLは「悪玉」コレステロール（動脈を詰まらせると考えられているため）と呼ばれている。だが、この区別は誤解のもとだ。じつは、初めて心臓発作を起こした人の多くはLDL値が「安全」な範囲にあり、LDL値が「安全でない」範囲にある人の多くは一度も心臓発作を起こさない。単独で見ると（まれな遺伝的素因を度外視すると）、ＬＤＬコレステロール値が高いだけなら、リスクはないも同然だ。

ひとまずＬＤＬはわきに置いておこう。炭水化物と肝臓の関係はコレステロール値のほかの要素にも影響を与える。標準的な脂質パネルでは、血液検査のある比率を見ると、境界型糖尿病や糖尿病、心臓発作のリスクがあるかどうかがわかりやすい。その**中性脂肪比**（ＴＧ／ＨＤＬ）は、トリグリセリド値（ＴＧ）をＨＤＬ値で割って算出する。これは1に近い、もしくは1以下でなければならない。4や5に接近するのは不吉な前兆だ。ＨＤＬに対する総コレステロールの比率も有益で、こちらは3未満を目標にするといい。比率が4以上のパネルが目に余る。

ＴＧ／ＨＤＬ比が悪くなる原因は何なのか？　血糖（とそれに対応するトリグリセリド）の値が上昇すると、体は余分なトリグリセリドの「一掃」を図り、ＨＤＬコレステロール（「善玉」）を使ってトリグリセリドをその出所である肝臓に戻そうとする。したがって、低ＨＤＬ値と高ＴＧ値の組み合わせは肝臓の過熱状態を示すもので、炭水化物不耐性とインスリン抵抗性の明確な初期兆候だ。

ＬＤＬの特性は複雑で完全には理解されていない。リポタンパク質は乗り物の役割を果たし、そこにコレステロール（乗客）が乗っている。本当に気をつけたいのはこのリポタンパク質という乗り物のほうで、乗客は便乗しているにすぎない。

リポタンパク質には数多くの種類がある。医師の指示で検査・判定されるＬＤＬ‐Ｃは、5種類以上のＬＤＬから計算された数字（それゆえの「Ｃ」）だ。ＬＤＬコレステロールの総推定値で、粒子の数とサイズは関係ない。

違いを生むのはＬＤＬの粒子の大きさ（粒子径）だ。大きな粒子が少数あるのは悪くない。しかし大量の小径の粒子は、インスリン抵抗性、低ＨＤＬ、高中性脂肪と相関関係がある。小径のＬＤＬ粒子は酸化しやすく、血管の内膜に簡単に入り込んで炎症を増幅させる。ＬＤＬとリスクという点では、大きな乗り物つまり粒子が望ましい（１００人乗りのバス20台に乗った２０００人の乗客は、１０００台のスポーツカーに乗った２０００人の乗客よりも安全だ）。

スタチン系薬剤を用いた治療はＬＤＬ－Ｃ値を医療界で確立された目標まで減らせるが、それでも心血管疾患のリスクは低減できないかもしれない。患者は小径粒子の数が多くても、ＬＤＬ－Ｃ値が低い場合がある。このいわゆる「不一致性」は、糖尿病患者やインスリン抵抗性のある人に顕著に見られるものだ。

簡単にいえば、健康に気をつけるほうが薬剤を飲むよりもいい。腰回り、そして砂糖に対する耐性に注意しよう。ＴＧ／ＨＤＬ比はインスリン抵抗性に関するあなたの現在地を示す有力な指標だ。

朗報が待っている

いい知らせがある。境界型糖尿病（さらには2型糖尿病）は多くの場合、食生活を変えれば回復できるということだ。身体活動を増やすことでさらに改善が促進される。砂糖のような風味ある毒素がよしとされ、手に入りやすく、手ごろな価格になると、パブリックヘルスは痛手をこうむる。

タバコの場合は、医学研究でその危険性が確定的になってから30年後に対策が講じられた。いまでは税金、公共の場での制限、購入可能年齢の設定、国民の意識、病気と死が、効果的に喫煙者の数を減少させている。有毒な食環境も同じように扱うべきだ。パブリックヘルスの歴史上、人口の半分以上に影響を与える問題が「治療」によってうまく対処されたためしはない。唯一の解決策は予防することだ。そのためには、次章で述べる食生活が何より重要になる。

ドリル

炭水化物不耐性検査

優れた同業者であるフィル・マフェトン博士が、炭水化物不耐性か否かを判定するシンプルで効果的な方法を開発した（私たちの多くは炭水化物不耐性だ）。その「2週間テスト」はダイエットというわけではなく、厄介な制限を課すものでもないが、おそらく現代の最も見落とされがちな流行病にかかっているかを教えてくれる。詳しくはマフェトン博士のウェブサイト（https://philmaffetone.com）を参照していただきたい。

基準となる臨床検査――先手を打つために

自分は健康だと思っている人にも、基本的な臨床検査を受けて、将来比較する基準を設けることをおすすめしたい。以下の検査はどれも一般的で料金は手ごろだし、普通は毎年の健康診断で保険適用される。

基本的検査

- 肝機能と肝酵素、腎機能、血糖値を含む、包括的代謝パネル

- TG／HDL比とTC／HDL比に注目した標準脂質パネル
- ヘモグロビンA1c（糖化ヘモグロビン）
- ビタミンDとビタミンB_{12}
- 甲状腺パネル検査
- 総血球数（CBC）
- フェリチン（鉄貯蔵量）
- hsCRP（高感度C反応性蛋白）
- 尿酸

高リスク群向けの二次検査

- 空腹時血糖・インスリン検査（朝食前など）
- 75～100グラムのブドウ糖負荷試験（GTT）：ブドウ糖を溶かした水を飲み、1、2時間後に血糖とインスリンを測定する
- 高度な脂質プロファイル（〈ラボコープ［LabCorp］〉から入手可能）。この検査では重要なLDL粒子のサイズと数がわかる（大きなサイズ、小さな数が望ましい）
- 冠動脈石灰化（CAC）スコア。冠動脈疾患を定量化するもの（画像診断センターで100ドル程度）

検査結果を確保することは大切だ。知識のある医療提供者を見つけることはさらに重要になる。

検査結果の解釈を手伝ってくれる人、とくにあなた特有の事情を考慮してくれる人物を見つけよう。

シュガーフリーな自宅や職場に

私が勤務するジェファソン・メディカル・センターでは2018年、州内の病院としては初めて患者、スタッフ、来院者向けの加糖飲料を廃止した。私の子供たちは十代で、ローカーボダイエットはしていないが、わが家ではジュースを含め、加糖飲料はけっして飲まない。

第10章　夕食は何——メニューを決める

Status quo（現状）とは、ご存じのとおり、ラテン語で「われわれのいる混乱の状態」を指すのです。

——ロナルド・レーガン

あなたの健康と予測される寿命は、生涯に燃やす脂肪と砂糖の割合によって決まる。

——ロン・ローズデール博士

神話：健康な食事もあれば、不健康な食事もある。

事実：食事が健康なのではない。人が健康であるか不健康であるかだ。

神話：医学の専門家や政府の役人は長い時間をかけて、栄養という点で何が最善なのかを解き明かしてきた。

事実：気になるのは、政府の推奨する食生活が、境界型糖尿病、２型糖尿病、肥満、慢性疾患の増加を助長しているかもしれないことだ。

そう……ダイエットである。

やってはいけない。ダイエットはしないように。名前のついた「ダイエット」はほぼすべて一時の流行にすぎない、もしくは効果に議論の余地がある。

ダイエットプログラム〈ウェイト・ウォッチャーズ〉の会員たちが長期的には減量に失敗するのはなぜか？　あの食品別の「ポイント」リストを見てみるといい。太りすぎの人がバナナやマンゴー（望ましいゼロポイントに格付けされている）ばかり食べていたら、さらに体重が増えるに決まっている。オプラ・ウィンフリーは見事に多くの女性にランニングをはじめさせたが、〈ウェイト・ウォッチャーズ〉をスポンサーに「パンが大好き」という動画を投稿したときは驚いた（彼女は同社の株主だと言われている）。空腹しのぎにパンを食べるのは体重を増やすこと請け合いの処方箋だ。

願わくは、あなたもこれを知って解放されてほしい。奇跡のダイエットも製品も減量法もまったく効果はないのだと。そんなはずはないと感じる人もいれば、当たり前だと思う人もいるだろう。「ダイエット」で持続的な減量に成功するのなら、憑かれたようにそれをつづける必要はなくなるし、数百億ドル規模のダイエット産業などありえない。ところが、米国だけでも年間３００億ドルが減量やダイエットのプログラムに費やされている。減量維持の支援に成功しないこと確実のダイエットプランは、完璧なビジネスモデルとなる。顧客がさらに施術を求めて戻ってくるのは保証されるからだ。

ともあれ、栄養とダイエットをめぐる噂の何を信じたらいいのだろう？　スタンフォード大学の医学と統計学の教授ジョン・P・A・ヨアニーディスが書いたように、「想像しうるほぼすべての栄養素は、査読つきの出版物であらゆる結果と関連づけられていると言ってよい。牽強付会《けんきょうふかい》が蔓延し、関連づけや瑕疵《かし》のある仮定はあっても、質の高い無作為試験はないに等しいこうした文献のなかに、正しい結果がいくつあるだろうか？」[18]。

本当に効果があるものは、もっと簡単で、より健康によく、さほど費用もかからない。それは、健康的に、心して、満足するまで食べることだ。しかも、この「非ダイエット」のほうがおいしい。ここに効果の仕組みを知る手がかりがある。長期的には、どんな栄養摂取プランも意志の力に頼れない。カロリーを計算することにはひとつ差し迫った問題がある。一日じゅう食べるものについて考え、ときに頭を離れなくなり、結局、空腹に気を取られてしまうのだ（禁煙しようとしている喫煙者に、タバコのことを考えながら一日を過ごすように言ってみればいい）。巷《ちまた》にあふれる「ダイエット」も、厳しい節制を命じたりカロリー数や栄養素の一覧を示すのではなく、風味豊かなたっぷりの食事を提案したら、もっと成功をおさめられるだろうに。

まずはアメリカで食べられているものを見ておこう。

ピラミッド、プレート、大統領《プレジデント》の希望

２０１６年初頭発表の新しい『アメリカ人のための食生活指針』（ＤＧＡ）は、40年前に発行さ

れた最初のガイドラインの修正版だ。ようやく食物脂肪とコレステロールの容疑を晴らし、正しい方向に一歩踏み出したものの、アメリカの健康を改善する方策としては物足りない。あなたはこのガイドラインを大して気にとめないかもしれないが、学校給食を食べる何百万人もの子供たちは対象になっているし、軍用食やＳＮＡＰ（補助的栄養支援プログラム。旧称フードスタンプ）も縛りを受けるため、その大まかな考え方は世間一般の健康観にも波及する。

２０１６年の『食生活指針』は、１９８０年版と同様に、果物、野菜、豆類、低脂肪乳製品、全粒粉が健康的な食生活の基礎となることを強調している。また、砂糖の摂取量を減らすことを的確に推奨し、健康な成人の場合、食事に含まれるコレステロールと脂肪は血中コレステロールと脂肪の値を有意に上昇させず、心血管疾患のリスクを増大させないことをついに認めている。そしてようやく、ありがたいことに、卵とコーヒーは「ブラック」リストから外された。

たしかに、この新たに修正されたダイエットを、米国の人口の30パーセントに相当するインスリン感受性の高い、健康で元気な人々が厳密に守るなら、健康の維持につながるだろう。だが、新しいガイドラインはまだ炭水化物を大量に含んでいるため、今度もアメリカに蔓延する肥満、２型糖尿病、境界型糖尿病への対処に失敗する。脂肪は健康的な栄養素として挙げられることすらなく、新しいガイドラインは食物脂肪が肥満の原因であるという誤った教えを植えつける。

さらに、砂糖について注意を促しているにもかかわらず、新しいガイドラインは糖尿病患者が一日にティースプーン10杯分を追加することを許している。その即時および長期的な毒性を無視しているわけだ。肺気腫や肺がん患者に一日数本のタバコを許可することを想像してほしい。実際、そう遠くない昔、喫煙ががんや肺疾患と結びつけられるまえには、医師がテレビコマーシャルでタバコを推奨していた（医学会議に出席すると、休憩時間に医師たちがベーグルやマフィン、クッキー、ソーダを飲み食いする姿が見られる）。

１９６２年、アメリカは60年代の終わりまでに月面に人間を着陸させるとケネディ大統領は誓った。７年後、その記念碑的な出来事は達成された。それにひきかえ、栄養学者や医学の専門家が健康的な食事の成分を部分的に理解し、その説明と奨励の方法にしぶしぶと（中途半端に）同意するまで40年かかっている。しかも、米国は肥満、糖尿病、運動不足、体調不良などの健康指標で世界第50位だ。この厳然たる証拠をもとにすれば、どんな科学者も（傍観者でも）米国のガイドラインはまったく機能していないと結論づけられる。多少改正された新版にも効果の大幅な向上は見込めない。

なぜこんな事態になったのか？　そもそも、農務省のふたつの使命、健康的な食品の選択について国民に助言することと、米国の農産物（そのほとんどが結局加工食品となる）を普及させることには利益相反がついてまわる[19]。遠く人類の進化を振り返ってみると、農耕革命が起きたから私たち人間は家畜化したのであって、その逆ではない。狩猟採集から農耕に転じたとき、栄養に富んだ多様な食品に代えて栄養価の低い穀物や種子油を摂るようになり、耕作地や作物にしばられる結果となった[20]。

私がメンバーになっている〈栄養連合（Nutrition Coalition）〉は、科学に基づいた賢明な国の栄養政策を提唱する非営利団体だ。この団体が連邦議会に提出した請願をきっかけに、現行のガイドラインを徹底的かつ第三者的立場から科学的検証する資金が調達され、その成果は２０２０年に出ることになっている。ちょうどいいタイミングだ。

２０１５年にひとつ、小さいながらも前向きな展開が見られた。〈グローバル・エナジー・バランス・ネットワーク〉の解散だ。これはコカ・コーラが出資した「科学的」サイトで、体重の増減は「エネルギーバランスの問題」であると説得することを意図したものだった。それが事実ではないのはご存じのとおり。このネットワークから医師や医療団体への資金の流れが公表されたのち、コカ・コーラはひっそりと速やかにサイトを閉鎖した。

われわれの病院では「エネルギーバランス」という考え方を完全に捨て、患者さんにサラダ、野菜、卵、肉、チーズ、魚など――本物の食べ物――を心ゆくまで食べるよう勧めている。インスリン抵抗性があるのは患者の責任ではない。大量に出回り、日常的に目の前に置かれる食品のせいだ。われわれは２０１８年に「シュガーフリーＪＭＣ（ジェファソン・メディカル・センター）」構想に着手し、州内でヘルスケア環境から砂糖を取り除くさきがけとなっている。

脂肪のマジック

多くの人の考えとは裏腹に、健康的な食事に含まれる脂肪で太ることはない。脂肪がグルコースやインスリンの濃度を上げることはない。むしろ、健康的な脂肪には体重をコントロールする驚くべき機能がある。空腹を満たしてくれるのだ。健康的な脂肪やタンパク質を含む、自然な（加工されていない）状態の食品のほうが満腹しやすく、食べるのをやめるのも早くなる。しかも空腹になりにくい。野菜に含まれる食物繊維にも、この空腹を満たす効果がある。

ただし、脂肪が砂糖やデンプンを伴う場合は、この満腹効果はあまり働かない。炭水化物と一緒

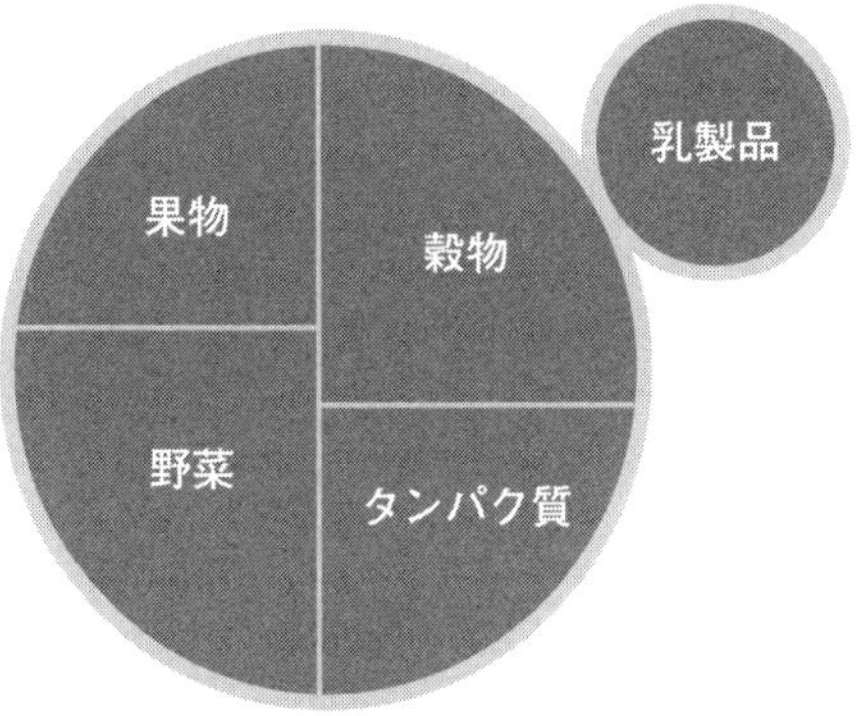

健康グラフ「マイプレート」は「フードピラミッド」に代わって登場したが、いまだに穀物（炭水化物）と果物（大部分は単糖類）を勧めている。
ここで推奨される乳製品は低脂肪だ。アメリカで一般的に消費される食品を見るかぎり、政府が保証する食事の75%以上は砂糖と炭水化物で構成されかねない。

に摂取すると、食物脂肪は炭水化物がない場合とは異なる方法で代謝、貯蔵される。パンやトルティーヤなどは、本物の食べ物を口に運ぶ乗り物にすぎないと考えるべきだ。乗り物を選ぶなら、食器か大きな葉物野菜のほうがいいだろう。

クリストファー・ラムズデンが指揮した研究では、「ダイエット・心臓仮説」が再検討され、食事に含まれる飽和脂肪酸をリノール酸（紅花油《サフラワー》やマーガリンの主成分）に替えても、冠動脈性心疾患による死亡リスクは下がらないと結論づけられた[21]。

健康的な脂肪（必須脂肪酸と脂溶性ビタミンを含むもの）は、健康な体の維持に不可欠だ。ところが、いまだに脂肪は政府が普及させた栄養健康グラフ「マイプレート」上に食品カテゴリーとして現れない。

パーソナルヘルスへの道筋を描く

ブドウ糖不耐性かどうかを判断するには、糖尿病でなくても、ときどき食後の血糖値をチェックするといい。グルコメーターという簡単な測定器が、ノーブランドなら20ドル以下で手に入る。いつもの食事をとり、2時間後に血糖値を測る。望ましいのは140mg／dl未満だ。それより高い数字はブドウ糖をうまく調整できていないことを示す。

境界型糖尿病の（それ以外は健康な）成人である私が、マフィンと大きなボウルに盛ったフルーツ、砂糖入りヨーグルト、ジュースからなる「健康的な朝食」をとり、エクササイズをサボって机に向かっていたら、血糖値はあっさり140以上になり、しばらくその状態がつづく（ジュースだけで約50グラムの炭水化物が含まれている）。糖尿病患者が同じ食事をすると（病院ですらよくあることだ）、着実に上昇して200を超えるだろう。この危険なほど高い食後血糖値も、翌朝には落ち着いて「リセット」されるかもしれない（インスリン注射やほかの血糖降下薬を夜に使用したらなおさらだ）。しかし、それは万事順調だという誤った印象を与える。こうした炭水化物や糖の詰まった食品の多くは「自然のもの」として宣伝され、「加糖」されていないこともあるため、じつは大量の砂糖を摂取していることに気づかない人がほとんどだ。このような「健康的な朝食」は『食生活指針』の範囲内にあるが、けっして健康的ではない。

甘く（危険な）ドラゴンを退治する

糖尿病と肥満は命にかかわるとも言われ、多くのがんにもまして死や障害をもたらすのは間違いない。大げさに聞こえるかもしれないが（聞き飽きた繰り言と思う人もいるだろう）、砂糖入り飲料や高度に加工された高炭水化物食品は退治すべきドラゴンだ。ここにはソフトドリンク、ジュー

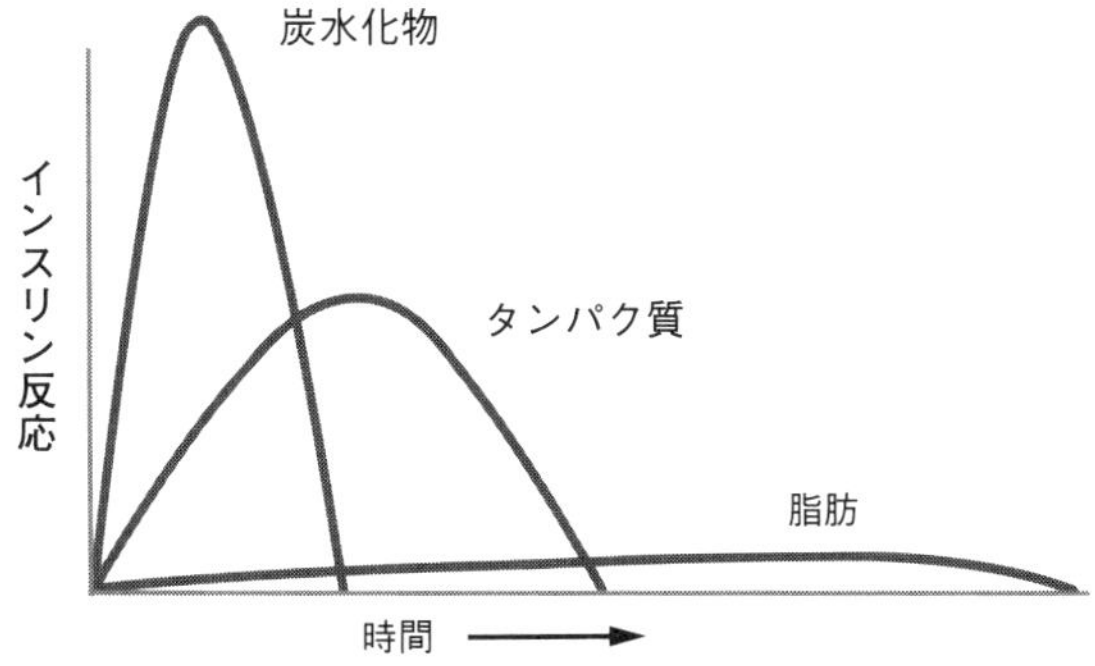

これらの曲線は摂取した食品の種類別に食事の直後からの経時的なインスリン分泌を示している。

ス、スポーツドリンク、甘くしたミルク、栄養ブーストシェイク、各種スムージー、そしてほとんどのヨーグルト製品が含まれる。どれも私たちのフードシステムのいたるところにあるものだ。インスリン抵抗性がある場合は、ビールに含まれる独特の糖もおなかに直行する。

では、大量のクラフトビールを飲むあの頑健なマウンテンバイカーやトレイルランナーたちはどうなのだろうか？

大丈夫だろう――しばらくのあいだは。そうしたバイカーやランナーはインスリン感受性があって、おそらく若い。エリートアスリートの場合、体重は通常、問題にならず、というのも普段から高強度のエクササイズを何年もつづけたからで（大学時代の私を想定している）、炭水化物耐性とインスリン感受性が身についている。激しく頻繁に運動して食欲をかき立て、デンプンの多い食事で空腹を満たす。インスリンが発動してエネルギーに飢えた筋肉に糖分を蓄える仕事を果たし、次の日の活動に備える。タンクを空にし、満杯にし、それを繰り返すわけだ。

ケニアの若いマラソン選手たちもそんなふうに生活できるだろう。ただ、その期間はどのくらいなのか？　人間の膵臓は、一日６００～１０００グラムの炭水化物を数十年にわたって処理できるだけのインスリンを要求されても、応じられる設計になっていない。

私たちは砂糖に対して個人として反応する。運動に対する反応と同じだ。だが年齢を重ねると、予想にたがわず、より大きな集団に加わり、頭数と腰回りをふくれ上がらせる。それは炭水化物不耐性とインスリン抵抗性のある集団だ。私たちの大半は（年齢が進むとほぼ全員）、摂りすぎた炭水化物がおなかの脂肪の貯蔵庫へまっすぐ向かい、積もり積もっていく。

減量はキッチンではじまる

明るい兆しとでもいおうか、人々は最近も過去数十年と変わらず元気にすごしている（子供たちもそうとは言えないのが残念ではある）。だが、運動だけでは糖尿病や境界型糖尿病を治せない。それどころか、精力的な身体活動は、主に筋肉を鍛えて維持する手段であって、大幅な減量とは関連がない。大半の人の場合、食事の構成のほうが運動よりはるかに大きな役割を体重の維持に関して果たしている。ことわざにもあるように、ジムで減るのはオンス（約28グラム）単位、キッチンとダイニングルームで減るのはポンド（約４５４グラム）単位だ。

楽《イーズ》あれば病《ディズイーズ》　苦あり

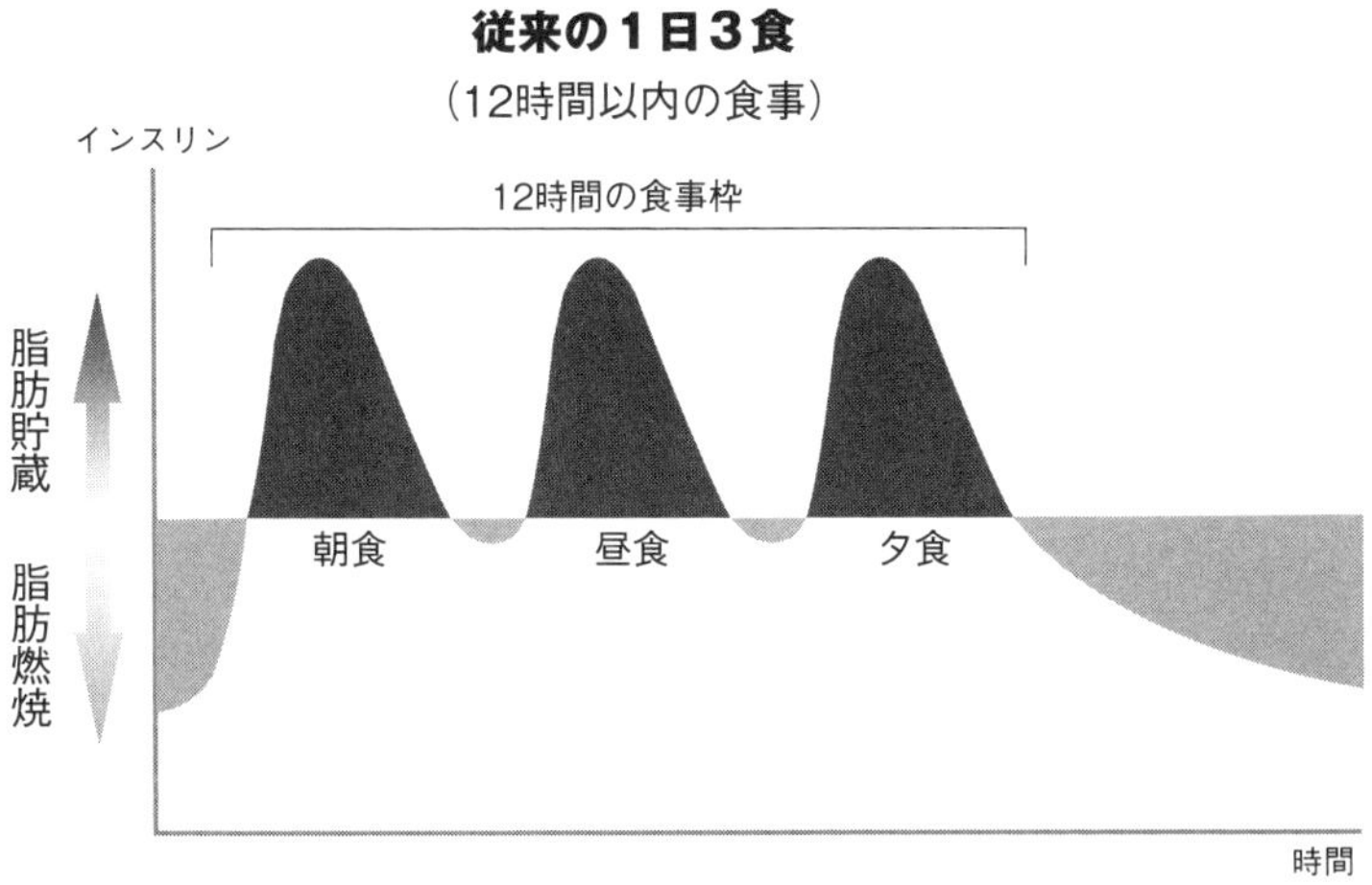

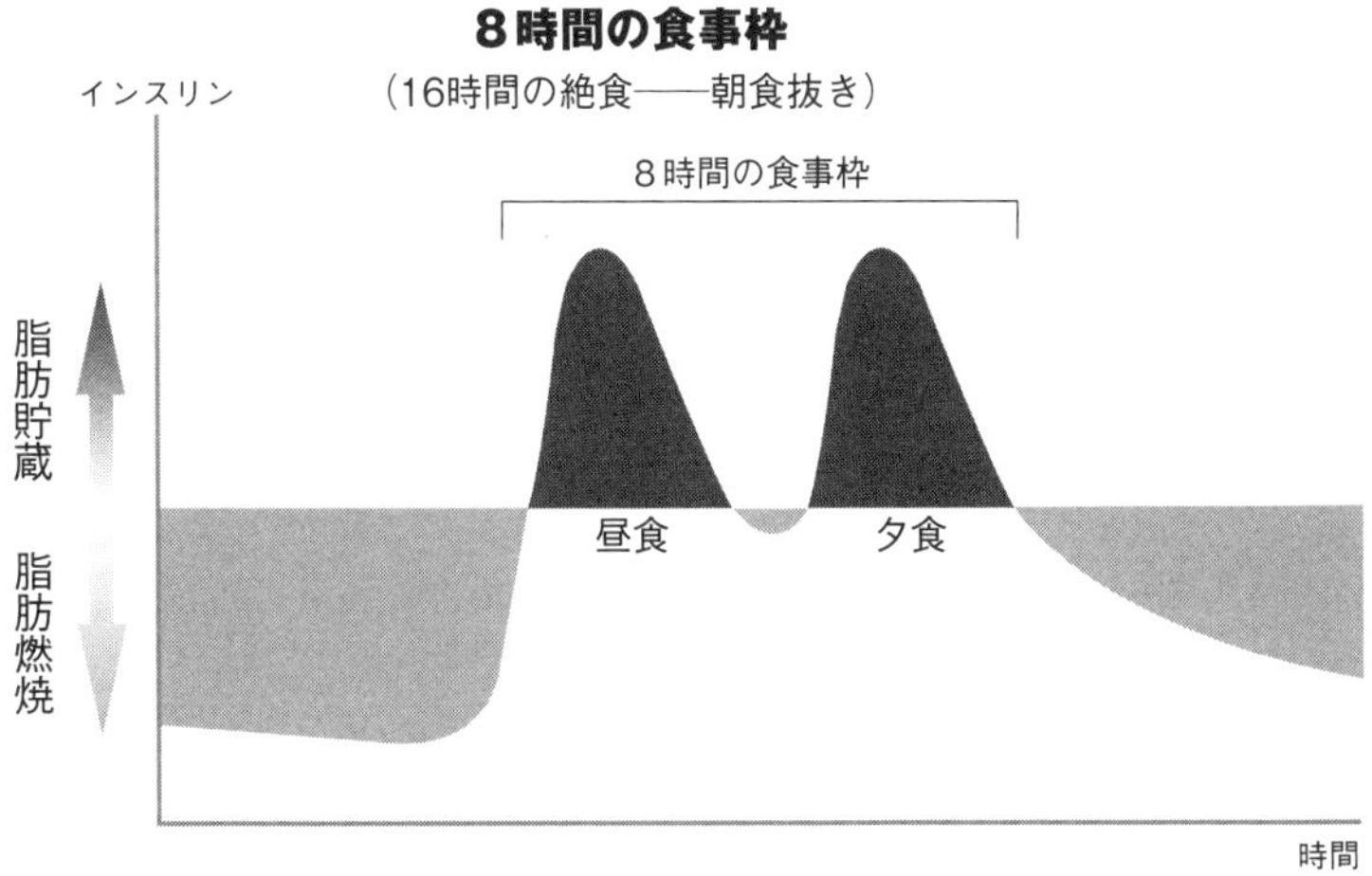

グラフの中間線より上の濃い部分は蓄積される脂肪の量（＝体重増加）を表し、中間線より下の薄い部分は脂肪の燃焼（＝体重減少）を示す。脂肪が効率的に酸化するには、インスリン濃度が低くなければならない。このため、頻繁な高炭水化物食（および24時間持続するインスリン注入）は脂肪燃焼プロセスを妨害する。

太古の昔から、人間はたえず充分な食料を探し求めてきた。ハーヴァード大学の人類学者ダニエル・リーバーマンは、この栄養にかかわる課題と、それが人間の進化に与えた影響を『人体六〇〇万年史――科学が明かす進化・健康・疾病』で解説している。過去1世紀のあいだに、人類の歴史上初めて私たちは特異なジレンマに直面した。食品はいまやあまりにも豊富で安価、手軽で咀嚼しやすく、掛け値なしにおいしくなりすぎて、かえって害があるのだ。結果的に、私たちはカロリーは多くても栄養価はたいがい低いものを大量に食べている。

私たちの祖先にとって、狩猟採集や食物を育てることはひどく面倒なことだった。食物の加工や調理にも時間と労力がかかった。現在、このシナリオは便利さと低コストに乗っ取られ、それが健康的な食生活にとって最大の障害となっている。レストランやファストフード店で食事をしたり、安価な料理を持ち帰るのはあまりにもたやすい。多くの人は自宅で健康的な食事をつくる技術と喜びを放棄している。総摂取カロリーに占める割合で見ると、アメリカ人の食事の62パーセント以上は高度に加工された食品だ。そしてアメリカで消費される食品のうち、調理や準備が必要なものは20パーセントに満たない。

よい食事をとるのにヘルスフードストアや専門店で買い物をする必要はない。まずはチェーン店のスーパーマーケットに行き、なるべく周辺の陳列ケースにだけ目を向ける。非デンプン質の野菜、肉、魚、ナッツ、オリーブオイル、香辛料、たくさんの卵、全脂肪乳製品、ナチュラルチーズを買うことに専念しよう。インスリン抵抗性でない場合は、丸ごとの果物（とくに非熱帯性の核果）や豆類、さらに本物の全粒粉を少量加えてもかまわない。こうしたシンプルな材料を使って、ほぼすべての食事をつくろう。

しんがりからの展望

嘆かわしいことに、アメリカ人のほとんどはこのような食べ方をしない。私の地元ウェストヴァージニア州は肥満と運動不足、それらの代謝への影響にかけては全米1位だ。アーカンソー州とミシシッピ州もウェストヴァージニア州と同じく、成人肥満率が40パーセントに近い[22]。

この蔓延ぶりに対処するには、医学教育における栄養学、生化学、生理学とプライマリ・ケアおよび地域医療という臨床業務との関連づけを変革しなくてはならない。ヒポクラテスは「汝《なんじ》の食を薬とし、汝の薬は食とせよ」と言っている。ところが医学部のカリキュラムでは、食と栄養がほとんどないがしろにされてきた。

これを受け、２０１３年に同僚たちと私はウェストヴァージニア大学医学部の調理・栄養・身体活動プログラム、ＭｅｄＣＨＥＦＳ（Medical Curriculum in Health, Exercise, and Food Science）を開発した。われわれの目標は医学生に健康的な生活スタイルの科学的、臨床的、そして実行可能な側面を教え、患者とコミュニティの、さらに私たち自身の健康を向上させることだ。

本書で紹介している考え方を身につけると、医学生たちはキッチンに入って健康的な（おおむね低炭水化物の）食事の準備と調理をし、その後、フィットネスや正しい体の動き、生涯にわたる楽しい活動に関するセッションに参加する。それが終わるころには、病気の予防と全般的な健康増進のためには、患者との協力関係を築くことが大切だと気づくようになる。医療と健康にかかわる判断は、患者のためにではなく、患者とともに下し、健康と回復に向けて処方しなければならないのだと。

なかには医学部で食品や運動について学ぶ妥当性を疑問視する人もいる。答えは簡単、ほぼすべての慢性疾患は、私たちが口に入れるものや体で行なうことによって引き起こされるか、大きな影響を受けるかしている、というものだ。食事や生活習慣の変更を通じた、病気の予防と治癒のプログラムこそ、私たちが提供できる最高のケアにほかならない。

こうしたことに付随するすばらしいニュースがある。健康的な食事は無数の種類があり、驚くほど制限がないということだ。健康的な食事には、新鮮で栄養たっぷりな、脂肪分の多い濃厚な食品が含まれる。何にでもバター（できれば牧草飼育《グラスフェッド》乳牛のもの）を加えよう。そして外に出て、日常的に快適なレベルで運動しよう。あせることはない。これからの健康な人生に向けて、豪勢な食事をはじめる準備はもうできている。召し上がれ《ボナペティ》！

ドリル

本章の「エクササイズ」は、「家族と私は健康のために何を食べるべきか?」という問いへの答えとなる、シンプルで継続可能な食生活の原則として紹介したい。第一の基礎となるエクササイズはずばり、今度、目移りしやすいスーパーマーケットに入ったときは、知識、自覚、規律をもって買い物をすることだ。これを毎回の買い物の決まりにしよう。

ドクター・マークの改訂版「アメリカ人のための食生活指針」

以下に挙げる買い物、調理、食事の簡単なガイドラインを1カ月間試してみよう。

- **砂糖入れを捨てる**こと、そして添加糖をいっさい摂らないこと。ジュースやスポーツドリンクも含め、糖質の多い飲み物をやめる（このステップだけでも、相当量の砂糖を摂取している人は、健康が目に見えて大幅に向上するだろう）。
- **食事のすべての成分をアップグレードする**。健康的な脂肪と良質なタンパク質をたっぷり摂ろう。卵、ナッツ、種子、オリーブオイル、アボカド、全脂肪乳製品、冷水魚、加工されていない肉類。多彩な食材、色とりどりの野菜も毎食欠かさない。

- **穀物に逆らえ。** 加工食品や、精製された穀物や小麦粉でつくる食品、パンやペストリーなどは食べない。体重を減らそうというのなら、なおさらだ。あなた自身の炭水化物耐性のレベルを知り、それを超えないようにする（鏡を見て、ベルトの上に「はみ肉《マフィン・トップ》」がないかチェックしよう）。「食料製品《フードプロダクト》」、パッケージ化された栄養代替食、発音できない成分が記載されている食品は避けること。ドクター・ハリー・ロッジが言うように、「ゴミを食べるな」。
- **トランス脂肪酸と植物性種子油をすべて排除する**（コーン油、植物油、キャノーラ油、紅花油、マーガリンなど）。これらは炎症を悪化させることで知られている。本物のバター、ココナッツオイル（ヤシ油）、アボカドオイル、一番搾りのオリーブオイル（ヴァージンオリーブオイル）を使おう。脂肪は自然な状態で美味なものがいいだろう。「ダイエット」「低脂肪《ローファット》」「低カロリー」と表示されている食品はすべて避ける。「低脂肪」食品にあるはずの脂肪は、ほぼ確実に炭水化物に置き換えられている。脂溶性のビタミンやミネラルは、脂肪そのものがなければ体内で活用されない。
- **複雑で規則ばかりだったり、制限が多すぎるダイエット法はすべてやめよう。** 空腹にならないように！　ほぼ満腹になるまで食べ、それ以上はやめておくこと。

以上が健康的な食事の秘訣だ。キーワードはシンプルさである。

シェアせずにいられないレシピ

ここで私のお気に入りの定番料理を紹介する。忙しい生活をおくる人たちにうってつけで、ほとんどの人にとって手ごろな値段だ。どれも所要時間は、材料さえそろったら、5分足らずだろう。

- **くさい《ステインキー》オムレツ**　うちの子供たちが親しみをこめてつけた愛称だ。新鮮な卵3個に、ありあわせの肉やチーズ、野菜を混ぜる。トッピングは自家製のワカモレ——サルサ、塩、ライムジュース少々、すりつぶしたアボカドだ。
- **特売肉のじっくり煮込み**　あなたの地元のマーケットでも、豚の肩肉、胸肉、尻肉の塊や、チキンの丸ごと1羽を販売期限切れの特別価格で売っているはずだ。それでかまわないので、スロークッカー（電気鍋）で8時間煮込んでみよう。簡単に調味料を揉《も》み込むといい。余った肉は別の日に食事やサラダに使う。
- **葉物野菜のヴァージンオリーブオイルがけ**　これは苦味のあるほとんどの野菜に驚くほど深い風味をもたらし、ビタミンやミネラルの吸収が促進される。世界じゅうの文化で野菜に脂肪を加えるのも偶然ではない。まず、良質な（濃い緑色の）オリーブオイルを生の野菜の上に注ぎ、塩を加える。そして2分間、手で揉み込む。高品質のバルサミコ酢（コストコで安く買える〈カークランド〉はいい品だ）や好みのものをトッピングしよう。
- **骨スープ**　これは関節や筋膜に効く魔法だ。食肉店から骨（とくにグラスフェッドの牛や放し飼いの鶏のもの）を、軟骨と骨髄も含めて購入する。クロックポット（電気鍋）に水、セロリ、ニンジン、タマネギ、塩を入れる。24時間とろとろ煮込もう。
- **ケールとクルミのペスト**　通常のペストに代わる安上がりな一品。イタリアのハードチーズ（パルメザン、ペコリーノ・ロマーノ）1／2カップ、クルミ1／4〜1／2カップ、オリーブオイル1／2カップ、ゆるく詰めたケール2カップ、ニンニク1片、塩を混ぜ合わせる。フードプロセッサーでミックスするといい。これを何にでもトッピングする。

・**マイクロベーコン**　できれば生産者直売所のベーコンを使おう。電子レンジ対応のベーコン用クッキングパンにのせ、厚めのスライスなら1枚につき約1分間加熱する。毎回完璧で、しくじることはない。

第11章　リカバリーとはトレーニングである

「とぼとぼ歩き」しかできなくなったら、ケガや病気、パフォーマンスの低下が生じるのは時間の問題だ。われわれはもう、これが疲労した体の防御反応だとわかっている。

――ブルース・フォーダイス
コムラッズ・マラソン9回優勝の名ランナー

神話：より強く、より健康になりたいのなら、限界までがんばらなくてはならない。
事実：厳密には、より強く、より健康になるのは回復期に入ってからだ。充分な睡眠、栄養のある食事、リラックスした楽な動きがこのプロセスに何より大きく寄与している。

レースには無理に出場しなくてもいい。しかし、激しい活動をしたあとの休息と回復《リカバリー》は必須だ。リカバリーとは、体が修復・強化される時間であり、そのふたつは運動をしている最中には起こらない。リカバリーをリハビリと理学療法の繰り返しにするのは禁物だ。

体には適応、修復、再構築の驚異的なメカニズムが組み込まれている。骨や腱、筋肉にストレスがかかると、その修復作業の魔法によって体は強くなるわけだ。ただし、前提条件として適度なストレス（快ストレスともいう）と充分な時間がなければ、再建プロセスは進まない。

軽度のストレスのあとに起こる筋肉の炎症（と遊離基《フリーラジカル》の発生）は、一時的な良性のものである。もしくはその場合が多い。炎症に敏感さや痛みが伴うとしたら、それは体を休ませて保護しろという合図だ。にもかかわらず肉体と精神に高度のストレスをかけつづけ、粗悪なダイエットをやめずにいたら、慢性的な酸化ストレスや炎症を招くことになる。慢性炎症（Chronic inflammation、文字どおりの意味はゆっくりと燃える炎）は、たいてい目に見えない。どの組織や器官にも生じることがあり、体は病気や損傷に侵されやすくなる。

ＮＳＡＩＤｓにはただノーと言おう

一般の通念に反して、イブプロフェンやナプロキセンといった非ステロイド性抗炎症薬（ＮＳＡＩＤｓ）は回復の助けにならない。修復と再建のプロセスに不可欠な軽い炎症を妨げるためだ。コルチゾン注射はさらに厄介で、傷ついた組織やその周囲への注射は多少の鎮痛効果はあっても、修復と再成形のプロセスを妨害する（次ページの図）。

トレーニングの心

組織の健康に対するNSAIDsの影響

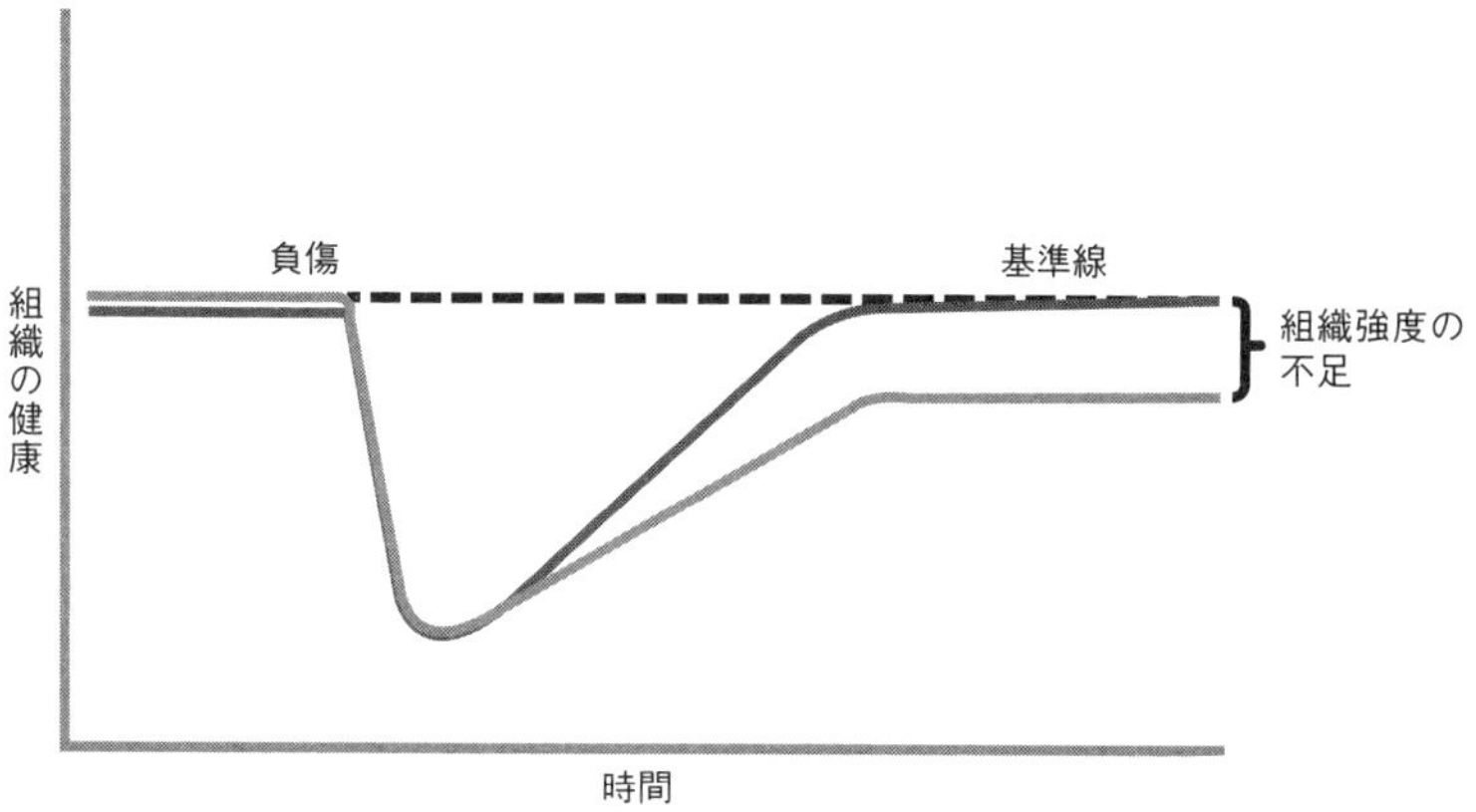

体はつねに治ろうとする。NSAIDsの慢性的な使用は修復プロセスに影響を及ぼし、体が基準となる組織強度まで回復することを妨げる（灰色のグラフ）。損傷して弱くなった組織はケガを再発するリスクが大きい。

エリート耐久アスリートの多くは整形外科系のオーバーユース障害を経験する。足底筋膜炎、アキレス腱炎、シンスプリント（脛骨《けいこつ》過労性骨膜炎）、膝蓋軟骨軟化症などだ。だが研究者たちがしだいに確認しつつあるように、オーバートレーニングや過度の耐久レース[23]はまた別の主要器官、心臓にこれまで危惧《きぐ》されてきた以上のダメージを与えるおそれがある。また、スポーツ心臓学者たちの警告によると、心臓の酷使は右心負荷および不全、心臓不整脈、冠動脈プラーク形成の加速、心臓の早期老化、心筋線維症、プラーク破裂、急性冠動脈血栓症、さらには心臓突然死に結びつくかもしれない。

私の友人でボストンマラソンのレースディレクター、デイヴ・マギリヴレイは定期的に運動していたが、59歳のとき、危険が迫っていることを知らされた。２０１３年大会――爆破事件があった年だ――から6カ月後、冠動脈性心疾患と診断されたのだ（あの爆破事件が全般的なストレスを増やしたのは間違いないだろう)。

診断のあと、デイヴはその知らせを、それこそ心に深く刻んだ。ゆとりをもつようにし、食生活をあらため、体重を15キロ近く落とした。2014年大会の前日、アメリカ・メディカル・アスレティック・アソシエーション(AMAA)のスポーツ医学シンポジウムでスピーチしたときには、心身ともに健康そのものだった。デイヴはまず、前年に爆破事件の犠牲者を手当てした緊急救援隊員たちに感謝を述べ、つづいて鍛錬《フィット》した体で走りに出たあと帰宅できなかったランニング仲間たちについて語った。手製の簡易爆弾に命を奪われたのではなく、心臓発作に倒れた人たちである。

「私は生涯をかけて体をフィットさせようとしていました。しかし、時間をかけて健康になろうとはしていなかったのです」

デイヴは友人たちとともに走り、日没後にゴールした。6カ月後には、アイアンマンレースの最高峰、ハワイ州コナで開催される過酷なアイアンマン世界選手権に出場する。25年ぶりのアイアンマンをデイヴは堂々13時間で完走した。

冠動脈の炎症の一因になることに加え、運動をしすぎる(しかも充分な回復時間をとらない)と、心臓に心筋線維化したまだら状の瘢痕組織が残ることがある。現代の本格的なマラソンランナーの10パーセントはこれに苦しんでいてもおかしくない。壁が厚い心臓の左側はそのストレスに耐えられるが、壁の薄い右側は、毎日1時間に及ぶ無酸素性作業閾値でのハイテンポなランよりも、楽なウォーキングやジョギングに適しているようだ。

私は過去35年にわたって何マイルも走ってきたが、その大半は快適なペースだった。心エコー図など心臓の健康状態のマーカーは正常と判定され、幸運だと思っている。

心拍変動はいいものだ

リカバリーは組織に特化した作業との関連からとらえられることが多い。フォームローリング、軽いストレッチ、アイシング、温冷交代浴、マッサージなどだ。だが生物学的なホルモンにかかわる回復も同じく欠かせない。その主な指標は、安静時心拍数の低下、旺盛な食欲、気分や睡眠パターンの改善、そしていうまでもなく、また外に出て走りたいという抑えがたい欲求である。

リカバリーとウェルビーイングを評価する新たな手段に、**心拍変動**（ＨＲＶ）というものがある。これは心拍の間隔の変化を表す尺度だ。心臓がメトロノームのように脈打ち、各心拍の間隔が一定である場合は、ＨＲＶが低くなる。低いＨＲＶ値は、実際には回復反応が乏しく、交感神経の緊張（あるいはストレス）が高いことを示すものだ。心拍の間隔にゆらぎがある場合はＨＲＶが高く、これは副交感神経（「休息と消化」）の緊張が高まり、回復時の経過と反応が良好で、ストレスが軽減されていることを示す。過度のストレス（およびオーバートレーニング）はＨＲＶに悪影響を及ぼしがちだが、質の高い睡眠は好結果をもたらすことに注意しておきたい。

最近まで、ＨＲＶを測定するには心臓検査室にしかない高価なモニター装置が必要だった。だが、いまでは高品質なブルートゥース対応の心拍計にSweet BeatやNature Beatといった安価なアプリを組み合わせれば、簡単にＨＲＶを測定できる。私も週に数回、起きがけにアプリでＨＲＶを測っているが、その結果は作業負荷や睡眠の質、回復度、全体的なストレスレベルに合致するようだ。ＨＲＶ値が低い（拍動がメトロノームに似ている）場合、私は毎日のランのペースを「スロージョギング」レベルに落とす。それでかまわない。信じがたいかもしれないが、私にとってはゆっくりしたジョギングも、速いペースのランニングと同じく楽しいものだ（うちの犬もゆっくりしたペースを好むのは、いろいろ嗅ぎまわるチャンスが増えるからだろうか）。回復することが肝心なのだし、ばかばかしいほどゆっくり走っても気分はかならずよくなる。

リカバリーを通して夢を見る

回復のための最重要ドリルのひとつは単純きわまりない。それは眠ることだ。睡眠が精神機能、神経認知、ホルモンの回復に役立つことはよく知られている。そうした回復のメカニズムは完全には解明されていないが、その著しい効果から「睡眠ドーピング」と呼んでもいいかもしれない。もし睡眠が必須でないとしたら、進化における最大の過ちとなっただろう。

眠るのに苦労している人も少なくない。アメリカ人の4分の3は寝不足の状態で生活している。回復効果のある深い睡眠がとれないと、食欲が増進してインスリン抵抗性が高まり、成長ホルモンが抑制され、組織の修復が妨げられて、気分が変化する。

あなたはいまどう感じているだろう？　疲れている？　つまらない？　機嫌が悪い？　もしそうなら、早めにベッドに入ってよく眠る習慣をつけることが、私にできる何より重要な健康アドバイスかもしれない。

睡眠はレム睡眠（急速眼球運動睡眠）とノンレム睡眠（急速眼球運動を伴わないもの）に分けられる。ノンレム睡眠はさらにN1、N2、N3の段階に細分され、このなかでは徐波睡眠と呼ばれるN3がもっとも深く、もっとも長い。レム睡眠がひと晩の眠りの20パーセントを占める。夢を見たり体の再構築が起きたりするのは大半がこの状態で、強力な回復ホルモンのテストステロン（男性ホルモン）とエストロゲン（女性ホルモン）が放出されるのもそうだ。

私たちはこの4段階をおよそ90分の周期で繰り返す。ほとんどの人はこの睡眠周期全体を毎晩5、6回反復しなければならない。1日くらい睡眠が不足しても、ひと晩かふた晩（週末などに）ぐっすり眠れば大部分は補える。昼寝でも欠けた周期の挽回は可能だ。

メラトニンというホルモンが睡眠を促す。ところが夜間の人工照明には逆の効果があって、概日リズム（体内時計）を狂わせる。ブルーライトの波長はほかの色以上にメラトニンの放出を妨げ、とくに睡眠を阻害する。

スマートフォンをはじめ、デジタル画面は見ないのがベストで、少なくとも就寝前1時間はやめるべきだ。夜に画面を使わざるをえない場合は、無料アプリのflux（PC用）やNight Shift（スマートフォン用）を試すといい。日没後、自動的に画面を琥珀色寄りの光に変えてくれるものだ。

もうひとつ、睡眠・覚醒サイクルの調節によく効くのが、朝日である。朝に何分か時間を割き、走ったり犬の散歩をしたり、徒歩で（あるいは車を遠い場所に駐めて）通勤したりするだけで、毎日の目覚めに、そして睡眠の質に驚くほどの効果が見られるだろう。

成長ホルモン（GH）もホルモンの回復の味方で、これはN3、つまり徐波睡眠期に分泌される（この段階で子供を起こすのは不可能に近い）。N3の期間は年齢とともに短くなり、そのことからも50歳と25歳では回復の仕方に差があるのは説明がつく。睡眠が断片的で短くなると、血糖とコルチゾールの濃度が上昇し、修復機能と体の健全な治癒が抑制される。睡眠時無呼吸は普通、肥満やメタボリックシンドロームを伴い、重要な睡眠相であるN3を回避させる。すると生理的ストレスの増大と回復の鈍化という悪循環に陥り、その結果、高血圧、心臓疾患、糖尿病、そして自動車事故の発生率が高まる。

運動のあとに食べる

運動中は、インスリンに依存せずにグルコースを利用・処理する経路が筋肉内で活性化される。言い換えると、筋肉と肝臓の炭水化物耐性は、運動中および、その後最大1時間は高い状態にある。これはつまり、インスリン抵抗性の人でも、いわゆる「カーボバックローディング」を試す若干の余地があり、良質な炭水化物を多少は食べられるかもしれないということだ。カーボは自分で勝ち取れ！

激しいワークアウトやレースから回復する最速の方法は、直後の1時間以内に健康的な食事をとることだ。活動後に摂取すべき栄養はあなたの代謝や筋肉量、遺伝子、目的によって異なる。一般的な健康とフィットネスのために走りたいだけで、脂肪を落としたり糖尿病を治すといった特定の目標がない場合は、健康的なホールフードの炭水化物を、脂肪やタンパク質と合わせて摂るといい。炭水化物は血糖値を若干高め、それを合図に膵臓がインスリンを放出させる。するとアミノ酸（タンパク質の構成ユニット）と必須脂肪酸が食物から筋肉細胞に運ばれ、治癒と成長が促進される。健康的なローカーボ食品があなたの基礎であり、適量の炭水化物（運動後限定）は体の組織にとって補助的な燃料の役割を果たす。暑い夏のランのあと、塩を振った新鮮なメロンが私にはよく効く。

効果には個人差があるので、いろいろ試してみよう！
目標にしたいのは、脂肪を一日じゅう主要燃料として使うことだ。野菜入りのオムレツや葉物で包むバンズなしバーガーを食べよう。2型糖尿病や肥満を改善したいアスリートは、ケトン食を学んで試すといいかもしれない。良質な天然の脂肪と充分なタンパク質を主体とし、炭水化物はほとんど摂らないダイエットだ。満腹するまで食べ、食べすぎはしない。このダイエットではケトン体（脂肪代謝の産物）を脳や筋肉の燃料源とする。ケトン食の科学は整然と定式化されており、とても本書で語り尽くせるものではない（ジェフ・ヴォレック、スティーヴン・フィニー両博士による *The Art and Science of Low Carbohydrate Performance*［『低炭水化物パフォーマンスの技能と科学』］を参照されたい）。

回復の一環として、水分補給《ハイドレーション》を忘れてはいけない。自分ののどの渇きに従おう。完全には信頼できない場合は、尿をチェックする。ライトビールの色なら大丈夫だ。それより濃い色（例、ギネス）はあまり芳しくない。レモンやライムを搾り、水に味をつけてみよう。夏のランのまえには、少量のナトリウムを溶かした水を飲み、細胞の高度な水分補給を助けるといい。これは事実上、水のボトルを体内に隠し持つことだ。活動的で健康な、食塩感受性が高くない人の場合、一日の総ナトリウム量[24]は3～5グラムが健康上最適な範囲になる――塩は危険だという一般の通念とは裏腹に。

スロージョギングという、ランニングの治療法

「積極的回復《アクティブリカバリー》」のもうひとつの方法はスロージョギングだ。筋膜が膠着《こうちゃく》して軽い炎症を起こし、筋

肉が張ってひりひりする場合に効果が高い。
私は光栄にも福岡大学教授、田中宏暁博士（博士の著書、*Slow Jogging: Lose Weight, Stay Healthy, and Have Fun with Science-Based Natural Running*（『スロージョギング』）を参照）に〈ヘルシーランニング〉コースに2回参加していただいた。博士は自身のゆったりとリラックスしたジョギング方法を「ニコニコランニング」、つまり笑顔のランニングと呼んでいて、これが日本で人気を博している

そのやり方とは？　やわらかく着地する技術をマスターするのだと考えてほしい。そしてゆっくりとはじめる。とてもゆっくりと。縄跳びをするように軽く何度か跳びはね、やわらかさとバネを効かせて着地しよう。その場でジョグの足踏みをし、少し前後に動く。ゆっくりと呼吸し、おなかを満たす。できるだけ、体を可動域いっぱいに動かす。

スロージョギングでひとつ魅力的なのは、どこでもできるということだ。ショッピングモールでも、空港でも、職場でもかまわない。激しい速い走りはあとからついてくる。ドクター田中が自身のプログラムに従い、2時間38分でマラソンを完走したのは50歳のときだった。

トレーニングのブラックホールを避ける

リカバリーで肝心なのは、しっかり時間をかけてトレーニングや運動のレベルを管理することだ。毎回のエクササイズで速いペースを保とうとする（貯蔵タンクの脂肪を使うには速すぎるが、スプリントや無酸素性の運動をするわけではない）場合は、スティーヴン・サイラー博士の言う「トレ

ーニングのブラックホール」でトレーニングすることになる。ハイブリッド車にたとえるなら、このブラックホールに気づくのは、効率よく流していると思ったのに、燃費計の表示は予想していた99MPG（42km／L）ではなく、15MPG（6・4km／L）なのを見たときだ。このときあなたはガソリンがぶ飲み（砂糖）モードにあり、それは長期的に持続可能ではない。有酸素能力が向上することもないだろう。

　初心者からエリートにいたるまで、大半のアスリートはこのガソリンがぶ飲み式の高度有酸素ゾーンでトレーニングする時間があまりにも長い。結果的にパフォーマンスが抑制されるし、体に害がある。マラソンランナーのライアン・ホールが獣のように（体の限界を超えたレベルで）トレーニングし、やがて33歳で引退したのも偶然ではない。多くのアスリートは、ペースを落として有酸素性トレーニングをすれば到達できたレベルのはるか下で頭打ち《プラトー》になる。

　そこで適応曲線の出番だ。

　プラトーは**平らな高地**と表現できる。多くはそこにたどり着けない。リカバリー時間が不足すれば、体は完全には回復しないだろう。それがオーバートレーニングだ。たびたび見かけるのだが、「痛みなければ《ノー・ペイン》、うまみなし《ノー・ゲイン》」方式を支持する人たちは高いレベルのパフォーマンスを維持できない。アーサー・リディアードが言ったとおり、「訓練《トレイン》すること、無理《ストレイン》はしないこと」だ。彼は〝ホルミシス〟、つまり快ストレスを理解し、尊重していた。適度な量のストレスと、休息を組み合わせれば、成長と成功に帰するのだと。

　現在、51歳の私は、パフォーマンス向上の日々は終わったらしいと実感している。ただ衰えることのないように、私はトレーニングのスイートスポットを探す。負荷をかけても体の適応力を超え

適応曲線

- 体をトレーニングすると、フィットネスレベルは一時的に下がる
- その後の回復期間にフィットネスレベルは以前のフィットネスレベルを超えてはね上がる
- これを「超回復」という

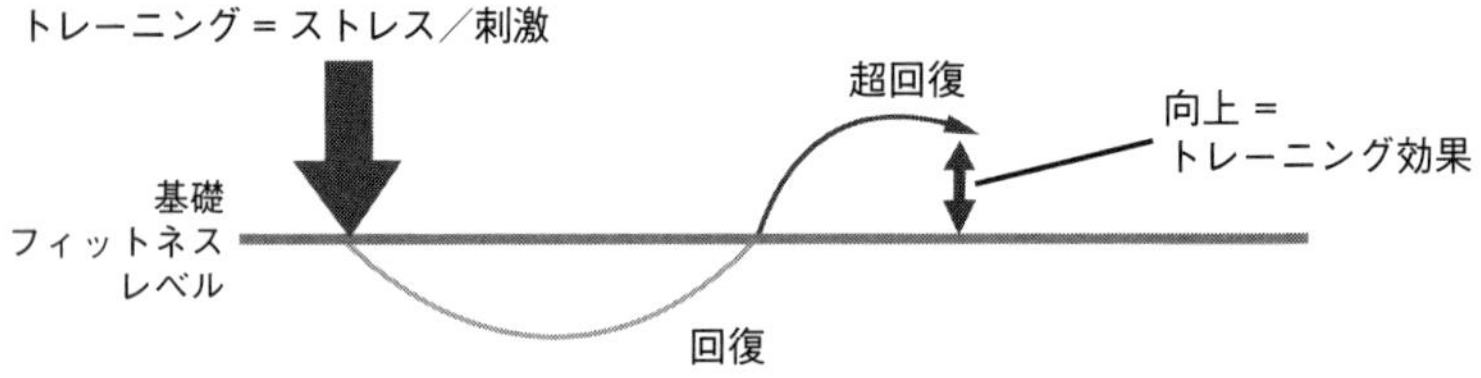

古くからのコーチの法則がある――トレーニングの成功＝適度なストレス＋充分な休息。穏やかなものであれ激しいものであれ、活動すれば、いずれ疲労が訪れ、パフォーマンスは低下する。そのあとの適応／回復期に超回復は起こり、次のエクササイズ期間に向けてパフォーマンスの土台を若干高くする。

ないポイントだ。オリンピック金メダリストのフランク・ショーターはスピードを上げてハードにトレーニングすればするほど、軽い緩やかな動きで回復する必要が生じると言っていた。

あわただしい生活のなかでのリカバリーは困難かもしれないが、譲れるものでもない。

日々の回復とレース後の回復

レースやワークアウトの計画を立てるときは、きわめて重要な回復期について事前に考え、内部センサーを設定しておこう。たとえば、格別な「飛躍となる」レースやトレーニングランに挑んでいると感じたら、それは危険を知らせる赤信号かもしれない。いつにないスピードや筋力とともに訪れるのは、穏やかな多幸感とアドレナリンの噴出で、ほとんどの人はそれをもっとがんばれというサインと読み取る。ところが多くの場合、これは警告のサインで、このまま

ではオーバートレーニングになり、回復の周期を狂わせてリカバリーに必要な時間が延びかねないことを意味するのだ。雌鶏《めんどり》は急《せ》かされても早く産卵することはできない。できるのはたくさんの卵を、決まった季節に産むことだけだ。

ピークではなく、高いプラトーをめざそう。良質な卵を長期にわたって最大限に産めるペースを見つける。端的に言って、リカバリー活動は、ウォーク、ジョグ、マッサージ、水泳、瞑想、どれであれ、活動前より後のほうが気分がよくなるものであるべきだ。ただでさえ忙しい生活にストレスを加えるにはおよばない。

気分がよくなければ、やらないこと

論理的には、舗装路を裸足で長く走ることとは、骨と関節にとってストレスが多いはずだ（足裏の皮膚についてはいうまでもない）。だが私の体は長年のミニマルな裸足ランニングに適応し、足は実質的に防弾仕様になっている。負荷と回復を繰り返してきたおかげで筋肉は厚く、骨は密度が高い。

走るドクターで著述家でもあった故ジョージ・シーハンはよく、「われわれはみな、一度きりの実験である」と書いていた。人間はみな同じような体のつくりをしているが、人によってトレーニングへの、そして回復への反応は少しずつ異なる。その反応の仕方にかかわらず、ひとつ信頼できる簡単な尺度がある。目が覚めたとき足取りが弾み、走りたいという欲求があるなら、回復している、というものだ。そこに到達するための近道も「裏技《ハック》」もありはしない。きわめて徹底的な、持

舗装路を 20 キロ走ったあとの私の足

リカバリー――キックバイクに乗って

久力を高める回復は自然にゆっくりと、健康によい適度なストレスのあとにやってくる。ワークアウトがさほど過酷でなければ、喜びは大きくなり、回復は迅速かつ簡単になるだろう。そしてあなたのパフォーマンスは向上する。三方良し《ウィンウィンウィン》だ。

ドリル

足の型破りな治療法

一種独特な（そして直観に反する）回復ドリルに、シューズを脱いで舗装路を裸足で走る、というものがある。これをやるには、ステップをそっと踏み、スピードを落とさなくてはならない。裸足でなめらかな舗装路に接地すると、足にある20万本の固有受容神経終末が筋膜と筋肉の機械受容器を「リセット」する。これが私流の「アクティブリカバリー」だ。ＮＳＡＩＤｓ（非ステロイド性抗炎症薬）も、栄養剤も、冷たい川も、部屋いっぱいの機器も必要ない。

私がこのことに気づいたのは２０１１年、ボストンマラソンを走ったあとのことだった。あのコースは下り坂が多い。レース翌日、予想どおり筋肉が張ってひりひりした。いちばん楽な選択肢は、ベッドからラウンジチェアへ、そして帰りの飛行機へと乗り移ることだっただろう。だがその朝は快晴で、私は無性に外に出たくなった。シューズを履くのは気が進まなかったから、ゆっくりとコモンウェルス・アヴェニューを裸足で走りだした（ベアフットランニングの不思議な効果は一部経験ずみだった）。１時間ほど、ごく軽く走ったり体を動かしたりすると、元気が戻り、楽しく活動する準備が整っていた。

あなたもどうなるか試してみよう。

スプリントしてランニングから回復する

直観的におかしく思えるかもしれないが、ランの最後にストライドを広げて短いスプリントをしてみよう（何度かスキップしたり、リラックスしたランニングフォームのドリルを加えてもいい）。すると体は可動域いっぱいに動き、均整が取れるだろう。スプリントはダイナミック・ストレッチング（動的ストレッチ）のように作用し、順調な回復のお膳立てをしてくれるからだ。だから、ランの最後は少し飛ばすこと！　エクササイズを窮屈な状態で終えたら、次の日は窮屈に固まった、無理のある状態でスタートすることになる。

ゆったり眠る

きわめて重要な回復ドリルのひとつは、これほど簡単なこともないが、眠ることだ。少なくとも就寝前2時間を切ったら糖を食べず、デジタルスクリーンを消し、涼しくて静かな場所を見つけて、早めに寝ること（そうすれば目覚ましのアラームも必要なくなる）。ほとんどの人は口を開けて寝るが、これは健康上好ましくない。上部胸郭を使って浅く息を吸いがちになるからだ。鼻腔拡張器（Rhinomed社のTurbineなど）を装着すると、睡眠中に鼻で呼吸をしやすく、横隔膜式呼吸が促進されて副交感神経系が活性化されるのがわかった。寝るまえにテープで口を留めてみるのもいいだろう。

そして自分の基礎的な心拍変動（ＨＲＶ）を知り、その数値に注意しよう。起床時には、ゆっくりとした深い鼻呼吸を数回してから、ＨＲＶ値をチェックする。それをその日の活動レベルの目安

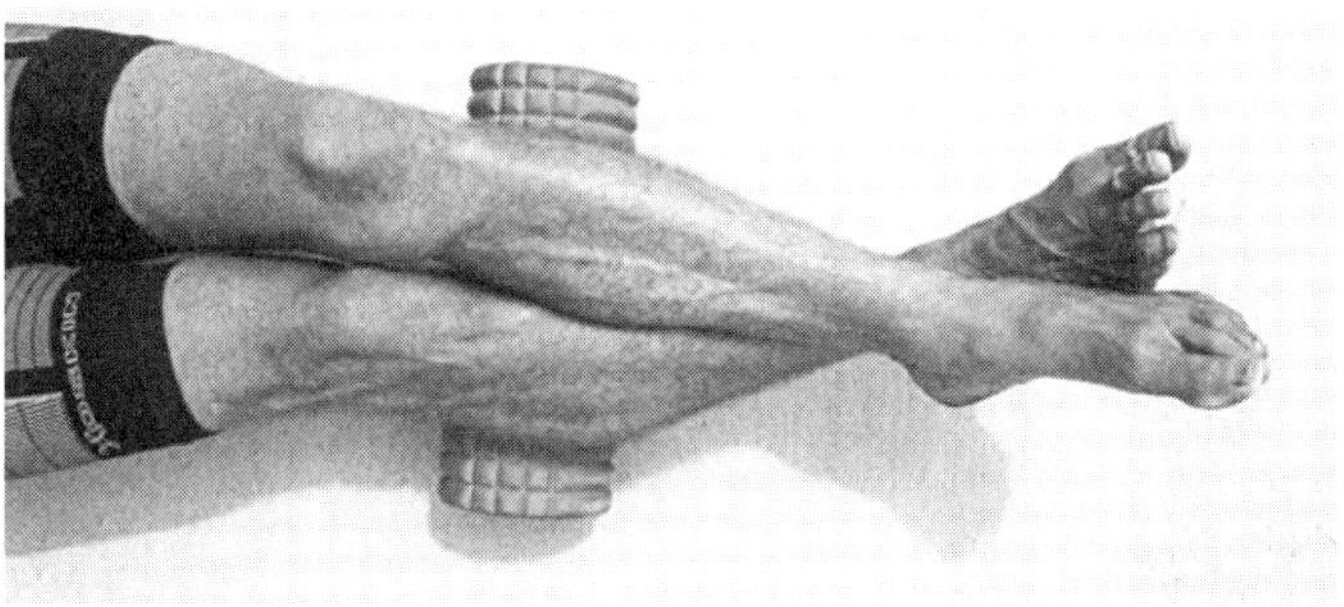

にするといい。ＨＲＶが高ければ、きょうはトレーニングをしても大丈夫ということだ。

水

水に浸かることは魔法のようにすばらしい。熱いのが好きな人もいれば、冷たいのが好きな人もいるだろう。痩せこけた中年男の私は、冷水に飛び込むと考えるだけでストレスを感じる。自宅の裏のポーチに小さな温水浴槽があるので、一日の終わりにそこでリラックスして体を解きほぐすほうがいい。水はほかのものには真似できない方法で体を支え、マッサージしてくれる。

フォームローリング

フォームローラーを使った穏やかな筋膜モビライゼーション（解きほぐし）は、筋膜と筋肉をしなやかに保つのに役立つ。硬くなった部分、股関節屈筋群、大腿四頭筋、ふくらはぎ、胸椎などで試してみよう。急いだり激しく回転させてはいけない。さまざまな形やサイズのチューブ、あるいはラクロスボールを筋腹（筋肉の中央部）や筋肉を分割する溝に転がそう。ときどき1カ所の上で動きを止め、深く腹式呼吸をして、関節を屈伸させせる。これが毎朝5分間、私が行なう穏やかな組織フロッシングだ。そのあとには簡単な股関節の運動が控えている。

圧迫

ヒラメ筋（ふくらはぎ）は「第二の心臓」と呼ばれる。主に歩くという単純な行為によって、血液やリンパ液を心臓に送り返す働きがあるからだ。車や飛行機のなか、あるいは机の前に長時間座ったり、ベッドに寝たままでいる場合は（それは入院中でも避けるのが一番だが）、着圧ソックスが役に立つ。といっても、歩いたり動いたりする代わりにはならない。積極的に動いて回復することが最善に決まっている。歩いて治そう。ただ、それが無理なら、圧迫することだ。

市場には圧迫用のグッズがあふれている。思いつくかぎりあらゆる色の、体のあらゆる部分に対応した品々だ。重力の影響や心臓からの距離を考えると、いちばん圧迫すべき部分は下肢であり、そうすることで長時間の座りっぱなしや立ちっぱなしによるむくみや不快感は軽減される。かならず医療用製品を手に入れるようにしよう。

心

心の回復は不可欠だ。激しいトレーニングを積んでから大会に出場する場合、アドレナリンでハイになったあとに落ち込むことが予想される。これを見越して心に休息と柔軟性を、スケジュールに合った最適なかたちで与えたい。ランニングの訓練に休憩をはさもう。

第12章　マラソンを走る

初めのうち、ほかのランナーを打ち破ることが眼目ではないと納得するのはとても難しい。やがてこの競技では、やめたいと囁《ささや》く内なる声が相手なのだと知ることになる。

——ジョージ・シーハン、医学博士

みんな一度はマラソンを走るべきだ。ほかは無理にやらなくてもいい。

——メブ・ケフレジギ

神話：レースとは、勝つこと、タイムを向上させることがすべてだ。
事実：レースとは目標を設定し、それを達成するためのもの、喜び、分かち合い、そして健康のためのものであるべきだ。

神話：ベストタイムで走るには、「ハードに」走らなければならない。

事実：ベストな走りをするとは、リラックスして人体に本来そなわる効率を活かすことにほかならない。

人によっては、来る日も来る日もひとりでエクササイズやトレーニングに励むのは退屈かもしれない。人間である私たちは、チャレンジとなる体験を求め、他人と関わることを望む。競技でプレーしたい、闘いたい、出場したいと。なぜなら楽しいからだ。チャレンジがなければ、成長もない。そこでレースにエントリーする。

ランニングレースの参加者数が増えたのに伴い、そこに懸かる利害も大きくなった。大会の競争は激しさを増している。タイムは向上してきた。距離が長くなった。障害物や難関（死の谷《デスヴァレー》や山の峠など）が導入された。いつしかウルトラマラソンとアイアンマンレースの界隈にまるごとひとつのサブカルチャーが生まれ、人々は頻繁にレースに参加して賞金争いをしている。１９６５年、ボストンマラソンの参加者は３００人に満たなかった。２０１７年には、３万人のランナーが出場し、同年のニューヨークシティマラソンでは5万人が走っている。さらに数万人のランナーが、しだいに厳しくなる出場資格を満たせずにいるのだ。

体力、持久力、喜びが高まれば（本書から取り入れた原則によって）、レースに出場する用意ができたと感じるのは自然なことだ。だがレースで走るのは、準備が整い、喜びを感じられる自信がある場合にかぎる。夢中になったランナーがろくにペースを落とさず、距離を伸ばす準備もできていないせいでケガをすることはあまりにも多い。健康を築くどころか、自ら体をこわしている。

一歩、また一歩

多くの人と同じように、私はマラソンを生涯の目標とみなし、米国空軍を代表して海兵隊マラソンを25回、空軍マラソンを14回、ボストンマラソンを24回走ったことを光栄に思っている。まだまだ学んでいる身で、学んだことをほかの人とシェアするのが大好きだ。

マラソン挑戦の途上で最大の節目が訪れるのは、３マイルを快適に走れるようになったときだ。その最初の３マイル（約５キロ）は、健康とフィットネスの基礎を築いて初めて実現する。５キロのレースを走れるようになったら、10キロを走ることもできるだろう。

一方、マラソンを快調に走るには、科学、全身の健康、自分への信頼、賢明なトレーニング、規律、抑制、創造性、そして若干の運が欠かせない。それで、つぎこんだ時間とエネルギーの見返りに何が得られるのか？　マラソンの距離は、もっと短いハーフマラソンなどのレースに比べて健康上の利点がほとんど、もしくはまったくない（結局のところ、42・195キロにわたるマラソンでは、５万歩以上の衝撃を受けるはめになる）。だがマラソンに参加することは力が湧き起こる行動だ。完走するだけで普段の生活に自信をもてるようになる。それにマラソンを走れるなら、それより短い距離はまったく造作もなく走れるだろう。

ここではマラソンの開催日が近づくのに合わせ、パフォーマンスレベルを最大化していくための戦略をシェアしたい。ハーフマラソンにも応用できるだろう。

EAT&RUNではなく……

ウェストヴァージニア州のフリーダムズラン・マラソンで、走りだした友人たち。

マラソンを走る場合、私は51歳の自分に1マイル6分45秒のペースを課す。これが私の最大有酸素心拍数から決められるトレーニングスピードより速いのは間違いない。レースの4〜6週前には、何度か6〜10マイル（約10〜16キロ）のランをこの速いマラソン用のペースでこなす。必要な動きの連携を感じ、より速いスピードでリラックスする感覚をつかむためだ。

たいていの場合、私は名づけてメタボリックトレーニングに取り組む。長距離を走る前や最中に食べないことで、有酸素性フィットネスを最大化する（そして脂肪を燃焼する）よう体に教えるのだ。絶食すると、元気な体は（食べ物のない）環境に適応する。糖をすぐに摂取できるなら（たとえば高炭水化物食のあとなど）、体はわざわざ脂肪燃焼モードに切り替えない。炭水化物を食べれば、炭水化物（少なくともその一部）を燃焼するのがおちだ。しかし脂肪を食べるなら（あるいはまったく何も食べないなら）、脂肪を多く燃焼するだろう。炭水化物を食べてインスリン反応を促進していないことがその条件だ。インスリンは体が脂肪を燃料に使うことを妨げる。ぜひこのことを理解しておきたい。

絶食状態で長い距離を走ると（楽なペースから中程度のペースで2時間ほど）、ゆっくり収縮する遅筋《ちきん》（有酸素性、酸化系の「赤筋《せっきん》」）繊維のグリコーゲンが減り、速筋《そっきん》（好気性／嫌気性の混合、おおむね「白筋《はっきん》」）繊維の毛細血管が発達する。これによって速筋は、より有酸素性（酸化系）の状態に転換する。要するに、食べるまえに走ると、炭水化物のない状態で体が機能しやすくなるように、もっとも豊富で効率的な貯蔵エネルギー、すなわち脂肪の利用を体に教えることになる。遅筋（さらには酸化系の速筋）にもっと脂肪を燃料としてエネルギーを生み出すよう指示するわけだ。

あなたも次のマラソンのまえに絶食ロングランを試すといいだろう。レース当日はまた別で、パフォーマンスのために適応するのではなく、パフォーマンスを存分に発揮することをめざしたい。

このワークアウトの肝となるのは、30～60分の運動をほぼ毎日することだとおぼえておこう。マラソンやハーフマラソンに向けた調整では、これを週1日、2、3時間まで延ばすと、スタートラインについたときはつらつとし、走りに対してハングリーになっているはずだ。

3日前

マラソンの3日前には、休養をとり、脂肪とタンパク質を食べ、締めくくりに健康的な炭水化物を摂取して、グリコーゲンの貯蔵庫を満たそう。食べすぎず、「詰め込む」ことはしない。蓄えられる量には限りがある。脂肪が主要な燃料だが、糖も満タンにしたほうがいいだろう。

そして睡眠をとること。ふだんのルーティンをこなし、一日じゅう立ちっぱなしにはならないように。リラックスしたランニング、数キロのスロージョグをするといい。リラックスすることをトレーニングより優先させる。レース前日はどのみち移動することになるかもしれない。ああすればよかった、こうすればトレーニングと準備を万全にできたなどと、くよくよ考えないこと。スタートラインについたとき、健康でケガもなく、調整に自信があるなら、あなたはもうゴールラインにたどり着いたも同然だ。

前夜……

心の準備は体のフィットネスと同じくらい大切だ。レース当日のチェックリストには逆境に対処するメンタル面のプランも含めたほうがいい。不運な目に遭うのはいたって普通のことだからだ（もがき苦しんでいるときに気を楽にしてリセットすれば、たいていその試練を脱し、振り切ることができる）。これを見越して、上から下へとすっかりリラックスする予行演習をしよう――目、あご、肩、腕、脚と。

自信をもつことは欠かせない。これまでに走った何マイルもの道のりを思い浮かべよう。実質的な仕事は終わったという心持ちになってみる。レースはもはや最後の仕上げ、最終ラップ、最高の部分しか残っていない。

オリンピック・トライアルを4度突破したジョシュ・コックスが、レース前夜に心を落ち着かせるためのうまいコツを教えてくれた。床の上に装備一式、翌日着たり使ったりするものすべてを「透明人間」の形に並べることだ。レース当日に、ビブナンバー（ゼッケン）や靴下、お気に入りの帽子といったアイテムをあわてて探したらストレスが増すばかりだろう。あとは、ひと眠りすること！　２０１６年空軍マラソンの2日前の講演で、私はその「透明人間」の話をした。次の日、ひとりの女性ランナーが私のところにやってきた。笑顔で、新品のランニングシューズを履いている。講演後に帰宅した彼女は、自分の用具を並べてみて、シューズを忘れていたことに気づいたのだという。

レース当日の朝

パフォーマンスの妨げとなるので、炭水化物中心のたっぷりした朝食は食べない。さもないと、インスリン値が上昇して脂肪を燃やす能力が奪われる。脂肪、タンパク質、炭水化物少々の軽い朝食をとり、コーヒー党ならコーヒーをつけてもいい。私の場合、スタートの2時間ほど前にバナナ1本とアーモンドバターを食べ、約1時間前にローカーボの電解質パウダーＵＣＡＮ（ユーキャン）を水に溶かして飲む。ＶＥＳＰＡ（ベスパ）という製品も好みで、これは脂肪代謝をサポートしてくれるものだ。

スタート……そして序盤の数マイル

どんな距離であれ、レースに臨む最善の心がまえとは、要するに、リ､ラ､ッ､ク､ス､す､る､こ､と､だ。最初から飛ばしすぎてはいけない。めざすべきは、スタートの号砲から、脂肪と糖の燃料バランスを適正に、レースを通じて最適な効率になるよう調整することだ。序盤から頑張りすぎると、糖の貯蔵庫（ガソリンタンク）が底をつき、活動筋に流れる血液が増えすぎる。必要なのは蓄積された脂肪（電気）を活かすこと、鳥がエイドステーションもない何千マイルもの距離を渡るときと同じ代謝を使うことだ。ペースが肝心になる。あなたは渡りをしているのだから。

そのまま進み……エネルギーを監視する

マラソンの場合、貯蔵された糖である血中グルコース（20キロカロリー未満）、肝グリコーゲン（300〜500キロカロリー）、筋グリコーゲン（1000〜1500キロカロリー）でまかなえるのは、完走に必要なエネルギーの約半分にすぎない。だからこそエネルギーをなるべく自分の体脂肪から引き出すことが大事になる。レースの前半は「電気」に頼って「ガソリン」は温存しておくに越したことはない。ハイブリッドモードで動き、できるだけ電気を使って軽く流そう。

グルコースジェルをいくつかスタート時に携帯しよう。途中でグルコースを補給できれば、必要に応じてガソリンモードでの走りを増やせるはずだ。だが、ペースが速すぎたり気温が高かったりすると、血液が皮膚に移動して体を冷やそうとする。すると血液が内臓に届きにくくなるため、何も消化されない。序盤はハイブリッドな糖／脂肪モードを維持していれば、途中でグルコースを少し追加できるだろう。スタート後、ジェルは通常60分ごとにひとつ消化できるため、タンクの補充に役立つ。これは精神力を保つ点でも効果的だ。研究によれば、スポーツドリンクで口をゆすぐだけで（飲み込まなくても）疲労を先送りできることが明らかになっている。

ジェルを食べる場合は水を飲み（喉の渇きに応じて）、エナジードリンクは意外にグルコース含有量が多いので避けよう（たとえば海兵隊マラソンには、給水ポイントが12カ所、フードステーションが4カ所ある）。とはいえ水の飲みすぎは禁物だ。低ナトリウム血症という危険な状態に陥りかねない。UCAN Hydrate（ユーキャン・ハイドレイト）など、カロリーフリーの電解質パウダーなら、水に加えてもいいし、持ち運びに便利だ。水分補給の必要が増す暑熱環境下のランニングについては、278～282ページに紹介するヒントを読むといいかもしれない。

ハイブリッドモードの活力

では、自分が最適なハイブリッドモードで走っていると、どうしたらわかるだろう？　これはなんとも答えにくい。第7章で述べたように、とらえがたいが重要な有酸素性作業閾値は、さらにわかりにくい無酸素性作業閾値（乳酸閾値）と同様に、簡単には感知できないからだ。最適なペースからわずかに速くしただけで有酸素性作業閾値を超え、気づかないうちにハイブリッドモードからガソリンのみに切り替わるかもしれない。その影響を感じるのは何マイルも先、エネルギー切れを起こしたときになる。

早い段階でスピードを上げたくなったら、私はこうアドバイスする。やめたほうがいい。代わり

リラックスしてバネを効かせれば——きみも飛べる！

に、リラックスして快適な活動レベルとペースを維持しよう（スピードは変化するとしてもだ）。前半は気分を楽にしたい。なにしろマラソンなのである。

私は腹式呼吸を心がけ、より完全に近い酸素交換が行なわれる肺の下部を息で満たす。吸って吐く（1サイクル）を5歩ごとに繰り返しているなら、持続可能なハイブリッドモードに入っているということだ。それより呼吸が速ければ、燃料として燃やしているのはほとんどがガソリン（グルコース）ということになる。まわりのランナーの息づかいに注意してみよう。多くは呼吸が速く、おそらく中間地点を過ぎてから苦しくなる。トレーニングで心拍数モニターを使っている人は、本番中も装着することを考えてみよう。

テクニックとストラテジー

オーバーストライドにならないように、下り斜面（大腿四頭筋を痛めやすい）ではスムーズかつ楽に走ろう。重力にアシストしてもらうといい。風が強い場合は、集団の後

笑顔で飛ぶ。ハーパーズフェリー・ハーフマラソンで。

ろにまわってスリップストリームに入ると、心身のエネルギーの節約になる。脚は力を抜いて後ろに伸ばそう。あなたの体幹は強く堅固で、あなたの脚はバネそのものだ。

１９９７年、私はボストンマラソン女子の部を３度制した伝説的なランナー、ドイツのウタ・ピピックと並んで走ったが、22マイル（約35キロ）地点のクリーヴランド・サークルで引き離された。観衆はウタが大好きで、彼女が近づくにつれ声援とざわめきが高まった。その間、ウタがずっと笑顔だったのは、そうやって自分をリラックスさせ、観衆のエネルギーを吸収して、その瞬間に没入していたのだろうか。足音はかすかにしか聞こえなかった。道に踏み込みすぎることなく、道の上を走っていたのだ。背すじを伸ばして、腕の力を抜き、エネルギーを効率的に使って温存していた。

その日、ウタは２時間28分で堂々の女子４位、私は何ストライドか遅れて２時間29分でゴールした。彼女は脳がいかに努力を制御するかを体現していた。ポジティブな気持ちのときは、自ずとエネルギーが体にみなぎるのだ。

最後の数マイル

ここまで首尾よくエネルギーを蓄えてきたならいいのだが、レースの後半には状況が厳しくなり、人生が悲惨に思えるかもしれない。疲労に襲われ、バネが弾性を失い、心拍数が上昇する。こうなるともはや、あとどれだけ走らなくてはならないか、どれだけの解放感が待っているか、それとも〝壁〟に当たって減速するはめになるか、などと考える余裕もない。

最後の3、4マイル（5、6キロ）、あなたはほぼガソリン（糖燃焼）モードにして、スピードを維持しようとするだろう。呼吸のペースは、ほんの4歩もしくは3歩ごとに1サイクルにまで上昇する。それでかまわない。あなたはガソリンを蓄えているはずだ。そのままリラックスして、スピードを上げるのは「ゴールのにおい」がしてからにしよう。それは通常23マイル（約37キロ）前後で起こる（ボストンマラソンでは、石油会社〈CITGO〉の看板が見えたときだ）。

トレーニングであなたはランニングフォームを組み立て、磨きをかけてきた。だがそのフォームも疲労とともに「乱れ」はじめる。だらしない姿になるだろう。そこでおぼえておきたいのは、柔らかく着地すること（とくに下り坂では）、そしてこう考えることだ。

- オーバーストライドにはならない。
- 弾性収縮力《リコイル》を活かす。

- 直立した姿勢を保つ——背すじを伸ばして走る。
- 前を向いて先を見る。
- 股関節をしっかり伸展させる。
- ニワトリの羽のごとく腕の力を抜く。
- 地面に踏み込むのではなく、地面の上を走る。
- リズムを見つけて維持する。
- 下あごの力を抜く。

痛みを伴う動作は避ける。そのころにはもうあらゆる動作をつらく感じるにしてもだ。走り方を調整しよう。リズムとバネを保ちながら、いろいろ試してみる。わき見をすればいくらでも気はまぎれそうだが、あなた向きの気晴らしはない。いまはただ心を落ち着けること。リラックスすることだ。

血糖値が低下すると、この世の終わりに思えることがある。その場合はカロリーを少々摂取しよう。そして21マイル（約34キロ）地点に達したら、あと5マイルではなく、あと4マイルと少しと考える。22マイル地点ではあと3マイルと少しだ。マイルごとに区切り、1マイルずつ走ってマイル数をカウントダウンしていく。自分のトレーニングとレースプランを信頼しよう。にっこり笑い、都市部のレースなら沿道の観衆を、田園部なら平穏な環境をしばし楽しみたい。

心の工夫

世界一のマラソンランナー、エリウド・キプチョゲいわく、「笑うことで心に火がつき、痛みを忘れられる。それが笑顔のすばらしさなのです」。

ランニング中に使われるもっとも重要な器官は、脳――あなたのミッション管制センターだ。競技ランナーは体が脳に送る信号を解釈して反応する方法を学ぶ。もっと努力しようにも限界に達したという感覚、つまり脳が**おしまいだ**と告げる瞬間が訪れるのは、通常、能力の60パーセントほどしか使っていないときだ。脳は心身の打撃を防ごうとしているわけで、自律調整機能付きの設計になっている。だが、回避《ワークアラウンド》策付きの設計にもなっていて、最初のメッセージを取り消し、温存された力をもう1段階、使うことが可能だ。あなたは脳に応答し、どうしてもつづけたいと伝えることができる。

ところが、脳は恒常性《ホメオスタシス》を好むので、あなたのねばりに抵抗し（**26マイル？　ご冗談を……**）、ペースを落とすか止まるよう催促する。あなたの体の状態に重大な危機を読み取るだろう。するとそこで「交感神経の」ストレスが生じてコルチゾール濃度が上昇する。これは野生動物から全速力で逃げるにはいいが、マラソン式狩猟の役には立たない。

したがって、あなたは、医学的に健康体だとすると、脳を出し抜かなくてはならない。

どうやるのか？

ストレスのない副交感神経ゾーンを切り開く（そして、そこにとどまる）ことで、苦しい状況を回避する。心のための穏やかな安定したゾーンを探し出そう。ストライドを変える。歌をうたう。ゆっくりと呼吸する。そしてやはり、リラックスすること。

ほら、ゴールだ！

短いはすばらしい

さて、ここまでマラソンを走ることについて述べてきたが、いまから白状することには驚かれるかもしれない。それは、マラソンに参加することが健康によいとはかぎらないということだ。レース前のトレーニングがリラックスした、有酸素性の、楽しいものであるなら、ときどきマラソンに出場するのは価値のあるチャレンジになるだろう。だがあれだけの距離の競走に必要なレベルの努力はそう何度もするべきではない。マラソンは年2、3回程度をおすすめする。生涯でたったの1度だろうと、なんの問題もない。

雌鶏を急かしても良質の卵を産んではくれない。それには適した時期や間隔があり、近道もハックもない。トレーニングが激しすぎたりレースに出すぎたりするランナーは、慢性的に回復負債をやりくりする状態になる。体が追いつかない。

健康という点で、ハーフマラソンがマラソンより安全なのは、反復性ストレスでケガをする可能性が低いからだ。２０１７年には約２００万人のランナーがハーフマラソンに参加した。マラソンに参加して完走した者のほぼ4倍だ（あらゆる距離の種目で出場者は女性のほうが男性より多かった）。

５キロ走や10キロ走は、ガソリン専用の、ほぼ糖燃焼の種目だ。１時間を切るようなレースは、前夜に健康的な食事で満タンにしておけば、グリコーゲンを温存する戦略は必要ない。だが「10キ

グループの力は私たちをもっと強くしてくれる。

ロ仕様」のランナーがマラソンをガソリン専用モードで走ろうとした場合、グリコーゲンの蓄えが尽きるとたいてい体が動かなくなる。

マラソンを走ることはためらわれるのに、それでも心引かれると思えるなら、誰か人のために、あるいは大義のために走ってもいい。私はコーチとして白血病・リンパ腫協会の〈チーム・イン・トレーニング〉を数年間、指導した。妻のロバータは小児科医で、初マラソンをコスメル島（メキシコ）で走ったのは、この支援活動に参加してからのことだ。

マラソンを走った先にあるもの

おそらくマラソンを走る最大の理由は、ほとんどの人にとって厄介な妨げを克服するうえで中間地点になることだろう。その妨げとは、無気力、注意散漫、そして忙しさだ。私はやたらとあわただしい生活をおくっていて、ともすれば森を走ったりレースに参加したりするより生産的な過ごし方があるのだと理屈をこねまわしている。だが、何もかも放り出し、その場を離れて、トレイルやロードに走りに出れば、かならずありがたい気持ちになるのだ。

今度走るときは、自分に問いかけてみよう――「出てきたことを後悔しているか？」と。ロードやトレイルですごす時間は、健康とウェルビーイングの悪くない代償だ。

スタートラインの列に並ぶときはいつも不安でいっぱいだ。それでも私はレースのたびに新しいことを学ぶ。なかでも、こんなことを学んできた。マラソンのような大きなチャレンジこそ、私たちを人間にし、よりよき父、母、友にしてくれるものなのだと。

付録24ページの16週間マラソンプラン（《ミリタリー・タイムズ》より転載）と、本書のウェブポータルrunforyourlifebook.comでリンクされているDr. Mark's Desk内のトレーニング情報のリンク先をご覧いただきたい。そこに挙げたプランやスケジュールは、マラソンを走る予定がある人にとっても、厳密な必要条件というわけではない。スタートラインへの道筋が正しいかどうかの判断に役立つことをねらいとしている。そしてレース本番は最終ラップだ。

暑熱下のレースに関する注意[25]

暑さや湿度といった本番時のレースコンディションは、数カ月とはいわずとも数週間の継続的トレーニングを台なしにしかねない。

２０１２年ボストンマラソンの48時間前、レース委員会は参加者に対し、レース中の気温が「レッドゾーン」に入るおそれがあると呼びかけ、水分補給《ハイドレーション》は大事だが、水分過剰《オーバーハイドレーション》は危険だと慎重に警戒を促した。

ボストンのコース気温は32℃以上に達した。レースのスタッフは、脚がつったり消耗したランナー約２１００人を、コース沿いとゴールラインの３カ所に設置されたエアコン付き救護テントで介

暑さに直面する。ボストンマラソン、2012年。

抱した。病院に運ばれた人は１５０人を超える。エリートランナーの多くが完走しなかった。

暑さは強力なブレーキだ。私は安全を優先し、前年のタイムより9分遅れで完走した（それでも45～49歳の部の4位だった）。それより大事なのは、適切なレース運びを実践して救護テント行きを回避したことだ。

大量の水を飲めば体の深部体温が下がると勘違いしているランナーが多すぎる。だが過度に飲んだところで体は冷えない。冷却は何よりも蒸発効果によるものだ。私は繰り返し水を頭と体にかけて全身を冷やした。ありがたいことに、湿度が低かったことが功を奏した――水はたしかに蒸発したのだ。

世間一般の通念では、水分を失うと体は干上がるとされる。だが、「脱水症状」（実質的な定義のない非臨床用語）もある程度までは正常なのだ。一般的に、最高クラスのランナーはマラソン完走時に「脱水」状態となっていて、深部体温は平熱より高い。といって具合が悪いわけではなく、単に相応の熱と疲れがたまり、少々回復の必要があるだけだ。「体が熱いし、もっと飲まなくては」という人間に染みついた反応は、徐々に「喉が渇いたから飲んだほうがいい」に取って代わられつつある。驚くにはあたらないが、熱射病が起こりやすいのは比較的短距離の種目、体のエンジンが最大出力で動く競技だ。

マラソンのクーリング戦略をいくつか紹介しよう。これはいわば、私たち人間の進化にヒントを得たものだ。

- 温暖なコンディションが予測される場合は、あらかじめ順化しておくようにしよう。とくに、冬季の環境でランニングをしてきた場合、体は発汗のメカニズムを再稼働させなくてはならない。ずばり、トレーニングのランで厚着をしよう。7～14日かけて順化すれば、血漿《けっしょう》量が増え、運動中の心拍数が下がり、汗のナトリウム濃度が減って、発汗速度が増し、皮膚への血流が促進される。
- レース前によく冷やしたタオルをまとったり冷たい水を体にかけたりすると、熱の負荷をより多く引き受けられる。まえもってウォームアップはしない。電解質アイスバーを食べよう。
- 体を湿らせ、気化冷却ができるようにする。走りながらボトルをつかんで水を体に注ごう。日焼け止めの使用は控えめに（鼻など、ここだけはという部分に塗る）。汗や水が玉になり、蒸発せずに転がり落ちてしまうからだ。皮膚の表面で水が気化することで体は冷やされる。
- ルート上の日陰を探して近寄ろう。少しぐらい歩数が増えてもいい。放射熱を浴びるのは太陽から直接熱をもらう行為だ。
・密集状態で走るのは避ける。まわりの風通しをよくして、集団がつくる熱を吸収しないようにする。
・喉が渇いたら飲む。ボトルを携帯して少しずつ飲むほうが、エイドステーションで一気飲みするより望ましい。水分は失われるものなので、減った分すべてを飲んで補おうとはしないように（グリコーゲンとそれに関連して蓄えられていた水のマラソン中の消費量は合計2キロにもなる）。設計上、これが安全にできるのは、あとで食事などの際に水分を補う場合にかぎられる（レース後のパーティがあるのはそのためだ）。
・電解質を管理する（とくに4、5時間にわたる種目では欠かせない）。体液のバランスを良好に保つのに役立つからだ。レース中にスポーツドリンクを少量飲んで電解質を補給してもいいだろう。さらにいいのは電解質の錠剤、ジェル、混合パウダーだ（私はUCAN Hydrateを好んで用いる）。この先に食べ物や水がある、たとえば糖質《カーボ》ドリンクをひと飲みできるという期待感だけでも、脳の励みになる（レースのまえにリハーサルしておこう）。
・ランニングウォッチをオフにし、良識に従ってペースを設定する。気温12℃から5℃上昇するごとにスピードが2パーセントは落ちると予期しておくこと。
・白く軽い服装にし、シューズとソックスは湿るとどうなるか事前に試しておく（私の場合、ソックスを穿かず、軽いミニマリストシューズかサンダルで走るので、これは問題にならない）。
・賢くあれ。体調が悪い、治療中の疾患がある、食物サプリメント（とくに興奮剤）を使用している、熱中症の既往歴がある、体温調節に影響のある薬を処方されているといった場合、暑熱下で走ってはならない。

寒冷下のレースについてひと言

２０１８年のボストンマラソンは暑熱下のレースの裏面を実験する機会となった。３万人のランナーは激しい雨と時速30マイル（約48キロ）の容赦ない向かい風に見舞われ、寒暖計は２℃を越えることがなかった。体を過冷却するにはうってつけの条件で、氷が解けたばかりのチャールズ川に飛び込むまでもない。《ボストン・グローブ》の計算では、２５００人のランナー（うちエリート走者25人）が救護テントに低体温症などの手当てを求め、多くの優勝候補ら、出走者の５パーセントは完走にこぎつけなかった。各部門の最速タイムは例年より10〜15分遅かった。アメリカ人として33年ぶりに女子の部を制したデジリー・リンデンは２時間39分と、近年の女子の平均優勝タイムとは15分ほど差があった。男子王者となった川内優輝は、２位に４分差をつけての圧勝ながら、通常の優勝タイムより10分遅れていた。私は３時間４分、生涯でもっとも遅いマラソンとなった。ただ言わせてもらえば、少しばかりの勇気（とレースの才と経験）のおかげで救護テントを逃れたことは誇らしかった。

低体温症になりやすいコンディションで、もっとも重要な戦略は体幹を温かく乾いた状態に保つことだ。簡単なコツを紹介しよう。

- 天気予報を信頼し、適切なギアを身につける。テックシャツだけでは雨をはじけないため、品質のよいランニングジャケット（せめてベスト）を手に入れよう。ボストンでの私はＯｎ（オン）製の優れたジャケットを使った。
●良質なベースレイヤーも欠かせない。私が見つけたなかでは米国の企業ＸＯＳＫＩＮ（エクソスキン）製のものが最高だ。
●縁のある帽子、手袋を着用し、さらにフードをかぶる（雨除けに）。
●風対策として顔や肌の露出した部分に日焼け止めやオリーブオイルを塗る。頬が保温されて心地よい。
●スタート前は温かく乾いた状態にしておく。シューズの上からポリ袋を履くなどし、体を寒さや風、水から守る。ゴミ袋を使ってもいい（リサイクルできる）。
●スタート前に温かいドリンクや少し多めの食物カロリーを摂取してみる。寒い天候の場合、体はよけいに燃料を燃やすことで、平常時の体温を保とうとする。
●動きつづけること。運動が熱を生み出す。立ち止まったら、寒さに震えはじめるだろう。
●ゴールしたら、すぐに温かさを取り戻そう！　レース後の熱いシャワー（さらにいいのはサウナ――今回友人が泊まったボストンのホテルにあった）は、一気に普通の生活を再開してくれる。

次ページの写真に写っているのがボストンマラソン２０１８での私の装備だ。見栄えはしなくとも、効果はあった。〈エクソスキン〉のベースレイヤー、〈オン〉のランニングジャケット、フード、帽子、手袋、顔と脚に日焼け止め、カーフスリーブ、そして勇気だ。

第13章　ランナーズハイ——勝者のマインド

ランニングをしていると、うつになることはありえない。何か感情を揺さぶられることがあっても走りに出かけたら、きっとすっきりして戻ってくる。

——アラニス・モリセット、シンガーで女優

走ることで私は気持ちの落ち着く愉快なショーの最前列に陣取り、エンドルフィンが脳内で魔法のタップダンスを踊るのを感じるのだ。

——ビル・カトフスキー、著述家、ナチュラルランニングセンター共同創立者

世界をまわってマラソンを走るランナーがひとりいるごとに、草木や雨の音を聴くために走り、それがふと飛翔する鳥のように楽にできる日を待つ者は何千、何万人といる。

——ジョージ・シーハン、医学博士

神話：ランニングはつらくて疲れる。

事実：ランニングは楽しくてリラックスできるし、脳由来神経栄養因子（BDNF）の生成を促進し、その因子が認知能力、長期記憶、新しいニューロンの成長を刺激する。

私たち毎日走る者は、1日、2日休むとどうなるか知っている。落ち着かない気分（人によっては苦痛や不安）が芽生え、抑えがたい衝動へとふくらんでいく。会議から抜け出したい、動きたい、体を伸ばしたい、力を発揮したい、息をしたい、外に出たい。やがて、外に出て走りだすと、乱れていた心が晴れる。落ち着きと安堵感が流れ込む。

ランニングをつらいこと、自虐的なことだとみなす傾向はあるものの、それこそ莫大な数のひたむきなランナーがいること（その一部はケガや病気を押して走ること）からいって、そこにはきっと喜ばしい、元気を回復する実質的な効果があるにちがいない。走っているあいだに苦しみに耐えることがあっても、ほとんどは一時的なもので、正しく対処すれば存在しないも同然だ。だが、リラックスした状態、気分の高揚、集中力といった精神的な効果は長く残る。

たしかに、ランニングは病みつきになりやすい。デイヴィッド・レイクレンと共同研究者たちは、ランニングによって生み出され、有酸素活動によって拡張される各種の神経的な報酬を確認した。神経伝達物質のドーパミン、セロトニン、ノルアドレナリン、アセチルコリンが、ホルモン成長因子や、マリファナの活性化合物に関連があるエンドカンナビノイド（内因性カンナビノイド）とともに放出される。エクササイズによるこうした化学物質の急増が、脳の快楽中枢内の受容器を刺激するうえで果たす役割は大きい。これらの神経化学物質とその影響はともに、心を鎮めてくれる副交感神経性緊張の増幅に役立つのだ。

神経伝達物質をくれ

座ってばかりいる人がたまに運動をしただけでは、こうした神経化学物質は放出されない。人によっては、ウォーキングでも不充分だ。もしかすると時間と強度の閾値（要するに、最小限カウチを離れているべき時間）があって、それを超えないと驚異の生理学的反応ははじまらないのかもしれない。ここで悲劇となるのは、座りっぱなしの人たちが運動は面倒だ（すなわち開始したり継続したりが難しい）と思い、快楽を引き起こす神経伝達物質が流れだす閾値のほんの手前で無気力に負けてしまうことだろう。じつは見果てぬ夢に手の届くところにいるのに（スタチンの投与も、薬効が強い場合は、この閾値への到達を妨げやすいかもしれない）。

ランナーズハイは何倍に……

「ランナーズハイ」という言葉は定着して何十年にもなるが、走る著述家だったジム・フィックスが１９７８年、《ニューヨーク・タイムズ》に書いたとおり、「ランニングの効果はアルコールやマリファナの使用による影響と似ても似つかない。走っているとき、人は完全にしらふだと感じる。シャワーを浴びて服を着たら、医師、株式仲買人、教師、弁護士、何の仕事をするにせよ、悪影響はまったくない」

フィックスはこうつづけている。「ランナーとほかの人々が違う点は、効率のよい心臓血管系をそなえていることに加え、このスポーツに由来する幸福感に満ちた静謐《せいひつ》にもある。ランナーが感じるものは、数日間の休暇で得られる静穏と似ていなくもない。違いはランナーはこの感覚をいつでも好きなときに呼び起こせることだ。しかも、わざわざアルーバ島まで飛ばなくてもそれは見つかる」

犬も私たちと同じでエクササイズに対して中毒反応を示す。だから長期間屋内にいると、外で走って遊びたくてたまらず、狂わんばかりになるのだ。人間と同じように、犬は変化を楽しむので、同じところをぐるぐる走ってまわったりトレッドミルを使う姿は見られない。

運動は思考の糧

有酸素性身体活動はほかにどんな好影響をもたらすのだろう？

簡単にいって、ひとつは**血管新生**、つまり新しい血管や毛細血管の成長だ。これは血流をよくし、酸素や栄養素の運搬を強化して、代謝系の「ゴミ出し」能力、すなわち有毒な老廃物を処理する機能を向上させる。

もうひとつの特典は**ニューロン新生**、つまり脳における新しいニューロンの成長だ。運動は脳の肥料のような神経栄養成長因子を強化する。とりわけ、ＢＤＮＦこと脳由来神経栄養因子[26]はニューロン新生を後押しする一方、既存のニューロンを育て、さらに認知機能の改善、うつや不安の緩和とも関連がある。定期的に運動する人は、ＢＤＮＦ濃度が安静時も高いままで、高齢になっても日常的に運動をつづけているかぎりは高く維持される（おそらく、マウスの場合のように、運動は記憶が形成、保存される海馬のミトコンドリアの大きさと数を増大させるのだろう）。

運動をすると記憶力が高まり、気分がよくなるのも驚くにはあたらない。エクササイズをしても賢くはならないかもしれないが、認知能力は向上する。だから認知症が怖かったら、走るのはやめないことだ。80代になって新しい脳細胞が成長することもある——運動をすれば。健康的な生活習慣（とくに運動）によって、認知症の発症率は最大60パーセント減らすことが可能だ（運動に対する用量反応があることに注意したい。効果が著しく大きくなるのは適度な運動を一日1、2時間まで。それを超えると追加の効果は先細りする）。

脳の適応力は驚くほど高い。現在、神経可塑性という考え方が、認知症やパーキンソン病、脳卒中の従来型の治療に浸透しつつある。コロンビア大学の精神科医ノーマン・ドイジが、「学習性不使用」と称する現象を説明しているのだが[27]、ケガや病気、脳卒中などで、特定部位の動作を司る脳の領域への信号が遮断されることがある。ところが、中断された運動回路とパターンを継続的に刺激すると、脳はその神経可塑性ゆえに新しい回路を発達させ、欠陥回路を迂回するのだ。

ドイジが力説するには、とりわけ有酸素運動が脳内の2種類の細胞、ニューロンとグリア細胞（ニューロンを保護する）の健康を増進し、その一方で計画立案や目標指向型の思考に関わる部位、前頭葉の灰白質を発達させるという。

適応するにはガッツがいる

現在の医学の大半は機械としての人体の模型がベースになっており、治療は工学的な図表の方式で組み立てられる。だが私たちは生物であって、機械模型ではない。複雑きわまりない人体は、変化、適応、成長が可能な部分からなる有機的組織体だと知っている。じつは、そうした部分がすべて「私たちのもの」というわけではない。細菌叢《マイクロバイオーム》、つまり私たちの腸《ガッツ》にあるきわめて豊かな植物相《フローラ》と動物相《ファウナ》は、新たな研究分野のひとつで、それが代謝や、病気への抵抗力、そして気分にまで影響をおよぼすことがわかってきている（たとえば、セロトニンの量は体内の生物的環境でつくられるほうが神経系によって放出されるよりも多い）。

私たちの腸に棲んでいる有機体は実際に私たちの感じ方に（あるいは体重にまで）影響をおよぼせるのだろうか？　腸は栄養素の入り口であるだけではない。その表面積は私たち自身と外部環境とのインターフェースで最大だ（たとえば、皮膚よりも広い）。１００兆個もの有機体がここに宿り、私たちの神経系や内分泌系を調整し、代謝面で相互に作用する。ヒトマイクロバイオームは「第二の脳」「第二の内分泌系」とも呼ばれてきた。その微生物学は理解が進んでいないが、健康な腸は健康な脳と良好なホルモン機能のしるしだ[28]。この新たなトピックは、細菌学者のマーティン・ブレイザー博士や神経学者デイヴィッド・パールマター博士の著書や査読論文で検討されている。

ストレスと向き合い、ストレスを解消する

誰だってストレスは避けたい[29]。心理的に害があるうえに、慢性のストレス（コルチゾール生成の

りにくくなる。

亢進状態《こうしん》）はインスリン抵抗性の上昇や、ベータトロフィン生成の促進につながる。ベータトロフィンは、体脂肪を代謝する酵素を遮断するタンパク質だ。その結果、代謝効率が下がり、体重が減

だがすべてのストレスが悪いものなのだろうか？

ストレスに適度にさらされることは生存と繁栄に欠かせない。ケリー・マクゴニガル博士（『スタンフォードのストレスを力に変える教科書』）によれば、ストレスのとらえ方と反応の仕方（そしてストレスの持続期間）こそが明暗を分けるのだという。

ストレスで死にそうだと思ったら、本当にそうなるかもしれない。ストレスをネガティブにとらえ、抑制できないと感じた場合は、闘争・逃走（アドレナリン）反応が長期にわたって作用する。コルチゾールなどの糖質コルチコイドや凝固因子が刺激される。重度の交感神経ストレスは神経栄養成長因子を不活性にすることもあり、そうなると運動しても安定した状態には復帰できない。毎日を有害な生化学のごった煮に漬かって生きるはめになる。

マクゴニガル博士は単刀直入なアドバイスをしている。体のストレス反応は健康にとって不可欠で、自分をもっと強くしてくれるものだとみなすこと。ストレスに助けられて、うまく切り抜け、学習し、成長すると思い描くこと。そしてリラックスすることだ。ストレスだらけの、でたらめな生活はめずらしいものではない。適度なストレスを毎日のチャレンジとして迎え入れるべきだ——あなたが振りまわされるのでなければ。

ライオンは獲物を見つけたとき、休むことを考えない。そして休んでいるときは、次の獲物のことを考えない。人間はこれとは逆のようだ。休んでいるときは、やたらとストレスのことを考え、

不安の治療法134種類の比較

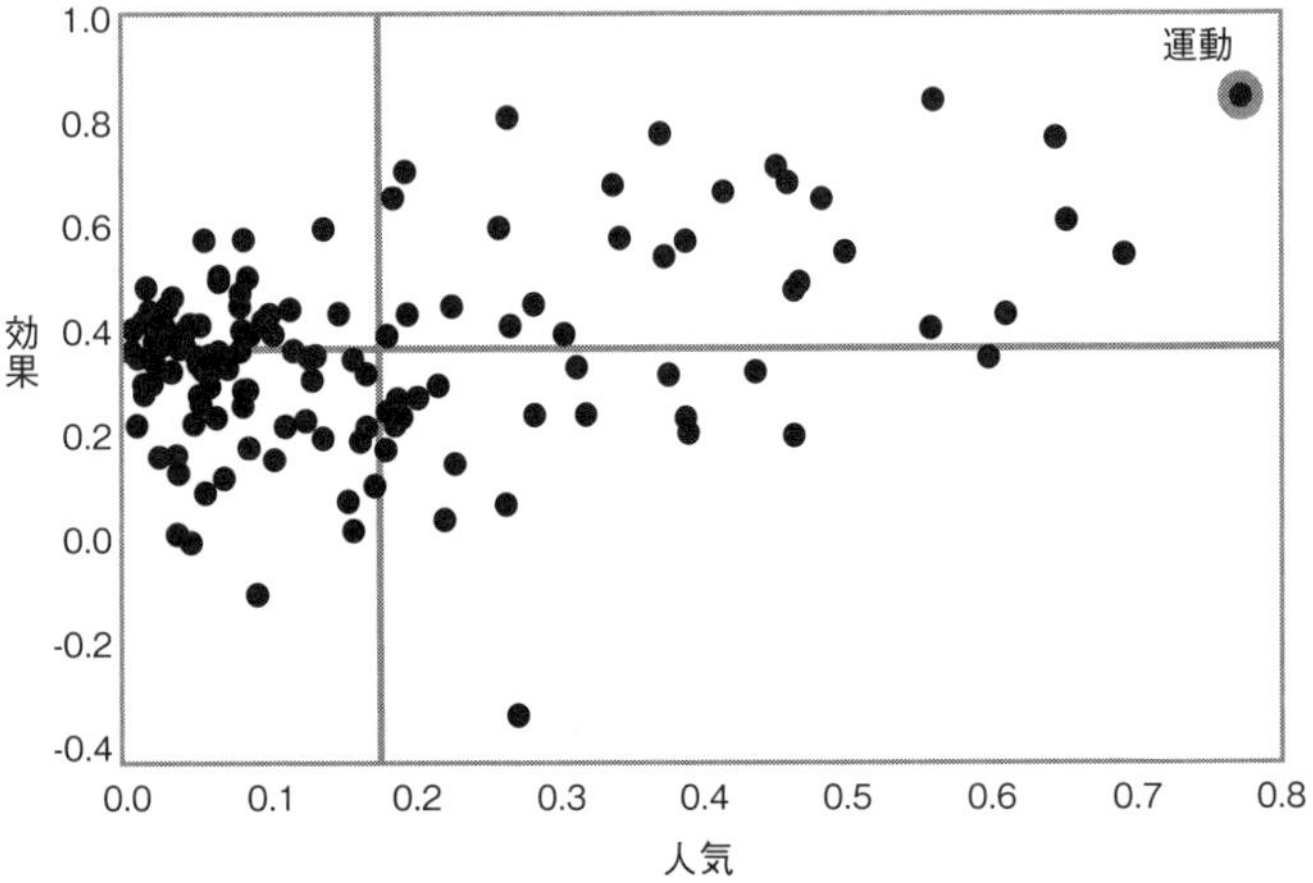

このグラフは不安の症状を自己申告した約32,000人をもとにしている。全体として、運動が効果と人気の両面で圧倒的勝者となった。

ストレスにさらされると休むことに執着するようになる。

不安とうつには運動を

　体や心のストレスに苦しんでいるとき（原因は運動不足ということもあるが）、あなたは投薬に救いを求めるかもしれない。だが、ストレス、うつ、不安、認知障害を対象にした薬物療法の有効性について、各種研究を入念に調べてみると、薬の効果は、あったとしてもごくわずかだ（製薬会社はよく自社で試験を設計し、抜粋した結果を発表、喧伝《けんでん》する。否定的、もしくは疑わしい結果の研究は発表されないことが多い[30]）。

　薬の使用は、依存症や副作用、反応の下方制御《ダウンレギュレーション》（薬が効きにくくなること）、再発を招くことがある。最善を尽くしても、とうてい身体活動（と健康的な食事、睡眠）ほど効果的には、有用な神経伝達物質による送達システムを拡大できない[31]。継続的な運動がこうした障害の治療プランに含まれていると、再発することはまれなのだ。それは投薬をはじめとする、従来のほとんどの治療法と比べると顕著になる。熱心なランナーやアスリートのあいだでは、気分障害はめずらしい。患者側の視点から効果のある（または効果のない）治療をまとめたクラウドソース型ハブ[32]が、CureTogetherというサイトに見つかる。

中毒から逃走し、走ることが中毒に

ウェストヴァージニア州でも全米各地と同様、オピオイド系処方薬を主な原因とするオピエート中毒が人々の暮らしと家族を崩壊させてきた。何より歯がゆいのは、その治療が難しいことだ。私もたまに訊かれることがある。代用になるほかの薬（それも通常はオピオイド系）を使うことなく、オピエート断ちに成功した人を知らないかと。

心当たりがひとりいる。トラヴィス・ミューライゼンは自ら望んで痛み止めを服用したわけではない。1997年と2004年に、脊椎管狭窄《きょうさく》症で腰の手術を受けたあとに医師から処方されたのだが、もとはといえば鉄鋼業界での仕事中の負傷が原因だった。2007年に障害者となり、さらに2回腰の手術を受け、薬もまた処方される。その間に重度のうつになり、肥満が進んで（150キロ）、高血圧と冠動脈疾患を発症した。

「こんな生き方はしたくなかった」とトラヴィスは私に言った。「でもほかにどうしたらいいかわからなかったのです」。13年にわたるオピエート中毒で健康が衰え、彼はついに悟った。このまま変わらなければ死ぬことになると。

そのトラヴィスはいまやランニング中毒だ。「2010年、姉の家の地下室にあるトレッドミルでウォーキングをはじめました。1回につき1マイル（約1・6キロ）。ひと月もしないうちに、3マイルまで延ばしていました。それから地元のハイスクールのトラックを、1回につき1周ずつ走るようになって。1カ月後には4周——1マイルです。少しずつ距離を増やしていって、2011年に初のハーフマラソンを走りました」

トラヴィスは運動と健康的な食事を組み合わせ、体重を50キロも落とした。もう投薬はせず、フルタイムの仕事に復帰している。8キロレースで年齢グループの上位10パーセントに入り、つづいてマラソン（26・2マイル＝42・195キロ）を立ち止まることなく完走した。この4年間にマラソン16回、2017年にはJFK50マイルを走っている——惜しくも46マイル（約74キロ）地点の制限時間に1分届かなかったが。

トラヴィスにとって、ランニングとはすべてを懸けることだ。走らなければ、それも懸命に走らなければ、本当に痛みを感じることになる。当人から聞いたところでは、6マイルは走らないと、充分なエンドルフィンが働いてオピエートの代役を果たすところまでいかないらしい。エンドルフィンとは「体内で生成される《エンドジナスリー・プロデュースト》モルヒネ」を意味する。あなた自身がモルヒネを生成するのだ。

トラヴィスは私の知人では唯一、障害とは無関係に仕事で生計を立てている人物だ（働かなければ給付金が出るだろうに）。デスクワークかって？ とんでもない。トラヴィスは橋の建設に携わっている。脳と体を活動させておくために働かなくてはならない。オピエートを断ってすでに7年になる。

これまでの20年のあいだに何を学んだのか訊いてみた。「走ることで、中毒の過去があっても人は安定して、生産的になれると教えられました。いい人生にしたいと死ぬ気で思ったら、あとはあなた次第。自分を信じて、自尊心を取り戻し、家族や友人に与えたダメージを修復しないといけない。体と心のチャレンジになるものを見つけて、打ち込むのです」

融合エネルギー

たしかに、ランニングの最大の恩恵とはつまるところ、自信と心の平安なのかもしれない。１９７８年、ジョージ・シーハン博士（患者にバイパス手術を勧告してばかりいるのにうんざりして著述家となった心臓病専門医兼ランナー）は、大胆な意見を述べた。ほとんどのランナーは健康になるために走るわけではないのだと。そしてランナーたちのモチベーションを調べ、ランナーを３つのグループに分類した。（１）**ジョガー**は肉体的に「生まれ変わった」者で、転向や改心をさせようと長寿や心臓疾患の減少といった走る利点を説く。新たなチャレンジが持ち上がると、ジョガーは（２）**競技者**になることを望む。すると仕事や退屈な日常を休む時間が長くなる。この段階ではパフォーマンスが健康よりも優先され、どんな犠牲もいとわない。やがて、ジョガーまたは競技者は、特定の健康上の利点にこだわらなくなり、大会の興奮もいらなくなって、（３）**ランナー**となる。ついに、このランナーはランニングを大局的に「体、心、魂の美しい寛《リラクセーション》ぎにおける融合」とみなすようになる、とシーハンは説明している。

リブートとは単にブーツを履き替えることではない

ほとんどの人は一流アスリートのストレスを招きやすい訓練計画やスケジュールをまねしても得るところはない。私はいくらか高いレベルのフィットネスを維持し、競技として走りもするが、ランニング（あえて「トレーニング」という言葉を避けている）とは主に日常のリセットボタンだと考えている。

毎日が忙しく、あわただしくなればなるほど、私は走ることが楽しみになり、するとますますリラックスしてストレスに対する免疫が得られる。仕事や生活に追われているなら、ランニングは申し分のない対応法だ（ランニングが何かしらストレスを増やすのであれば、とうてい長続きしないだろう）。最近は、忙しくて無理難題を突きつけられる生活が当たり前になっている。ランニングはきっと毎週のスケジュールに切れ目なく、自ずと収まるにちがいない。そして何より大切なのは、それが私たちの気分をよくしてくれることだ。

ドリル

呼吸する

　最良なストレス軽減エクササイズのひとつで、職場で一日を通してできるのが、リラックスした腹式呼吸だ。鼻から息を吸っておなかをいっぱいに満たしたあと、口をすぼめて風船をふくらませるつもりで完全に吐き出そう。毎回5秒かけて吸い込み、何秒か息を止めてから、10秒かけて吐き出す。副交感神経系が活性化して脈が遅くなることに注意したい。

ストレス緩和《リリーフ》のために走る

　ランナーの85パーセント以上は走ってストレスを緩和させる。ひとつ簡単なドリルになるのは、走っているあいだ**ストレスを発散させることのみに集中する**というものだ。心の落ち着く静かなルートを見つけよう。力を抜いた、リズミカルな呼吸にフォーカスする。グループで走るのが好きなら、集まってやってみるといい。私は忙しい友人たちとの小さなグループで、1、2週間に1回集まり、自然に囲まれた環境で早朝ランをしている。

ライオンになる

週に数回、強度の高い運動をしよう。短くてかまわない。私のお気に入りはスプリントとバーピーだ。これを何回か手早くこなそう。少し疲れる程度でいい。かならず鎮静作用と活力回復の効果がある。

ぼうっと《ゾーンアウト》する

ランニングはすばらしい逃避手段にもなる。つまり「ゾーンアウト」するチャンスだ。音楽やポッドキャスト、オーディオブックなどをかけ、心配事や義務、果てしない用事のリスト、長距離ランにつきものの単調さを忘れよう。

没入《ゾーンイン》する

１００パーセント集中し、いまこの瞬間と深くつながる。ランニングは理想的なムーブメント瞑想で、すばらしくシンプルかつ取り組みやすい。ひたすら観察することでマインドフルネスを実践しよう（これはとくにトレイルランニングの際に意味を持つかもしれない）。目の前に何が現れようと、どんな感覚、思考、感情がわき起ころうと受け入れよう。

（ゾーンアウトとゾーンインについては、*The Healthy Runner's Manifesto*［『ヘルシーランナー宣言』］の執筆者エリノア・フィッシュに感謝したい。エリノアの言うとおり、「頑張《ストライヴィング》るのはやめて頑健《スライヴィング》になろう」）。

眠る

睡眠はストレスに対して素早く反応・適応する能力を育んでくれる。これに代わるものはない。リラックスして、ぐっすりとよく眠ろう。

第14章　ケガを予防で出し抜く

なぜ痛みと動作は関連があるのか？　急性損傷と痛みの両方または一方があり、組織にとって脅威になると神経系が結論づけた場合、動作は神経系がその脅威への反応に使える第一の機構である。

――*Grieve's Modern Musculoskeletal Physiotherapy*

（『グリーヴ筋骨格理学療法』）

神話：走ると関節がすり減る。
事実：関節にとって適度なストレスとインパクトには大きな効用がある。

全ランナーの半数以上が毎年ケガをする[33]。ある活動的な人々の小集団を見てみよう。米空軍の下士官兵だ。２０１０年、ランニングはバスケットボールに次いでケガの主な原因に位置づけられた（そうしたバスケでのケガの多くはランニング関連でもある）。とはいえ、それも軍隊全体の状況と比べたら、たいしたことではない。国防総省の報告によると、2005年から2009年にかけて予防可能な筋骨格系の負傷による任務中断の日数は830万日におよんだ[34]。ここにはオーバーユース障害、捻挫、肉離れ、脱臼、断裂（前十字靱帯／軟骨）、背骨の故障などが含まれ、軍が負担する人員補充、医療ケア、長期就業不能の費用は年間15億ドルにのぼっている。

救急車に追いかけられて

こうしたケガはどう対処されているのだろう？　その複雑な原因を的確に説明する医学研究がほとんどないのはなぜなのか、そして医師たちが後追いの対症療法しか提供しないのはなぜなのか？　ランニング障害は一般的に、安静、アイシング、注射、鎮痛剤、ストレッチ、ＭＲＩ、高度な検査、さまざまな機器や靴型装具などで処置される。だが、こうした医療「ケア」も、根拠に基づいたものかを問う試験によると効果がないものがほとんどだ。ランナーは相変わらず高い確率で負傷しつづける。

これにはいたたまれない気持ちになる。当然の成り行きとして、ケガをしたランナーは元ランナーになるだろう。痛みやケガに対し、投薬や面倒な診療、無駄な処置しか受けられない場合は、走ることをやめるのが理にかなった反応だ。

指揮命令のキネティックチェーンを変える

意図的ではないにせよ、ランナーが悪い場合もある。痛みやケガの兆候を感じると、私たちは足の運び方や姿勢を変えがちだ。だが、そういった補正は（薬や矯正具とともに）、もともとの状態を隠したり別の部位のケガを誘発したりしかねない。ケガのドミノ効果が体の運動連鎖《キネティックチェーン》を上昇（あるいは下降）していくこともある。

ケガは単独で生じることはめったになく、原因もなく発生することはけっしてない。私は立て続けのケガに悩まされるランナーを診ることがよくある。その際、根本的な原因を見つけるには、そのランナーが行なってきた一連の調整をさかのぼらなくてはならない。すると往々にして、体を衰弱させるケガのきっかけは一見無害と思えるもの、たとえば片方の足に合わないシューズだったりする。時間とともに、その足が弱って制御しにくくなり、腰痛の原因となりかねない。

ランナーを相手にする場合、私はどの組織が痛みを感じるのか、いつどこで痛みがはじまるのかを見極めようとする。一部の部位は周囲より敏感だ。たとえば、足の筋膜、小さな腱の付着部、腰の筋膜。関節や骨の痛みは、遅延反応としてあとから現れる傾向があり、膝や股関節の炎症などは痛くなるまえに発症していることもめずらしくない。疲労《ストレス》骨折（とくに足部）の場合、痛みが生じるのはケガが進行したあとだったり、骨スキャンやＭＲＩによって、複合的な無症候性（痛みのない）ストレスが、痛みのある患部の反対側、離れたところに見つかったときだったりする。要するに、ランナーはケガをしても痛みを感じないことがある。ケガの進行に気づかないまま走り、完全に負傷した状態になるのだ。

スポーツ医療業界はこの痛みとケガの問題に意図せずして（あるいは故意に）加担することがあ

まりにも多い。スポーツ医療は、劇的なグラディエーター風の外傷や整形外科系のケガには効率よく対応する。たとえば、フットボールのタックルで故障した膝なら、修復チームが再建してくれるだろう。だが、何万回ものわずかにアライメントがずれる微細な動きや反復性のストレスによるケガについては、まだまだ対応が追いつかない。また、第11章で見たように、イブプロフェンやナプロキセンなどのＮＳＡＩＤｓ（非ステロイド性抗炎症薬）による標準的な処置はかえって治癒の妨げになる。

こうして強調されるのが、相互に連結する可動部分どうしの精巧な関係を、自分の力で、過度の介入を受けることなく、維持することの重要性だ。ケガに対応し、予防できるようになることは私たちひとりひとりに懸かるところが大きい。走ることは当然、ケガの原因ではない。それはケガに抵抗し、ケガから回復する力をつけてくれる。私たちは走るからこそ、傷を負わないのだ。

負荷ゾーンを避ける

幸いなのは、進歩的な理学療法士や生体力学者が負傷したランナーの治療の一環として、ランニングテクニックを教えはじめていることだ。ある研究では、スポールディング・ナショナルランニングセンターの理事長アイリーン・デイヴィスが被験者たちに、ミニマルシューズや裸足で着地衝撃力の測定が可能な特製トレッドミルを走ってもらっている。そのランナーたちには、柔らかく静かに着地すること、歩数を増やすこと、そして着地パターンについて体のリアルタイムなフィードバックに注意することが指示された。その結果わかったのは、こうした微調整の効果で下腿への衝撃力が大幅に下がり、痛みが軽減され、さらに（場合によっては）慢性化したケガが解消されるということだった。足運び《ゲイト》を変更するこのテクニックは衝撃緩和行動（ＩＭＢ：impact moderating behavior）と呼ばれる。走る人全員に広まってほしい重要な用語だ。

一流アスリートはたいていこれを知っている。知らない選手はキャリアが短いのだろう。賢明な人たちは学ぶのだ。痛みや苦しみを感じたときはいつも、原因を理解し、対処し、ＩＭＢを着地に組み込む必要がある。対症療法や外科的処置、矯正用のシューズや中敷き《インサート》に頼ることはない。

私は身をもってこのことを学んだ。ランニング歴が浅かったころ、強剛母趾《きょうごうぼし》という疾患に悩まされ、足の親指を背屈させる（反らせる）ことができなくなった。これは退行的変化の結果で、おそらく原因は、足に合わない多機能すぎるシューズを履き、お粗末なフォームで激しく走りすぎたことにある。手術で痛みは多少楽になり、可動性もある程度戻ったが、関節はおおむね固まったままだった。医師たちから走るのをやめるよう勧められた。

変化は内面から生じなくてはならない

足を手術したあと、どういうわけか私は、ほかのスポーツ障害の治療には使われる足の筋力エクササイズや理学療法を誰からも指示されなかった。とはいえ運動をする必要があるのはわかっていたし、ランニングほど便利でリラックスできるものは見当たらない（うちの犬もまた走りたがっていた）。そこで走るのをやめるのではなく、走り方を組み替えることにした。

そのころ住んでいたのはデンヴァーで、近くの森林公園に一周２・５マイル（約４キロ）の粗い砕石敷きのランニングコースがあった。当初、私が抱いた目的はひとつだけだった。外に出て楽しむことだ。いまはこれこそ、あらゆるランナーにとってもっとも大切かつ持続可能な目標だと信じている。

ゆっくりしたスピードで走ることで、余裕をもって呼吸でき、衝撃緩和行動の常識的なテクニックを検討する時間が得られた。短いストライド（と速い歩調《ケイデンス》）を試し、着地の際は膝を曲げて足を重心に近づけた。激しい踵着地など、やってはいけないことがわかるようになった。ランニング方法の実験もした。新しいことを学ぶのに役立ったのが『無理なく走れる〈気〉ランニング』だ。ワークアウトよりも生体力学《バイオメカニクス》に重点をおいたこの本は、ランニングをばらばらな動きの連なりではなく、完全なる実践ととらえて取り組むことを教えてくれた。

リハビリではなく、プリハブを

ランニング障害は避けられないものではない。ほとんどのケガはやりすぎたか、急ぎすぎたか、激しすぎたか、速すぎたかした結果だ。あるいはその合わせ技だ。ケガはそもそも予防法《プリハブ》を実践すれば回避できる。つまり、体のずれを直して均整を取り戻す、姿勢を維持する、足を強化する、可動域を広げる、穏やかなリズムとリラックスすることを学ぶ、動きのパターンを再構築することだ。**状態ではなく、体の位置を手当てする**。屋根を修理するなら、ジョン・F・ケネディ大統領が言ったとおり、太陽が出ているあいだにかぎる。

ケガを防ぐには、身体的な制限になる凝りを解きほぐして、可動性を高めるのもいい。入念な

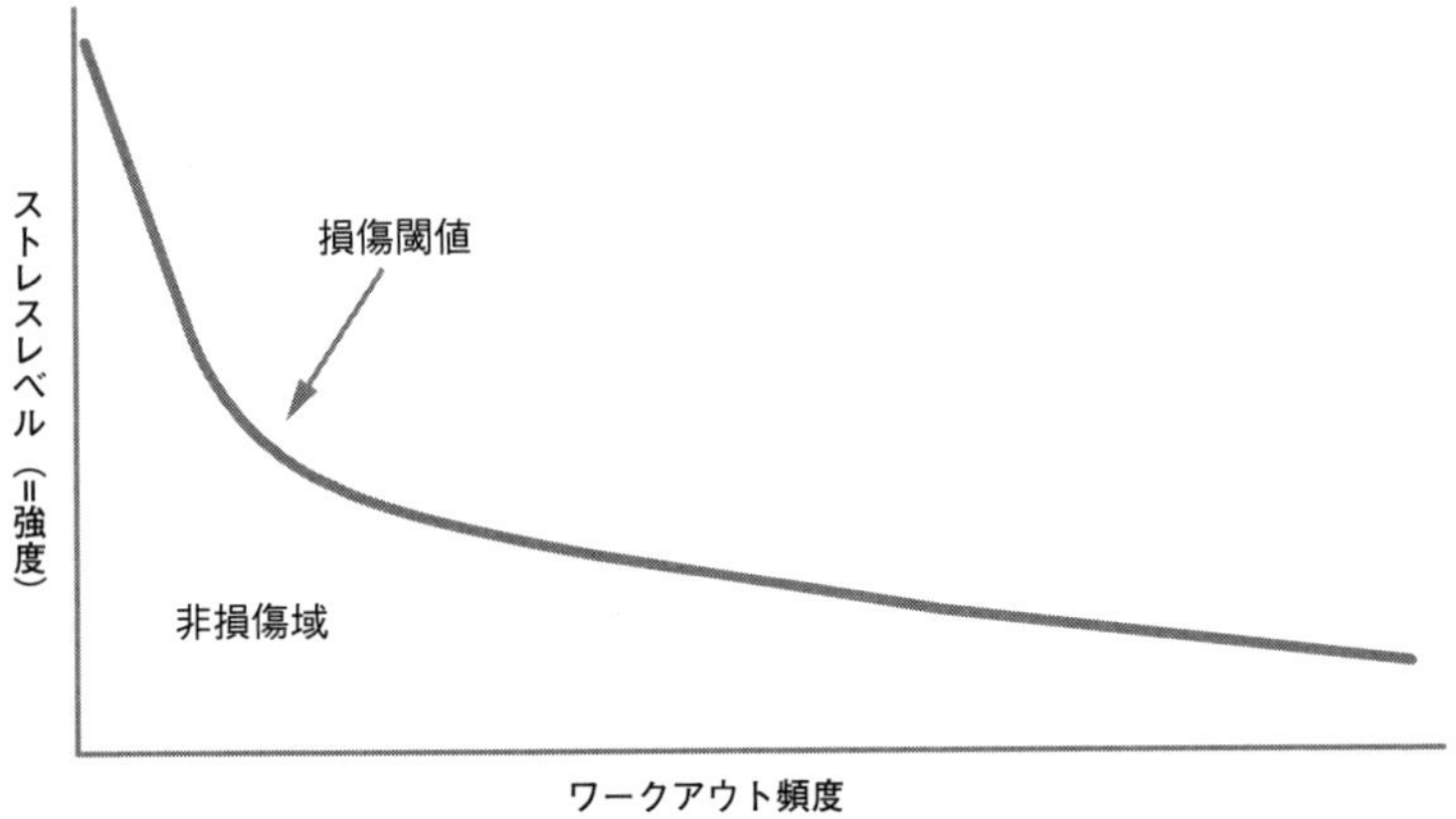

高強度の運動は量的に少なくても損傷閾値を超えかねない。低強度の活動も大量にすれば同様である。目標はワークアウトの強度と継続時間を低度から中程度とし、損傷閾値を徐々に高めることだ。

可動性《モビリティ》ワークやフォームローリングをしよう（ただし、ストレッチのしすぎは逆効果になる。ロープの結び目をほどこうとして、さらに強く引っ張るのを想像してほしい）。

運動レベルもケガのしやすさを左右する。がんばりすぎていないとき（つまり、快適な、有酸素ゾーン内で走っているとき）のほうが、違和感やフォームの狂いに気づきやすく、いつ中止するかの判断もつきやすい。それに対し、高強度のランニングでは、交感神経系の闘争・逃走反応中に生成されたホルモンによって構造的な痛みが覆い隠される。最大有酸素心拍数を超えて走った場合、翌朝起きてみると意外な痛みがあったり、ケガをしていることに気づくかもしれない。

健康的なランニングのための処方箋は、ケガのない状態でスタートするなら、かなり簡単に書ける。エクササイズの日課をはじめる際は、徐々に進めていくこと。ウォーキング障害はめったにないので、恐れずにまずはウォーキングをしてみよう。そのあとウォークとジョグのミックスに移り、ランニングへと進んでいけばいい。

もっともよく見られるランニング障害は？

すべてのランニング障害について語るスペースはない。とにかく注意しておきたいのは、こぼれた水をモップでふき取ることではなく、蛇口を締めることだ。医療相談としては矛盾するようだが、ほとんどのケガは医療の介入を受けなくても治る。反面、損傷の程度がひどく痛みがあるなら、ランニングを理解している医療従事者に助けを求めたほうがいい。

医師が診察する典型的なランニング障害と、「後追い《ポストアクティブ》」で可能な（予防が間に合わずに損傷閾値を超えた人向けの）治療法を見てみよう。かりに人体図で一般的なランニング障害の多発部位にハイライトを当てるとしたら（次ページの図）、足、下腿、膝、腰がひときわ鮮明に照らし出されるのがわかるはずだ。

膝の故障が例年、ランニング障害の大部分を占めている。[35] 一般的な膝と上腿の疾患を以下に挙げる。

- **腸脛靱帯炎**（ＩＴＢＳ）——膝の側面（外側）の痛み。
- **膝蓋大腿疼痛症候群**（ＰＦＰＳ）——膝蓋骨の下側の痛み。
- **ハムストリングの挫傷／肉離れ**——通常、ハムストリングが関節（膝や股関節）と交差する場所に生じるケガ。ハムストリングの上部に多い。

ランニング障害
原因と症状

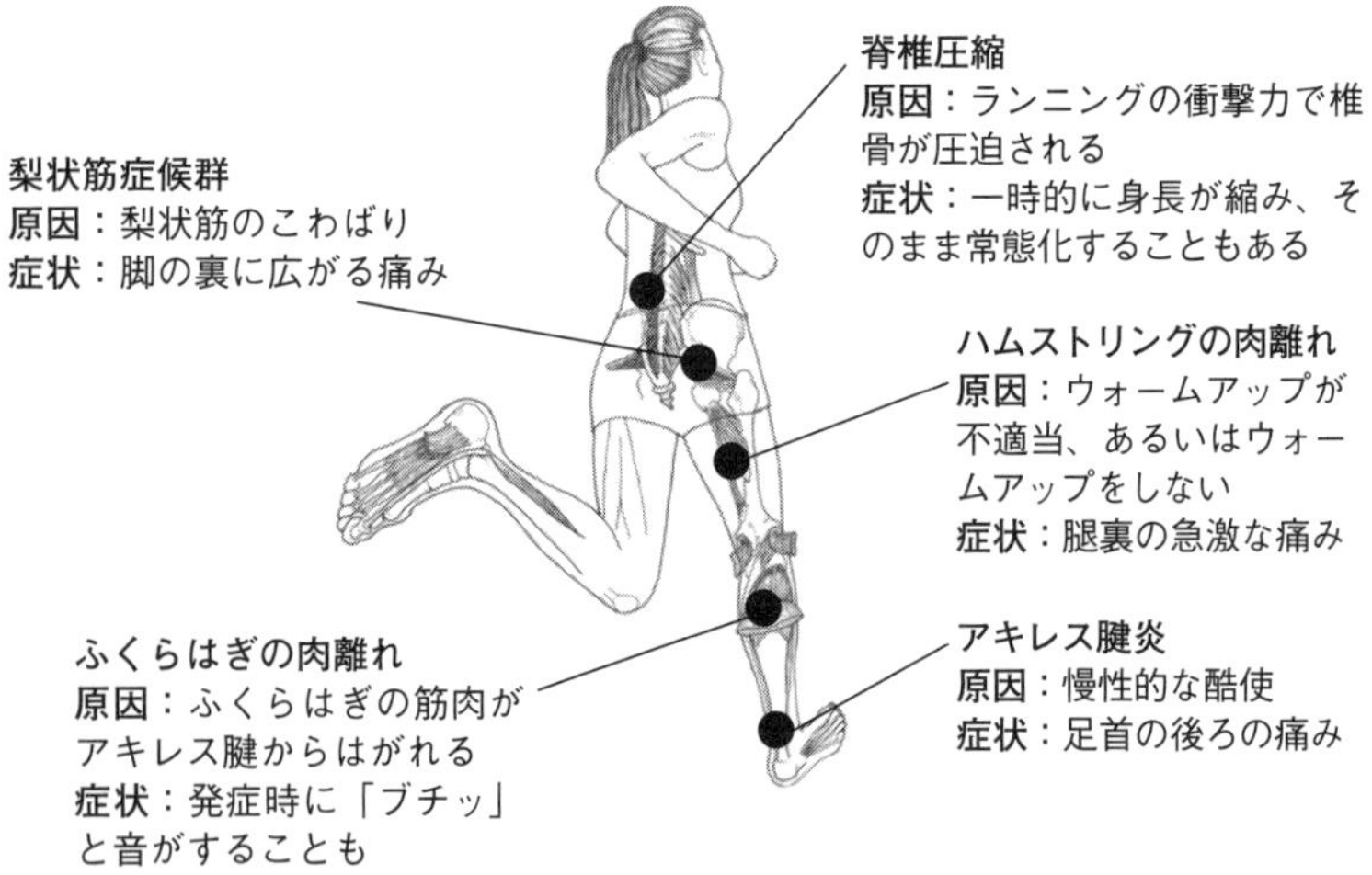
脊椎圧縮
原因：ランニングの衝撃力で椎骨が圧迫される
症状：一時的に身長が縮み、そのまま常態化することもある
梨状筋症候群
原因：梨状筋のこわばり
症状：脚の裏に広がる痛み
ハムストリングの肉離れ
原因：ウォームアップが不適当、あるいはウォームアップをしない
症状：腿裏の急激な痛み
ふくらはぎの肉離れ
原因：ふくらはぎの筋肉がアキレス腱からはがれる
症状：発症時に「ブチッ」と音がすることも
アキレス腱炎
原因：慢性的な酷使
症状：足首の後ろの痛み

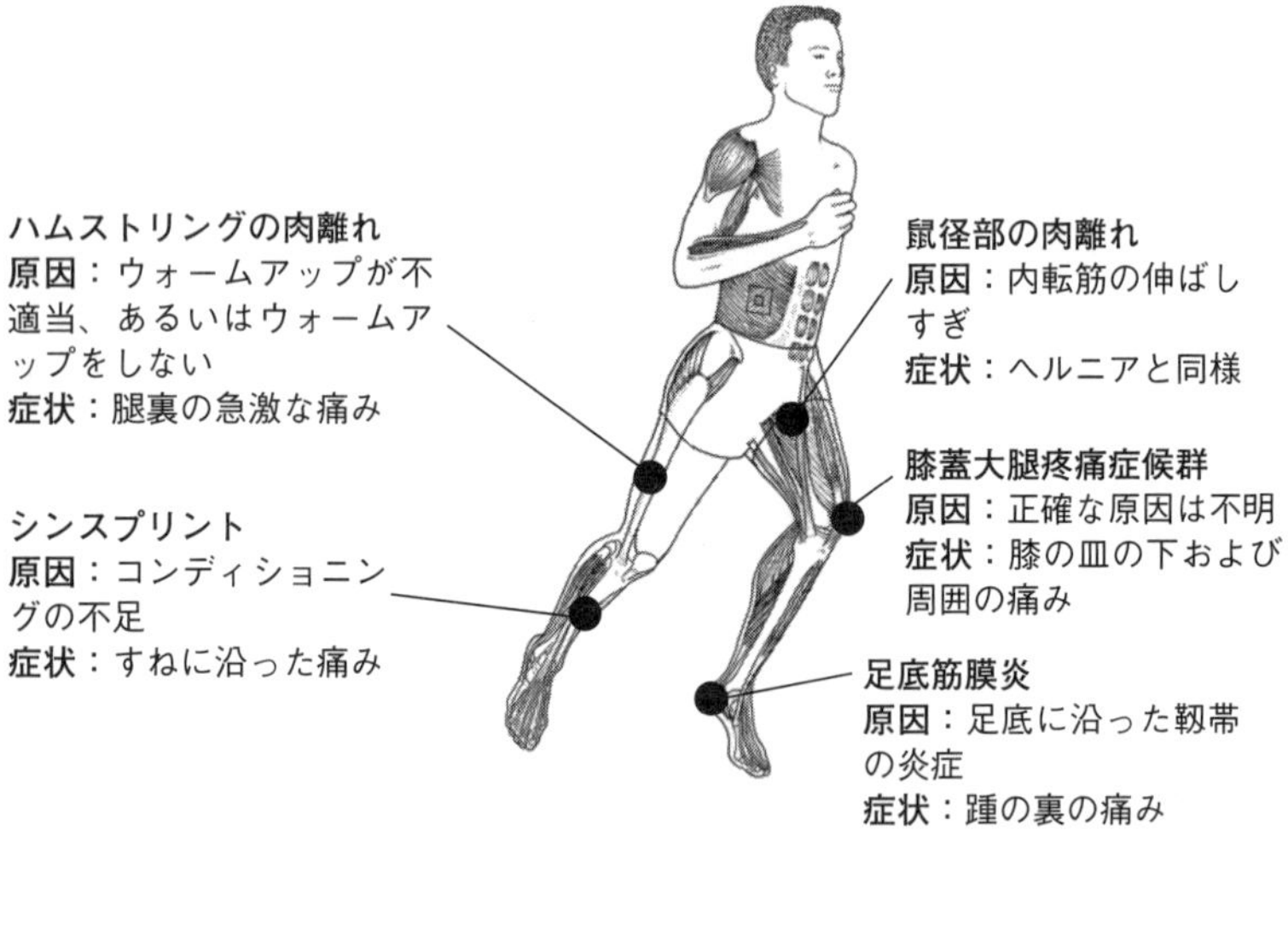
ハムストリングの肉離れ
原因：ウォームアップが不適当、あるいはウォームアップをしない
症状：腿裏の急激な痛み
鼠径部の肉離れ
原因：内転筋の伸ばしすぎ
症状：ヘルニアと同様
膝蓋大腿疼痛症候群
原因：正確な原因は不明
症状：膝の皿の下および周囲の痛み
シンスプリント
原因：コンディショニングの不足
症状：すねに沿った痛み
足底筋膜炎
原因：足底に沿った靭帯の炎症
症状：踵の裏の痛み

左平均圧力

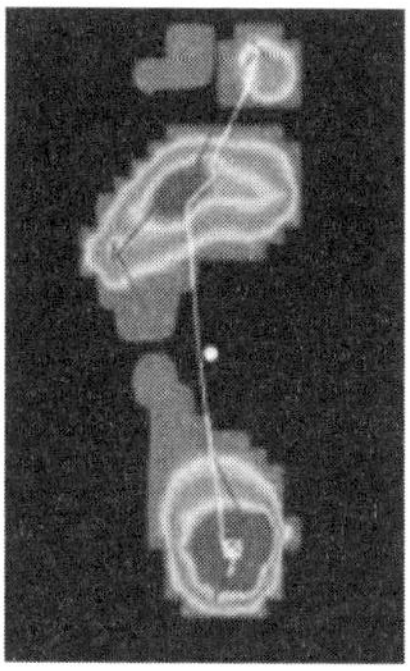

右平均圧力

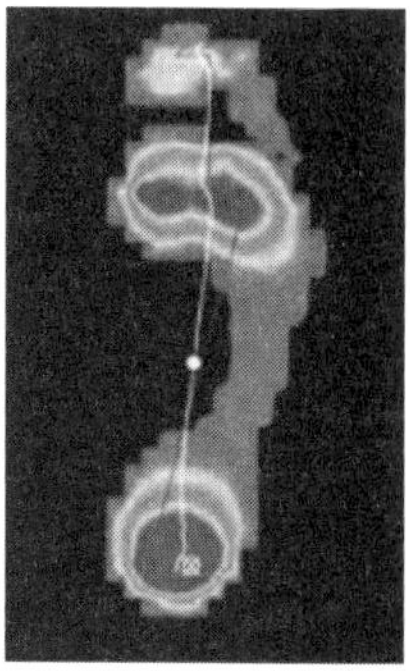

土台を評価する：私の店〈トゥー・リヴァーズ・トレッズ〉では足底圧分布図を使って足を評価し、適切な形状、筋力、バランスになるようトレーニングしなおす。

足、足首、下腿の故障もランニング障害の大きな割合を占める。もっとも一般的な４つの疾患は以下のとおり。

- **アキレス腱症**——アキレス腱の慢性炎症や変性。
- **足底筋膜症**——足底筋膜の変性や微小断裂。
- **脛骨過労性骨膜炎（一般名シンスプリント）**——通常は初期の微小骨折で、脛骨の内側に沿って生じる。
- **疲労骨折**——進行した微小骨折で、とくに脛骨や中足骨、踵骨《しょうこつ》に生じやすい。

通常、筋肉のケガが発生するのは可動域を超えたときと、組織に異常なストレスがかかったときだ。骨と関節のケガは強い衝撃や反復性の衝撃（異常な荷重）から生じることが多い。

外反膝（Ｘ脚）は、非接触前十字靭帯（ＡＣＬ）損傷がバスケットボールやバレーボール、スキーなど、跳躍や爆発的な動きが多いスポーツに蔓延する大きな要因となっている。さほど多くないが、ＡＣＬ損傷は低衝撃、高反復の動作、た

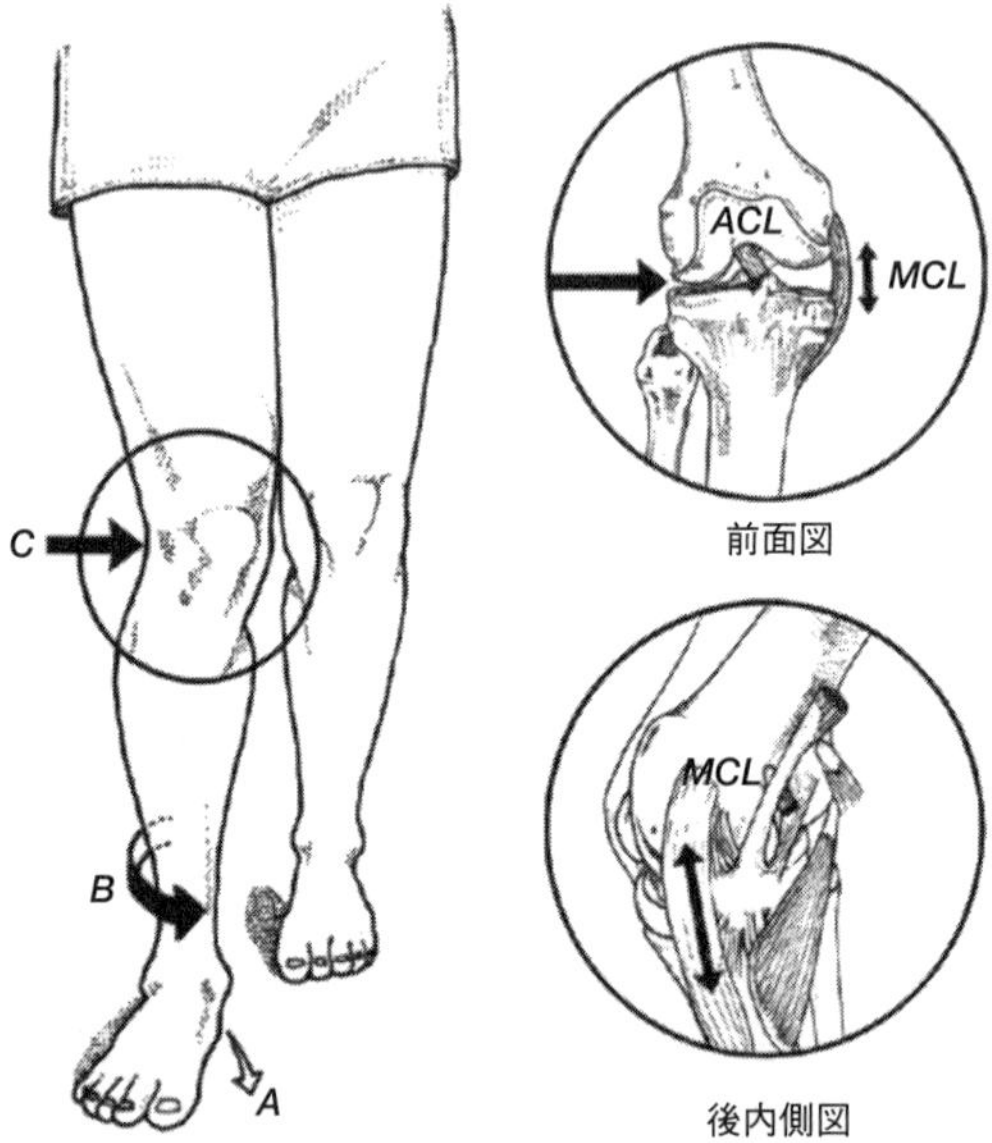

図に示す「動的外反膝」では、膝が内側に入って「L」字状になっている。跳躍や着地などの高衝撃動作中によく見られるものだ。A→B→Cという動きの流れは前十字靱帯（ACL）や内側側副靱帯（MCL）の断裂につながることがある。

とえばランニングでも生じることがある。

比較的新しい体幹・股関節トレーニングに、外反運動への対策としてスタンスを安定させ、大腿骨の着地時の内転を防ぐものがある。ところが、スポーツ界にこの体幹・股関節トレーニングが導入されて10年になるにもかかわらず、外反関連障害の発生率はいまだに高い。不思議なのは、ランニングの草創期にはこうしたケガがまれだったことだ。ほとんどの人は正しい走り方をしていたのである。補助的な体幹トレーニングにはほぼ無関心で、ランナーが体を鍛えたい場合は坂道を駆け上がるだけだった。

動的外反膝は、一般的に足から

生じることがわかっている。膝は板ばさみになった子供のようなもので、股関節と足から言われたとおりにするしかない。弱く不安定な足は、衝撃荷重を制御できずにくずれ、膝を道連れにする。股関節が強く足が弱ければ、膝がくずれる。これも私が過度のサポートやマシュマロのようにやわらかいクッション機能付きのシューズをおすすめしない理由のひとつだ。足はあなたの土台であり、強く、しっかりと地に着かなければならない。

足底筋膜症――生活習慣障害

足底筋膜症は本来、ランニング障害ではない。普通の疾病だ。ところが、ナチュラルランニングセンターには毎週のように、なんとかして慢性的な足底筋膜の痛みを消したい読者から質問が寄せられる。幸いなことに、その治療法はかなり単純で、ほかのケガにも応用可能だ（正確には、筋膜症とは組織の変性を指すもので、慣例的な用語でいう筋膜炎よりもはるかに多い。筋膜炎は当然、本物の炎症を伴い、感染や自己免疫発作などの状況で発症する。同じく、アキレス腱症も腱炎より一般的だ）。

強靭でバネのような足底筋膜の腱が足のアーチを支持している。踵骨（踵）と中足骨頭部のあいだに張力を生み、下にたわむアーチを形成して、車の板ばね《リーフスプリング》のように、足の第一のバネとして作用する。

足底筋膜は設計上、限られた量のストレスしか処理できない。内在筋（足のみにある筋肉）と外在筋（足を下腿につなげる筋肉）が神経や筋膜から信号を受け取っており、こうした筋肉が本来、荷重の大半を吸収・対処しなくてはならない。それが機能しなかったり衰えたりすると、荷重は足底筋膜に移され、そこで反復性ストレスが微小外傷を生じさせ、やがて足底筋膜症を引き起こす。足底筋膜症は再発しやすい。理由は単純で、スポーツ医学ではほとんど防げないからだ。私自身、何年も悩まされ、歩くことすら悲惨な苦行となるほどだった。注射、夜間副子（副木）、市販のアーチサポート、特注アーチサポート、安定性の高いシューズ、ストレッチングと、どれも役に立たなかった。衝撃波治療が流行《はや》っていたら、きっと試していただろう。

私のような患者が最初に受ける代表的な治療法は、アーチサポートやNSAIDs（非ステロイド性抗炎症薬）によるものだが、どちらも長期的には効果がない。アーチサポートをつけると多少楽になるにしても、結局はアーチを支えて衰えさせるばかりとなる（構造的な足の変形にはサポートが効果的な場合もある）。だが目標はつねに、機能と筋力の向上にあるはずだ。抗炎症薬も自然な修復プロセスの妨げになるだけで、ストレスが再開するとすぐに痛みがぶり返す。

足底筋膜症を長期的に治すには、根本にある原因に取り組むしかない。そのランナーが苦しんでいる要因は扁平足なのか、変形足なのか？　徐々にアーチサポートを減らしながら、足の強化と衝撃の緩和に努めるのが最善の出発点だ。逆説的だが、サポート機能が多いシューズは足を弱くし、足をよけい不安定にする。(36)

ほかにも足底筋膜症につながる要因はある。アライメントがずれて弱くなった足の親指や、堅く縮まったふくらはぎの筋肉、肥満、サポート付きのフットウェアから薄底シューズやベアフットへの早すぎる移行などだ。

足底筋膜症の治療法は原因によって変わるが、一般的なガイドラインを挙げておこう。

- アーチサポートやテーピングなどの矯正具は、組織を強化して伸ばすあいだの一時的な処置としての使用にとどめること（骨折した腕をいつまでもギプスに固定してはいけない。筋肉は使わずにいると1週間もしないうちに萎縮しはじめる）。ヒールの高い靴は履かず、つま先部分が幅広のシューズを見つけよう。
- 両足の前足部を階段にのせ、踵を下げ、そして上げること。若干のきつさを感じても、足の筋力とコントロールがしだいに増しているかぎりは大丈夫だ。アキレス腱や、後脛骨筋および腱にも効果がある。
- 足底筋膜が厚くなり、張りがあって、敏感になっていたら、軟組織ワークで緩めること。足の裏を手の親指やローラー、ゴルフボールなどで強めにほぐし、筋膜のしこりをリリースしよう。健康な筋膜はすべるように動く。
- 足の内在筋を働かせること。足でものを拾い上げる。裸足で歩く。足の親指の筋肉を鍛えるために、なるべく頻繁に親指を背屈させ、そして地面に押しつける――足指ヨガだ。足の筋肉を覚醒させ、アーチの再形成に役立つだろう。このショートフット姿勢のエクササイズは一日を通して（やわらかい）シューズのなかでも行なえる（Barefoot Science〈ベアフット・サイエンス〉の中敷き《インソール》はこうした筋肉を一日じゅう刺激することが可能だ）。
- 頻繁に見られる、足の親指がずれて内側に曲がった状態（外反母趾）の場合は、Correct Toes〈コレクト・トウズ〉など、親指をまっすぐにする製品の使用を検討すること。
- スロージョギングを実践し、接地と荷重率を軽くすること。着地とはね方を学び直す。これは

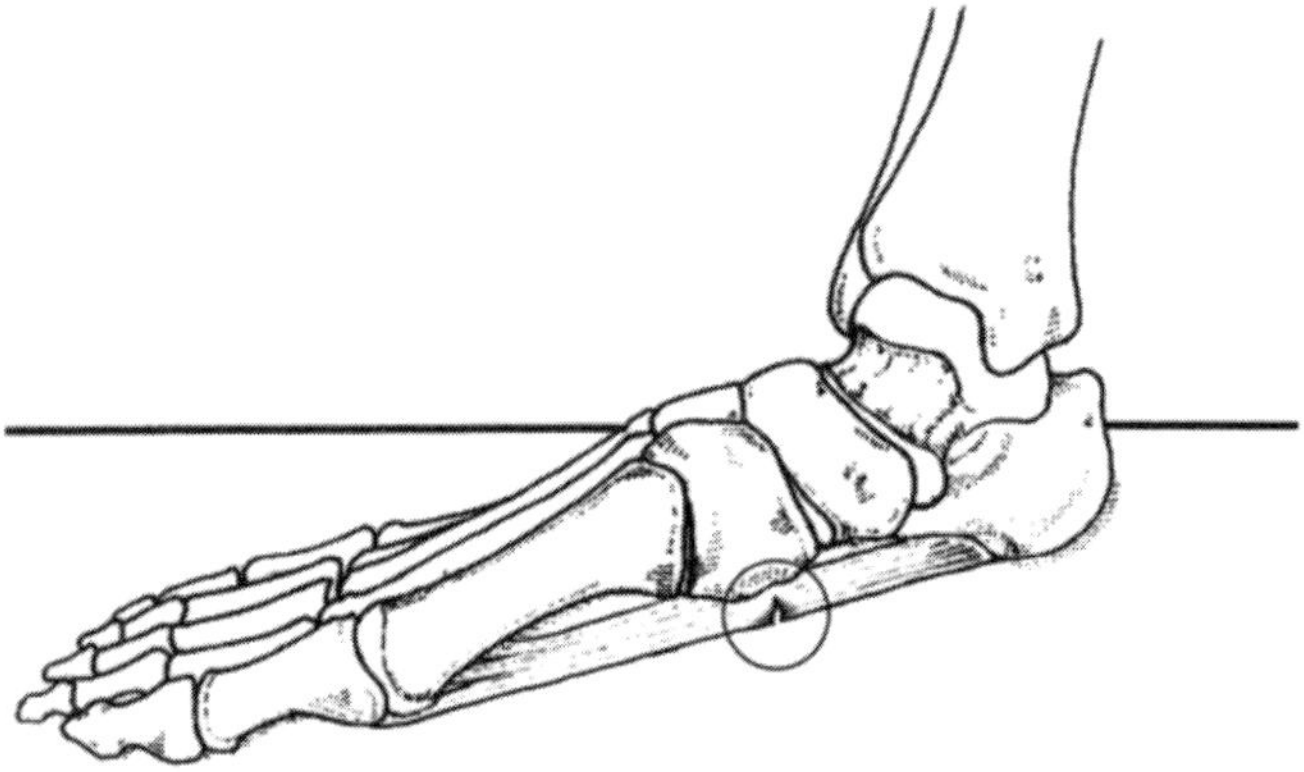

アーチがくずれた足は足底筋膜の挫傷や微小断裂を引き起こす。

簡単な縄跳びでも訓練できる。

- ＮＳＡＩＤｓ（ナプロキセン、イブプロフェンその他の非ステロイド性抗炎症薬）は使わないこと。こうした薬は自然な治癒プロセスを妨げ、内科的合併症を引き起こしかねない。私は大学時代に、そんな薬が原因で出血性の潰瘍を患い、血液量の半分以上を失った。
- 自然なランニングとウォーキングを理解している医療提供者に相談すること。

手治療?

なぜ私たちの足はこれほど問題になり、なぜこんなに多くの足治療医がいるのだろう？　じっと手を見て、「手治療医」が存在しないわけを考えてほしい。それは私たちが手を毎日いろいろな作業に使っているからだ。私たちは手にきわめて広範囲にわたる健康的な動作をさせている。足には欠かさずつけるような、重く窮屈な、姿勢を変えさせる装備に手が邪魔されることはない。シューズを脱ぐかミニマルなものに履き替えるかすれば、多くの足の問題は消え失せるだろう（時間と根気があるかぎり）。

RESTではなく、RESETしよう

誤解が広まっている。ケガのなかには安静《レスト》とリハビリが必要なものもあるが、多くはそうではない。

ランナーのナタリー・マクスフィールドは高校時代にスポーツチームでプレーしたのち、大学でランニングをはじめ、結婚してからは妊娠中もずっと走りつづけた。30代になって、足が痛むようになったが、足治療医たちが挙げる原因はモートン神経腫（モートン病）、足底板の損傷、関節包炎と、まちまちだった。安静にするよう指示され、装具を処方された。だが彼女は走るのをやめたくなかった。

長くつづけられる軽減方法を自分で見つけなくてはならない、とナタリーは悟った。そして、ベストな治療法とは何よりもまずケガをしないことなのだと。ランニングスタイルを調整し、シューズをよりミニマルなものに替えた。以来ケガをしていない。ナタリーやほかの人たちが自力で学んだように、多くのランニング障害に必要なのは正しい再成形《リモデリング》である。医療の介入でも安静でもない。

組織は緊張（引き伸ばされている状態）に耐えるとき、かならず変形する。スキーのストックを曲げるとどうなるか思い浮かべてほしい。ストレスを受けると、ストックはしなってから、もとの形にはね戻る。だがある程度までだ。強く引っ張られたり過剰なストレスを受けると、新たに曲が

ったままの位置に固定され、力ずくでまっすぐに戻さないと使いものにならない。これが肩などをつり包帯で安定させたときに起きることだ。肩はほんの3日でその位置に固まってしまう。正しく再成形するプロセス、つまり、ふたたび可動域いっぱいに動かせるようにするのは、痛くて難しい。

ランニング関連の痛みに苦しんでいる場合、関節（というより体のあらゆる部分）にとって効果があるのは一般に、患部を動かすことであって、固定することではない。正しい方法で走ること（そして歩くこと）は、間違った走り方による変性損傷の優れた治療法だ。医師として、私は常々目にしているが、人体には驚異的な能力があり、自己治癒と自然な位置への復帰を果たすことができる。それには人々が活動をつづけ、原因となる問題に取り組み、適切な信号が発せられればいい。勘違いからか、多くの人は持ち前の基本的な動作や技を「リハビリ」しようとして、部位別のエクササイズに専念する。6人のゴルフスイングコーチに指導を求めるのを想像してほしい。バックスイングコーチ、スタンスコーチ、戦略コーチなどだ。首尾よくある特定の筋肉群の動きを改善できたとしても、それであなたのスイングが機能するわけではない。

ヨギ・ベラが言ったかどうか、感じる痛みの半分は90パーセントがメンタルだ

痛みの管理《ペインマネジメント》はランニング障害の治療における永遠の課題だ。そして痛みのなかなか解けない謎に、私たちが痛みを予期する方法がある（痛みを記録・処理するのは脳と神経系で、ケガをした箇所ではないことに注意）。実験により、他人の手足や模造の四肢が被験者本人のものに見える場所に置かれ、そこに痛みを伴う刺激が加えられたときの反応が観察されてきた（ロリマー・モーズリー博

士［Dr. Lorimer Moseley］のTEDトーク、〝Why Things Hurt〟を参照のこと）。PETスキャンを見ると、被験者たちはまぎれもない、客観的に測定可能な痛みを経験することがわかる――そんな物理的刺激はありもしないのに。

そもそもなぜ私たちは痛みを感じるのか？　ひとつには、痛みとは傷ついたり危険にさらされている組織を保護せよという信号だからだ。問題への警戒を正しく促すという点で、痛みは私たちをより一層のダメージから護ることができる。だが信号はタイムラグが生じたり、実際のストレス源ではない領域から発せられることがある。

言い換えると、患者と医師は合図された痛みを誤解しかねない。それどころか、医師が対症療法（簡単な、治療費請求できる解決策）を提供する場合、痛みの根本的原因には処置も手当てもされないことになる。〝痛みは悪〟で〝痛みの緩和は善〟、という単純な二項式は割り切りすぎで、適切な治療に結びつくことはまずない。それどころか、このアプローチが現在のオピオイド中毒危機に直結している。

ことランニングに関しては、メンタル面のアプローチを変えることで奇跡が起こる。ランニングコーチのエリノア・フィッシュの主張によれば、**ランニングのせいでケガと痛みが生じる**から**ランニングのおかげでケガを防げる**へと考え方を変えるだけで、オーバーユース障害の発症率は下がるそうだ。「ポジティブな考え方をすることです」とエリノアは言う。「すると、ランニングを生涯の実践として支える、新しい習慣を身につける準備が整います。走ることはケガの原因とみなされやすいのですが、むしろランニングは、まえからある問題に気づかせてくれるのです。たとえば、一日じゅう座っていると股関節屈筋群の慢性的な短縮や大臀筋の発達不足が生じる。そしてどちらも走ることを困難にするのです」。痛みや凝り、敏感さが現れるのは走りだしてからなので、すんなりとは結びつかないが、本当の原因は、座っていることなのだ。

1度きりの実験

結局のところ、医師も理学療法士もあなたのことをよく知らないのだから、あなたは診断医兼医療研究者としての自分を頼りにしなければならない。患者兼被験者としての自分もだ。エクササイズに対する反応、体のストレスに対する反応、地表上を移動して、さまざまな物体と接する際に体が直面する数々の損傷に対する反応は、人によって異なる。つまるところ、あなた個人の実験では、ひとつの重要な結果を求めるべきだろう。それは、ケガを防ぐことだ。痛みを体に取り込まないように。No pain, no gain（痛みなければ、うまみなし）という格言の代わりに、No pain, thank you（痛みがなければ、ありがとう）を信条として活動に臨みたい。

ドリル

静止状態で立っている人物を評価するとしたら、理学療法士は全体像の一部しか見られない。その療法士（この場合は自分自身を検査するあなた）は、負荷がかかった場合、とくに疲労状態ではどうなるかを調べなくてはならない。レース中のあなたを撮った一連の写真を見てみよう。前半はかなり好調そうな姿で写っている。終盤になると話は別だ。疲れるにつれ、姿勢とフォームが変わる。よくなることはまずない。

スマートフォンのハイスピードカメラからいろいろなことが明らかになる。以下のものをビデオ撮影してみよう。

1　低い台からの片脚降り。足、膝、股関節の様子を観察する。膝が内側にくずれる場合は、どこが最初に曲がるかを確かめよう。足か、股関節か？

2　片脚跳び10回。これで少し負荷がかかるとどうなるかがわかる。つぎに、その反応を拡大して体を疲労させる目的で、3、4分のシャトルラン（往復走）、バーピー数回、ジャンプ数回、スプリント数回を行なう。つづいて、片脚降りと片脚跳びのテストをもう一度実施する。違いがわかるだろうか？　一流のアスリートでも脱力した様子を見せるはずだ（この疲労テストは慎重に、ケガをしていない場合にのみ行なうこと）。

次のマラソンに向けてトレーニングするまえに、「病理運動学的」（機能障害的）な動作パターンを見つけて調整しておこう。筋力を強化し、ゲイトを整える。オーバーストライドはしない。正面から見て、どちらの足も股関節の真下に着地させる（階段を上るときの要領で）。一本の線の上を走っていると考え、それぞれの足を線の両側に着地させつつ、けっして線にはふれないようにする。

私の足は股関節の真下に着地する。
ワインづくりでブドウを踏むように。

ケガに慣れる

次のドリルの目的はケガと痛みから自分自身を護ることだ。ケガを招きやすい反復性ストレスと高インパクトを迂回する簡単な方法を紹介しよう。

- 毎回同じルートを走るのではなく、道筋を変える。ルートが変化すると体は異なる環境に適応するようになる。たとえば、トレイルランニングはバランスや筋力を向上させるはずだ（予測できない地形というリスクがつきものではあるが）。やわらかい草や砂に着地の衝撃が吸収さ

れるが、そのぶん筋肉を使うよう求められる。足の着地時にはね返るエネルギーが少ないからだ。いろいろ組み合わせ、新しいチャレンジを投入して楽しもう。ただし、変化は徐々に加えること。

- 移行も、やはり徐々に、厚いクッションやサポート機能の付いた踵の高いシューズから、よりフラットで軽く、薄い、幅広のフレキシブルなミニマルシューズへと進めたい。解放された足から感謝されるだろう。
- 体の声に耳を傾ける。違和感を鎮痛剤や抗炎症薬でごまかさない。ペースを落とし、穏やかな漸進的ストレスを加え、回復を図る。やがて気づかなくなったものがあることに気づく。痛み、ひりつき、凝りが消えていると。
- TrueForm Runner（トゥルーフォーム・ランナー：ゲイトの再トレーニングとケガの予防にきわめて有用な機器）に加えて、Zero Runner（ゼロ・ランナー）を試してみよう。このトレーニングマシンは着地衝撃力がゼロで、股関節を可動域いっぱいに動かすことができ、動作の可変性を保証する（対照的に、楕円軌道《エリプティカル》トレーナーやStairmaster［ステアマスター］は動作を命じるものだ）。疲労骨折や関節置換術などの機械的《メカニカル》ストレス、過負荷関連の損傷から回復中の場合は、

Zero Runner（これはじつに楽しい）がゲームへの復帰をかなえてくれるだろう。

第Ⅲ部　走ることはみんなのもの

第15章　女性たちが集団を引き離す

自分なりにベストなランナーになりたかったら、いますぐはじめること。できるかどうか考えて人生をむだにしないように。

――プリシラ・ウェルチ、43歳でニューヨークシティマラソンに優勝したランナー

時計はキッチンテーブルに置いていこう――自由に、子供のように。

――クレア・コワルチク、*The Complete Book of Running for Women*（『女性のためのランニング完全読本』）

神話：ランニングはおおむね男性向きである。

事実：現在、女性ランナーは男性ランナーよりも多い。

神話：女性は妊娠中に走ってはいけない。
事実：人類が地上に現れてからこの方、女性は妊娠中にも問題なく走ってきた。

神話：骨粗鬆症《こつそしょうしょう》の女性は走ってはいけない。
事実：骨粗鬆症の場合、定期的に少しずつ運動することが、骨の強さと転倒防止に必要なバランスの向上に役立つ。

本書はあらゆる人に向けて書かれている。男性、女性、子供たち。若者そして高齢者。ただし、本章で取り上げるトピックの一部は女性特有のものになる。

とんでもない作り話で、数十年にわたってランニングにおける女性の機会喪失を招いたものに、1928年オリンピック女子800メートル競走のメディア報道がある。「眼下のシンダートラックにいたのは11人の哀れな女性たちだった」と《ニューヨーク・イヴニング・ポスト》のジョン・チュニスは書いている。「うち5人は完走前に脱落し、5人はゴール後に倒れ込んだ」。チュニスらの報告に記された「極端な疲労」は正確な描写と広く認められた。結果として、女子800メートルはオリンピック種目から1960年まではずされる。

1928年の真相はまったく違っている。残っている記録映像を参照すればわかることだ。まだテレビもインターネットもなかった当時、この映像が視聴されることはほとんどなかっただろう。見れば明らかなように、決勝に出場したランナーは9人のみで、ひとりだけゴール時に転んだが、すぐに立ち上がった。この1レースだけで、数人の選手が女子800メートルの世界記録を破っている。彼女たちの走りは優雅でリラックスしており、フィニッシュ時には笑顔があふれた。

女子の場合、オリンピックで1500メートル（1マイル弱）が種目に含まれたのは1972年以降にすぎず、最初の女子マラソンが実施されたのは1984年だった。1万メートル競走が加えられたのは1988年、5000メートルは1996年、3000メートル障害は2008年である。

1966年、女性ランナーのボビー・ギブがボストンマラソンの正式な参加者になりたいと願い出た。レースディレクターのウィル・クローニーはこう返信した。「こちらはAAU（アマチュア運動連合）男子部門限定のレースです……女性は認められませんし、さらにいえば生理学的に無理なのです」

それでもボビー・ギブは走った。

さらに大規模な女性のランニングムーブメント、そして競技規則への数多くの変更の原動力となったのは、ただただ走りたい、チャレンジしたいと願ってやまない勇敢な女性たちだった。なぜ走る喜びを、自由を、健康を求める者を阻むのか？　1980年代には、女子が記録するタイムは1世代前の一流男子オリンピック選手をしのぐか伍するまでになっていた。

私にすれば驚くようなことではない。2001年、世界陸上やボストンマラソンで複数回優勝したキャサリン・〝ザ・グレート〟・ンデレバのフォームを学ぶチャンスを得てからはなおさらだ。ボストンマラソンで彼女の集団に加わっていたときのこと。つまり、引き離されるまでのことである。彼女の集団とともに中間地点を1時間14分で通過したとき、その軽やかな、バネのあるストライドと完全にリラックスしていることが彼女の推進力になっているようだった。対照的に、置き去りにされるランナーたちの体の動きと荒い息づかいからはエネルギーを無駄にしているのが明らかだった。キャサリンはリラックスしたまま長い下り坂を通過すると、気合とともに急激に加速してニュートンの丘を越え、最後の10マイル（約16キロ）を50分で走り、2時間24分でゴールした。キャサリンのおかげで私もいい日になった。彼女のペースとリラックスした様子に触発され、2時間29分で完走する——1年前に足の手術を受けたにしては、予想外の速さだった。

みんな一緒に

友人で著述家のクリストファー・マクドゥーガルが、シェパーズタウンまで走りにやってきて一緒にコーヒーを飲んでいたとき、1992年オリンピックの1万メートル金メダリスト、エチオピアのデラルトゥ・トゥルの話をしてくれた。出産後、5年間マラソンを走っていなかった彼女が37歳でエンデュランスランニングの世界に復帰し、2009年のニューヨークシティマラソンに出場したときのことだ。スタートから彼女は大胆にも先頭集団に位置していた。例によって、集団はマンハッタンに入って一番街を走るころに小さくなりはじめる。ブロンクスに移った20マイル（約32キロ）地点では、先頭集団に残っていた数人が見るからに苦しんでいた。そのときだ、デラルトゥがスピードを落とし、ついてくるよう励ましたのは。ぎりぎりまで助けたり元気づけたりしてから、彼女は前に出てレースを制した。

南アフリカの人々はよく〝ウブントゥ（Ubuntu）〟という言葉を使うが、これは「わたしはあなたのためにいる」と訳される。私の経験からいえば、これこそ女性のランニングムーブメントの精髄だ。

トーキン・バウト・ゼア・ジェネレーション……

新しい世代の女性たちがランニング界の牽引力となり、マラソン完走者の40パーセント以上は女性で占められる。ハーフマラソンはもっとも急成長している長距離走で、近年の参加者の60パーセント以上は女性だ。1985年のわずか20パーセントからそこまで上昇した。数が増えただけではなく、最速タイムも男子のタイムより速いペースでよくなっている。女子のマラソン記録は1972年の初の公認女子マラソン以降、46分も縮められた。男子の最速マラソン完走タイムは過去1世紀ものあいだに30分と向上していない。

1995年、オプラ・ウィンフリーが海兵隊マラソンに参加し、悠々と完走する。オプラ以前のレースは俊足ランナーのためのものだった。彼女は誰もが、とくに女性たちが走りに出てもいいのだと示してみせた。いみじくも、走ることはスポーツというより「健康的な活動」だと語っている。

何百万人もの女性がランニングをするようになったが、やめた人はほとんどいない。必ず放出されるエンドルフィンに後押しされ、大半の女性はリラックスした充実感のある走り方をし、男性に比べて強引ではなく、ペースもより安定している。これなら永久につづけられそうだ。走る行為そのものが、外に出てまた走りたいという欲求を高めるのだから。多くの母親や働く女性たちにとって、戸外でのランニングやエクササイズは忙しい一日のハイライトになる。

カメは確実にウサギに勝つ

男性のほうが筋肉量は多く（テストステロンの有利な点だ）、それゆえ体重あたりの筋力が高いため、短距離では概して女性よりも速い。だがパフォーマンスの男女差は距離が長い種目ほど小さくなる。ある男性に短距離で引けを取らない女性が長い距離を走った場合、速さはその男性と互角となるばかりか、上回ることも多い。50マイル（約80キロ）以上などのウルトラレースでは、女子の結果の中央値は確実に男子の中央値より速くなる。健康な女性は、自然な体脂肪率が高く、脂肪燃焼に適応しやすい[37]。そして脂肪は長距離に欠かせない燃料だ。

フィットするために（別のものを）食べる

さて、運動する女性が知っておくべき具体的な医療トピックにはどんなものがあるだろう？女性の生涯にわたるホルモンの変化に（程度の差こそあれ、男性にもあるが）、インスリン抵抗性あるいは炭水化物不耐性の発現上昇がある。このため、多くの女性は40代、50代になると（あるいは妊娠中は）、青年期や思春期前と同じ食習慣をつづけられない。メタボリックシンドロームを防ぐことが加齢とともに重要になる。間違った食生活から逃げ切ることは不可能だ。

肥満と糖尿病は顕著に見られる健康危機で、慢性化もしやすいが、スポーツ医が目にする珍しくない状態がもうひとつある。**スポーツにおける相対的エネルギー不足**すなわちRED‐S（**女性アスリートの三主徴**と長く呼ばれてきたものを指す、新たな、より幅広い言葉[38]）だ。

この欠乏症もしくは症候群は、症状や疾患の集まりで、全体として体調不良や有害な事象を招くことがある。能力の高いアスリートにもっともよく見られ、症状や危険因子は中学校という早い時期に認められるかもしれない。RED‐Sが生じやすいのは次の3つの状況が重なった場合である。

栄養の偏りや不足。これは摂食障害とはかぎらない。体操選手、バレエダンサー、そして長距離ランナーは不自然なほど痩せて見えることがある。基本的に、彼女たちが苦労しているのはエネルギーバランスの乱れで、それは摂取されるものと競技や自身の体が要求するものがエネルギーや栄養の点で一致しないときに起きる。骨や組織の最適な成長のために、女性は充分なカロリーだけではなく、必須脂肪酸や必須アミノ酸など、本物の食品から得られる栄養素をバランスよく摂らなくてはならない。

健康な（かつ月経周期が正常で正常妊娠が可能な）女性の体脂肪は、体重の20パーセントが下限とされる。バレリーナや体操選手、エリートランナーはしばしば体脂肪レベルがこれを大きく下回り、ときには一桁台まで落ちる。彼女たちはフィットした状態だが、かならずしも健康ではない。私たちの文化でも超痩せ型の女性が理想化され、おそらく栄養が偏る傾向の一因になっている。

低骨密度。私たちの骨基質の大半は十代が終わるまでに形成される。その後、骨細胞（破骨《はこつ》細胞と骨芽《こつが》細胞として知られる）が毎日、「再構築《リモデリング》」のプロセスを通して破壊・再編されるが、このプロセスは衝撃荷重の大きさに強く影響される。衝撃や負荷のかかるスポーツは、骨密度の上昇と保持が促進されるので、ぜひやったほうがいい。ただ、それもある程度までで、大きすぎる負荷は構築よりも破壊の原因となる。[39]

低骨密度、あるいは骨減少症《オステオペニア》は、疲労骨折《ストレス》のリスクを増大させるもので、骨粗鬆症の前兆となる。骨減少症がよく見られるのは、エストロゲン値が自然に低下する閉経後の女性、そして（驚く人も多いが）水泳選手やサイクリストなど、体重負荷のない活動をしている人たちだ。

ビタミンD（ビタミンというよりホルモン）もここで役割を果たし、骨の強度を高める。だが大学の女子選手を対象とした調査から、ほぼ3分の1は骨強度が不足していることが明らかになった。[40] 付け加えると、NCAAディヴィジョンⅠの女子選手の30パーセントは鉄分不足だと判明している。

月経異常、あるいは排卵障害。規則的な月経周期は正常な代謝や成長を調整する作用があり、良好な栄養状態と健康がその維持に欠かせない。周期が規則的なら、体は適切なホルモンを適量生成する。不規則もしくは無月経の場合、体はホルモンのバランスがくずれた状態にある。トップレベルのスポーツやダンスパフォーマンスは、体脂肪20パーセント未満を求められるとしたら、健康とは相容《あいい》れないかもしれない。

RED-Sに対処するには、多くの人にとって困難な生活スタイルへの適応が求められる。いったん月経異常が始まったら、健全な周期に戻るまで6～12カ月を要するかもしれない。その際ものをいうのは、身体的な過負荷と栄養上のミスマッチがある状態から成長と修復という状態へ転換することだ。フィットネスよりも健康を選ぼう。走ることは女性の健康のためになるが、走りすぎれば問題が生じることにも用心したい。

ひとことで言うなら、健康的な食事をして運動は控えめにすることだ。骨再構築《リモデリング》とホルモンのバランスは栄養状態に大きく左右され、改善はキッチンでの努力からはじまる。必須脂肪酸（とくにオメガ3系）、アミノ酸、ビタミンB群をすべて植物ベースの食事で摂るのは難しいので、私は医師としてアスリート（とりわけ衝撃の高い活動をしている人々）に菜食主義者《ベジタリアン》や完全菜食者《ビーガン》になることはおすすめしない。こうした食事法は特定の病状への対策としては効果がある（場合によっては絶食もそうだ）が、誰しも基礎的な栄養分はすべて必要だし、運動している場合はなおさらだ。細心の注意を払って実行すれば、菜食だけでもトレーニングや競技への参加は可能だが、普通はそうはいかない。マット・フィッツジェラルド（*The Endurance Diet*［『エンデュランス・ダイエット』］の著者）が世界をめぐり、あらゆる耐久系スポーツにおける最強のアスリートたちの食事を調べている。ビーガンのアスリートはひとりも見つからなかった。各地の伝統的な文化で、もっとも濃厚かつ、もっとも栄養豊かな食べ物が出産適齢期の女性のために取っておかれるのは、示唆に富んでいるかもしれない。

生活上のストレスは内分泌系のストレスにもなる。信頼できる医療提供者（知識のあるコーチやトレーナー、スポーツ栄養士、医師）を見つけよう。回復期間を通じて協力してもらえる人、とくにあなたを、そしてあなたのスポーツへの熱意を理解してくれる人物がいい。

状況は変わる、とくに青年期に

女子の場合、青年期に起きる急激な変化はかならずしも持久力や走るスピードの向上にはつながらず、この時期にスポーツから離れる活動的な若い女性も多い。教育機関での性差別を禁じる教育改正法第9篇のおかげもあり、現役にとどまる女性たちがいるのは幸いなことだ。

青年期の女性は体重が増えるが、それは食べすぎのせいではなく、急増する各種ホルモンが成長や体形の変化、必須脂肪酸の貯蔵を促進するからだ。青年期の男性も成長して太るが、テストステロンが優位のホルモン群により、こちらの体重はむしろ筋肉量に転換される（彼らは食べるから成長するのではなく、成長するから食べるのだ）。

言い換えると、女性のホルモンが出産に向けて体を準備しつつ変形させるのに対し、男性の急増するテストステロンや成長ホルモンはより肉体を使う作業に合わせた準備をするということだ。双子の兄と妹が同じ食事と活動をしながら成長し、似たような体形と運動スキルをそなえて青年期を迎えることはあるだろう。ところが高校を出るころ、ふたりの身体的な特性と体脂肪率はまるで違うものになっている。

同調圧力は青年期に強くなりがちで、若い女性はうつ病を発症するおそれがある。そんなときこそ、ランニングなどのシンプルな活動が心身の健康にきわめて効果的だ。青年期には、骨や筋肉、腱、靱帯、筋膜といった構造組織が発達するために身体活動が欠かせない。しかもそれは、代謝や脳機能、気分、社会的適応、睡眠の質を向上させる。近視になりやすいデジタル時代にあっては、目のためにもいい。走っているとき、目は遠くへ、近くへ、周辺視野へと、たえず焦点を変えることで鍛えられる。画面にずっと焦点を合わせる硬直した状態とは対照的だ。

青年期の女子には別のパターンのオーバーユース障害も現れる。股関節が広がると、足と膝の着地パターンが変わるからか、外反膝（着地時に膝が内側にくずれる）があまりにも多い。「ランナ

スポーツにおける相対的エネルギー不足（RED-S）の健康への影響、女性アスリートの三主徴の拡張概念に認められる広範な結果や男性アスリートへの適用

（＊心理的影響はRED-Sに先行する場合もあれば、RED-Sの結果である場合もある）

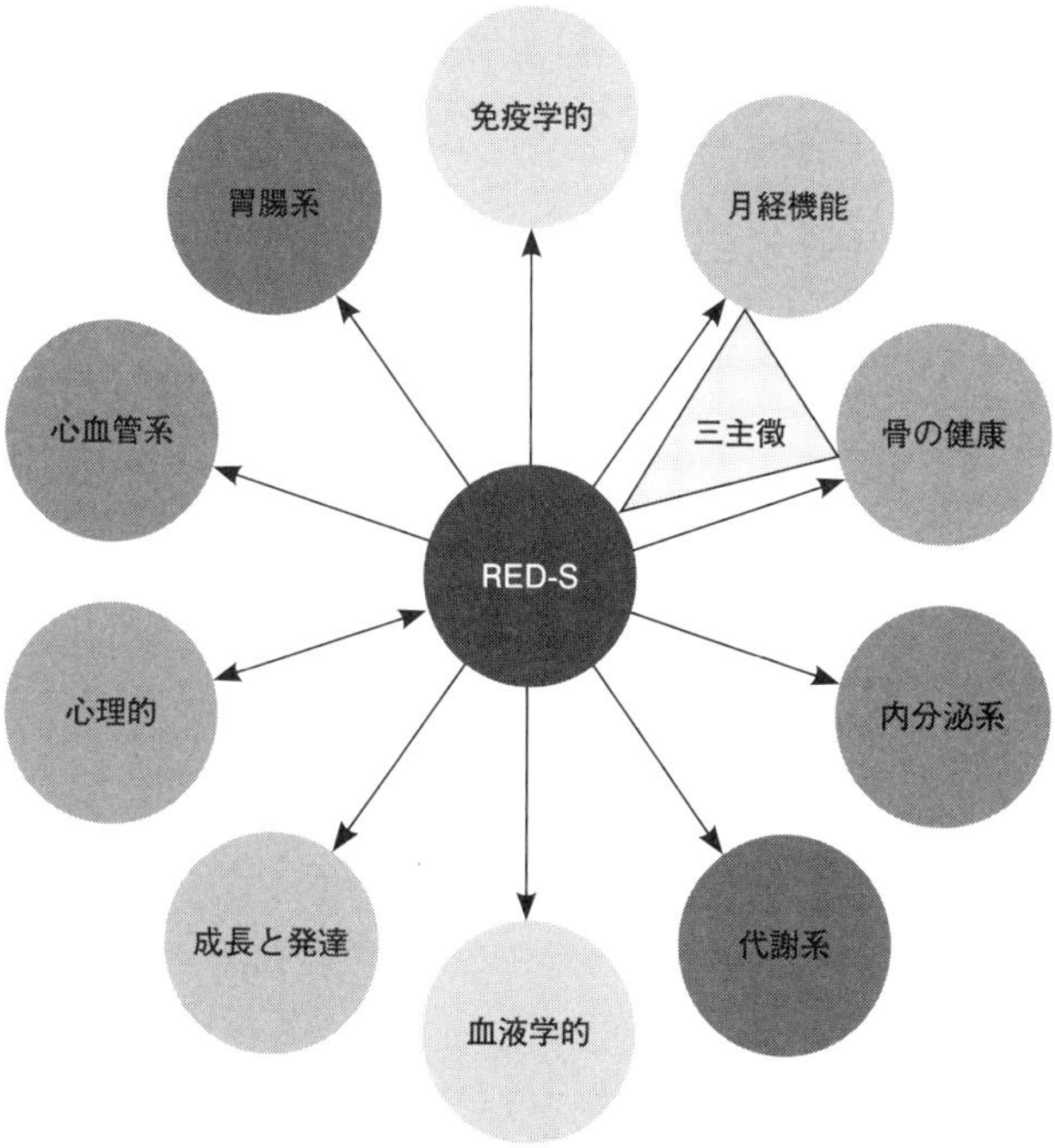

スポーツにおける相対的エネルギー不足とは、代謝率や月経機能、骨の健康、免疫、タンパク質合成、心血管の健康を含む（ただし限定はされない）生理機能の障害

ー膝」（膝の痛みの総称）、腸脛靱帯症候群、その他膝周辺の疾患が外反膝にはつきもので、とくに青年期の女性によく見られる。

移り変わる妊娠時の禁止事項

伝統的な文化では現代になるまで、妊娠は健康な女性のライフサイクルの一部とみなされていた。多くの文化では、いまでも女性が妊娠中に活動レベルを変えることはめったにない。だが私が医療の仕事に就いたころ、妊娠中の制限事項（白衣の「専門家」が処方するもの）が広まりはじめた。女性は走るのをやめるよう指示された。

当時ほとんどの医師は気づかなかったが、いまや明白になりつつある。体を動かす女性のほうが妊娠結果が良好なのだ。幸いにも過去20年ほどのあいだに、妊娠中の活動に対する制限はだんだん緩められてきた。２０１８年にはついに、ずばり良識に従うのがベストとのことで意見の一致をみている。つまり、走ると楽しくて健康になるのなら、走りつづけなさいということだ。生涯初の１００マイルレースを妊娠中に走る？　それはおそらく良識に欠ける。

コロラド大学にいた２０００年代前半、地方の家庭医をめざしていた私はやたらと忙しい産科での研修で、若いヒスパニックの女性の分娩を担当することが多かった。母親たちは概して健康で、家族の強いサポートに恵まれ、陣痛や分娩はおおむね正常だった。医学的介入の必要はまずなかったし、帝王切開率は一桁台だった。２０１８年現在、米国の赤ん坊の３分の１近くが帝王切開で取り上げられている。[41]

もうひとつの更年期

閉経を迎えると、さまざまな難題が持ち上がる。気分の落ち込み、疲労、食欲の変化、欲求の喪失、睡眠障害、活力の減退といった具合だ。数十年にわたり、通常はホルモン補充療法（ＨＲＴ）が医師から処方されていたが、その後、米国立衛生研究所が開始した大規模な研究「女性の健康イニシアチブ」で、ＨＲＴは乳がんや心血管系の事故のリスクがわずかながら高まることが明らかになった。以来、抗うつ剤や栄養療法、薬草療法など、より安全な代替策が求められてきたが、その効果はまちまちだ。健康な人は、ＨＲＴでさほどリスクが増大しない場合があるので、ＨＲＴという選択肢についてては信頼できるヘルスケア提供者と慎重に検討しよう[42]。ＨＲＴによってランニングのパフォーマンスが向上するという証拠はないことに注意したい。

閉経期以降のランニングにリスクはあるのだろうか[43]？　これといってない。あるのは有益なことばかりで、副作用もリスクの増大もないと予想できる。ただし、ＲＥＤ‐Ｓや骨減少症《オステオペニア》に気をつけること、そしてトレーニングプログラムは徐々に進めることが重要だ。長距離走界ではコリーン・デルック、ゾーラ・バッド、ジョーン・ベノイト・サミュエルソン、そしてメーガン・アーボガストらが注目の的となり、50歳を過ぎて何ができるのか、その可能性の認識を書き換えつづけている。

忙しさのケアをする

ランニングコーチで著述家のエリノア・フィッシュはときに疲労と闘ってきた。とりわけ親としてである。「歳を重ねて生活がますます目まぐるしくなり、プレッシャーや心配事が増えると、疲労という問題がまえより頻繁に浮かび上がってきます。すると定期的に走るのも難しくなり、深刻なときは1週間の仕事を乗り切るだけで精いっぱいで、週末はずっとベッドですごすしかない。気の毒に夫も、どうしたら力になれるのか見当もつかないようでした。

それでわたしは、ストレスについて調べはじめたのです。ストレスが体にどれだけ深く影響を与えて、慢性的な健康問題の原因になるかを知ってショックを受けました。このことがそこまで気になるのは、ストレスレベルが上がるとわたしは自己免疫性の持病がぶり返すからです」

いったんストレスを積極的に管理するようになると、エリノアによれば、活力と走りたい気持ちが戻ってきたという。現在、彼女のもとには、労力のかかる仕事や家庭生活という課題に直面した多くの女性ランナーから、ストレスによる疲労に関連した健康問題の話が寄せられる。「多忙なスケジュールのせいで彼女たちにはセルフケアの時間がほとんどなく、心をリラックスさせてエネルギーを回復させてくれる活動などもできません」とエリノアは言っていた。「女性はストレスへの体の反応が男性とは異なるだけに、事は重大です」

エリノアと同様の体験をしたアリアナ・ハフィントンも、著書『サード・メトリック――しなやかにつかみとる持続可能な成功』で説明している。女性は就労に際してストレスや睡眠不足、燃え尽き《バーンアウト》といった火種を抱え、男性よりも高い代償を払うことになるのだと。

地上を飛ぶ2本の足《フィート》の魔法

はたしてランニングはいいものなのだろうか？　なぜ世界じゅうの何百万人もの女性たちが走るようになり、ケガに耐えてまでランニングをつづけるのか？　ウォーキングやサイクリング、水泳、楕円軌道《エリプティカル》マシンでのトレーニングだけで、あるいは一日じゅうスクワットを繰り返すだけでいいのではないか？

妻のいとこのミーガン・キューサックは、完全な可動域や体の動き（ランニングが提供する種類のもの）の必要性がいかに私たちのＤＮＡに植えつけられているかを体現している。

ミーガンは若いころはスポーツが得意ではなかったと言う。「体育で外に並んで1マイル走をする日が恐ろしかった。学校を4周するだけだったけれど、マラソンみたいに思えたから」。10歳のとき、体育の授業中に足首が痛くなり、何週間も足を引きずっていた。足首のX線写真を何枚も撮ったが、何も見つからなかった。2、3カ月後、膝のあたりにしこりがあるのに気づき、骨肉腫と診断された。高悪性度の骨のがんである。

2年以上にわたる化学療法、再発、失敗に終わった関節温存努力の末、ついに結論に至る。がんが肺に広がっていることを医師たちが発見したのだ。となると化学療法をもう1年つづけなくてはならない。

ミーガンの脚はそれまでずっと勇敢に治癒をめざしていたが、化学療法の最終年に限界に達した。医師が彼女の下腿のX線写真を取り出すと父親は涙を浮かべた。骨はほとんどなくなり、もう治ることはないとわかったのだ。2日後、病室を埋める家族と友人が祈りをささげるなか、彼女は手術室へと運ばれ、脚を大腿部で切断される。

ミーガン・キューサックが「飛んでいる」

ウルトラランナーのサラ・デイヴィッドソンが挑むのは自分自身、そしてトレイルだ。

ミーガンはどうあろうとその障害に自身の目標を限定させなかった。大学を卒業すると、今度は修士号と博士号の取得をめざしながら、さまざまな義肢を装着して歩くようになり、自転車競技に出場した。だが走ることは一度もなかった。ある義肢装具士と出会い、また走ってみたくないかと訊かれるまでは。

「初めは気乗りしなかった」とミーガンは言っていた。「でもその人からランニング用の義足を渡されて、持ち帰って試してみたの。うちの廊下から始めて、おそるおそる足を交互に前に置いてね、それから少しずつストライドを広げてペースを上げていった」。いまや彼女は5キロレースに夢中だ。

ミーガンが再体験したのは何だろう？ 11年以上たったあとに、彼女に（ほかの人たちと同じく）ランニングをつづけさせる理由とは？

「飛んでいるような感覚」と彼女はあっさり言った。「両足が同時に宙に浮いていた」

それこそまさに喜びに満ちたストライドの最中に起きることだ。このとき両足は空中にある（もともとの足が

2本あろうがなかろうが関係ない)。「トレーナーからスピードを落とすようにと言われる始末だった」と彼女はつづけた。「バーンアウトの危険性を見て取ったのね」

自分は飛ぶために生まれたのだと、ふと気づいたとき、スピードを落とすのは難しい。

ドリル

外反膝（X脚）と非接触性の前十字靱帯損傷は、どちらかというと女性に多い。片脚の筋力、バランス、足と股関節のコントロールに関連したドリルは基礎的なもので、ほかの章で説明してある。

- 片脚スタンス
- 片脚走ドリル
- 正式なスクワット
- 正しいやり方のボックスジャンプ

栄養に関して、とくに女性は以下のダイエット上のアドバイスに注意してほしい。

- 鉄分の豊富な食物をたっぷり食べること（鉄は月経中に失われる）。赤身肉はきわめて体内に吸収されやすい鉄を含んでいる。
- 充分な量のビタミンDを食物と日光から吸収して、骨を強くすること。自分のビタミンD値をチェックしよう。最適値は50ng／mL以上だ。

•ビタミンK_1やK_2を含む食物がホルモン機能には欠かせない（良質な肉やシーフード、卵、葉物野菜、全脂肪乳製品）。上質な内臓（もつ、ホルモン）や伝統的な文化のように「上から下まで全部」食べることを怖がらず、ホウレンソウやケール、フダンソウ、ブロッコリーなど、濃緑色の葉物野菜を探そう。脂溶性のビタミンを含んでいるので、バターやオリーブオイル、卵、乳製品、肉と組み合わせたほうが別々に食べるよりも効果がある。

•妊娠している人は、インスリン抵抗性が強くなりがちなので、単純（加工）炭水化物を摂りすぎないこと。体が特定の食物を欲しがる場合は、何か必須の成分が不足しているおそれがあるため、栄養士や医療提供者に相談するといいだろう。栄養の乏しい食物を食べても、こうした欲求はまず抑えられないので、ジャンクフードはやめること！

•説明のつかない症状がある場合、とくにそれが神経的なものだとしたら、ビタミンB_{12}の状態をチェックしよう。最適値は５００pg／mL以上だ。

そしてストレスを解消する。エリノアの言葉を借りれば、女性は走ることに喜びと恵みの場所を見つけられる。友人を誘って軽く走りにいこう。

第16章　ヤング・アット・ハート

われわれが柔弱になっていくこと、体力をしだいに失っていくことは、わが国の安全にとって脅威である。われわれは合衆国に観客の国家を望みはしない。はつらつとした人生の参加者の国家を望む。これはむろん、ワシントンから解決できる問題ではない。むしろ個々の家庭に始まる問題である。

——ジョン・F・ケネディ大統領、若者の体力に関する会議、1961年

いまの子供たちは家に軟禁されている。

——作者不詳

命が懸かっているつもりで遊べ。

——フランク・フォレンシック

神話：優れた栄養とトレーニングのおかげで、現代の若者はいつの時代よりも健康である。
事実：現代の子供は30年前の子供より1マイル走で1分遅く、3分の1以上が太りすぎ、つまり肥満である。

アメリカでは、ひとつの文化全体が一流ユーススポーツを中心に築かれてきた。子供や若者たちは優秀になるよう訓練され、選ばれた者がひとつの競技に専念するよう仕向けられ、多くの場合、大学奨学金という手の届きにくい目標を追いかけることになる。

こうして親が優秀さにこだわるのは子供にとって健全なことではない。本来、ほとんどの子供は遊びたい気持ちが動機になるのだし、どこまでスポーツに打ち込むかは自分で決めることを認め、奨励するべきだ。親はサポートとプレーする場の提供（や刺激となる手本を示すこと）に徹したほうが、急かしたり押しつけたり挑発したりするより結果はよくなる。子供の身体活動レベルにもっとも大きな影響をおよぼすのは親の身体活動レベルだ。

確実な専用アプリはありません

スポーツイベントへの熱狂ぶり（やプロチームにつぎ込まれる大金）から判断すると、アメリカの子供たちはフィットネスに夢中で、幼いころからそうだと思えるかもしれない。実態はまったく異なる。公式、非公式を問わず、日常的に運動をしている子供の総数は低く、減少しているのだ。2016年、スポーツ&フィットネス産業協会の調べによると、6〜12歳の児童のうち定期的にスポーツ活動をしている数は全体の26・6パーセントまで落ちこんだ。2008年の30・2パーセントから引きつづき低下している。運動の質も落ちていて、個々の子供が適度な運動をしたところで全体の健康にはたいして影響しないかもしれない。

これは認識不足によるものではない。ほとんどの人が運動はよいことだと承知しているが、私たちはしだいに、いつのまにか子供にとっての定期的な活動をわきに追いやってきた。学校の体育やフィットネスプログラムの予算は継続的に削減され、校外での身体活動に参加する子供は約4分の1にすぎない(44)。栄養不良やレクリエーション機会の不足、コンピューターやスマートフォンの使いすぎなどが原因で余暇活動が減っているのだろう。アメリカ医師会をはじめとする各種機関が明言するように、身体活動の減少が若年層の肥満、不健康、慢性疾患の増加に決定的な役割を果たしている。肥満の発症率はここ数年、横ばいになっているという言い方もされるが、そのレベルは非常に高い。この蔓延状態を定着させる必要はない。必要なのは逆転させることだ。2017年のデータを見ると、残念ながら小児肥満症は依然として増加している。

大きな防衛上のチャレンジ

肥満とフィットネスの不良を最大の要因とする驚くべき統計値がある。2017年の国防総省のデータによれば、17〜24歳のアメリカの若者のうち2400万人(その年齢層の71パーセント)は米軍での兵役に不適格なのだ(45)。ケネディ大統領が半世紀前に、この国の若者の体力不足に懸念を表明していたことを思うと、なおさら嘆かわしい。じつは、最初に警鐘が鳴らされたのは1950年代後半、アメリカの子供の58パーセントが基礎体力テストで不合格になることが判明したときだった。ヨーロッパで同じテストに落第した子供は9パーセント足らず。アイゼンハワー大統領、そして次代のケネディ大統領も、この問題に気づくと対策を講じた。

ケネディはシオドア・ローズヴェルトが海兵隊の士官たちに50マイルを3日間で行進するよう命じたことを思い起こし、1963年、海兵隊総司令官に現在の隊員は1900年代初頭に匹敵する体力があるのか確かめるよう求めた。弟のロバート・ケネディも、グレート・フォールズからハーパーズ・フェリーまでチェサピーク&オハイオ運河の沿道を50マイル歩いてメディアの注目を集めた。革靴で、凍えそうな状況のなか、18時間以内に踏破したのである。50マイルへの挑戦は全国的に流行し、主婦や学生、男女スカウト、高齢者、兵士ほか、あらゆる市民を引き込むようになった。JFK50マイルはこのムーブメントから生まれたものだ[46]。そしてこれとルートの一部が重なるのが、われらが毎年恒例の〈フリーダムズラン〉マラソンで、こちらはウェストヴァージニア州ハーパーズ・フェリーからスタートする。

いくらか重い州

食事や生活習慣の変化が影響をおよぼしてきたのは、個人のパフォーマンスや米国軍隊の状況だけではない。いよいよ若者全般が、生活の質や生産性、寿命を害しかねない病気のリスクにさらされるようになった。米国疾病予防管理センター（CDC）の推定によれば、医療予算の75パーセントは予防可能な慢性疾患に費やされるらしい。2011年の報告では、慢性疾患が死因の上位10件のうち7つを占め、全医療費の86パーセントが慢性の病気を抱えた人たちに使われている（このうち終末期ケアの割合は小さくない）。

私にとって、この状況は他人事ではない。地元のウェストヴァージニア州は肥満で全米1位、子供向けの健康プログラムでは最下位だ。ウェストヴァージニア州の小学生の40パーセント近くが太りすぎ、つまり肥満である。こうした肥満児は肥満の成人になる確率が高い。肥満のティーンエイジャーの場合は80パーセントの相関関係がある。インスリン抵抗性、生活習慣、外部環境（ダイエットを含む）、いずれも10代から20代、30代と進むにつれて逆転しにくくなりがちだ。事態をややこしくしているのが、体の内部環境、つまり腸内マイクロバイオームの担う役割だと現在では考えられている。肥満の状態を「防衛」して保持する働きがあるのだ。

2000年に生まれた人の3分の1以上が2型糖尿病を発症するだろう。現在の若者は親よりも若い年齢で亡くなる初の世代になる公算が大きい。単純な話、あらゆる年齢の子供や若者が、体を動かし、走り、プレーをはじめる必要がある。とくにアウトドアを楽しみながらがいい。しっかり食べること（そして砂糖入りのドリンクやジュースを避けること！）も、第10章で述べたとおり大切だ。

医療提供者は子供に体脂肪を減らさないと恥ずかしいと思わせてはいけない。摂食障害や心理的ダメージの原因となるし、どのみち普通は効果がないだろう。運動と健康的な食事、ポジティブな姿勢（それぞれを日々たっぷり組み合わせること）が身体組成をより健康にする最善の処方だ。

しばらくまえから、身体活動は健全な脳の発達のカギを握る要素だとされている。連鎖的に成長因子が誘発され、脳内で下位構造・機能の変化を指示するためだ。[47] ハンス・イェオリ・クーンとイェーテボリ大学の同僚たちによる大規模な研究で、18歳の男子の心血管系フィットネスは知能やその後の教育到達度、そして病気の予防と明確に関連していることが示された。運動は脳と体の成長促進剤であり、大人以上に子供にとって最適な成長と発達のために欠かせない。かりに定期的な運動が体の健康に寄与することは無視するとしても、脳が鍛えられるだけでパブリックヘルスの優先事項とするには充分だ。

私たちには運動やエクササイズへの取り組み方を変えないなどといっている余裕はない。数多くの研究から明らかなように、運動に焦点をあてたパブリックヘルスの計画は、医療費の節約や労働者の生産性という大きな利益をもたらす。私も地元の州のヘルスケアに関わるリーダーたちに、この道筋に向かって踏み出せるよう働きかけているところだ――心地よい健康的なジョグで。

健康というパンデミックを育てる

道筋といえば、子供たちを自然のなかへ導き出す意図から、私が参加しているNPO〈東部地域医療教育センター〉はウェストヴァージニア州各郡の官民のパートナーと組み、生産者直売の促進と学校や公園へのフィットネストレイルの設置を進めている。これは地域限定の小さな努力で、認可のプロセスや役所の手続きにはたじろぐが、われわれは地歩を築きつつある。

ファーストレディ（当時）のミシェル・オバマはキャンペーン〈レッツ・ムーブ！〉で称賛に値する一歩を踏み出した。肥満を1世代以内になくすことを目的としたこのプログラムのおかげで、意識は高まったが、あいにく若者の運動と健康を進める針はほとんど動いていない（思うに、〈レ

ウェストヴァージニア州の第1回バークリー郡中等学校クロスカントリー選手権のスタート。200人の生徒が参加した。

ッツ・ムーブ！〉は加工および加糖食品・飲料を食事から減らすことに重点を置ききれなかったのだろう）。

私が関わっている全国的プログラムのパークＲｘアメリカでは、公園と医療機関が身体活動の機会を提供して肥満を減らす一助となっている。通院時に手軽に周囲の公園を探したり地図をプリントアウトしたりできるようにしているのだ。また、農村部にある地元の郡でも、市民や学校管理者からなる小さな団体に参加し、そこでスタートした中等学校のクロスカントリープログラムが設置元年から快調に走りだしている。

走ることの美点はそのシンプルさにある。英国では、無償の非公式なスクールプログラム、〈デイリー・マイル〉が引き続き好評で、いまでは50万人の生徒が毎日1マイルを授業時間に走っている。さまざまな研究から、〈デイリー・マイル〉には劇的なフィットネス効果があると示されたが（所要時間はほんの15分）、さらに生徒たちの学習到達度を測定

中等学校生徒のグループがランの途中でポトマック川を渡り、そのあとカンバスを用意して走る理由を描く。

すると、読み、書き、計算の成績が最大で25パーセント高くなっていることが判明した。米国やほかの国でも、目下のところひどくスローペースながら、同様のプログラムを採用しつつある。

　長年にわたる友人で運動生理学者のミック・グラントは「楽しさ第一《ファン・ファースト》」を変わらぬ信念としている。これは核心をついているかもしれない。要するに、〝楽しくないなら、やるな〟。その心は、〝健康でいよう／ステイ・ヘルシー〟だ（健康でなければ、どのみち楽しくならない）。アスリートが10歳で週3日走ろうと、18歳で週7日走ろうと、ケガや病気による休みをゼロ日にすること[48]を目標にすべきだ。

　ミックは子供たちに別のスポーツや活動をランニングに加えて試すことも奨励している。ランニングはストレスを緩和し、トレーニングで走りながら友達と話をすることも可能だ。ミックが明言するように、ランニングは、きちんとしたトレーニングをしても、ほかのスポーツほど時間を拘束されない。持久力とスピードは大半のスポーツの要素なので、ランニングはそうしたスポーツのほとんどを補完するものともなる。

子供が喜んで練習にやってくるようにするのにはコツがいる。アスリートは自分を駆り立てる必要があるが、チャレンジを受けて立つプロセスは楽しいものでなければならない。それがミックや私の若年層向けランニングプロジェクトを導く哲学だ。

裸足で散歩

ランニングはきわめて取り組みやすい運動で、ほぼすべての競技に役立つクロストレーニング活動だ。子供のスポーツが行なえないときでも（使える競技場がない、チーム練習が休み、町から出かけているなど）、いつだって走ることはできる。それはつねに楽しくなくてはならない。子供たちにまた走る気になってほしいからだ。

今度、公園に行ったときは、子供たちが裸足で走る様子をよく見てみよう。リラックスした動きと足の配置、バネのある体、後ろに流れる脚に注目する。裸足になると、子供は踵で激しい着地をしない。急に方向を変えることができて、足首をひねることもない。

つぎに、高度なクッションやサポート機能のあるシューズを履いた子供たちを観察してみよう。まるで構造上の問題を埋め合わせするために、足かせとなる装具に押し込まれたように見えるはずだ。これではかえって足首を捻挫しやすい。

子供たちは天性のまま生きている。フォームと運動性を制御する神経・筋肉の経路は子供のころに「配線」され、よい習慣を強化せずにいると悪い癖がつきやすい。大人はしばしば最初から子供にクッション付きの窮屈な靴を履かせる。親が子供のためにできる唯一最善の干渉は、シューズを脱がせて足を地面にふれさせることだ。足を自由に！

残念ながら、シューズ業界は首尾よく親や教育者、ヘルスケア従事者に、子供は従来の大人用シューズのミニチュア版を履くべきだと納得させてきた。そのほとんどは高いヒール、極端なクッション機能、なんらかのモーションコントロール技術がついているものだ。クッション入りシューズは若年層の負傷率を減少させない（どころか、上昇させることさえある）。子供の足がシューズのせいで変形するまえなら、まだ自然に歩き、走るチャンスがある。

足の専門家たちも世間一般の通念の犠牲者だ。アメリカ足治療医師会の子供のシューズに関する声明書では、シューズの中央部は硬くて曲がらないのが望ましいと注意している。さらにつづけて、「［これは］幼児の靴には当てはまらない。幼児の場合、靴はなるべく曲がりやすいものにすべきである」。そこで疑問に思うのだが、いつ幼児は子供になるのか、なぜ急に足をしばりつけ、拘束し、変形させる必要が生じるのだろうか？

子供たちの出足が好調になるようにしたい。子供の発育や自然なランニング足運び《ゲイト》の要素についてわかっていることを踏まえ、子供のシューズを買うまえに検討すべき事項を挙げておく。

- 極薄のソールでヒールドロップはない（もしくは低い）ものが、とりわけ子供にはベストだ。固有受容感覚、つまり地面に対する感覚が養われ、運動連鎖《キネティックチェーン》全体で神経・筋肉が活性化する。子供は動きとバランスを固有受容感覚を通して学ぶのであり、足はそのための土台にしてメッセンジャーだ。一体成型のミッドソール／アウトソール（2枚ではない）は、不自然なでこぼこした表面の上で保護する働きがあり、床反力を自然に散逸させる。

•シューズはフラットで、つま先の関節部（設計上、足が曲がる箇所）が曲がりやすく、つま先《トウ》離れ《オフ》時に足のアーチの形成と固定を妨げないこと。つま先部分《トウボックス》はつま先が自然に外に開けるくらい広いほうがいい。足が最大の力を生み出すのは、つま先が中足骨とまっすぐ並んだときだからだ。そしてやわらかい、通気性のあるアッパー素材で、洗濯機やスポーツウェア用洗剤（われわれが使っているのはSweatX〈スウェットX〉）、乾燥機の繰り返し使用に適したものを探そう。いやな臭いの原因は細菌であり（汚れではなく）、〈スウェットX〉は繊維を傷めずに殺菌してくれる。

子供のシューズは底の溝模様《トレッド》や粘着摩擦《トラクション》はそれほど必要ない。粘着力やグリップのあるシューズは、ランニングやプレーの最中に発生する熱が多く、制動率が高くなる（トルクが強くかかる）ため、捻挫や断裂のリスクが高まる（小さな子供にスパイクシューズを履かせてはいけない理由のひとつだ）。中敷き、インソール（シューズに入っている場合）をはずすと足と地面のインターフェースが改善されるし、厚手のソックスも必要ない。

スケールがシューズの形状や機能に与える影響を知っておこう。サイズ1のシューズで4ミリの「ドロップ」（踵と母趾球の高低差）がある場合、その傾斜はもっと大きな、クッション性のある大人用シューズの12ミリのドロップと同じだ。また、体重40ポンド（約18キロ）の子供は、165ポンド（約75キロ）の成人男性にとっては比較的フレキシブルなミッドソールを曲げられない。体重が軽くなるほど、シューズが丸まったり曲がったりしやすいことが重要になる。

子供もそうとはかぎらない

子供（とその親）は青年期に生じがちな気がかりな変化を知っておくといい。自然なホルモン関連の理由で、女子のランニングのタイムは遅くなることがある。がりがりに痩せたバネのような11歳はいつしか消え去り、多くの場合、別の体に勝利への激しいプレッシャーを抱えた女性に変わる。すると気分の落ち込みやケガ、摂食障害に悩まされやすい。健康な女性は青年期に必須体脂肪がつく。トップレベルの長距離走にはいささか不釣り合いだ。

思春期には、男子も女子も軟組織の発育が骨の急速な成長に追いつかないことがあり、腱付着部の牽引損傷（や筋骨格症候群など）が生じやすい。たとえば、しゃがんだときに違和感があるとしたら、それは骨が伸びたのにアキレス腱が追いついていないせいかもしれない。ケガは主な腱や靱帯が骨に付着する場所で発生することがある。シーヴァー病やオスグッド‐シュラッター病などは（私はどちらも症候群と呼びたいが）、アキレス腱や膝蓋腱の付着点に生じる一般的な腱障害だ。これはかならずといっていいほど青年期の終わりまでに解消される。

子供たちから学ぶ

もっと多くの大人が、医師や医学研究者、教育者も含め、子供と一緒に砂場に入らないといけない。ところが、大人たちは誰ひとり従わないガイドラインの作成にかまけている。私たちはみな、

〈フリーダムズラン〉子供の部ファンランのスタート。ウェストヴァージニア州シェパーズタウン

縄跳びを持って走る。あなたの内なる子供を抱きしめ、動きと遊びを再発見しよう！

ランニングや運動を一種の遊びとしてとらえるべきだ。それを実践する子供たちは、いまこの瞬間を生き、しっかり意識している。誰であれ、ランニングや健康的な運動をつづけられるようになるには、自分に許可を与えるしかない。子供たちのように、楽しめと。

ドリル

子供たちにおすすめの柔軟体操を本書ウェブサイトの動画ページにリンクしてある。たとえば——

- **縄跳びとジャンピングジャック**（挙手跳躍運動：ジャンプしながら開脚して両手を頭上で合わせ、次のジャンプで元に戻るもの）でリズムと有酸素性フィットネスを向上させる。
- **バーピー**。子供はこれが得意だ。
- **ステアホップ**（階段跳び）はとくに足、アキレス腱、下腿の筋力とバネを鍛える。
- **グレープバイン**のドリルは単純な横の動きのエクササイズで、敏捷性《アジリティ》を向上させる。走りながらやってもいい。
- **パルクール**。究極の走る遊び《ランニングプレー》。地形から生じる障害物を創造性豊かに通過して活用しつつ、自分流のスムーズかつ効率的な動作を養うことをねらいとする。

第17章　いくつになっても健康に

むかし、若い医師だったころの私は、人間の年齢は動脈で決まると言ったものだ。その後は好んで内皮の年齢について書いた。現在、引退した84歳の一般医として言うなら、人の年齢とは自身のミトコンドリアの年齢である。(49)

——セルジオ・スタニャーロ、イタリア、ジェノヴァ出身、《ニューヨーク・タイムズ》の記事におけるコメント

健康平均余命、つまり私たちの健康寿命は平均寿命と歩調を合わせておらず、すぐれない健康や障害とともに過ごす老齢の日々が長くなりつつある。

——ロス・ポロック博士、キングズ・カレッジ・ロンドン

神話：虚弱《フレイル》は体が弱くなったときに起きるものであり、この自然な老化プロセスを遅らせる手立てはほとんどない。

事実：フレイルは、歳を取るにつれて、体を使ったり動かしたり、ストレスを加えたりしなくなるのが原因である。

歳とともに、私たちは子供のころ無意識のうちに身についた、流れるような自然な動きの習慣を忘れがちだ。だが、それは避けられない喪失ではない。じつは、リラックスした効率的な動作が失われていく原因は、仕事（座りっぱなし）、環境（車や機械による補助）、歳を取ったら「のんびりする」のがいいという危険きわまりない神話にある。

私の夢は、誰もが持って生まれた体の流れるような動きとバイオメカニクスを年配の方々が再発見するのを見ることだ。それはまだ残っている、いまかいまかと、エンジンをかけられ、回転数が上がり、ハイウェイに連れ出されるのを待っている。高齢者は満了日が近づいているのだから、ぐずぐずしている時間はない！

運動知能

身体活動と心肺フィットネスが認知機能の高さに関連しているのはよく知られている。アグニエシュカ・ブジンスカとイリノイ大学の同僚たちが主導した研究によれば、高強度の身体活動は加齢に際して神経処理を保護する効果もあるという(50)。これは運動が引き金となってＢＤＮＦ（脳由来神経栄養因子）が生成され、新しいシナプスやニューロンの発達と分化を、とくに学習、記憶、高度な思考にかかわる領域で刺激するためだ。言い換えると、肉体的にフィットした高齢者は認知や脳機能の点で、同年代のさほど動かない人々に比べて柔軟性がある。

食生活も老化プロセスに関与している。スタンフォード大学の研究で、基本的に健康な人の場合、インスリン抵抗性の存在が老化関連のさまざまな疾患、とくにアルツハイマー病の強力な予測因子となることがわかった[51]（「アルツハイマー病」はある領域の認知症の総称として使われる）。

アルツハイマー病の治療でひとつ悲劇的な認識不足といえるのが、多くの患者は強い鎮静剤を処方されているという点だ。患者がよく、虚《うつ》ろな目をしているのも当然だろう。新しい精神医学系の薬物療法（やアルツハイマー病の痛みに対処する各種デザイナードラッグ）が出回っているものの、認知症を回復させる効果はほとんど、もしくはまったくない。

一方、運動やエクササイズは認知症を著しくとはいわないまでも、はっきり改善することができる。認知症の専門家デール・ブレデセン博士らが、新たな個別化された治療法で成功をおさめてきた[52]。当初はMEND（metabolic enhancement for neurodegeneration［神経変性に対する代謝促進］）と呼ばれていたが、現在はリコード法（ReCODE: Reversal of Cognitive Decline［認知機能低下の回復］）と称されるものだ。ブレデセンの言う「屋根の穴36個の修理」モデルでは、運動に抗炎症・低血糖食、よく眠ること、ホルモンと微量栄養素の最適化、MCT（中鎖脂肪酸）オイル、さらに少量の赤ワインが組み合わされる。このリコード法に従うことで、患者たちは仕事に復帰するまでに回復している。

80代まで生きる人がいままで以上に増えているのはよいニュースだ。だが悪いニュースもあって、認知症の発症率は85歳で50パーセントになる。脳内の老人斑《プラーク》やもつれ（神経原線維変化）がアルツハイマー病の主な指標とみなされている。ただし、それはアルツハイマー病の臨床症状を呈する患者の半数で見られない。健康な高齢者も相当量のプラークやもつれを示すことがあるなど、正常な加齢でもある程度は存在するものだ。

アルツハイマー病の話はこれで終わりではない。脳には驚くべき神経可塑性があり、私たちは回避策を開発するようにできているのだ。ある動きを使えば使うほど、その動きをしやすくなるだろう。ＰＥＴスキャンは頼もしい診断ツールで、脳の活動の解明や、アルツハイマー病と思われる種々の病状の評価にかけて、ＭＲＩより優れている。

脳内に生じるインスリン抵抗性は３型糖尿病とも呼ばれる。これが起きるのは高血糖（と対応する高インスリン血症）が脳タンパクの「糖化反応」と、神経にダメージを与える炎症反応を引き起こしたときだ。糖尿病をうまくコントロールできない場合は、神経障害が合併症として予想される。中枢神経障害（認知症）がなかでも最悪の部類だ。不完全な加齢《エイジング》を「炎症加齢《インフラメイジング》」と呼ぶのは言い得て妙かもしれない。

走って歳を重ねていく

では、走ることは長生きに役立つのだろうか？　メディアではランニングは危険だという不安の声も聞かれるものの、答えはイエスだ。エビデンスの大多数はそう示している。スポーツ医学の先駆者ゲイブ・マーキン博士が言うように、「唯一これまでに見つかった寿命を延ばして老化を遅らせる手法は、運動である。抗酸化剤やビタミン、その他に延命効果があることを示すデータは何もない」。これはひとつにはサプリメントや抗酸化剤を服用すると、「トレーニング効果」は得られないため、つまり、体がそうした物質を独自に生成するようには刺激されないためだ。

私たちの有酸素能力は年齢とともに低下する。ただし、かならずしも一気にではない。通称ダラス・ベッドレスト・アンド・トレーニング研究[53]では、健康な20歳の男子学生５人が３週間、ベッドでの完全な安静状態に置かれた。その前後に学生たちのＶＯ$_2$ｍａｘ（最大酸素摂取量）が計測された。これは運動能力の標準的な測定基準で、人の「肉体」年齢のよい指標となる。３週間の終わりに、学生たちの平均ＶＯ$_2$ｍａｘは27パーセント減少していた（その後、８週間の運動プログラムで体力は元どおりになり、あるいはさらに向上した）。

驚いたのは、同じ被験者たちが30年後に調査されたときだ。30年にわたり、まずまず健康で活動的な生活をおくった彼らは、平均ＶＯ$_2$ｍａｘの（最初の実験前基準値からの）低下量が、ベッドで安静にしていた３週間より小さかったのだ。私も何度となくトレッドミルの運動負荷テストで患者やランナーのＶＯ$_2$ｍａｘを測定してきたが、フィットした70歳が運動不足の20歳より若いと判定されることがある。もちろん、だからといって、加齢による衰えを完全に防げるわけではない。このことが意味するのは、私たちはこれからも元気で健康、丈夫なまま晩年を迎えられるということだ。

寿命イコール健康寿命ではない

医学は現代の平均余命が延びていることと、年齢調整死亡率が統計上低下していることを勝利とみなしている。寿命（私たちの生命の量）は近年、若干延びているが、生命の質は相応に延長され

現代の加齢曲線

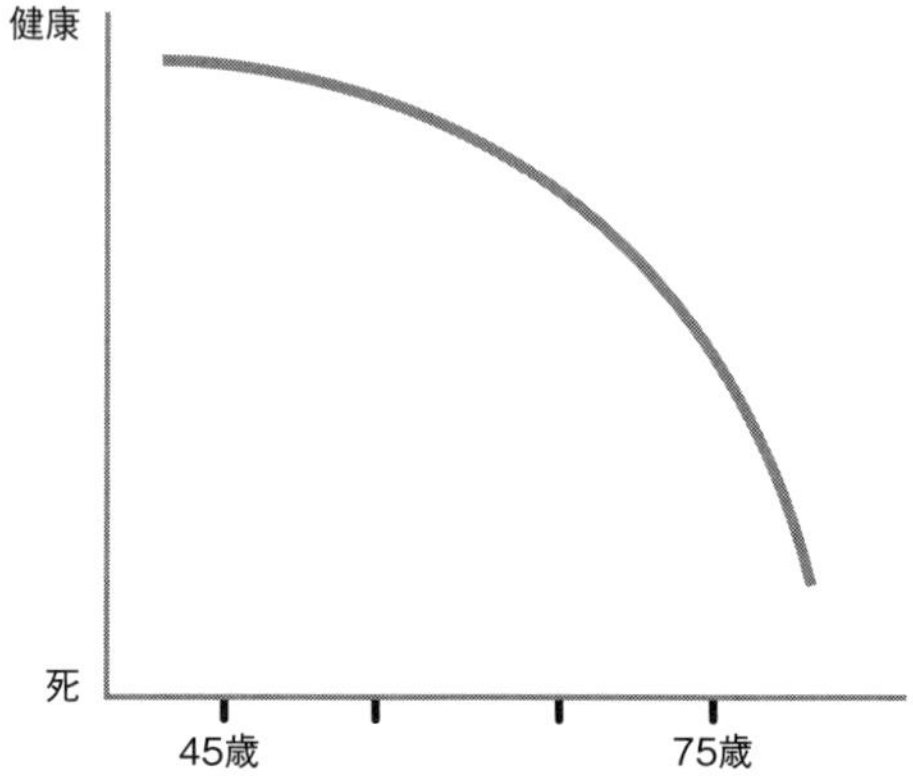

曲線を四角くする

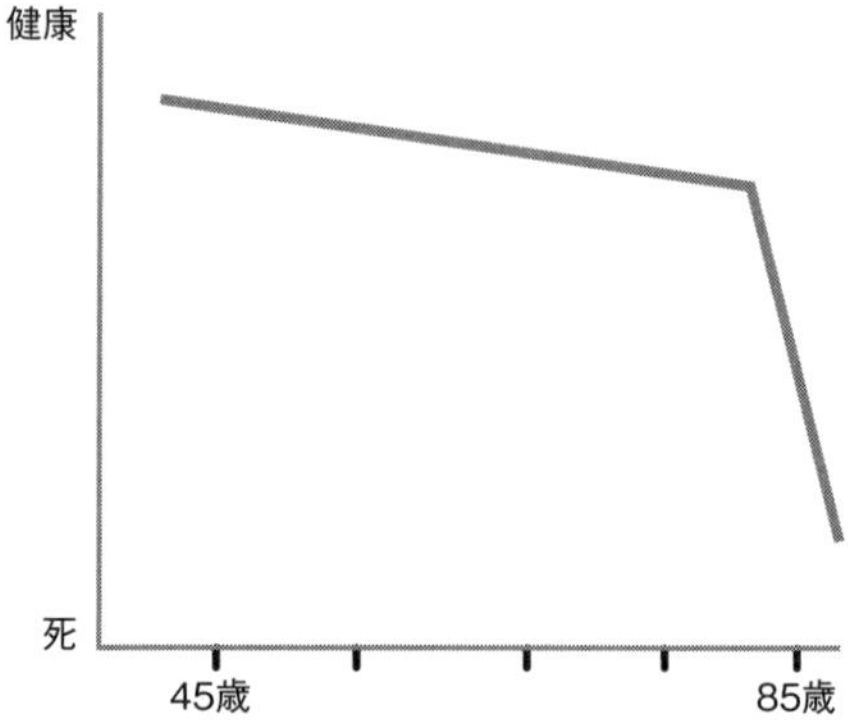

上のグラフは現代アメリカ人に典型的な加齢時のゆるやかな減退を表す。しかし、健康な生活をすれば、下図の道筋をたどることも充分考えられる。ケネス・クーパー博士（*The New Aerobics*『エアロビクス』の著者）が「曲線を四角くする」という言い回しを考案した。

てはいない。最近は高齢（たとえば80歳）に達する人の割合が大きくなっているとはいえ、平均活動寿命が数十年前より長くなっているかどうかは不明だ。

自然選択は完璧な仕事ぶりではないにせよ、かなりうまく不健康を取り除いている。私たちはみな、自然選択における勝者の子孫なのだ。あなたの家系図を見て、祖父母やそれ以前の代へとさかのぼってみよう。そして健康そのものだった祖先、90代まで長生きした人を探してみる。きっと、死期が間近に迫るまで元気で健康だったはずだ。その祖先はどんな生き方をし、何を食べていたのだろう？

経験上、活動的な人のほとんどは寿命を延ばすために運動してはいない。ただ運動をすると、より爽快で、より充実した人生になると感じている。

《生物老年学（*Biogerontology*）》掲載の「強く生きて栄える（Live Strong and Prosper）」と題された記事で、研究者のマイケル・マクラウドと彼のチームが立証しているが、加齢に伴い、骨格筋の成長の鈍化と、筋肉量の減少（筋肉減少症《サルコペニア》）が起こる。こうしたファクターが高齢者の死亡率に直結している。それは主に転倒のリスクが大きくなるためだ。

医師で著述家のウォルター・ボルツが核心に迫る疑問を投げかけた。**フレイルとサルコペニア、どちらが先か？**　体力がわずかな高齢者が病床に臥《ふ》している場合、今後すっかり健康を取り戻すのはとても難しい。この患者の目標は（願わくはケア提供者のサポートを受け）、立って動ける状態をなるべく長く保つことになるだろう。運動や体操を通じて筋タンパク質合成を増やせば、丈夫で健全な筋肉の量は維持される。機能性と独立性が大きく改善され、転倒してケガをする確率が小さくなるはずだ。

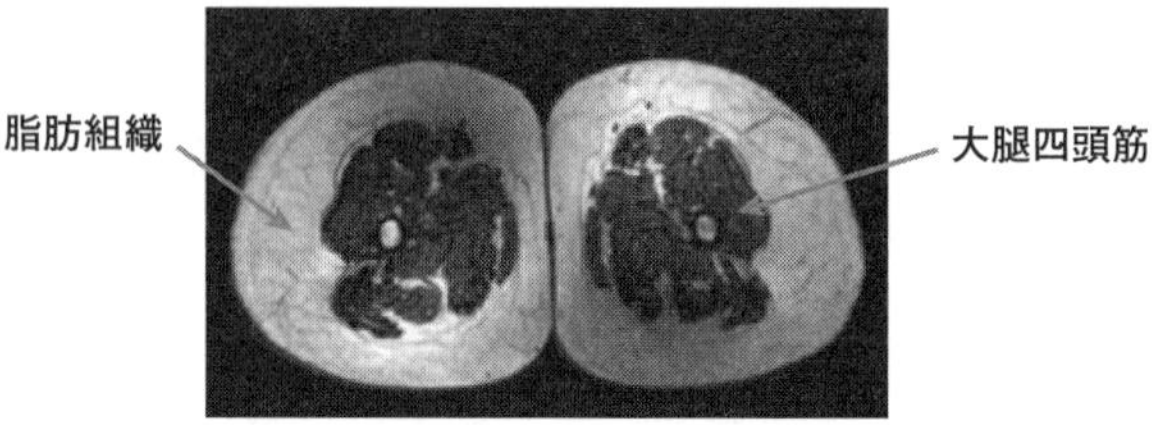

70歳の座ってすごしがちな男性

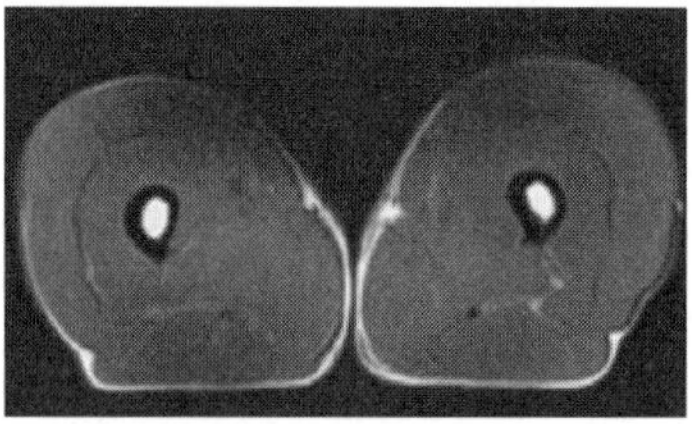

74歳のトライアスリート

整形外科医のヴォンダ・ライト博士も、サルコペニアを上の写真のMRI画像で説明している[54]。これは70代の2名を撮影したもので、下の画像(身体活動が盛んなほう)を見ると筋肉量が上の画像の倍だとわかるが、両者の体重はだいたい同じだという。

ある研究では、歩くことを2週間制限しただけで(それ以外は自由な生活条件でも)、インスリン感受性、脚の非脂肪量、VO_2maxが減少する結果となった[55]。だから用心しないといけない。糖尿病の発症リスクは(すでになっていないとしたら)、年齢を重ねて休憩時間を延ばすにつれ大きくなる。

正真正銘、自然発生する青春の泉

歳を取ると、さまざまな変性疾患に直面するのが普通だ。一般の通念に反して、ランニングには健全なストレスを促進することで、そうした疾患を緩和する効果がある。そのストレスが細胞の再生、さらにニューロン新生をも誘発するためだ。体はたえず修復と成長をつづけて、細胞を入れ替え、18カ月ごとにほぼすべて置き換わる。この入れ替えは巨大な桁橋を通行可能にしたまま部分改修していくことに近い。機械の運命は、「使うとすり減る（use it and lose it）」、つまり摩耗することだ。だが私たちの体のような生物体は、「使うかだめになるか（use it or lose it）」。私たちには選択肢があるわけだ。

もちろん、そうした機能は持続したほうがいいし、できれば向上もさせたい。簡単だ。良質な食べ物、愛、喜び、そして運動があれば、歳を重ねても、確かな成長と修復が自然と生じるだろう。

100を超えて、トラクターのアクセル全開

フランク・バックルズは第一次世界大戦に従軍した米国最後の生き残りだった（第二次世界大戦中にはイタリアの捕虜収容所で4年を過ごしてもいる）。家族との楽しい一夜のあと、彼は安らかに110歳で息を引き取った。

フランクは私の隣人だった。ウェストヴァージニア州の田舎で最期の日を迎えるまでのあいだ、几帳面《きちょうめん》に健康のための3つのルールを守っていた。

1　**体にストレスを加えなくてはならない。**
2　**けっして急がない。**
3　**くよくよしない。**

フランクは朝の体操を90代になってもつづけ、三点倒立も欠かさなかった。ペースをゆるめたのは、農機具の事故で頭蓋骨を負傷し、バランスを保ちにくくなったときだけである。103歳になるまでトラクターを運転し（その何年もまえに医師たちから、もうご高齢だから乗り込むのも無理でしょうと言われたときの反応は想像がつくだろう）、105歳まで農場で働きつづけた。ときおり友人や家族につつかれて医師の診察を受けるようになったが、医師が欠かさず処方する薬をフランクは毎回のようにくずかごに捨てていた。服用するとしても、痛みと関節炎のために（110歳だから当然だ）、たまにイブプロフェンを飲むのがせいぜいだった。

おそらくイタリアの民間人捕虜収容所にいた時期に、きわめて効率的な代謝システムを発展させたのだろう。当時は一日にカップ1杯の食料が与えられたが、フランクにはその1杯を3つに分け、少しずつ一日かけて食べる自制心があった。一部の研究では、食事制限が老化の鈍化と関連づけられている。それを検証するのは困難だが。

歳の取り方には遺伝が関与する部分もあるが、どんな生き方をするかのほうが大きな要因になる。なんといっても、自分でコントロールできるものだからだ。私たちのあわただしい、ストレスに満ちた文化を考えると、くよくよしないがもっとも見過ごされがちなフランクのアドバイスだろう。連日待ち受けるいくつもの心理的課題への生理的反応として、ストレスホルモンが血管にあふれるのは避けられない。

世界的な医療施設メイヨー・クリニックが注意を呼びかけているように、ストレス反応がたびたび活性化されると多くの人は体が平常に戻る機会を充分に得られず、慢性ストレスの状態につながりかねない（その兆候として、「ストレスホルモン」であるコルチゾールの血中濃度が高いままになる）。慢性ストレスは、認知能力を損ない、甲状腺機能を抑圧し、血糖の不均衡（高血糖症など）や骨密度の低下、筋肉組織の減少、高血圧、免疫力の低下、傷の緩慢な回復、炎症反応を全身にわたって引き起こす。

どうやら老化現象によく似ているようだ。

コルチゾールが高濃度のままだと脂肪組織（おなかの脂肪）の蓄積が進み、さらに深刻な健康問題に結びつく。心臓発作、脳卒中、メタボリックシンドローム、有害な小粒子低密度リポタンパク質の濃度上昇などだ。

コルチゾール濃度をコントロールするには、体の弛緩（副交感神経系）反応が闘争・逃走（交感神経系）反応の直後に活性化されなくてはならない。フランク・バックルズの秘訣は、ストレスが生じたら素早く副交感神経系を健全レベルにリセットし、リラックスした、澄んだ心を取り戻すことだった。このトピックは第13章でふれたものだが、歳を重ねるとなおさら当てはまるようになる。

劣車《フレイルロード》の旅

最近、高齢の患者は元気な時間が短く、瀕死状態の時間が長くなっている。

高齢の患者にはフレイルがよく見られる。その場合、真っ先に私がするのは、座った姿勢から立ち上がってもらうことだ。そこで苦労するようなら、患者とともに立ち上がる手順に取り組み、重心を見つける手伝いをして姿勢やフォームを調整する。歩く速さの観察もする。歩行速度の遅さは健康状態の悪化に関連していることが多い。

医学的定義はわかりにくいが、フレイルとは自立と健康が失われた人生の局面のことだ。多くの人はそれを心身がすり減った必然の結果だと思っている。実際は、使わずにいることがその原因だ。体を使わなくなるとすぐに、衰弱の時計は動きはじめる。ウォルター・ボルツの言葉を借りれば、「体は大型の箱時計みたいなもの。毎日ぜんまいを巻かなくてはならない」。

巻くのは体のぜんまいだけではない。心のクランクを回し、課題や方向性、意義を与えつづけることも、このパッケージに欠かせない部分だ。しだいにわかってきたことだが、寿命とは単に肉体的なものではない。目的を感じられることやコミュニティとのつながりと関連がある。孤立と関連があるのは老化の加速だ。

何より大事なのは、ポジティブでありつづけ、昔は難なくできたのになどと、くよくよしないことだ。それより、できることに集中し、楽しんでそれを行ない、未来の新たな展開に期待しよう。エイブラハム・リンカーン大統領が言ったように、「歩くのが遅くとも、後ろに歩きはしない」。

私は日々、努めて立ち止まってはフランク・バックルズが実践した健康のための三原則を思い浮かべる。フランクは上手に歳を取ることは真の耐久スポーツだと示してくれたのだ。

オー、イェー——OA

変形性関節炎（OA）は高齢者に見られる障害の主な原因で、4分の1もの人が55歳になった時点でこの症状に悩まされている。

走ると関節を痛めると思い込んでいる人は少なくない。たしかに、ランニングなどの衝撃を受けやすいスポーツは、やり方がまずいと膝の外傷や変形性関節炎のリスクが高くなる[56]。ところが、ローレンス・バークリー国立研究所のポール・ウィリアムズらが発見したところでは、年に複数回マラソンに参加するレクリエーション志向のランナーであっても、ランニングは変形性関節炎や股関節置換のリスクを増大させない[57]。ひとつには、ランニングは変形性関節炎の危険因子である体重のコントロールに役立つためだ。しかも、軟骨の肥厚を促進してその粘弾性を高めることで、変形性関節炎の予防すらするかもしれない。ウォーキングや、自転車など低インパクトの運動には、とりたてて予防効果はないことを、ウィリアムズは確認している。

来年のほうが若い

加齢に関する医学文献から、あるシンプルな結論が導かれる。**ずっとアクティブに動きつづける**ことだ。長時間座りがちな生活をしている人は、さほど座らない人や定期的な運動をしている人に比べ、早い年齢で認知症などの疾患やフレイルを発症しやすい。いったん座りっぱなしになると衰弱のプロセスが発動し、血圧などの健診指標が「正常の範囲内」にあるかどうかは問題ではなくなる。寝たきりになったら、率直にいって、あとは下る一方だ。

Journal of the American College of Cardiology（《アメリカ心臓病学会誌》）では、身体活動が特効薬になぞらえられている。「運動によって予防や遅延、進行の調節、予後の改善などができる疾患のリストは、現在認識されているよりも長い[58]」。ある研究チームは、一日5～10分程度のランニ

ングに関連して、あらゆる原因による死亡率が30パーセント減、心血管疾患による死亡率が45パーセント減となり、平均余命が3年延びることを発見した[59]。健康的な加齢《ヘルシーエイジング》への運動の効用は、肥満による加齢への悪影響を一部相殺できる。

多くの人にとって、クリニックや病院を訪れることは（ときに不愉快な）医療の現実に直面する貴重な機会となる。年齢を重ねていくつもりなら、いまから、そうしたクリニック訪問に先んじて準備をはじめるに越したことはない。座りがちで体重過多なだけなら、ふつうは病院に送られないが、歳を取ると健康、寿命、病弱さへの影響は明白かつ重大になる。

「ヒポクラテスの誓い」は医師に「まず、害を及ぼさないこと」を求める。私見では、これは肥満や運動不足の健康への影響を話し合うよう義務づけるものだ。医師や医学界が積極的にこうした問題を患者に提示する（すると通常は必然的に患者の生活習慣に向き合う）ことを怠れば、患者にもわれわれの職業にも害を与えることになる。

保険会社から医療機関への払戻金は治療のみを対象としている。医師には予防法としての運動や生活習慣の変更を勧める金銭的インセンティブがないに等しい。おまけに、医師の多くはどんな身体活動を処方したらいいのか、患者をどこに送り出せばいいのか知らなかったりする。知識と経験を総動員しなくてはならないはずだろうに。みずから学ぶことで、患者や社会に動機を与え、古い習慣や希望的観測、対症療法を断つ準備が整う。歳を取ったら誰もが感謝するだろう。

ドリル

高齢の読者は手始めに、体を毎日「リセット」し、姿勢とバランスに取り組み、筋膜を柔軟に保つのがいい。どうやるのか？　まずは靴を脱ぐことだ。体をすらっと、猫のように伸ばしてみる。あなたのバランスと、地面とのつながりを見つけよう。

初歩的に思えるかもしれないが、**椅子から正しく立ち上がる**練習をしてほしい。ベッドでの安静や病気で体が弱っている場合はなおさらだ。

1　高すぎも低すぎもしない、腿が床と平行になる椅子に腰掛ける。
2　お尻を前にずらし、足を股関節の下に位置させ、広いスタンス（股関節の幅）を保つ。
3　股関節を軸にして前かがみになり（胸骨を引っ張られたように）、ひとつづきの流れるような動作で立ち上がる。
4　このやり方で30分につき2、3回立ち上がる。そして徐々に回数を増やす。

高齢の読者の希望にかなう臨床検査があるとしたら（願い事は慎重に！）、テロメアの長さの検査だろう。テロメアはＤＮＡ鎖の末端にある動的な保護キャップだ。健康な長いテロメアは健康な細胞の複製や再構築を反映するもので、年齢とともに短くなる傾向がある。(60) 私は検査の結果、ストレスだらけの忙しい生活にもかかわらず、「テロメア年齢」は(ありがたいことに)実際よりずっと若い35歳と判定されてほっとした。

第18章　自然療法

自然とともに歩くたび、求めるよりはるかに多くを受け取るのである。

——ジョン・ミューア

多くの現代社会で、生命愛《バイオフィリア》および、自然の広範にわたる価値の認識は冬眠状態にある。不規則に広がる入植地、奴隷化テクノロジー、強迫的消費、自然科学の貧弱な教育カリキュラムといった今日の状況が、このような断絶と無関心の大きな原因だが、それは重大な社会経済的コストと不可逆のおそれがある環境コストを伴うものだ。(61)

——ヘレン・サンティアゴ・フィンク

神話：運動は、あなたがどこにいるかにかかわらず、健康を増進させる。
事実：自然のなかでの身体活動は心身の健康とウェルビーイングをより一層向上させることが証明されている。

自然というものは忘れられたり当たり前に思われたりしがちだが、じつは本書の大部分をつなぎ合わせてくれている。自然界とは、私たちが口にする食べ物や呼吸する空気、飲む水の源であり、消費する製品に活かされる資源だ。自然にふれることが体と心の健康にいろいろな点で大きく寄与し、病気を追い払えることを強く示す証拠がある。

人間という、高度に進化したと私たちが信じている種は、自然界と分かちがたく結びついている。そして、設計上意図された可動域にわたって体を動かすこと、たとえば走ることで、私たちは自然の延長になるのだ。持てる力をできるかぎり完全かつ自然なやり方で発揮する以上に自分を実現できることがあるだろうか？　体を使い、そのケアをするのに、進化の舞台となった環境以上にふさわしい場所があるだろうか？　運動時の体に生じる生理学的現象について医学研究者たちは多くを理解している。さほどわかっていないのは、屋外で活動することや過ごすことの、より無形な質的効用だ。

スポーツは、一般的に屋外で行なわれるものであり、自然がもたらす難題に対処することの代用品だ。人気の高い個人スポーツの一部で、人間の肉体が自然の環境下に置かれ、道具や仲介物が最小限に抑えられているのも偶然ではないのだろう。登山、ロッククライミング、スキー、サーフィン、水泳。そしてランニング。こうした活動は同じ基本目標を軸としている。**この先の難関となる地形を、持って生まれた体と心だけを頼りに、効率的に無駄なく乗り越えること**（別の見方をすると、転落や衝突、沈没などの事故を起こさずに切り抜けること）だ。

電子デバイスの蔓延

人々が屋内でデジタル機器を相手に過ごす一日あたりの平均時間は、どうやら上昇の一途をたどり、屋外、それも自然のなかで過ごす時間は減少している。子供や「画面世代《スクリーンエイジャー》」は、体力いらずで注意力を奪うインドアの生活スタイルにとりわけ弱い。リチャード・ループ（『あなたの子どもには自然が足りない』の著者）が名づけた「自然欠乏障害」が広く見受けられるほどだ。室内の造られた環境が（それに付随しがちな栄養不良と運動不足とともに）肥満、高血圧、２型糖尿病、心臓疾患、うつ、その他多くの疾病の一因だとわかってもなお、屋内にこもる習慣はつづいている。

まるで最近の子供たちはみずから（あるいは親の指示で）自宅軟禁されているかのようだ。フランシス・クオと同僚たちによる研究で、屋外の自然のなかで活動する子供は注意欠陥・多動性障害（ＡＤＨＤ）の症状がほかの環境で活動する子供に比べて著しく減少することが確認された[62]。この発見は年齢、性別、収入グループ、そして地域や診断結果を問わず一貫していた。関連の調査から、ＡＤＨＤの子供たちは20分ほど屋外で過ごすだけで集中力が増すとわかっている。自然な環境での屋外遊びはさらに、子供どうしの関係や協調性、コミュニケーションスキル、創造性を向上させる。

心の健康《メンタルヘルス》に対して自然のなかで過ごす時間から得られる恩恵は、著しい身体的効用をも超えるかもしれない。マーク・バーマンらミシガン大学の研究者たちが実施した実験で、認知機能に関する自然の幅広い回復効果が証明されている[63]。「自然は、興味深い刺激に満ちており」、バーマンの結論によると、「穏やかにボトムアップ式で注意を引き、トップダウン型の方向性注意機能が復活するチャンスを与える」。対照的に、都市環境に満ちあふれる刺激は、つねにトップダウン型注意を求める（たとえば、車にはねられないように、あるいはハンドバッグが無事かしきりに確認するために）。あげくに認知機能を回復させるのではなく、減退させることとなる。

別の研究では、ルース・アン・アッチリーと同僚たちが、自然にふれると特定の課題に注意を集中する能力を補充できることを確認した。[64] アッチリーは56人の女性（ハイキング経験のない人たち）に人里離れた地域で４日間、あらゆるメディアやテクノロジーから切り離された状態で過ごしてもらった。出発前に、被験者たちは高度な認知スキルを要する創造的問題解決課題のテストを受けた。４日後、まだ自然のなかにいるあいだに、再度テストが行なわれた。成績は50パーセント向上していた。

考え事はレス・イズ・モア

認知課題の短期的なパフォーマンス改善に加え、自然にふれることには心のウェルビーイングに対する長期的な効用があるかもしれない。スタンフォード大学のグレゴリー・ブラットマンらによる研究では、自然環境で90分のウォーキングをした参加者と都市環境でウォーキングをした参加者が比較された。[65] 自然のなかを歩いた人々は反芻《ルミネーション》（繰り返しわが身を振り返る後ろ向きの思考）が減ると報告し、脳梁膝下野《のうりょうしつかや》の神経活動が増えることが明らかになった。脳のこの部分の非活性化は、うつや精神疾患の増加と関連があるとされている。

現在、世界の人口の半分以上が都市部に住んでおり、２０５０年には70パーセントに達すると見込まれる。ブラットマンの調査結果を踏まえると、急速に都市化する世界では、自然環境へのアクセスに投資すると都市居住者に貴重なメンタルヘルス面の配当が得られるかもしれない。

処方箋はおかわり自由

「自然欠乏障害」は医学用語として認められていないものの、できればもっと広く、自然界からの隔離や日光浴不足に関連するさまざまな身体・精神・感情の症状に対して使われることを願っている。

家庭医はその治療をするのに絶好の位置にいる。医師として、われわれは患者を、とくに若者たちを屋外の自然に結びつける一助とならなくてはならない。境界型糖尿病、ダイエット、肥満について医者と患者の会話を増やす必要があるのと同じ理由からだ。

私は光栄なことに、政府機関や法人、医師、地元の市民グループによるいくつかの共同事業に参加している。〈ネイチャー・プリスクリプションズ（Nature Prescriptions）〉はそのひとつで、パブリックヘルスの改善を目的とし、医療制度と公有地をつなごうというものだ。[66] とくに有用なのは、広域公園やトレイルの地図と情報だろう（たとえば、〈ディスカヴァー・ザ・フォレスト［Discover the Forest］〉キャンペーンのページには、郵便番号で検索できる公園発見機能がある）。〈米国環境教育財団（National Environmental Education Foundation）〉も子供と自然をもっと親密にすることをねらいとした団体だ。そしてリチャード・ループが共同創設者となった〈チルドレン＆ネイチャー・ネットワーク（Children & Nature Network）〉は、子供、家庭、コミュニティを自然界と再接続することに専心している。[67]

この処方箋をもとに地元の森で過ごしてください

パブリックヘルスの改善という目標に動かされ、国立公園局(NPS)までもが活動に加わった。国家規模の〈パークRxアメリカ〉(parkrxamerica.org)は、医療機関と公有地の管理局、全国的なNPO、地域組織、国立公園局の連合プロジェクトで、公園処方箋プログラムを全米に提供している[68](ヨギ・ベア(国立公園に住んでいる設定のアニメキャラクター。日本では「クマゴロー」とも)はまったく新しい意味を帯びるだろう)。この〈パークRxアメリカ〉は医師を支援し、患者が無料の保健資源、すなわち地元の公園を利用できるようにするものだ。患者の電子カルテに郵便番号が記されることで、医師は患者に地元の公園やトレイル系の地図を提供できる。現在、このネットワークはワシントンDC内350カ所以上の緑地のオンラインデータベースを活用しており、ウェストヴァージニア州をはじめとする広い地域へと拡大中だ。患者は帰宅時に受付で地元の地図をプリントアウトしてもらえる。

都市部に住んでいる人にとっては、都市公園であっても公園がないよりはましだ。都会の緑地は気持ちのよいものだが、本物の自然はそうそう見つからないと言われることもあるだろう。だが、混沌とした都市生活では貴重な休息と回復をもたらしてくれる。都市公園は個人の健康と精神のウェルネスを高めるだけでなく、土や草木、水路からの蒸発による冷却効果があるため、都市にとってもよい。さらに都会の緑地はコンクリートとアスファルトが吸収する熱を相殺する。公園周辺の建物は冷房に必要とされるエネルギーが少ない。

ジェニファー・ウォルチと同僚たちは、9歳と10歳の子供3000人を調べた結果、公園（約500メートル以内）に行ったりレクリエーション行事（約10キロ以内）に参加したりする児童は18歳での肥満のリスクが大幅に減ることを発見した[69]。また、都市空間を緑で彩るだけでも、人々はより頻繁に屋外に出るようになる。

薬を飲めば健康への道筋ができるわけではない。投薬と治療による効果はごくわずかという慢性の症状は数多くある。私は医師としてほとんどの患者に自然を処方するのが不可欠だと感じている（その料金を保険会社に請求できたなら、自然を処方する医師や医療の専門家が増えるだろう）。なぜ多くの医師すなわち事実上の臨床生物学者は、見るからに人間を自然の生物界から切り離されたものとしてとらえ治療するのだろう？　医師が診療、治療するものは囚われの身の病であることがあまりにも多い。

患者に対して、ふだんの私はこの話題を遠回しに振る。たとえば、「運動は何をしていますか？」ではなく、「屋外で体を動かすとしたら何をしたいですか？」と訊く。この線に沿って、さらにこう尋ねるかもしれない。「その活動から戻ったときはどんな気分になりますか？」とか、「1週間、外に出ることも公園や自然のある地域へ行くこともなかったら、どんな気分になりますか？　ひとりでいるのとグループでいるのとでは、激しく動くのとゆったり動くのとでは、どちらが好きですか？」

患者の気分は健康の指標として悪くない。そこで私は主観的な病歴を少し聞き出せないものかと、「いちばん気分がよかった時期はいつごろですか？」と質問し、さらにそれはなぜなのか話してもらう。この情報を単に共有するというプロセスが、患者に活動の価値を思い出させる役に立つ。

私はさらにこう尋ねる。「またそんな気分になる方法を見つけたいと思いますか?」と。そして、たとえばウォーキングの効用について情報を提供する。患者が高血圧かインスリン抵抗性であればなおさらだ。ある意味で、私は目的を処方している。それは気分を向上させる体力レベルに達するための手段だ。

私は患者にほぼいかなる条件、状況でも屋外に出ることを許可する、というより、奨励する。アラスカ先住民衛生局で働いていた医大生のころ、真冬のノームで3カ月暮らしたときは太陽の光をほとんど目にしなかった。暇さえあれば外に出て、雪の固まったアイディタロッド・トレイルを走ったものだ。寒く風の強い天候はさわやかで元気が湧き、ミトコンドリアと毛細血管ばかりか、神経系全体を目覚めさせてくれた(まず風に向かって走り、追い風の復路を褒美として取っておいた)。

人々はどういうわけか運動する環境は快適で均質でなければならないと思い込んでいる。ノームでのランニングが温暖な土地に戻ってからに比べて楽しめなかった記憶はない。体は適応と成長のためにさまざまな環境を経験する必要がある。野生動物はどんな条件に耐え、どんな適応を果たすのか。極端な暑さと寒さを生き抜き、活動の強度を高め(獲物を追う、捕食動物から逃げるなど)、睡眠あるいは冬眠する(エネルギーの保存が必要な場合)。こうした動物仲間と同じく、私たちも多様な状況下であらゆる季節に正しく機能するよう進化した。それを再現するには、日々新たな別のストレスを加えるのがいい。悪い天候などないといわれる。あるのは悪い服装(と無気力)だけだと。あなたも私と同じなら、条件が好ましくないときこそ、何より忘れがたい経験ができるだろう。

森のなかへ走り去る

私の同僚や友人には、熱心な陸上ランナーが何人もいるが、誰もロードレースには参加したことがない。トレイルランニングの愛好者なのだ。自然という一服の清涼剤に加え、トレイルは変化する地形というチャレンジと刺激をもたらすうえに、生じる衝撃は硬い舗装路より小さい。

友人のビル・スーサが走りはじめたのは1996年、34歳のときだった。同じ年に、彼は心臓不整脈との診断を受ける。ひと月としないうちに父親が、熱意ある熟練ランナーが亡くなった。「これでおしまいだと思ってもおかしくないだろうね」と、ビルは私に言った。「でも私はランニングをつづけなきゃならないと信じていた。父に通じる試金石としてだけじゃなく、私自身の体の健康のために」。2005年、ビルはアパラチアン・トレイルから1マイルと離れていない場所に転居し、トレイルランニングを発見した。「あれからずっと夢中になっている。それは私の礼拝堂、私の瞑想、内なる平安の源だ。おかげで乗り切ることができたよ。厄介な離婚も、娘と疎遠になっていることも、仕事上の強いストレスも。航空管制官をやっているからね」

そして2014年、ビルは副腎疲労《アドレナル・ファティーグ》と診断される。不規則な勤務形態による概日リズムのくずれが主な原因だとされた。「曜日ごとに変わるシフトで勤務しながら週に70〜90マイル（約113〜145キロ）トレーニングしようとしていて、そのままつづけるのはとうてい無理だった」

それでも走らないわけにはいかない。ビルは小休止をはさんでトレーニングの距離（とパフォーマンスの期待値）を減らし、仕事のスケジュールを正常化した。数カ月後、回復に向かいはじめる。

その間に考え方も変えた。

「いまは新しい現実を背負っている、あるいは知識として身につけたんだ。トレイルランをトレーニングというより、一種の回復法として、全体的なウェルビーイングのためにスピリチュアル、肉体、感情面で不可欠なものと考えている。走るたびに、私はあの魔法のような、超越的な瞬間を待ち受ける。意識が閉じて知らぬ間に体が苦もなくトレイルを漂い、周囲と一体化する瞬間を。葉の一枚一枚、石のひとつひとつ、木の一本一本が私の一部になり、私はそのすべての対等な一部となる。木々が飛ぶように過ぎ去り、健康上の問題という足かせがはずれるのを感じる。心はまさしくフロー状態に突入する。脳のおしゃべりが、よいものも悪いものも、どちらでもないものもやみ、その瞬間に、その計り知れない時間に、私は限界ではなく、希望の泉に包み込まれる。私は自由で、生きているんだ。天国というのはそんな感じのところだと思う」

自然過剰シンドロームを求めて

トレイルランニングに真剣に挑戦し、その後断念したという人には会ったことがない。この世界に入った人はほぼ全員そこにとどまる。きっとトレイルランナーたちは、外で走るのは必要というより、できることだと考えるからだろう。屋内の有酸素系ジムもいいだろうが、かき立てるモチベーションも、元気になれるスリルと楽しさも、トレイルランニングに匹敵するとは思えない。

さあ、コンピューターから離れ、外に出て体を動かし、自分の足を味方につけよう！　ビル・スーサが自然のなかに見つけた天上の世界が待っている。

ドリル

- **太陽に向かえ!**　太陽と新鮮な空気がホルモンや精神の面で好影響をもたらすという、確固たる実体のある証拠に浸ろう。健康的な、安らかな睡眠が一日の終わりには欠かせない。一日の始まりに屋外で過ごすころ、その効果はぐっと高まっている。
- **犬を飼う**、あるいは飼っている犬と過ごすこと。犬はあなたにとって何が最善かを知っている。だからこそ、外で散歩しよう、走ろう、体を動かそうとせがむのだ。犬と過ごすと、現代のデジタルな世界の副産物となりがちな孤立感が和らぐ。
- **自然のなかへ旅をする**。ハイキングにいくのもいいし、車でキャンプに出かけたっていい。気づけば、精神(と優先事項)が「リセット」され、意識、焦点、認知能力、ウェルビーイングの感覚があなたとともに文明世界に戻ることになるだろう。日本人はこれを森林浴と呼んでいる。

第19章　その場で走る——私たちのコミュニティの健康

この知識、国民の身体的な善き生《ウェルビーイング》こそ国家の全活動の活力と体力の重要な基盤だという知識は、西洋文明そのものと同じ古さがある。ところが、その知識を今日、アメリカでは忘れてしまおうとしている。

——ジョン・F・ケネディ大統領

神話：ランニングは孤独な、ひとりきりの活動であり、主に個人的な達成感を伴うものだ。
事実：ランニングはむしろ健康と精神のウェルビーイングにかかわるものだ——その大部分は、つながり、コミュニティ、分かち合うことからもたらされる。

ケネディ大統領の言葉は半世紀以上前に述べられたものだが、この忠告はいまだ充分に聞き入れられていない。1962年当時、多くの人から低いとみなされたアメリカの平均体力レベルが、下がったわけではない。その一方、私たちの注意は、目の前にあるデジタル画面、巨大小売チェーン、独占企業に奪われつつある（残念ながら、不案内な地区を走っていて道を尋ねると、きまってこんなふうに言われる、「バーガー・キングの角を右に曲がって、それからアップルビーズの角を左に……」）。地元で生まれたランニングレースなどのイベントでさえ、どんどん企業運営になって高い参加料金が課され、大きな環境負荷《エンバイロンメンタル・フットプリント》が残される。そこには地域に根ざし、個人が投資する、家族、友人、隣人たちが喜びとともにつながる文化が関わりあえる余地はほとんどない。

私たちのコミュニティを取り戻す頃合いだ。

われわれに近づかないのが最善だ……

医師として私は、医療コミュニティも病院から出て、近隣地域に足を踏み入れる必要があると痛感している。われわれが仕える人々の要望に責任を負い、患者に対しては病気の犠牲者ではなく健康なコミュニティの一員として接しなければならない。進化を通して、生命体は生きて成長するために変化し、適応する。医療コミュニティも進化する潮時だ。

当たりまえに思えるかもしれないが、米国の（年間）3兆ドル規模の医療業界は少々混乱した状態にある。保険の払戻金は、検査、往診、処置、薬、機器その他の介入といった、実施される治療の量に基づいているが、医療提供者、政策立案者、保険会社、利益団体のあいだで、上昇する一方の費用を誰が負担するかをめぐる論争が絶えない。まるで車の故障診断・修理店はたくさんあっても、自動車教習所はない街のようなものだ。

疾患ありきの医療システムは、薬剤、専門医、入れ替わる支払人、煩雑なルールからなる、複雑でばらばらな、費用のかさむ、ときに危険な混合体と成り果てている。「予防ケア」という用語がたびたび引き合いに出され、いまではきまり文句になった。これが言外に意味するのは、健康の増進は医療提供者のケア（スクリーニングや検査など）にかかっているということだ。だが、本当の予防とは、われわれ医師に近づかないための努力をすることにほかならない。物理学者のマックス・プランクが言ったとおり、「科学は葬式のたびに進歩する」。

　たとえば、毎年の健康診断という儀式には、救命や健康改善、コスト削減の効果があると証明されていないし、結腸内視鏡検査、ＰＳＡ（前立腺特異抗原）検査、パップスメア（子宮頸《けい》がん検査）、コレステロールチェック、さらには乳房X線撮影《マンモグラフィ》といった一般に認められたスクリーニングテストも、切れ味の悪いツールとなるのがせいぜいだ。最悪の場合、健康な人々に広く用いられて、別の検査や苦痛を伴う高価な処置を招く結果となりかねない。

　見方によっては、たしかにアメリカ人は１００年前より長生きしている。だが、多くの場合、その代償として健康が衰える年齢が下がっている。２型糖尿病、高血圧など、慢性的な症状が小児にも見られるようになり、発症者の数は増えるばかりだ。《ミリタリー・タイムズ》の最近の記事によると、高校生の70パーセントは兵役に不適格で、「不健康および体力不足」が主な理由だという。必要な新兵数を維持するために、軍は体力の合格ラインをさらに下げるべきか検討している。

健康を養う

アスリート兼医師として、私はこの医療業界がもっと検討や思考を重ね、治療を減らす必要があると感じている。スポーツ障害の治療にもっともふさわしいのは、たいてい理学療法士やコーチ、友人、そして自分自身（と少しの時間）であり、医者というわけではない。ベンジャミン・フランクリンは、「神が癒やし、料金は医者に」と揶揄《やゆ》していた。

そうした治療や療法の多く、そして天文学的に高いその費用は、いかに生きるかにもっと思考を投入すれば避けられるだろう。具体的には、あらゆる年齢層の活発で健康的な生活スタイルを支援する政策やプログラムにもっと注意を向けなくてはならない。研究者の温啓邦と同僚たちは〝身体活動の文化〟を築くことを提唱している。[70] ほとんどの患者は毎日の運動の効用を承知しているが、この研究者たちの結論では、「患者を希望的観測から実現へと導くのは私たちの務めである」。パブリックヘルスが現実となるのは医者の診察室ではない。コミュニティだ。

健康に関わる地球上のコールドスポット

健康的な生活スタイルの利点は否定のしようがない。複数の綿密な比較縦断研究から、世界じゅうの各文化における長寿の人々は総じて、健康的な慣行や日常の習慣を数多く共有していることが明らかになった。こうした集団は国際保健《グローバルヘルス》の「コールドスポット」と呼ばれる場所に存在するが、ほかにも共通点が見られる。移住して現代のライフスタイルや食生活を取り入れると、まもなくその新たな故郷の住民並みに不健康になるということだ。したがって、これは遺伝学の問題ではない。

健全な伝統的生活スタイルには新しいところも画期的なところもない。先住民グループは適度な身体活動を生涯にわたってつづけ、変化に富んだ（ほぼホールフードの）食事をとり、体重を維持し、タバコは吸わず、いつもケアが得られるコミュニティで暮らしている。高齢者は文化の構造に織り込まれ、歳を重ねながら奉仕し、価値をもたらしていく。有給の介護士や医療提供者たちの手にゆだねられはしない。そして、ありがたいことに、無理をしないでのんびりするよう指図されることもない。

その好例がクラリス・モラント、１０４歳で死去した人物である。１００歳を超えてからも、彼女は自宅で老齢の家族ふたりの入浴や食事の世話をしていた。ケアを与え、代わりに人生と健康を受け取っていた。これが真の予防であり、本物のコミュニティだ。

キーウィ流ファミリージョギング

なかには、集団としての健康とウェルビーイングの向上をめざして順調に協力してきたコミュニティもある。たとえば、ファミリー「ジョグ」の構想は１９５０年代にニュージーランドで伝説のコーチ、アーサー・リディアードが発展させたものだが、リディアードが創設したオークランド・ジョガーズ・クラブは心臓病患者の会員も少なくない（心臓病患者はジョギングをすべきという考え方は、いまやケアの標準だが、当時のアメリカでは激しく議論が交わされた）。リディアードが主催した、老いも若きもウォーカーもジョガーも（少数の本格的《シリアス》ランナーも）参加する日曜朝の集いは、ニュージーランドじゅうで毎週のブロックパーティのような慣習となっている。

１９６２年、オレゴン大学の伝説的ランニングコーチ（にしてナイキの共同創業者）ビル・バウワーマンがニュージーランドを訪れ、リディアードによるオリンピックレベルの選手の指導法を見学した。ところがバウワーマンは何よりも、もっとおおらかなジョギングの感覚に心をつかまれ、オレゴンに戻ると金曜夜のジョグ集会を開催しはじめる。最初は、ひと握りの冒険好きが集まった。まもなく数百人が参加するようになった。現在、ユージーン市はトレイルのネットワークやコミュニティヘルス構想、屋外レクリエーションのカルチャーで広く知られている。

ブロック一帯に喜びを

走ることを苦役（またはときにうんざりする、苦労の末の勝利）とみなす人たちにすれば、逆にそれを喜びの尽きせぬ源として思い描くことは難しいかもしれない。では、どうしたらその認識を変え、大勢の人にとってランニングを楽しいものにできるだろう？　どのようにしてつぎの一歩を踏み出し、ランニングという手段を用いてコミュニティの健康を取り戻したらいいのか？

個人としては、手始めに自分の動作と思考をゆるやかにし、空間を移動する体の驚くべき複雑さをただ経験してもいい。自分自身と、周囲の人々を機能的な芸術作品として見ることだ。その美しさの大部分はシンプルで楽しいメンテナンスという行為にある。それは体のハウスキーピングであり、日常の動作というかたちをとるものだ。

走っていると、走ることもまた本質はつながることなのだと思い出される。ジョギング、激しい運動、チームスポーツ、ランニングレース、共通の目標への団結した努力。どれも友人や仲間との生涯つづく絆を築いてくれるものだ。「コミュニティ」をテーマにした医学部の講義があるという話は聞いたこともないが、世界保健機関（ＷＨＯ）はそれを主な「健康の決定要因」のひとつに数えている。[71] これはそのとおりで、社会的孤立は人の健康と寿命にとって喫煙と同じくらい害がある。[72]

私の地元ウェストヴァージニア州の住民はたいてい健康の見本にならないことで知られているし、その多くは走ることを喜びの源とは考えていないだろう。ほかの州も大差はない。先進国は動作のない文化圏となり（もしくはそう志向し）、発展途上国の大半がこれに追随している。運動や無用な活動を避けるという目標を共有する人は非常に多く、私たちは動作の大部分を巧みに生活から排除することで、その目標をおおむね達成した（結局、何十年にもわたる重労働とテクノロジーの進歩のおかげで、休息と安らぎを得たのではないだろうか？）。

もちろん、プロスポーツは巨大だ。少なくともスポーツビジネスはそうだ。ただし、選手にとっては、それは剣闘士の精鋭部隊からなる予備軍と化している。傑出することは過酷で達成困難な目標と分かちがたく、その目標はアスリートの全体的な健康とは必ずしも一致しないし、観客の健康とはまったく関係ない。

フリーダムズラン――真のコミュニティ・イベント

２００９年、わがコミュニティであるウェストヴァージニア州シェパーズタウンは、そうした状況の変革に乗り出した。私は医療セミナー、ランニングワークショップ、コミュニティのファンラン、そして（献身的なボランティア仲間たちとの）大規模なランニングイベントを企画するようになる。当初から、私たちは単純な思いに駆り立てられてきた。人々が外に出て運動を楽しむところを見たい、そして友人や家族を一緒に連れてくるのを見たい、と。健康な生活は見るスポーツではないのだから。

その努力から誕生したのが、〈フリーダムズラン：健康と継承のイベント〉だ。毎年開催される市民のファンランで、子供や家族をあらためて自然とフィットネスに結びつけ、地域文化が変わるきっかけとなった。レースには地元企業のスポンサーが雪だるま式に集まり、その従業員が走りにきたりボランティアに加わったりしている。1マイルのファンラン、5キロ、10キロ、ハーフマラソン、マラソンなど誰でもエントリー可能で、例年2500人以上が40を超える州から参加する。2018年に第10回を迎えるフリーダムズランは、ウェストヴァージニア州最大のランニングイベントだ。

浸透と口コミという最高の普及の仕方で、このファンランのコンセプトはほかのコミュニティにも広まってきた。フリーダムズランのチームは増えつつある地域イベントをサポートしており、ウェストヴァージニア州東部の鍋の柄形地帯《パンハンドル》では、年間20以上のランニンググレースが開催されている（9年前のわずか4大会から大幅に増えた）。やはり地元の（私が共同ディレクターを務める）ハーパーズ・フェリー・ハーフマラソンも、10年目を迎えようとしている。さらに、2014年のフリーダムズランで誕生した「兄弟と姉妹《ブロズ・アンド・ブラズ》」という大きなコミュニティランニンググループは、いまや400人以上のメンバーが活動中だ（グループのモットーは「裁きはしない、期待もしない」）。

フリーダムズランは地域の健康、歴史、伝承のプロジェクトのために20万ドル以上の資金を集めてきた。そして共同出資したのが、12カ所の学校を拠点にしたフィットネス・トレイルと、新しい郡の公園のまわりの2・4マイルのトレイル、さらに「運河教室《カナル・クラスルームズ》」というプログラムだ。このプログラムでは、ウェストヴァージニア州とメリーランド州の小学4年生をウィリアムズポートに

フリーダムズランでは老いも若きも、ともに走る。

あるチェサピーク&オハイオ運河ヴィジターセンターに招き、屋外の場所を利用した学習が一日かけて行なわれる。

こうしたランニングレースの醍醐味は、都市部や遠方からやってきた人たちが、一体感のある小さなコミュニティで有機的に生まれたイベントを体験できることだ。コースをたどることで、ランナーは（ウォーカーも）、ハーパーズ・フェリー国立歴史公園、チェサピーク&オハイオ運河国立歴史公園、ポトマック川とシェナンドア川沿い、アンティータム国定古戦場跡を通過する。参加者たちによると、自然、歴史、仲間意識がいっせいに元気づけてくれるという（フリーダムズランのウェブページfreedomsrun.orgにアクセスしてみよう。このイベントが私たちのコミュニティにもたらす影響や初期のコミュニティ・ファンランの様子については、runforyourlifebook.comの短篇動画をご覧いただきたい）。

何より大切なのは、こうしたイベント、レース、ランニンググループはすべて協働の精神を軸に形づくられていることだ。集まる子供たち、人との交流、つながり、コミュニティのウェルビーイング。みんな一緒に取り組んでいる、ともにはつらつとした健康的な生活を取り戻せるという感覚を、参加者たちは分かち合う。

斬新な「農産物調合《ファーマスーティカル》」産業

1960年、1人あたりの平均的な医療費は食費の3分の1だった[73]。この形勢は逆転したどころか、2015年のアメリカの医療費は1人あたり1万340ドル、じつに食費の2倍以上になっている[74]（しかもここには外食の費用も含まれる）。個人所得に占める割合として、アメリカ人の食費は世界のどの国よりも少ない。

ひょっとして安価な食品と高騰する医療費のあいだに関係があるのだろうか？　糖尿病の深刻さと有病率だけを見ても、ねばり強くこの問題を追求し、手に入るすべての証拠を評価しなくてはならないだろう。2型糖尿病患者1人あたりの治療費は、とうてい維持しがたい年間約2万ドルという額に達している。

個人が健康的な食事の費用を1ドル追加するごとに、下位組織の公共および民間の医療費は何ドルも節約されるにちがいない。実際、ウェストヴァージニア州で提供される医療とその後の経過は、基本的に患者が健康的な食品を購入できるかどうかに左右される。

ウェストヴァージニア大学の医学部と健康科学センターは、身体活動、栄養、健康的な生活スタイルの総合研究拠点となる途上にある。2017年には糖尿病・メタボリックヘルス・センターを

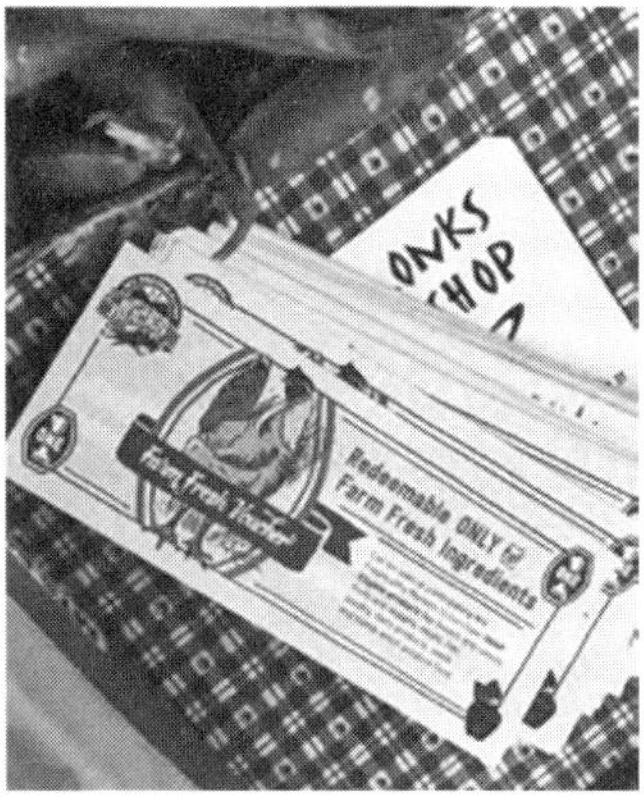

地元のファーマーズ・マーケットで買い物に使えるフレッシュヘルシー・バックス

開設し、そこで私は低炭水化物栄養学に取り組んでいる。ウェストヴァージニア州の農村部の中心にも活動を広げ、「ファーマシー（farmacy）」の健康上の利点を人々に伝えている。これは地元の農場《ファーム》で豊富に生産される、自然な、未加工の健康的な食べ物のことだ。

　また、米国農務省（USDA）や、ホールサム・ウェーヴ、ベネダム財団といった非営利団体と提携し、ウェストヴァージニア大は補助的栄養支援プログラム（SNAP）の受給者が加盟生産者直売所《ファーマーズ・マーケット》で節約できるようにしている（驚くべきことに、SNAP受給者がいちばんよく買うものは砂糖入りの飲料だ）。

　ウェストヴァージニア州の〈フレッシュヘルシー・バックス（FresHealthy Bucks）〉プログラムでは、SNAP受給者がEBTカードを使って野菜や肉、卵その他の主要食品を購入すると、その2倍の額がファーマーズ・マーケットでのみ使用可能な通貨、フレッシュヘルシー・バックスのかたちで支給される。差額は閉店時に販売者が払い戻しを受ける際、ウェストヴァージニア大とパートナーによって補填される。

〈フレッシュヘルシー・バックス〉プログラムはサービス対象の個人を支援するだけでなく、地元の農家やファーマーズ・マーケットの後押しもしている。まさに自立運営だ！　4年目を迎えた2018年、このプログラムはSNAP支援ビジネスで2万5000ドル以上の収益を生み出した。

次の課題はこれをスケールアップさせることだ。

小さな店で大きな（しかしミニマルな）足跡を

私は非フランチャイズの小さなランニングストア〈トゥー・リヴァーズ・トレッズ〉の経営を通じてコミュニティに貢献できることを幸運に思っている。この店で重点を置いているのは、健康的なランニングを教えることだ。従来のビジネスモデルはいざ知らず、全米初のミニマリストシューズ店として、われわれはなるべく機能の少ないランニングシューズの販売に努めている。それも大型箱型店舗の時代に生き残り、繁盛することは可能だと示しながらだ。その実現にあたって、顧客サービスには執拗なまでの注意を払う。来店客にはスタッフと私が評価を行ない、体の動き方の理解に加え、ときに走り方の改造の手伝いをする。2016年、《コンペティター（*Competitor*）》誌と独立ランニング用品小売業協会から、ランニングストアの全米トップ50に選出された。コミュニティと公益事業に対する献身的な取り組みのおかげだろう。

人々をランニングへと誘い出せれば手応えを感じるが、〈トゥー・リヴァーズ・トレッズ〉の従業員が成功する姿を見るのが私にとっては最大のやりがいだ。接客は楽しい仕事ではあるものの、若いスタッフ全員が一生ランニングシューズ店で働くわけでもない。ふたりは理学療法学校を卒業し、ふたりは米軍の士官学校に在籍中だ。もうひとりは2016年に陸上競技のオリンピックトライアルの出場資格を獲得し、現在は2020年オリンピックチームの候補になっている。

終わりは始まり

ランニングレース、健康食プログラム、コミュニティへの働きかけ、そして分かち合う取り組みや運動の高揚感は、パブリックヘルスを回復するレシピのささやかながらも重要な要素だ。私たちは自立と相互依存を通して（専門家やインターネットに頼らなくても）、コミュニティと共有の文化を再構築する力になれる。それをはじめるには、ひとりひとりが、ジョガー、ハイカー、何であれ、趣味が同じ仲間に加わることだ。メンバーが運動や活動、健康への情熱を共有しているなら、どんなグループでもかまわない。

現代の文化は自然から、本来の生き方から遠ざかりつつあり、身体的にも精神的にもその影響に苦しんでいる。きっと地球全体のコミュニティが、医学や健康、農業、自然、コミュニティの自立といった分野で『沈黙の春』（レイチェル・カーソン）のような目覚めを待っているにちがいない。私の夢は、トレーニングや適切な食事、ケガの予防と管理、そして活動寿命を延ばす方法をいつの日か、ともに自分たちで学べるようになることだ。もしかしたら、ケネディ大統領の期待どおり、誰もが元気に生きて、健康なアメリカをつくることだってできるかもしれない。私たちはフィニッシュラインのないレースに参加しているのだ。

逆説的に思えるかもしれないが、本書のゴールは、ここに記された原則やドリルのことを考える必要がなくなったときに到達するように思う。それが訪れるのは、いずれこの本の内容があなたの日常に、つまりあなたの動き、仕事、リラックスした心の状態に完全に溶け込んだときだ。結局のところ、走ることが目的ではない。体、魂、コミュニティを健康な生き方へと融合させていくことだ。

ドリル

- 外に出て友人や親戚、近所の人たちと走る。
- グループランやレースを企画する。ふたりから2000人までなら何人でもいい。
- レースやフードバンク、コミュニティキッチンでボランティアをしたり、地域の子供たちの助言者役を買って出たりする。
- コミュニティや人との社会的なつながりに目的意識を見出す。その健康維持効果は医学的指標ではとらえきれないほど大きい。
- 自分の行動すべてに目的を見出す。ビジョンと目標を抱くことで、生産性と幸福のための舞台を設定できるからだ。私は毎日、意気込んで仕事に向かい、人々が健康的な進路を見つける手助けをするという目標を追い求める。目的こそ私のもっとも重要な処方箋だ。

謝辞

本書は成人の生涯の精髄を表現している。それは走ることにとどまらない、人体の機能と生理を探求することから抽出されたエッセンスだ。そのような作業はとうていひとりでは引き受けられない。ランニングや医療関係の仲間たちには、本書のために貴重な知識や経験を分かち合ってくれたことのみならず、私のキャリアを通じた手引きと友情にも恩義を感じている。とりわけ、足について教えを受けたレイ・マクラナハン博士、進化生物学と健康の泰斗であるダニエル・リーバーマン博士にはお世話になった。

私が順調に歩を運ぶ助けとなり、私たちの活動を多くの人に伝えてくれるランニング教育の仲間たちに、感謝を申し上げたい。イアン・アダムソン、ジェイ・ディチャリー、ブレーズ・デュボワ、ローレンス・ファン・リンゲン博士、アイリーン・デイヴィス博士、トレント・ネスラー博士、ケン・マーキー博士、ロレイン・モラー、ロッド・ディクソン、ノビー・ハシヅメ（リディアード・ファウンデーション：橋爪伸也）、ダニー・ドライヤー、クリス・マクドゥーガル、リー・サクスビー、ダニー・アブシャイヤー。栄養学に詳しい仲間たち、ティム・ノークス博士、ニーナ・タイショルツ、ゲーリー・トーベス、エリック・ウェストマン博士、ロバート・ラスティグ博士、ジョゼフ・シャーガー博士、ロバート・オウ博士、サラ・ハルバーグ博士、ケイト・シャナハン博士、スティーヴン・フィニー博士、ジェフ・ヴォレック博士、サミ・インキネン、ジェフ・ガーバー博士、ジミー・ムーア、ほかにも代謝疾患は回復可能だという知識を教示している多くの方に。そして、ウェストヴァージニア大学の同僚であるKC・ノー博士、エマ・エグルストン博士、クレイ・マーシュ博士、ローズマリー・ロレンゼッティ博士。薬としての食の奨励に熱心に取り組んでくださり、ありがとう。

とくにランニング仲間のジョナサン・ベヴァリー、ブライアン・メッツラー、アンビー・バーフット、ピーター・スネル博士、キース・リヴィングストン、ロバート・ルイス、クリス・フォール、カート・マンソン、ジョージ・バンカー、デイヴ・マギリヴレイ、ニック・カンピテッリ博士、ドン・フリーマン、スコット・ウォー、ゴールデン・ハーパー、ケイシー・ケリガン博士、トニー・ポスト、スティーヴ・サッシェン、サラ・デイヴィッドソン、キンバリー・バックマイヤー、エリノア・フィッシュ、サラ・ヤング、ミック・グラント、ジェリー・リーには、ランニングの分野におけるリサーチ、指導、執筆、ポッドキャスト、イノベーションに対してお礼を申し上げたい。

なかでも、故ビル・カトフスキーとニコラス・パンにはナチュラルランニングセンター創設への協力について、ジェフ・ヴァーノンとロビン・デスジャーディンズには、走ることを学びやすくする〈トゥルーフォーム・ランナー（TrueForm Runner）〉でのトレーニング開発について感謝を表したい。

さらに、地元のコミュニティにも、トゥー・リヴァーズ・トレッズやフリーダムズランでのわれわれのミッションを誠実に支え、本書にさまざまなストーリーや逸話を提供してくれたことにお礼を申し上げる。ロイス・ターコ、ホリー・フライ、アンドロ・バーネット博士、ステイシー・ケンディグ博士、ケイティ・ノーラン・トンプソン、モーガン・ライト、キャンダス・サトフィン、サラ・ホッダー、ダイアナ・ゴーラム、ディオン・ナヴァーラ、エリン・ゲアトナー、ポール・コゼラ、ビル・スーサ、ジェフおよびシェリー・フィオレク、キャサリン・コップ、ケヴィンおよびジェニー・ブラッケンズ、スーザン・ライシェル、ビル・ボンデュラント、ジェイムズおよびスージー・マニス、ジャレド・マトリック、フィオナ・ハリソン、ジェイムズ・ハーシック、アントニオ・エッポーリト、ポール・エンカーナシオン、パット・シュネブル、マット・ノット、ミック・ブラウン、ローラ・バーグマン、パット・フォア、ララ・フォスター。

格別の謝意を本書に大きく貢献してくれたばかりか、私や多くの人にとって生涯の師である方々、世界的に名高いコーチにして治療者のフィル・マフェトン博士と、解剖学の大家で臨床医、発明家、文筆家のトム・ミショー博士に送りたい。また、ウェストヴァージニア州の仲間ジョエル・ウォルパートのプロフェッショナルな写真を随所に使用できたことを私は誇りに思う。

本書のプロジェクトで重要なパートナーを務めてくれたのが、執筆協力者のブロートン・コバーンだった。そのプロットはトム・バーレット博士とポリー・ファビアン博士の綿密で有益な専門的レビューに、マリ・シスロフのコーチングやマラソンの経験談に、スーザン・コスキネンの図書リサーチに、妻のディディ・サンダー、娘のフィービー・コバーン、息子のテンジン・コバーンが調べ物を手伝ってくれたことに感謝している。

最後になったが、ここまでやってこられたのは私の家族の支えがあってこそである。妻ロバータと子供たち、レオとリリーは優しいユーモアとともに、私の裸足ランニングやローカーボの生活スタイル、本書の完成に要した長時間の作業を大目に見てくれた。そして両親ヴィンセントおよびナンシー・ククゼラへの感謝の念も尽きることはない。ふたりは私たち兄弟に、外に出て走ったり遊んだりする機会を与えてくれたのだから。

索　引

索　引

■さ行

■た行

■な行

図版クレジット

15 © Dr. William Rossi FPO
29 © Dr. Tom Michaud
32 © John Craig
39 © Joel Wolpert
40 © Joel Wolpert
41 © Joel Wolpert
42 © Joel Wolpert
43 © Joel Wolpert
46 © Joel Wolpert
47 © Dr. Tom Michaud
52 © Joel Wolpert
55 Courtesy of the author
56 © Joel Wolpert
57 © Scientific American
59 © Joel Wolpert
61 © Joel Wolpert
67 © Dr. Tom Michaud
69 © Joel Wolpert
77 © Joel Wolpert
79 © Joel Wolpert
81 © Dr. Tom Michaud
82 © Dr. Tom Michand
83 © Dr. Tom Michaud
84 © Dr. Ray McClanahan
85 © Joel Wolpert
86 © Joel Wolpert
90 Courtesy of the author
93 © Blaise Dubois Running Clinic Canada
96 © Joel Wolpert
97 © Dr. Ray McClanahan
102（下段）© Diana Gorham
103（上段）© T. Flemons;（下段左）© Joel Wolpert;（下段右）© Dr. Tom Michaud
105 © Fascial Fitness

110 © Joel Wolpert
111 © Joel Wolpert
112 © Joel Wolpert
113 © Joel Wolpert
114 © Joel Wolpert
115 © Joel Wolpert
122 © Diana Gorham
124 © Pete Larson
125 © Joel Wolpert
126 © U.S. Air Force
127 © Dr. Dan Lieberman
130 © Joel Wolpert
131（左）© Joel Wolpert;（右）© Dr. Tom Michaud
132（上段左）© Joel Wolpert;（上段右; 下段）© Dr. Tom Michaud
133（上段）© Diana Gorham;（下段）© Joel Wolpert
134 © Joel Wolpert
135 © Joel Wolpert
136（左）© Robin DeJardins;（右）© Joel Wolpert
155 © Lydiard Foundation
159 © Paul Encarnacion
173 © Dr. Tom Michaud
175 Adapted from Jay Dicharry
176 © Diana Gorham
177 © Runner's Tribe
183 © Joel Wolpert
184 © Joel Wolpert
185 © Joel Wolpert
186 © J. T. Peebles
187 © Joel Wolpert
188 © Joel Wolpert
189 © Joel Wolpert
190 © Joel Wolpert
191 © Joel Wolpert
192 © Joel Wolpert
193 © Joel Wolpert
194 © Joel Wolpert
196 © Joel Wolpert
197 © Joel Wolpert

図版クレジット

205 Adapted from Stephen Phinney
235 Adapted from Ted Naiman
245 Adapted from Jay Dicharry
254 Adapted from Lydiard Foundation
256（左）Courtesy of the author;（右）© Joel Wolpert
259 © Joel Wolpert
264 © Paul Encarnacion
270 © Joel Wolpert
271 © Paul Encarnacion
276 © Paul Encarnacion
279 Courtesy of the author
284 Courtesy of the author
292 Adapted from Curetogether.com
308 © Dr. Tom Michaud
309 Courtesy of the author
310 © Dr. Tom Michaud
314 © Dr. Tom Michaud
320 Courtesy of the author
321 © Rich Muhr
340（左）© Katie Tartakoff;（右）© Paul Encarnacion
350 Courtesy of the author
351 Courtesy of the author
356 Courtesy of the author
366 © Vonda Wright
386 © Paul Encarnacion
395 Courtesy of the author
397 Courtesy of the author

付録Ⅰ

ウェブ上の資料

本書（原タイトル*Run for Your Life*）のウェブサイト、runforyourlifebook.comにアクセスして動画を参照し（/resources）、追加の資料を見つけてほしい。本書で紹介したドリルの大半やその他資料へのリンクをこのウェブポータルに貼ってある。テーマ別に整理した以下のようなメニューがあるはずだ。

・スマートフォンやPCで視聴可能なドリルの動画。姿勢、エクササイズ、ランニングフォームなど。

・記事や論文、ブログ、トレーニングモジュール、講演、評論、デモンストレーション、その他資料や典拠へのリンク。一部のリンクは〈ナチュラルランニングセンター〉サイト（naturalrunningcenter.com）や、〈ドクター・マークのデスク〉（drmarksdesk.com）、〈トゥー・リヴァーズ・トレッズ〉（tworiverstreads.com）の資料集につながる。

付録Ⅱ

生涯のドリル

ランナーや活動的な人が忠実に実行できる、厳しい漸進的なトレーニング計画の立案を頼まれることがある。5キロ、10キロ、ハーフマラソン、マラソンなど、具体的なランニングの目標がある人には、付録Ⅲでランニングそのものを中心にした確実なトレーニング計画を紹介しよう。

この付録Ⅱにまとめるドリルは、動作と筋力の向上を目的とし、より自由に、自発的に行なえるものだ。私の経験上、ほとんどの人（競技用のトレーニングスケジュールに取り組んでいない人）は面倒なドリルがいくつもあると、あまり勤勉には実行しない。心地よさや効果を感じられない場合は、やめてしまいがちだ。ランニングそのものと同様、ドリルは楽しく安全で、気分がよくなるものでなくてはならない。

読者に厳格に要求したいことはひとつ。カウチから立ち上がり、外に出て、動くことだ。そして自分にとって効果のある動作やドリル（あなたのお気に入り）が見つかったら、それをつづけること。本書に挙げるドリルのすべて、もしくはほとんどを試してみるといい。挑戦してみよう。その過程で、(1) 体の動き方と感じ方、どの箇所が凝っているのか、どの姿勢や体勢がおかしいのかがわかるだろう。そして (2) 心地よい、自分に適したドリルや動作が見つかり、神経や筋肉のコントロール不足に取り組めるようになる。

あなたにとっていちばん効果的なドリルや動作をメモしておく。そしてそのドリルや動作をやりつづけよう。

何より大事なのは、座りっぱなしの習慣を中断して体を動かせるチャンスがあったら、いつでも飛びつくことだ。心地よく感じられるかぎり精力的に、可動域いっぱいに体を動かそう。ガーデニング。引っ越しの手伝い。車を運転するかわりに、歩くか自転車に乗る。ランジをする。階段はできるだけ一段飛ばしで上る。会合や公共のイベントでは、後ろか壁際に立つ。肉体的に

負担の大きな作業を買って出よう。狭いスペースにもぐり込んだり、食料品や雑貨を運んだり、床に座ったり、落とした手袋を探しに駆け戻ったりする助けが要る？　あなたの出番だ。まさしくミュージシャンのミートローフが歌っていたとおり、「キャデラックがクラッカー・ジャックのおまけについてくるわけではない」。

本書のドリルは初心者向けでもあり、経験豊かなアスリートやマラソンランナー向けでもある。ランニングに不慣れだったり体がなまっていたり、運動がとりたてて得意ではない場合は、ゆっくり、楽にはじめるといい。快適なゾーンからはずれることのないように。筋力や持久力がつくにつれ、反復の回数はおのずと楽しく増えていき、強度も増して、可動域は大きくなる。スピードとパワーの向上は結果であって、目標ではない。

ここに抽出したドリルとエクササイズ（私自身のお気に入り）はあなたなりのペースで、あなたに適した活動レベルや難易度に合わせてかまわない。私はいくつかのドリルを毎日のワークアウトに、あるいは「エクササイズ・スナック」として職場や自宅で合間に組み込むようにしている。そのときの気分や使える時間、弱い部位に合ったエクササイズを選ぶ。いろいろ組み合わせて、ドリルをこなすときも遊びの感覚を忘れない。

あなたも自分で気に入ったドリルを少なくとも週に何回か、10分程度やってみよう。疲れていない日に、ウォームアップをしてから行なうのがベストだ。正しいやり方で短時間のほうが、間違ったやり方で長時間よりもいい。

各ドリルを4つのグループにまとめた。「モスタビリティ（Mostability）」、「バネを目覚めさせる（Awakening your springs）」、「バネを強化する（Strengthening your springs）」、「エクストラズ（Extras）」だ。ここにまとめたものは本文中の該当ページで詳しく説明されている。また、ぜひ本書のウェブサイト（runforyourlifebook.com）で、ここに紹介する多くのドリルの動画を見てほしい。

MOSTABILITY (MOBILITY AND STABILITY)
モスタビリティ（可動性《モビリティ》と安定性《スタビリティ》）

あなたは起きて、身軽で、外にいて（あるいはジムにいて）、いつでも動ける状態にある。つまり目的地に着いたも同然ということだ！　一日を通してここに挙げる動作を行なえば、着実に、ケガをせずに走る準備が整うだろう。私はこうした動きの短縮版を走るまえのウォームアップでもこなす。ご存じのように、走るまえに激しいストレッチをするのは有益ではないが、これらの動作の多くは「動的」ストレッチだ。引っ張ったり伸ばしたりするのではなく、コントロールされた、ゆるやかな動作で可動性を高め、動きが制限される箇所をリリースできる。

以下の姿勢やドリルを試してみよう：	動画資料
ショートフットの姿勢。これがあなたの土台だ。一日を通して立ったり歩いたりして足を鍛えよう。	Short Foot
片脚バランス。片脚での安定性がカギになる。目を開けて 30 秒、目を閉じて 15 秒できるようにしよう。（可能なら、後述する片脚跳びや片脚ランに進む）。	Single Leg
ゴルファーズ・ピックアツプ。ゴルフボールを拾うように股関節を中心に体を二つ折りし、片方の脚をまっすぐ後ろに振って、バランスをとる脚もまっすぐに保つ。	Golfer's Pickup
脚振り。背すじを伸ばして立ち、骨盤をニュートラルに安定させ、脚を振り子のようにスイングさせる——前後に、左右に。	Leg Swings
ランジ・マトリックス。バランスとスムーズな動きに意識を集中する。	Lunge Matrix

以下の姿勢やドリルを試してみよう：	**動画資料**
マウンテンクライマー。正しく行なえば、股関節をやわらかく開くのに効果的だ。	Mountain Climbers
オーサマイザー。足を椅子やスツールにのせられるときはいつでもできる。バランス、旋回、股関節伸展、上半身のリセットを、ひとつのなめらかな動きでこなせるものだ。	Awesomizer
サプル・ヒップス。しなやかな股関節《サプル・ヒップス》あるいはウインドシールド・ワイパー・プログレッションは私の朝の股関節開き《ヒップ・オープナー》だ。股関節の内旋と外旋を維持してくれる。ゴルフスイングにも効果的だ。	Supple Hips
6ポジション・フットウォーク。完璧なエクササイズ・スナック。	Six-Position Foot Walk
ヒールレイズ。 片足立ちでバランスをとりながら、踵をゆっくり上げて足指のつけ根でバランスがとれるようにする。交互の足で行なう。	Heel Raises
マインドフルウォーキング。直立の姿勢、動きのスムーズさ、効率に気をつける。足の親指を踏み込む。腕を動かして上半身をひねり、ストライドが後ろに開く際にバネを感じよう。	
後ろ歩き。脚裏の筋肉が鍛えられる。腿は垂直、膝を曲げてすねを水平に。進む方向に気をつけること。	Backward Walking
腹式呼吸。ゆっくりと深く呼吸する。息を吐くときは横隔膜を背骨に引き寄せる。	Abdominal Breathing

AWAKENING YOUR SPRINGS
バネを目覚めさせる

体がフィットして健康だとしても、ランニングに不可欠な地面に弾ける感覚を失っているかもしれない。まずはこれを取り戻そう——バネを覚醒させるのだ。

以下の姿勢やドリルを試してみよう：	動画資料
軽いホップと縄跳び。縄跳びで弾性リコイルが養われる。足と足首が鍛えられ、強力なバネのように動くはずだ。ジャンプは軽く、素早く、足全体で接地し、ケイデンスは１分あたり約180歩にする。ケイデンス、弾性、リズムが整ったところで縄跳びを加えよう。最初は１分間、それを５分まで延ばしていく。そのあと縄跳びしながら走ってみよう。	Jump Rope
ニンジャスクワットジャンプ。最初は縁石くらいの高さの台に数回跳び乗るといい。やわらかく、衝撃を抑えて着地することに集中しよう。台を徐々に高くする。静かに跳びおりる練習もしよう。	Ninja Squat Jumps
裸足ジョギングの実験。短い距離で、ゆっくりと、なめらかな舗装路で試してみよう。きっとすばらしいランニング技術を思い出すだろう。スムーズで、衝撃の小さな走り方を。	Barefoot/Slow Jogging

STRENGTHENING YOUR SPRINGS
バネを強化する

あなたのステップのバネが目覚めたら、もう少し課題を増やしてもいい（安全に、強度は低く保つ）。慎重に進め、痛みを伴うものは避ける。優れた機構と、敏速な、バネのある足が目標だ。疲労したり消耗したりするまでやってはいけない。

以下の姿勢やドリルを試してみよう：	動画資料
バーピー。この昔ながらのエクササイズを6～8セット行なう。これなら安全で楽しく、継続できる。	Burpees
グレープバイン・ドリル（別名カラオケ）。横に動きながら、両腕を大きく広げて、後方の脚をまず正面、つぎに背面と交互にクロスさせる。上半身は動かさずに、股関節を180度旋回させる。	Grapevine
ストライド走、あるいはピックアップ。週に2、3日、ランの最中やあとに10秒間のスプリントをする。切り替えてストライドを伸ばし、可動域をフルに使ってみよう。	Strides
ラテラルジャンプ。両足での横跳びは、効果的なスキー用エクササイズで、股関節を安定させる左右の筋肉が鍛えられる。高さが2、3センチからすねの真ん中くらいのもの、たとえば丸太に並んで立つ。それを左右に越えるジャンプを10回繰り返す。足の接地時間をなるべく短くしよう。3セットか4セットを目標にする。	Lateral Jumps

以下の姿勢やドリルを試してみよう：	動画資料
片脚跳び／ラン。片脚バランスをマスターしたら、1本のポーゴースティック（ホッピング）になったつもりで片脚で跳んでみよう。接地時間は最小限にする。それから片脚で短い距離を走ってみよう。	Single-Leg Run
テザーをつけて走る。伸縮性のあるテザーをつないで走る（できれば小型トランポリンの上がいい）。ニュートラルな姿勢を保ちつつ、その固定具から遠ざかることに集中する。	Run with Tether
ターキッシュゲットアップ。完璧な全身強化エクササイズ。	Turkish Getup

EXTRAS
エクストラズ

ほかにもきわめて有益なドリルがある。ただ生身の人間が実地に示すのが最善なので、本文中には含まれていない。ぜひ*Run for Your Life*のウェブサイト（runforyourlifebook.com）の動画ページを訪れ、優れたドリルの実演を見ていただきたい。

以下の姿勢やドリルを試してみよう：	動画資料
世界最高のストレッチとスモウ。ランジ・マトリックスは別として、このふたつの多面的かつ、ダイナミックな動きにまさるプログレッションはない。ふたつを合わせると、下肢と股関節だけでなく胴と肩もやわらかく開かれる。	World's Greatest Stretch and Sumo
ヒールリフト・ドリル。これをやると脚の表側ではなく裏側、大臀筋とハムストリングを活動させて足を上げることがわかる。セグウェイに乗っているように体をやや前に（あるいは後ろに）傾けてみよう。ねらいは速く走ることではなく、バネの効いた接地を維持することだ。	Heel Lift
アンクリング、あるいはファストフィート。足をしならせて、つま先から踵へと地面に下ろす。大臀筋から押し下げて戻すと、踵はわずかに接地して跳ね上がる。ケイデンスは高く保つ。上半身は力を抜き、足を動かす——速くだ！	Fast Feet
ステアホップまたはカーブホップ。遊び感覚で階段（や縁石）に跳び乗ったり降りたりする。そっと静かに着地し、軽く跳ぶこと。素早い、バネのある、音を立てない足にねらいを絞る。ゆっくりとはじめよう！	Curb Hops

以下の姿勢やドリルを試してみよう：	動画資料
フォースクエア。石蹴り遊び（けんけん遊び）の要領で。片脚跳びをしながら、素早くます目を移動する。床にテープで四角います目を描く、タイル張りの床をます目に見立てる、あるいは地面に目印をつけたつもりでやるのでもいい。	Four Square
ABCD スキップ。もう一度、短距離ランナーとなり、この古典的なトラック競技ドリルを学び直そう。 A スキップ：股関節を強く伸展させ、膝を高く上げて体を推進する。 B スキップ：脚を大臀筋とハムストリングで引き下げ、衝撃フェーズに備える。 C スキップ：バレエの跳躍のように蹴り脚から伸び上がる。骨盤はニュートラルに保つ。 D スキップ：力強くバネのある足で、踵を大臀筋に向けてはね上げる。 これをA-B-C-D と連続で、毎回 10 メートルほど前進しながら実行する。それからリラックスし、折り返して、スタート地点まで 40 メートルのストライド走で戻る。これを 4 ～ 6 セット、各セットのあいだにしっかりリカバリーしながら行なう。	ABCD Skips Antietam Battlefield
123 ラン。正しい技術で走りだすための簡単なプログレッション。	123 Run
ナチュラルランニングの原則。100 万回視聴を超えて勢いを増す、ナチュラルランニングの基礎を学ぶ。	Principles of Natural Running
ベアフットランニングスタイル。私にとって最初のベアフットランニングビデオ。2011 年ボストンマラソンで発表された。	Barefoot Running Style 2011

以下の姿勢やドリルを試してみよう：	動画資料
走りにいく。人生の純粋な喜びのひとつは外へ走りにいくことだ。	
ウェストヴァージニア州の子供ランニング革命。子供たちは私たちの未来だ。	WV Kids Run Revolution

ここに挙げてきたドリルは一見して大それている、いや、とうてい無理だと思われるかもしれない。単純にしっくりくるものをやり、それが終わったら、必ずいちばん重要なドリルを含めよう。それはくつろぐこと――リラックスして元気を回復することだ。深く呼吸し、マインドフルに歩き、健康的な食事をして、よく眠ろう。

付録Ⅲ

5キロ、ハーフマラソン、マラソンの各トレーニングプラン

大会に向けて準備したい場合は、たとえ市民参加の5キロレースといった控えめな目標であっても、ここに紹介するトレーニングプランを採用するのが有益かもしれない。例によって、ゆっくりと、順を追って、持久力と筋力を高めながら進めていこう。大会への道のりはレースではない。

最初に挙げるトレーニングスケジュール「5キロ以上向け」は、初心者や久しぶりに再開した人、病気やケガから回復中のランナーのために設計されている。全体の目標は安全かつ徐々にフィットネスを高めていくことだ。

スケジュールを厳密に守ることは必須ではない。この計画表は融通が利き、さまざまな活動を含むことで、運動を日々の（楽しい）習慣にできるようになっている。すでにある程度フィットしている人は、スケジュールの途中からはじめてもいい。ただし、自分に正直であること。体が発する声に耳を傾けよう。

16週間「5キロ以上向け」プランの終盤の週になると、大半の日にジョギングを30分、快適にできるようになるはずだ。**そのようにして有酸素系が発達して初めて、ハーフマラソン（12週間）やマラソン（16週間）のプランに乗り出すといい。**

ほかのトレーニング計画とは違い、ここで強調したいのは、有酸素能力の開発、ランニングスキル、可動性《モビリティ》、筋力、安定性《スタビリティ》、喜び、遊び、長期的な進歩、全身の健康である。高強度のワークアウトではない。高強度のトレーニングプログラムは、短期的に得られるものこそあれ、ケガをするリスクが高く、しばしば全身の健康が衰える。有酸素能力の開発にはリスクはない。

もっとも重要なのは、回復《リカバリー》に注意を払うことだ。実際にフィットネスと健康が得られるのはその期間である。栄養、休息、ストレス解消が欠かせない。ティム・ノークス博士が繰り返し述べるとおり、「トレーニングの目的

は長く実りある人生をおくり、健康を維持することである」。これは長年のあいだに、伝説的なコーチ、アーサー・リディアードの「訓練《トレイン》すること、無理《ストレイン》をしてはいけない」という言葉で何度となく裏づけられている。

活動を毎日の習慣にすれば、あなたはフィットネスと健康の両面で成功をおさめられるだろう。

5 キロ以上―― 16 週間トレーニングプラン

■スピード／持久力　◆走る筋力／素早さ《クイックネス》

	月	火	水
	有酸素	リカバリー	ロング／有酸素
1	♥ 15-20 分：ウォーク	休息または ✖30 分： ＿＿＿＿＿	♥ 15-20 分：ウォーク ●筋力
2	♥ 20-25 分：ウォーク ◆ドリル	休息または ✖30 分： ＿＿＿＿＿	♥ 20-25 分：ウォーク ●筋力
3	♥ 5 分：ウォーク つぎに 1 分／ 5 分：ラン／ウォークのインターバル×5 ◆ドリル	休息または ✖30 分： ＿＿＿＿＿	♥ 5 分：ウォーク つぎに 1 分／ 5 分：ラン／ウォークのインターバル×5 ●筋力
4	♥ 5 分：ウォーク つぎに 1 分／ 4 分：ラン／ウォークのインターバル×6 ◆ドリル	休息または ✖30 分： ＿＿＿＿＿	♥ 5 分：ウォーク つぎに 1 分／ 4 分：ラン／ウォークのインターバル×6 ●筋力
5	♥ 5 分：ウォーク つぎに 2 分／ 3 分：ラン／ウォークのインターバル×8 ◆ドリル	休息または ✖30 分： ＿＿＿＿＿	♥ 5 分：ウォーク つぎに 2 分／ 3 分：ラン／ウォークのインターバル×10 ●筋力
6	♥ 5 分：ウォーク つぎに 2 分／ 2 分：ラン／ウォークのインターバル×10 ◆ドリル	休息または ✖30 分： ＿＿＿＿＿	♥ 5 分：ウォーク つぎに 2 分／ 2 分：ラン／ウォークのインターバル×10 ◆ストライド走 ●筋力
7	♥ 5 分：ウォーク つぎに 3 分／ 2 分：ラン／ウォークのインターバル×7 ◆ドリル	休息または ✖30 分： ＿＿＿＿＿	♥ 5 分：ウォーク つぎに 3 分／ 2 分：ラン／ウォークのインターバル×7 ◆ストライド走 ●筋力

♥有酸素能力の開発　✖クロストレーニング（空欄を埋める）　●筋力トレーニング

木	金	土	日
リカバリー	有酸素	テンポ走またはロング走	リカバリー
休息または ✖30分： ＿＿＿＿＿	♥15-20分：ウォーク	♥15-20分：ウォークまたは ✖30分：＿＿＿＿＿	休息または楽しいアクティブな遊び
休息または ✖30分： ＿＿＿＿＿	♥20-25分：ウォーク ◆ドリル	♥20-25分：ウォークまたは ✖30分：＿＿＿＿＿ ●筋力	休息または楽しいアクティブな遊び
休息または ✖30分： ＿＿＿＿＿	♥5分：ウォーク つぎに1分／5分：ラン／ウォークのインターバル×5 ◆ドリル	♥5分：ウォーク つぎに1分／5分：ラン／ウォークのインターバル×6 ●筋力	休息または楽しいアクティブな遊び
休息または ✖30分： ＿＿＿＿＿	♥5分：ウォーク つぎに1分／4分：ラン／ウォークのインターバル×6 ◆ドリル	♥最大有酸素機能（MAF）テスト：2-3マイル ●筋力	休息または楽しいアクティブな遊び
休息または ✖30分： ＿＿＿＿＿	♥5分：ウォーク つぎに2分／2分：ラン／ウォークのインターバル×10 ◆ドリル	♥5分：ウォーク つぎに2分／2分：ラン／ウォークのインターバル×12 ●筋力	休息または楽しいアクティブな遊び
休息または ✖30分： ＿＿＿＿＿	♥5分：ウォーク つぎに2分／1分：ラン／ウォークのインターバル×10 ◆ドリル	♥5分：ウォーク つぎに2分／1分：ラン／ウォークのインターバル×12 ●筋力	休息または楽しいアクティブな遊び
休息または ✖30分： ＿＿＿＿＿	♥5分：ウォーク つぎに3分／1分：ラン／ウォークのインターバル×8 ◆ドリル	♥5分：ウォーク つぎに3分／1分：ラン／ウォークのインターバル×10 ●筋力	休息または楽しいアクティブな遊び

	月	火	水
	有酸素	リカバリー	ロング／有酸素
8	♥5分：ウォーク つぎに4分／2分：ラン／ウォークのインターバル×8 ◆ドリル	休息または ♥15-20分：ジョグまたは ✖30分：______	♥5分：ウォーク　つぎに4分／2分：ラン／ウォークのインターバル×6　ゆるい坂道 ◆ストライド走 ●筋力
9	♥5分：ウォーク つぎに4分／2分：ラン／ウォークのインターバル×8 ◆ドリル	休息または ♥15-20分：ジョグまたは ✖30分：______	♥5分：ウォーク　つぎに4分／1分：ラン／ウォークのインターバル×8　ゆるい坂道 ◆ストライド走 ●筋力
10	♥30分：有酸素ラン 3分／2分：ラン／ウォークのインターバル×7 ◆ドリル	休息または ♥15-20分：ジョグまたは ✖30分：______	♥5分：ウォーク　つぎに5分／2分：ラン／ウォークのインターバル×6　ゆるい坂道 ◆ストライド走 ●筋力
11	♥35分：有酸素ラン ◆ドリル	休息または ♥15-20分：ジョグまたは ✖30分：______	♥5分：ウォーク　つぎに6分／2分：ラン／ウォークのインターバル×6　ゆるい坂道 ◆ストライド走 ●筋力
12	♥35分：有酸素ラン ◆ドリルまたは ■トラックでのタイムトライアル：1.5マイル	休息または ♥15-20分：ジョグまたは ✖30分：______	♥5分：ウォーク　つぎに6分／1分：ラン／ウォークのインターバル×7　ゆるい坂道 ◆ストライド走 ●筋力
13	♥35分：有酸素ラン ◆ドリル	休息または ♥15-20分：ジョグまたは ✖30分：______	■5分：ウォーク　つぎに7／1分：ラン／ウォークのインターバル×6 坂道またはファルトレク ◆ストライド走 ●筋力

木	金	土	日
リカバリー	有酸素	テンポ走またはロング走	リカバリー
休息または ♥15-20分：ジョグまたは ✖30分： ＿＿＿＿	♥5分：ウォーク つぎに4分／1分：ラン／ウォークのインターバル×8 ◆ドリル	♥最大有酸素機能（MAF）テスト：2-3マイル ●筋力	休息または楽しいアクティブな遊び
休息または ♥15-20分：ジョグまたは ✖30分： ＿＿＿＿	♥5分：ウォーク つぎに4分／1分：ラン／ウォークのインターバル×8 ◆ドリル	♥5分：ウォーク つぎに4分／1分：ラン／ウォークのインターバル×12 ●筋力	休息または楽しいアクティブな遊び
休息または ♥15-20分：ジョグまたは ✖30分： ＿＿＿＿	♥5分：ウォーク つぎに6分／1分：ラン／ウォークのインターバル×6 ◆ドリル	♥5分：ウォーク つぎに6分／1分：ラン／ウォークのインターバル×8 ●筋力	休息または楽しいアクティブな遊び
休息または ♥15-20分：ジョグまたは ✖30分： ＿＿＿＿	♥5分：ウォーク つぎに6分／1分：ラン／ウォークのインターバル×6 ◆ドリル	♥5分：ウォーク つぎに8分／1分：ラン／ウォークのインターバル×7 ●筋力	休息または楽しいアクティブな遊び
休息または ♥15-20分：ジョグまたは ✖30分： ＿＿＿＿	♥5分：ウォーク つぎに10分／1分：ラン／ウォークのインターバル×3 ◆ドリル	♥最大有酸素機能（MAF）テスト：2-3マイル	休息または楽しいアクティブな遊び
休息または ♥15-20分：ジョグまたは ✖30分： ＿＿＿＿	♥5分：ウォーク つぎに15分/1分：ラン／ウォークのインターバル×3 ◆ドリル	♥5分：ウォーク つぎに 20分／2分：ラン／ウォークのインターバル×1 15分／2分：ラン／ウォークのインターバル×2 10分／2分：ラン／ウォークのインターバル×1 ●筋力	休息または楽しいアクティブな遊び

	月 有酸素	火 リカバリー	水 ロング／有酸素
14	♥ 35-40分：有酸素ラン ◆ドリル	休息または ♥ 15-20分： ジョグまたは ✖30分： ＿＿＿＿＿＿	■ 5分：ウォーク つぎに8分／1分：ラン／ウォークのインターバル×5 坂道またはファルトレク ◆ストライド走 ●筋力
15	♥ 40分：有酸素ラン ◆ドリル	休息または ♥ 15-20分： ジョグまたは ✖30分： ＿＿＿＿＿＿	♥ 40分：有酸素ラン ◆ストライド走（ピックアップ） ●筋力
16	♥ 40分：有酸素ラン ◆ドリル	休息または ♥ 15-20分： ジョグまたは ✖30分： ＿＿＿＿＿＿	♥ 40分：有酸素ラン ゆるい坂道 ◆ストライド走 ●筋力

木	金	土	日
リカバリー	有酸素	テンポ走またはロング走	リカバリー
休息または ♥ 15-20分：ジョグまたは ✖30分： ＿＿＿＿＿	♥ 5分：ウォーク つぎに20分／2分：ラン／ジョグのインターバル×2 ◆ドリル	♥ 5分：ウォーク つぎに20分／2分：ラン／ウォークのインターバル×1 15分／1分：ラン／ウォークのインターバル×2 ●筋力	休息または楽しいアクティブな遊び
休息または ♥ 15-20分：ジョグまたは ✖30分： ＿＿＿＿＿	♥ 40分：ジョグ ◆ドリル	♥ 5分：ウォーク つぎに30分／2分：ラン／ウォークのインターバル×1 20分／2分：ラン／ウォークのインターバル×1 10分／2分：ラン／ウォークのインターバル×1 ●筋力	休息または楽しいアクティブな遊び
休息または ♥ 15-20分：ジョグまたは ✖30分： ＿＿＿＿	♥ 40分：有酸素ラン ◆ドリル	休息または楽しいアクティブな遊び	**5キロを走る！**

ハーフマラソン――12 週間トレーニングプラン

■スピード／持久力　◆走る筋力／素早さ

	月 ヒル、インターバルまたはファルトレク	火 リカバリー	水 ロング／有酸素
1	**スピードや持久力のワークアウトのまえには必ずウォーキングとジョギングでウォームアップすること。** ■ 5 分インターバル×3 インターバル走の合間に 1-2 分のウォーク／ジョグ 目標：10 キロ走のペースで 2 マイル ◆ドリルおよび／またはストライド走	♥ 20-30 分：ジョグまたは ✖30 分： ─── ●筋力	♥ 30-40 分：有酸素ラン 途中で 3-4 マイルの MAF テスト ◆ストライド走
2	■ 30 分：ファルトレクまたは坂道ラン ◆ドリルおよび／またはストライド走	♥ 20-30 分：ジョグまたは ✖30 分： ─── ●筋力	♥ 40-45 分：有酸素ラン ◆ストライド走
3	■ 45 分：坂道ラン **上り坂では動作を機敏に。下り坂では回転数を上げて脚をリラックスさせ、ストライドを広げる練習をする。** ◆ドリルおよび／またはストライド走	♥ 20-30 分：ジョグまたは ✖30 分： ─── ●筋力	♥ 40-45 分：有酸素ラン ◆ストライド走
4	■ 4 分インターバル×4 インターバル走の合間に 1-2 分のウォーク／ジョグ 目標：10 キロ走のペースで 2-3 マイル ◆ドリルおよび／またはストライド走	♥ 20-30 分：ジョグまたは ✖30 分： ─── ●筋力	♥ 45-50 分：有酸素ラン 途中で 3-4 マイルの MAF テスト ◆ストライド走
5	■ 45 分：ファルトレクまたは坂道ラン ◆ドリルおよび／またはストライド走	♥ 20-30 分：ジョグまたは ✖30 分： ─── ●筋力	♥ 50-55 分：有酸素ラン ◆ストライド走
6	■ 50 分：ファルトレクまたは坂道ラン ◆ドリルおよび／またはストライド走	♥ 20-30 分：ジョグまたは ✖30 分： ─── ●筋力	♥ 40-45 分：有酸素ラン ◆ストライド走

♥有酸素能力の開発　✖クロストレーニング（空欄を埋める）　●筋力トレーニング

木	金	土	日
リカバリー	有酸素	テンポ走または ロング走	リカバリー
♥ 20-30分： ジョグまたは ✖30分： ________ ●筋力	♥ 40分：ジョグ ◆ドリル	♥ 60分：ロング走	休息または楽しいアクティブな遊び
♥ 20-30分： ジョグまたは ✖30分： ________ ●筋力	♥ 40分：ジョグ ◆ドリル	■ 40分：テンポ走 **楽にはじめ、仕上げは速く力強く** ◆ドリルおよび／またはストライド走	休息または楽しいアクティブな遊び
♥ 20-30分： ジョグまたは ✖30分： ________ ●筋力	♥ 40分：ジョグ ◆ドリル	♥ 60-70分：ロング走	休息または楽しいアクティブな遊び
♥ 20-30分： ジョグまたは ✖30分： ________ ●筋力	♥ 45分：ジョグ ◆ドリル	■ 50分：テンポ走 **楽にはじめ、仕上げは速く力強く** ◆ドリルおよび／またはストライド走	休息または楽しいアクティブな遊び
♥ 20-30分： ジョグまたは ✖30分： ________ ●筋力	♥ 45分：ジョグ ◆ドリル	♥ 80分：ロング走	休息または楽しいアクティブな遊び
♥ 20-30分： ジョグまたは ✖30分： ________ ●筋力	♥ 45分：ジョグ ◆ドリル	■ 55分：テンポ走 **楽にはじめ、仕上げは速く力強く** ◆ドリルおよび／またはストライド走	休息または楽しいアクティブな遊び

	月	火	水
	ヒル、インターバルまたはファルトレク	リカバリー	ロング／有酸素
7	■5-6 分インターバル×4 インターバル走の合間に 1-2 分のウォーク／ジョグ 目標：10 キロ走のペースでおよそ 3 マイル ◆ドリルおよび／またはストライド走	♥20-30分：ジョグまたは ✖30 分： ______ ●筋力	♥50-55 分： 有酸素ラン ◆ストライド走
8	■40-45 分：ファルトレクまたは坂道ラン ◆ドリルおよび／またはストライド走	♥20-30分：ジョグまたは ✖30 分： ______ ●筋力	♥60 分： 有酸素ラン 途中で 3-4 マイルの MAF テスト ◆ストライド走
9	■5-6 分インターバル×4 インターバル走の合間に 1-2 分のウォーク／ジョグ 目標：10 キロ走のペースでおよそ 3 マイル ◆ドリルおよび／またはストライド走	♥20-30分：ジョグまたは ✖30 分： ______ ●筋力	♥75 分： 有酸素ラン ◆ストライド走
10	■45-50 分：ファルトレクまたは坂道ラン ◆ドリルおよび／またはストライド走	♥20-30分：ジョグまたは ✖30 分： ______ ●筋力	♥70 分： 有酸素ラン ◆ストライド走
11	■45-50 分：ファルトレクまたは坂道ラン ◆ドリルおよび／またはストライド走	♥20-30分：ジョグまたは ✖30 分： ______ ●筋力	♥45-50 分： 有酸素ラン 途中で 3-4 マイルの MAF テスト ◆ストライド走
12	■4 分インターバル×3 インターバル走の合間に 2-3 分のウォーク／ジョグ リラックスし、テーパリング中にある程度のスピードを保つ ◆ドリルおよび／またはストライド走	♥20-30分：ジョグまたは ✖30 分： ______ ●筋力	♥30 分： 有酸素ラン ◆ストライド走

木	金	土	日
リカバリー	有酸素	テンポ走または ロング走	リカバリー
♥ 20-30 分： ジョグまたは ✖30 分： ＿＿＿＿ ●筋力	♥ 50 分：ジョグ ◆ドリル	♥ 90 分：ロング走 **8-9 マイルを快適に走りきれるか試す。必要なら歩いて休憩する。**	休息または楽しいアクティブな遊び
♥ 20-30 分： ジョグまたは ✖30 分： ＿＿＿＿ ●筋力	♥ 50 分：ジョグ ◆ドリル	♥ 90 分：ロング走 **9-10 マイルを快適に走りきれるか試す。必要なら歩いて休憩する。**	休息または楽しいアクティブな遊び
♥ 20-30 分： ジョグまたは ✖30 分： ＿＿＿＿ ●筋力	♥ 50 分：ジョグ ◆ドリル	■ 55 分：テンポ走 **楽にはじめ、仕上げは速く力強く** ◆ドリルおよび／またはストライド走	休息または楽しいアクティブな遊び
♥ 20-30 分： ジョグまたは ✖30 分： ＿＿＿＿ ●筋力	♥ 50 分：ジョグ ◆ドリル	♥ 90 分：ロング走 **9-10 マイルを快適に走りきれるか試す。必要なら歩いて休憩する。**	休息または楽しいアクティブな遊び
♥ 20-30 分： ジョグまたは ✖30 分： ＿＿＿＿ ●筋力	♥ 50-60 分: ジョグ ◆ドリル	■ 55 分：テンポ走 **楽にはじめ、仕上げは速く力強く** ◆ドリルおよび／またはストライド走	休息または楽しいアクティブな遊び
休息	♥ 50-60 分: ジョグ ◆ドリル	休息	**■ハーフマラソン当日！**

マラソン——16 週間トレーニングプラン

■スピード／持久力　◆走る筋力／素早さ

	月 ヒル、インターバルまたはファルトレク	火 リカバリー	水 ロング／有酸素
1	**スピードや持久力のワークアウトのまえには必ずウォーキングとジョギングでウォームアップすること。** ■5 分インターバル×3 インターバル走の合間に 1-2 分のウォーク／ジョグ 目標：10 キロ走のペースで 2 マイル ◆ドリルおよび／またはストライド走	♥20-30 分：ジョグまたは ✖30 分： ＿＿＿＿ ●筋力	♥30-40 分： 有酸素ラン 途中で 3-4 マイルの MAF テスト ◆ストライド走
2	■30 分：ファルトレクまたは坂道ラン ◆ドリルおよび／またはストライド走	♥20-30 分：ジョグまたは ✖30 分： ＿＿＿＿ ●筋力	♥40-45 分： 有酸素ラン ◆ストライド走
3	■45 分：坂道ラン **上り坂では動作を機敏に。下り坂では回転数を上げて脚をリラックスさせ、ストライドを広げる練習をする。** ◆ドリルおよび／またはストライド走	♥20-30 分：ジョグまたは ✖30 分： ＿＿＿＿ ●筋力	♥40-45 分： 有酸素ラン ◆ストライド走
4	■4 分インターバル×4 インターバル走の合間に 1-2 分のウォーク／ジョグ 目標：10 キロ走のペースで 2-3 マイル ◆ドリルおよび／またはストライド走	♥20-30 分：ジョグまたは ✖30 分： ＿＿＿＿ ●筋力	♥45-50 分： 有酸素ラン 途中で 3-4 マイルの MAF テスト ◆ストライド走
5	■45 分：ファルトレクまたは坂道ラン ◆ドリルおよび／またはストライド走	♥20-30 分：ジョグまたは ✖30 分： ＿＿＿＿ ●筋力	♥50-55 分： 有酸素ラン ◆ストライド走

♥有酸素能力の開発　✖クロストレーニング（空欄を埋める）　●筋力トレーニング

木	金	土	日
リカバリー	有酸素	テンポ走または ロング走	リカバリー
♥ 20-30分： ジョグまたは ✖30分： ＿＿＿＿＿ ●筋力	♥ 40分：ジョグ ◆ドリル	♥ 60分：ロング走	休息または楽しいアクティブな遊び
♥ 20-30分： ジョグまたは ✖30分： ＿＿＿＿＿ ●筋力	♥ 40分：ジョグ ◆ドリル	■ 40分：テンポ走 **楽にはじめ、仕上げは速く力強く**	休息または楽しいアクティブな遊び
♥ 20-30分： ジョグまたは ✖30分： ＿＿＿＿＿ ●筋力	♥ 40分：ジョグ ◆ドリル	♥ 60-70分：ロング走	休息または楽しいアクティブな遊び
♥ 20-30分： ジョグまたは ✖30分： ＿＿＿＿＿ ●筋力	♥ 45分：ジョグ ◆ドリル	■ 50分：テンポ走 **楽にはじめ、仕上げは速く力強く** ◆ドリルおよび／またはストライド走	休息または楽しいアクティブな遊び
♥ 20-30分： ジョグまたは ✖30分： ＿＿＿＿＿ ●筋力	♥ 45分：ジョグ ◆ドリル	♥ 90分：ロング走	休息または楽しいアクティブな遊び

	月 ヒル、インターバルまたはファルトレク	火 リカバリー	水 ロング／有酸素
6	■50分：ファルトレクまたは坂道ラン ◆ドリルおよび／またはストライド走	♥20-30分：ジョグまたは ✖30分： ●筋力	♥40-45分：有酸素ラン ◆ストライド走
7	■5-6分インターバル×4 インターバル走の合間に1-2分のウォーク／ジョグ 目標：10キロ走のペースでおよそ3マイル ◆ドリルおよび／またはストライド走	♥20-30分：ジョグまたは ✖30分： ●筋力	♥50-55分：有酸素ラン ◆ストライド走
8	■40-45分：ファルトレクまたは坂道ラン ◆ドリルおよび／またはストライド走	♥20-30分：ジョグまたは ✖30分： ●筋力	♥60分：有酸素ラン 途中で3-4マイルのMAFテスト ◆ストライド走
9	■40-45分：ファルトレクまたは坂道ラン ◆ドリルおよび／またはストライド走	♥20-30分：ジョグまたは ✖30分： ●筋力	♥60分：有酸素ラン ◆ストライド走
10	■8分インターバル×3 インターバル走の合間に1-2分のウォーク／ジョグ 目標：10キロ走のペースでおよそ3マイル ◆ドリルおよび／またはストライド走	♥20-30分：ジョグまたは ✖30分： ●筋力	♥70分：有酸素ラン ◆ストライド走
11	■50-55分：ファルトレクまたは坂道ラン ◆ドリルおよび／またはストライド走	♥20-30分：ジョグまたは ✖30分： ●筋力	♥70分：有酸素ラン ◆ストライド走

木	金	土	日
リカバリー	有酸素	テンポ走または ロング走	リカバリー
♥ 20-30分： ジョグまたは ✖30分： ――― ●筋力	♥ 45分：ジョグ ◆ドリル	■ 55分：テンポ走 **楽にはじめ、仕上げは速く力強く** ◆ドリルおよび／またはストライド走	休息または楽しいアクティブな遊び
♥ 20-30分： ジョグまたは ✖30分： ――― ●筋力	♥ 50分：ジョグ ◆ドリル	♥ 100-120分：ロング走	休息または楽しいアクティブな遊び
♥ 20-30分： ジョグまたは ✖30分： ――― ●筋力	♥ 50分：ジョグ ◆ドリル	♥ 60-90分：ロング走	休息または楽しいアクティブな遊び
♥ 20-30分： ジョグまたは ✖30分： ――― ●筋力	♥ 50分：ジョグ ◆ドリル	■ 55分：テンポ走 **楽にはじめ、仕上げは速く力強く** ◆ドリルおよび／またはストライド走	休息または楽しいアクティブな遊び
♥ 20-30分： ジョグまたは ✖30分： ――― ●筋力	♥ 50-60分：ジョグ ◆ドリル	♥ 100-120分：ロング走	休息または楽しいアクティブな遊び
♥ 20-30分： ジョグまたは ✖30分： ――― ●筋力	♥ 50-60分：ジョグ ◆ドリル	■ 60分：テンポ走 **楽にはじめ、仕上げは速く力強く** ◆ドリルおよび／またはストライド走	休息または楽しいアクティブな遊び

	月	火	水
	ヒル、インターバルまたはファルトレク	リカバリー	ロング／有酸素
12	■ 45-50 分：ファルトレクまたは坂道ラン ◆ドリルおよび／またはストライド走	♥ 20-30 分：ジョグまたは ✖30 分： ——— ●筋力	♥ 60 分：有酸素ラン 途中で 3-4 マイルの MAF テスト ◆ストライド走
13	■ 5-6 分インターバル×4 インターバル走の合間に 1-2 分のウォーク／ジョグ 目標：10 キロ走のペースでおよそ 3 マイル ◆ドリルおよび／またはストライド走	♥ 20-30 分：ジョグまたは ✖30 分： ——— ●筋力	♥ 75 分：有酸素ラン ◆ストライド走
14	■ 45-50 分：ファルトレクまたは坂道ラン ◆ドリルおよび／またはストライド走	♥ 20-30 分：ジョグまたは ✖30 分： ——— ●筋力	♥ 70 分：有酸素ラン ◆ストライド走
15	■ 45-50 分：ファルトレクまたは坂道ラン ◆ドリルおよび／またはストライド走	♥ 20-30 分：ジョグまたは ✖30 分： ——— ●筋力	♥ 45-50 分： 有酸素ラン 途中で 3-4 マイルの MAF テスト ◆ストライド走
16	■ 4 分インターバル X 3 インターバル走の合間に 2-3 分のウォーク／ジョグ リラックスし、テーパリング中にある程度のスピードを保つ ◆ドリルおよび／またはストライド走	♥ 20-30 分：ジョグまたは ✖30 分： ——— ●筋力	♥ 30 分：有酸素ラン ◆ストライド走

木	金	土	日
リカバリー	有酸素	テンポ走または ロング走	リカバリー
♥ 20-30分： ジョグまたは ✖30分： ________ ●筋力	♥ 50-60分：ジョグ ◆ドリル	♥ 120分：ロング走	休息または楽しいアクティブな遊び
♥ 20-30分： ジョグまたは ✖30分： ________ ●筋力	♥ 50-60分：ジョグ ◆ドリル	■ 55分：テンポ走 **楽にはじめ、仕上げは速く力強く** ◆ドリルおよび／またはストライド走	休息または楽しいアクティブな遊び
♥ 20-30分： ジョグまたは ✖30分： ________ ●筋力	♥ 50分：ジョグ ◆ドリル	♥ 90分：ロング走	休息または楽しいアクティブな遊び
♥ 20-30分： ジョグまたは ✖30分： ________ ●筋力	♥ 40分：ジョグ ◆ドリル	■ 45-50分：テンポ走 **楽にはじめ、仕上げは速く力強く** ◆ドリルおよび／またはストライド走	休息または楽しいアクティブな遊び
休息	♥ 30分：イージーラン ◆ストライド走	休息	**■マラソン当日！**

3つのランニングプログラムの要点概説

有酸素ラン

有酸素ランはフィットネスと健康の土台となるものだ。このランのあいだは最大有酸素心拍数（MAHR）、もしくはそれを若干下回る心拍数で走ることになる。つまり、楽に会話ができるはずのスピードだ。ランニングの80パーセント以上はこのMAHR以下で行なうのが望ましい（大会や体力テストの4～6週前までは）。このプランの有酸素ランの冒頭10分間は、リラックスしたウォームアップとして、徐々に心拍数をMAHRへと上げていきたい。こうしたランを終えたとき、あなたはもっと走れそうな気分になるはずだ。

自分の最大有酸素心拍数を知るには、フィル・マフェトン博士の180公式を使う。以下に30歳のランナーを例として挙げる。

1. 180から年齢を引く（例：180－30＝150）。
2. 以下の選択肢からあなたの健康状態にもっとも適合するものを選び、上記の数字を補正する。
   a. 大きな病気にかかっていたり回復中だったり、薬を服用している場合、さらに10を引く（例：150－10＝140）。
   b. 過去に運動をしていない、トレーニングに継続性がない、故障している、最近トレーニングや競技で進歩が見られない、1年に2回以上風邪やインフルエンザにかかる、アレルギーがあるといった場合、さらに5を引く（例：140 －5＝135）。
   c. 最大で過去2年間、定期的に運動し（週4回以上）、上記aやbに挙げられている問題はない場合、1の数字のままにする（例：180－30＝150）。
   d. 2年以上競技に参加しており、上記の問題はなく、競技成績が伸びて故障とは無縁の場合、5を加える（例：180－30＋5＝155）。

身体適応：有酸素能力の開発。毛細血管とミトコンドリアの発達。脂肪燃

焼能力の向上。リラックスしたランニングフォーム。

よくある間違い：

・MAHRや活動強度を無視する（MAHRを超えて走ると、主にグルコース／グリコーゲンを燃焼し、嫌気性代謝に頼って、有酸素能力の開発が妨げられる）。

・一定のペースで走ろうとする。

・坂道を速く上りすぎる。

ロング走

ロングスローラン（1時間以上）は有酸素系にとって大きな刺激となる。ここでの達成目標は、スピードではなく、足で立っている時間だ。糖を使い果たして「絶食」状態になると（ランの前と最中に炭水化物を摂らない場合）、あなたは脂肪を燃焼して筋繊維を補充するよう体に教える。つまり、遅筋が疲労するとともに好気性の速筋繊維を補充する。ロング走は1、2週間に1回に限定したほうがいい。

まずはMAHR以下で楽にいこう。復路は、MAHRで走ってもいい。少しずつペースを上げ、立っている時間を徐々に1時間半まで（経験豊富なランナーは2時間まで）延ばしていこう。

のどの渇きに応じて充分な水分補給をする。飲みすぎは低ナトリウム血症につながるので避けたい。それは低すぎるナトリウム濃度が原因の命にかかわる症状だ。ロング走の直後、できれば30分以内に適切なリカバリー食で体内の水分を入れ替える。レース当日が近づいてきたら、気分に応じてロング走の後半をほぼマラソンのペースで走ってみよう。

身体適応：有酸素能力の開発。毛細血管とミトコンドリアの発達。脂肪燃焼能力の向上。リラックスしたランニングフォーム。長距離ランは、たとえ快適に感じられて、さほどがんばらなくても、最大限の筋活動を刺激する。

よくある間違い：

・速く走りすぎて、結局疲労する（そして遅くなる）。トレーニングのランではつねに、必要なら回れ右してもう一度走れると感じられるのが望

ましい。
・最初からMAHRを超え、脂肪燃焼能力を刺激しないままグルコースの蓄えを使い果たしてしまう。
・炭水化物にエネルギー源を頼りきり、体をトレーニングして脂肪を燃料にしようとはしない。
・1回のロング走で1週間に走る距離の50パーセント以上を消化する。

ジョグ（スロージョグ）

このプランのジョグは回復やリラックスした効率的な動作パターンへの集中に役立つ。心のリラクセーションやストレス軽減、健康全般のためにもいい。自分の実力よりもはるかに遅いペースで、MAHRを超えずに走ろう。軽快でバネの効いたランニング動作を使い、ケイデンスを1分あたり180歩近くに保つ。目標は20～30分、楽な活動をすることだ。

身体適応：有酸素能力の開発とリカバリー。フォーム、呼吸、リラクセーションに重点を置いて動作のパターンをトレーニングする。この楽な活動によって副交感神経系を刺激することが、ストレス緩和には欠かせない。

よくある間違い：
・ジョグのタイムをスピード優先で調整する。
・スローペースにいらいらする。
・MAHRを超えて走る。

閾値走あるいはテンポ走

閾値走《スレッショルドラン》は有酸素性の上限のペースで、有酸素と無酸素の境界線上に相当する。酸の生成量がエネルギーに再利用できる量を超えない範囲ではもっとも速い。無酸素性作業閾値と呼ばれ、フィットしていれば30～60分までは維持できるペースだ（10キロ走のペースに近い）。

こうしたランのまえには、最低10分はリラックスしたジョグでゆっくりとウォームアップしよう。

交通にさえぎられずに楽しめる往復コースや環状コースを選ぶ。短めの距離なら陸上トラックもいい。快適に、懸命に走り、15分からはじめて30分

まで時間を延ばしていく。あなたの努力レベルと心拍数は（心拍計をつけている場合）、週が変わっても一定になるはずだ（効率がよくなれば、ペースは自然に上がるだろう）。

身体適応：ゆるやかなスピード。ランニングエコノミーの向上、有酸素能力の開発の向上（そう、これは無酸素性作業閾値を下回っている）。ペース調整の理解が深まる。

よくある間違い：

・「全力」で走ったり、レースのつもりになったりする。
・時計をチェックして特定のタイムで走ろうとする。
・走るたびにタイムを向上させなくてはと考える。そうではなく、速く、リラックスしてと考えよう。

ファルトレク

走ることは楽しくあるべきだ。ファルトレクは1930年代にスウェーデンで発案されたファンランニングの一種で、今日にいたるまでランナーやコーチたちによって実践されている。この言葉の文字どおりの意味は「スピード遊び」だ。

気分に応じてスピードに緩急をつける――一定のペースもインターバルの時間も設けない。つまり子供の走り方だ。リカバリー時はゆったりした走りにする。これはフォーム、リラクセーション、**ダイナミック・ストレッチング**（動的ストレッチ）、筋力の面で効果が大きい。

臨機応変にいこう。緩急をつけて電柱まで走り、坂を上り、無作為に選んだターゲットに向かう。遊びと同じで、タイムや距離といった結果はない。速いペースの部分は30秒～数分、走る時間は合計20～40分とし、体がフィットして準備が整ったらさらに延ばす。楽しくて景色のいい、交通量の少ないルートを選ぼう。10分間ウォームアップしてから、起伏する地形をさまざまなペースで走る。スプリント、ヒル、ストライド走などを組み合わせて1、2分走り、スピードを出す部分の合間にリカバリーに努める。運動強度を無酸素性作業閾値以下に保つ。10分間、クールダウンをする。

身体適応：有酸素能力の開発と連動性《コーディネーション》。リラックスした脚の速度。筋力

増強（とくにスプリントで坂を上る場合）。

よくある間違い：
・これを体系的なワークアウトにして一定のタイムやペースを設ける。
・これを激しい無酸素性にして長いセグメントを組み立てる。
・速いペースの合間にリカバリーをはさまない。

インターバル

インターバルによって無酸素性作業閾値で走る能力が向上し、酸性を緩和することが身につく（あなたの有酸素能力はすでに底上げされ、そのぶん容易になっているはずだ）。レーススピードのリハーサルにも役立ち、負担が重くなりすぎることもない。目標は、大いに努力しているものの全力を尽くしてはいないという感覚だ。

インターバル走では、まずウォームアップとして10分間のジョグ、つづいて軽く、手早く、短いストライド走をする。つぎに、距離か継続時間（分やラップ数で計測）を目安に選び、快適に繰り返せる範囲で運動強度を高める（毎回反復後にリカバリー時間をとる）。急走期（区分後）の合計時間は、初心者は5分、上級者ランナーは20分までとする。リカバリー（緩走）期の時間は急走期と均等にするのが望ましい（ただし、長距離トレーニングのインターバルでは、リカバリー休息時間を急走期より短くしてもいい）。心拍数が1分あたり120～130回に戻るまで待とう。すると再開する準備ができたと感じられるはずだ。ペースを保つのに苦労したり、フォームの乱れを感じたりしたら、このワークアウトをやめること。

このワークアウトは必ず、必要ならもう一度走れると感じられるうちに終えたい。10分間の楽なジョグでクールダウンしよう。

身体適応：ゆるやかな速度。良好なペース調整。無酸素性作業閾値の向上、酸素負債への耐性。

よくある間違い：
・一定のタイムで走ろうとしたり、全力を出して速く走りすぎたりする。
　タイムは重要ではない。ここで取り組んでいるのは生理機能や筋力の適

応だ。

・リカバリージョグが短すぎる。

・自分よりレベルの高いグループと競い合おう（ついていこう）とする。

ヒル

多くのランナーが坂《ヒル》を恐れて近づこうとしない。だが坂を快適なペースで、適切なテクニックとともに上り下りすれば、筋力がつく。それはさながら無料のジムでのワークアウトだ――しかも屋外の！　坂を駆け下りることは、ゆるやかな速度を身につけつつフォームに取り組む楽しい方法だ。

コースは環状で、100 ～ 800 メートルの長さの坂道が 2、3 あるといい。運よく山間部に住んでいれば、2 マイル上ってから勢いよく駆け下りることができるだろう。初心者は上り坂で速く走ろうとしてはいけない。背すじを伸ばしたまま、胸を張って開く。前を見て、だが下を向いたり腰を曲げたりしないように。ストライドは短くし、大臀筋を使って地面を押し跳ねる。

下り坂では効率的に素早く走る練習をしよう。こう考えてほしい――**地面に踏み込むのではなく、地面の上を走る**。上り坂では、心拍数がMAHR を超えるだろうが、無酸素性作業閾値以下にとどめたい。

身体適応：脚の筋力（上り坂）。脚の速度、連動性、可動性（下り坂）。有酸素能力の開発。

よくある間違い：

・坂道で速く走りすぎて無理をする――よいフォームが犠牲になり、酸素負債に陥る。

・下り坂で激しく走りすぎる（衝撃が大きい）。おぼえておこう。巧みな下り坂走《ダウンヒル》は訓練で身につくスキルだ。

ストライド走

ストライド走、別名ピックアップでは、スピードと連動性が鍛えられる。これは短距離における一種の動的ストレッチ、連動、筋力ワークだ。酸がたまることはない。きっと楽しめる！　あらゆる動物は（人間も含めて）ショートスプリントが大好きだ。ストライド走はあなたを長短どちらの種目でも

優れたランナーにしてくれる。

徹底的なウォームアップのあと、ランの途中や終わりに、50 〜 80 メートルのピックアップを 4 〜 8 本、徐々にスプリントへとスピードを上げてはまたスローダウンする、というかたちで行なう。草地が理想的だ。自然にだんだん加速し、ゆっくりと減速する。厳密なワークアウトではないにしても、各ピックアップのあいだに充分なリカバリー時間を設けよう。目標は酸や疲労をためないこと。体がほぐれると、回を追うごとにスプリントはだんだん楽に、速くなると感じられるだろう。フォームとゆるやかなスピードに意識を集中しよう。

身体適応：ランニングで使われる主な筋肉や腱を強化し、可動性を高める。連動性とスキルを向上させる。

よくある間違い：

・ストライド走があまりにも激しく長く、フォームがくずれる。
・ストライド走の合間にリカバリーしない（結果として酸が筋肉にたまる）。
・これは「ワークアウト」であって毎回激しさと速さを増さなくてはならないと考える。
・自分のストライド走に連動性と強さを感じたり、痛みはなく安全だと思ったりするまえに、高強度インターバルトレーニング（HIIT）に挑戦する。HIIT は効果が高い反面、フォームや動作が正しくない場合はリスクも高い。

ドリル

このプログラムの各ドリルでは、まず、正しい動きの反復によって連動性を養う。先に進むにつれ、筋力と可動性が高まるだろう。スプリントと同じく、きっと楽しくて、少しだけきつい！

ドリルにスピードとパワーを加えるまえに、動作の習得に取り組むことだ。足下は草地なら申し分ない。各セットの合間に充分なリカバリー時間をとろう。5 キロプランに従っている初心者ランナーは、縄跳び、ラテラルジャンプ、フォースクエア、ヒールリフト、グレープバイン、キックスクーターを

しっかりこなしたい（正しいフォームについてはrunforyourlifebook.comの動画を再度参照のこと）。〈トゥルーフォーム・ランナー（TrueForm Runner)〉を利用できる場合は、それで走ってみよう！

ハーフマラソンやマラソンのプランに従っている人は、より厳しいドリル、たとえばABCDスキップや、テザーをつけたその場ランニングなどに進むといい。ドリルは週に数回、あるいはランの終わりに毎日実行しよう。いろいろミックスして、楽しんでほしい。

身体適応：ランニングで使われる主な筋肉や腱を強化し、可動性を高める。連動性とスキルを向上させる。ランニングスキルと連動性を向上させる。

よくある間違い：
・間違ったフォームでドリルを行なう。
・セットの合間にリカバリーをはさまない。
・動作をマスターするまえにパワーを加える。

クロストレーニング

暇を見つけて30分間をリラックスして楽しめる活動に割こう。水泳、サイクリング、クロスフィット、ジムでのワークアウト、ヨガ、ハイキング……ストレスだらけでなければ万事快調、リラクセーションとリカバリーが促進される。

アメリカスポーツ医学会は毎日30分の身体活動をするよう推奨し、安全なガイドラインとしてランニングの量を増やすなら週10パーセントまでとしている。異なる活動をすると、ランニングによる体の組織へのストレスから回復しやすい。初心者はとくにそうだ。ただし、クロストレーニングはランニング専用ではないので、体力テストに合格するうえで大いに助けになると思ってはいけない。

身体適応：継続的な有酸素能力の開発および、競技特有の筋力。

よくある間違い：
・リカバリー用のクロストレーニングの日にがんばりすぎる。
・クロストレーニング活動で下手な技を使い、もとからある組織への

機械的《メカニカル》ストレスを増やす。
・クロストレーニングをすれば速く走れるようになると決めてかかる。
・故障中にクロストレーニングをしている場合、故障が治ったらすぐにクロストレーニングと同じ量や強度のランニングを再開できると想定する。仮にあなたが「フィット」しても、ランニングによる組織への負荷はまた別のものだ。

大会前の練習レース

これは心地よくハードなペースで走るが、全力は出さない模擬レースだ。ねらいはリズム、リラクセーション、速いスピードでのペース調整を身につけると同時に、有酸素系を最大限に活用することにある（若干、無酸素運動になることがあり、その場合は酸の蓄積や疲労に対する耐性を養うのに役立つ）。これは実際のレースで行なってもいい。ハーフマラソンはマラソンに向けた格好の練習レースになる。

本番の4～6週前に行なうのが望ましく、その時期のロング走のひとつをこの模擬レースにしてもいい。大会の開催日にもこれだけのことができるという自信が得られるだろう。むしろ、レース当日にすることを予行演習しておくといい。同じような装備やフットウェアを身につけ、同じようなコースを見つけ、同じような食事をし、10分間ウォームアップをする。軽いストライド走を数回こなす。ストレッチはしない。ランの前と最中はポジティブな宣言を自分に言い聞かせる。進み具合を表にしてみよう！

身体適応：無酸素性作業閾値の上昇、リラックスしたスピードのリハーサル。

よくある間違い：
・100パーセントで行ってしまう。めざすは95パーセント。しっかり走りきるとともに、大会当日に備えて力を残しておこう。
・最初から飛ばしすぎて、終盤に遅くなる。
・毎回、まえより速く走ろうとする。

最大有酸素機能テスト（MAFT）

（フィル・マフェトン博士の許可を得て使用）。

このテストでは有酸素性速度の向上を測定する（当然、有酸素ランの基礎づくりに取り組むことにもなる）。同じ有酸素心拍数で速く走れるようになったら、有酸素性速度が高くなってきたということだ。客観的な測定値がなければ、都合よく進歩していると勘違いすることもあるだろう。

MAFテストを実施するには、陸上トラックや距離を測った平坦なコースで心拍計を装着し、マフェトン博士の180公式から算出された最大有酸素心拍数（MAHR）を保って走る。距離は3～5マイル（約4.8～8キロ）もあれば充分なデータが得られるが、1マイル（1.6キロ）のテストにも価値はある。軽いウォームアップのあとにテストを実行しよう。

以下は基準となるMAFテストの例だ。心拍数145でトラックを走ったタイムをマイルごとの分で示す。

1マイル目：11:32
2マイル目：11:46
3マイル目：11:49

初心者ランナーはMAFテストを定期的に行なったほうがいい。ほかのランナーも年間を通して何度か実施しよう。たとえば、

	基準	9月	10月	11月
1マイル目：	11:32	10:29	9:35	9:10
2マイル目：	11:46	10:46	9:43	9:22
1マイル目：	11:49	10:44	9:47	9:31

進み具合を表にすると、改善されていることがわかるはずだ！

身体適応：発達する毛細血管、ミトコンドリア、脂肪燃焼能力、よりリラックスしたランニングフォーム。有酸素系が向上し、同じ労力でより速く走れるようになる。タイムはしだいに改善していく！

よくある間違い：

・このテストのために別のコースを別の条件で走る。たとえば、暑くて風の強い日と涼しくて風のない日とでは（同じ労力で）同じタイムにならない。
・疲労している日にテストする。
・ウォームアップをしない。
・最初のテストで長すぎる距離を選ぶ。新米ランナーの場合は1マイルか2マイルがいい。
・「ずる」をして所定のMAHRよりも速く走る。

付録Ⅳ

走ることと健康な生活に関する本のセレクション

ここでは、運動生理学、ランニング力学、フットウェア、ケガの予防、あらゆる年齢と能力のランナーに適したトレーニングの技芸《アート》と科学について、最高の本を何冊か紹介しよう。

The Big Book of Endurance Training and Racing and *The Big Book of Health and Fitness*, by Dr. Philip Maffetone. この２冊は有酸素運動と無酸素運動の基礎および、ADS（有酸素欠乏症候群）を理解するには必読書だ。マフェトン博士はマーク・アレン、マイク・ピッグ、スチュー・ミトルマンら伝説的なアスリートを指導した。博士が述べる原則は、食事に関する重要な項目をはじめ、入門レベルのランナーにも専門レベルのランナーにも等しく効果を発揮する。

Anatomy for Runners, by Jay Dicharry. これぞランナーやコーチ、彼らを治療する医療提供者のためのツールキットだ。体の仕組みや、健康増進に向けた体のリセット方法を学ぼう（ジェイとは米空軍「効率的ランニング」プロジェクトで親しく仕事をさせてもらっている）。

Tread Lightly, by Peter Larson and Bill Katovsky. ランニングとランニングシューズの科学および、ランニングフォームの科学原理、フットウェアの効果、より健康的なランニング全般を巧みに網羅。われわれの研究成果も全篇を通じて強調されている。

Your Best Stride and *Run Strong, Stay Hungry*, by Jonathan Beverly. 長年の親友で*Running Times*誌の元編集長が過去50年の名ランナーたちから得た知恵を伝授する。私はこの２冊に関わることができたのを誇りに思っている。

Healthy Intelligent Training, by Keith Livingstone. この見識ある本では、時の試練をへたリディアード・メソッドがわかりやすく解説される。ここにあ

るのは「ジョギング」をアメリカに伝える一助となった〝チャンピオンたちのコーチ〟によるレッスンと方法論だ。

The Oxygen Advantage, by Patrick McKeown.（パトリック・マキューン『トップアスリートが実践 人生が変わる最高の呼吸法』桜田直美訳、かんき出版、2017年）この本のおかげで私は最良の呼吸と不良な呼吸の効果について、スポーツと私の人生ばかりか患者のケアのためにも考えるようになった。この本に書かれたことを話さない日はない。私たちはみな、呼吸する必要がある。

Whole Body Barefoot, *Simple Steps to Foot Pain Relief*, *Movement Matters*, and *Move Your DNA*, by Katy Bowman. 多作なライターで動作の専門家が、現代の生活習慣が命取りになることを丹念に示している。この4冊は、足の重要性、もっと足を動かし、なおかつもっとあなた自身を動かす方法についての優れた入門書だ。

Primal Endurance, by Mark Sisson and Brad Kearns. 食物、動作、睡眠、ストレス、寿命に適用される祖先伝来の原理。脂肪燃焼獣になれ！

Slow Jogging, by Hiroaki Tanaka. 私が序文を書く栄誉に恵まれた重要かつ洞察力にあふれる本。スロージョギングという、健康とケガの減少へと復帰する道筋の価値が語られる。

ChiRunning, 2nd edition, by Danny Dreyer.（ダニー・ドライヤー、キャサリン・ドライヤー『無理なく走れる〈気〉ランニング』金哲彦監訳、柏木幹男訳、大修館書店、2008年）この本でも序文を寄せる名誉にあずかった。ダニーとは動作の基本原理を学び、理解する情熱を共有している。

Challenging Beliefs, by Tim Noakes. 運動学の第一人者が栄養、水分補給、持久性パフォーマンスといったトピックをめぐり、数々の通説に異を唱える。

Explosive Running, 2nd edition, by Michael Yessis. いかにして速く、効率的に走るかを明快に説いている。

The Story of the Human Body, by Daniel E. Lieberman.（ダニエル・E・リーバーマン『人体六〇〇万年史 ——科学が明かす進化・健康・疾病』上下、塩原通緒訳、早川書房〈ハヤカワ文庫NF〉、2017年）ハーヴァード大学の進化生物学者（で友人）、通称〝ベアフットプロフェッサー〟が私たちの体の設計意図を解説する。そこで焦点があてられるのは、環境や文化のベクタ

ーに私たちが適応していないことを原因とする「ミスマッチ病」の蔓延だ。

Aerobics, by Kenneth H. Cooper. 有酸素能力の科学に関する画期的なこの小著には、1968年の刊行当時と変わらぬ今日性がある。

Jogging, by William J. Bowerman and W. E. Harris.（W・J・ボウエルマン、W・E・ハリス『楽しく走ろうジョッギング』北村仁、佐藤佑訳、不昧堂出版〈不昧堂新書18〉、1977年）伝説的なニュージーランド人コーチ、アーサー・リディアードに触発され、ナイキの共同創業者である著者ビル・バウワーマンはジョギングをアメリカに持ち込んだ。まもなく何千人もが楽しみと健康のために走るようになる。振り返って前に進め！

Serious Runner's Handbook, by Tom Osler. 健康的なランニングへのスリムな常識ガイド本は、1976年刊、今日もなお有効だ。

Human Locomotion and *Injury-Free Running*, by Thomas C. Michaud. ヘルスケアの現場でランナーを治療するすべての人に向けた大作。著者は本書の挿絵画家。

8 Steps to a Pain-Free Back, by Esther Gokhale. 座り方、立ち方、歩き方を学び直す。

Running and Being, by Dr. George Sheehan.（ジョージ・A・シーハン『シーハン博士のランニング人間学』新島義昭訳、森林書房、1981年）独創的な医師／ランナー／哲学者／エクササイズの大家による古典的作品。

Long Distance, by Bill McKibben. 運動生理学の原理と忍耐力に関する名著。

Why We Run, by Bernd Heinrich.（ベルンド・ハインリッチ『人はなぜ走るのか』鈴木豊雄訳、清流出版、2006年）誰のなかにもいる人類学者に。どうして鳥は最小限のものしか食べずに数千マイルも飛べるのか？　効率も味もよい脂肪を燃焼するからだ。

Lore of Running, by Dr. Tim Noakes.（ティム・ノックス『ランニング事典』日本ランニング学会訳、大修館書店、1994年）ランニングの科学を詳しく解説。第4版はランニングのバイブルとされる。

Born to Run and *Natural Born Heroes*, by Christopher McDougall.（クリストファー・マクドゥーガル『Born to run　走るために生まれた』近藤隆文訳、NHK出版、2010年／『ナチュラル・ボーン・ヒーローズ』近藤隆文訳、NHK出版、2015年）《ニューヨーク・タイムズ》ベストセラーの著者が

語るのは、故障持ちのランナーがメキシコの伝説的なタラウマラ族の秘密を、そしてクレタ島の伝説的な市民兵たちの秘密を発見する物語だ。

Spark: The Revolutionary New Science of Exercise and the Brain, by John Ratey.（ジョン・J・レイティ、エリック・ヘイガーマン『脳を鍛えるには運動しかない！』野中香方子訳、NHK出版、2009年）脳を変化させる運動の効果についての革新的かつ魅惑的な調査報告。

Play: How It Shapes the Brain, Opens the Imagination, and Invigorates the Soul, by Stuart Brown.（スチュアート・ブラウン、クリストファー・ヴォーン『遊びスイッチ、オン！——脳を活性化させ、そうぞう力を育む「遊び」の効果』足立理英子、佐藤裕子、鈴木真理子、田中智美、深川恵、前田雅代訳、芳賀靖史監訳、バベルプレス、2013年）遊びの科学と、幸福と知に彩られた人生に不可欠なその役割に関する良書。

Anatomy Trains: Myofascial Meridians for Manual and Movement Therapists, by Thomas Myers.（トーマス・W・マイヤース『アナトミー・トレイン——徒手運動療法のための筋筋膜経線』板場英行、石井慎一郎訳、医学書院、2016年）この本を読むと、人体とその動きに対する見方が変わる。私たちはみな、筋膜を維持する方法を理解しなくてはならない。それは体のコミュニケーションと動作を統合するきわめて重要な網なのだ。

Fit Soul, Fit Body, by Brant Secunda and Mark Allen. 6度アイアンマン世界選手権を制したマーク・アレンが継続可能な活動と健康に欠かせないものについて考察する。心、体、魂のつながりを見つけよう。

The Nature Fix, by Florence Williams.（フローレンス・ウィリアムズ『NATURE FIX　自然が最高の脳をつくる』栗木さつき、森嶋マリ訳、NHK出版、2017年）ビタミン〝N〟がなかったら、まずポジティブな健康の変化は生じない。アウトドアの科学を深く追求した一冊は、日だまりや木陰での読書にぴったりだ。

つづいてダイエットや栄養に関するおすすめ本を何冊か：

The Overfat Pandemic, by Dr. Philip Maffetone. 最近の調査によれば、過脂肪パンデミックが先進諸国で驚くほど蔓延し、成人の80パーセント、子供

でも 50 パーセントがこの症状に苦しんでいる。

Fat Chance: Beating the Odds Against Sugar, Processed Food, Obesity, and Disease, by Robert Lustig, M.D.（ロバート・H・ラスティグ『果糖中毒——19 億人が太り過ぎの世界はどのように生まれたのか？』中里京子訳、ダイヤモンド社、2018 年）食物と肥満の科学を理解したい人には絶好の概説書。医学生の必修本だ。

Why We Get Fat and What to Do About It（ゲーリー・トーベス『ヒトはなぜ太るのか？　そして, どうすればいいか』太田喜義訳、メディカルトリビューン、2013 年）; *Good Calories, Bad Calories*; and *The Case Against Sugar*, by Gary Taubes. 太る原因を検証して神話を打ち砕く、目を瞠《みは》る 3 冊。著者は名高い科学ライターだ。

Deep Nutrition, by Catherine Shanahan, M.D. ロサンゼルス・レイカーズをはじめ、プロスポーツチームに「ドクター・ケイト」の愛称で知られる著者は、健康的な食品と人間のパフォーマンスを関係づけることで変化を導き、選手たちのキャリアを支えてきたイノベーターだ。

In Defense of Food and *Food Rules*, by Michael Pollan.（マイケル・ポーラン『ヘルシーな加工食品はかなりヤバい——本当に安全なのは「自然のままの食品」だ』高井由紀子訳、青志社、2009 年／『フード・ルール——人と地球にやさしいシンプルな食習慣 64』ラッセル秀子訳、東洋経済新報社、2010 年）　この雄弁な宣言書と続篇的ハンドブックから、思慮深い食品選択をするにはどうしたらよいかがわかる。それによって人生は豊かになり、健康観が広がって、食に対する喜びが戻ってくるだろう。

Nutrition and Physical Degeneration, by Weston A. Price.（W・A・プライス『食生活と身体の退化——先住民の伝統食と近代食 その身体への驚くべき影響』片山恒夫、恒志会訳、恒志会、2010 年）栄養とその健康への影響に関する 1930 年代の古典的作品。著者プライスによる地球上で指折りの健康的な地域の研究に基づくもの。

Always Hungry?, by David Ludwig, M.D.（デヴィッド・ラドウィグ『ハーバードメディカルスクール式空腹解消ダイエット』文響社、2018 年）著者は世界的な肥満専門の臨床医兼研究者。食べすぎが太る原因ではない。

The Big Fat Surprise, by Nina Teicholz. ニーナは体制に挑戦する。10 年間

の成果として非の打ちどころのない研究をもとに、食物脂肪が肥満や疾患の原因だと示唆する人々に異を唱える。

Eat Fat, Get Thin, by Mark Hyman, M.D., of the Cleveland Clinic.（マーク・ハイマン『アメリカの名医が教える内臓脂肪が落ちる究極の食事――高脂質・低糖食で、みるみる腹が凹む』金森重樹監訳、SB クリエイティブ、2020年）栄養学の間違いに関するさらに単純な真理にして、新たな方向に歩みはじめるシンプルな方法。

Wired to Eat and *The Paleo Solution*, by Robb Wolf. ロブは私とともにアメリカ先住民や緊急対応要員の支援に携わり、食品や現代世界の生活にかかわる科学と祖先から受け継いだ健康原理を追求している。

The Art and Science of Low Carbohydrate Living and *The Art and Science of Low Carbohydrate Performance*, by Drs. Stephen Phinney and Jeff Volek. この2冊こそローカーボダイエットの科学的かつ実践的な参考書だ。

The Real Meal Revolution, vols. 1 and 2, by Tim Noakes and Jonno Proudfoot. ノークス博士は南アフリカから世界を変えつつあり、彼の地では「バンティング」（訳注／肥満解消・減量食事法を実践した英国人ウィリアム・バンティングにちなむ）が健康的なローカーボ食を表す日常語になっている。

The New Atkins for a New You, by Drs. Eric Westman, Stephen Phinney, and Jeff Volek. この本ではもともとのアトキンス・ダイエットをさらに科学的にし、洗練させている。著者3人は肥満や代謝の分野でトップに立つ臨床医兼研究者たちだ。

Diabetes Unpacked, by Zoë Harcombe, Ph.D., and colleagues. 糖尿病や代謝に関する世界の一流研究者たちが、この慢性疾患を進行させる政府の栄養ガイドラインの変更を提唱する。

さらに、子供たちや若者たちに：

The Youth and Teen Running Encyclopedia, by Mick Grant. アーサー・リディアードに師事した著者が楽しさ第一《ファン・ファースト》の哲学を紹介する。子供たちがまた戻って練習したくなるように、そしてランニングでケガをすることのないようにとの思いからだ。

Super Food for Superchildren, by Dr. Tim Noakes, Jonno Proudfoot, and Bridget Surtees. 小児肥満症がはびこり、その傾向が逆転する兆しが見られない以上、私たちは食事をふたたび健康的で楽しいものにし、添加糖も加工炭水化物もない料理をつくるよう家族に教えなくてはならない。

Fat Head Kids, by Tom Naughton. ユーモラスでいて驚くほどリアルなドキュメンタリー、*Fat Head* をもとに、健康な食事に関する公式の勧告が間違いだらけで、学業に集中できない太りすぎの若者が記録的な数に達していることを明らかにする。この本を読むと健康になることが楽しくなる。

Just Let the Kids Play, by Bob Bigelow. 親の必読書。エリート中心のユーススポーツプログラムを問題の原因とし、もっと子供たちの心身のニーズを満たせるように再編する実践的な方法を示している。

付録Ｖ

健康的なランニングの10大要素

想像してごらん、生涯、痛みなしに動けることを。
やってみれば簡単さ。

1. 事前に自己を評価する

心臓にリスクがある、持病がある、投薬治療を受けている、ケガをしているといった場合、運動を始めたり強度を高めたりするまえに、信頼する医療の専門家に相談する。

2. 自然で健康的なランニングの一般原則に従う

持久力エンジンを鍛える、楽しむ、全身を動かす、少しスプリントする、徐々に進む、裸足になるかミニマルなフットウェアを履く、そして本物の食品を食べる。それを頻繁にやっていくと心に決め、これからの人生をすごす！

3. ポジティブな宣言を自分に言い聞かせる

肯定的な言葉を繰り返して心の力を駆り立てる（「わたし」や「きみ」を使ってもいい。私は「きみ」を選ぶ）。あなた自身の宣言をつくることが最善だ。それを毎日反復する。たとえば、**きみはパワフルでバネがある。きみは坂道が大好きだ。**

4. ウォームアップする

10分間、楽な、心地よいペースでウォームアップを行なう。バネを効かせて弾み、力を抜く。体の声に耳を傾ける――準備ができたら教えてくれるはずだ。

5. 動作を継続する

自分専用の日常的な可動性ルーティンをつくり、それを継続する。私のルーティンは毎朝5分かかる——活発な実りある一日の完璧な出発点だ。

6. ケガを防ぐ

筋肉、靱帯、骨、腱の構造的な力が強くならないうちに持久力をつけようとする傾向に注意する。体がストレスに適応するのは、その負荷が適応能力を超えない場合にかぎられる。したがって、持久力を養うときは筋力と可動性も合わせて伸ばすこと。

7. 回復する

ストレスのバランスをとり、リカバリーの時間を設けることが肝心だ。走ることは一日のうちのリラックスする時間に収めるべきで、日常的なストレスに加えてはいけない。

8. フィットネスと健康が向上したしるしを監視する

気分はどうか、単純な測定値は何を語るのか？　胴回り、血糖値、血圧が改善され、活力レベルも上昇しているなら、あなたは正しい軌道に乗っている。つぎは心拍計をつけてみよう。それは体の声を聴くのに役立つ一種のバイオフィードバックだ。あなたの生理機能の言葉を学ぼう。

9. 食生活が間違っていたら走っても効果はない

粗悪なものを食べないように。ジャンクフードや砂糖の摂りすぎは健康と若さを保つあらゆる努力を台なしにする。甘みをつけたドリンクにはただノーと言おう。

10. 目標を設定する

あなたはいまどの位置にいるのか？　どの位置にいたいのか？　なぜこの目標を設定するのか？　短期的な目標を快調に自信をもって達成できたら、継続できる、より長期的な目標に向かって進んでいく。

最高《さいこう》のランニングのための科《か》学《がく》
ケガしない走り方、歩き方

2020年11月20日　初版印刷
2020年11月25日　初版発行

*

著　者　マーク・ククゼラ
訳　者　近《こん》藤《どう》隆《たか》文《ふみ》
発行者　早　川　　浩

*

印刷所　三松堂株式会社
製本所　大口製本印刷株式会社

*

発行所　株式会社　早川書房
東京都千代田区神田多町2－2
電話　03-3252-3111
振替　00160-3-47799
https://www.hayakawa-online.co.jp
定価はカバーに表示してあります
ISBN978-4-15-209984-6　C0075
Printed and bound in Japan
乱丁・落丁本は小社制作部宛お送り下さい。
送料小社負担にてお取りかえいたします。